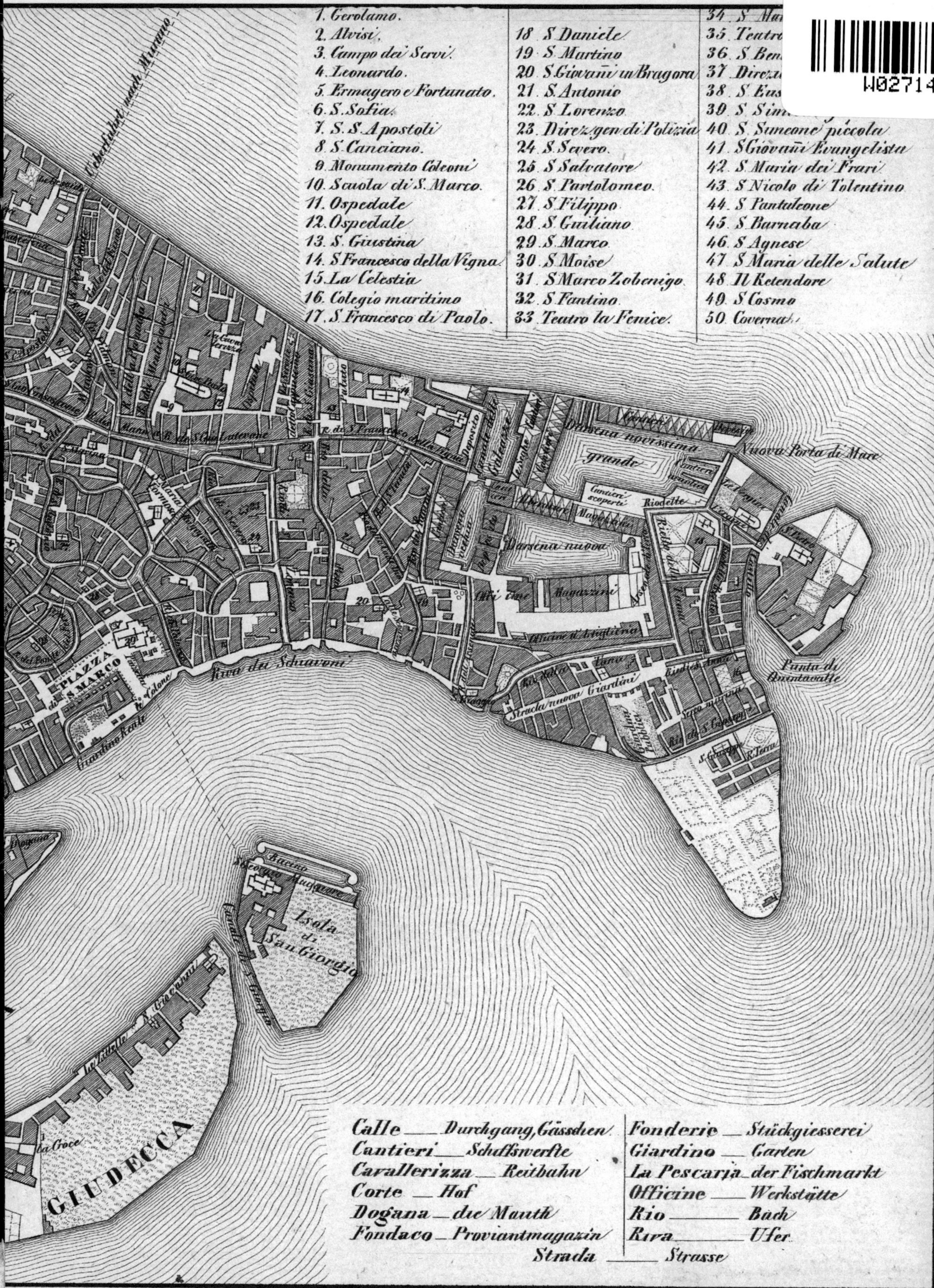

1. Gerolamo.
2. Alvisi.
3. Campo dei Servi.
4. Leonardo.
5. Ermagero e Fortunato.
6. S. Sofia.
7. S. S. Apostoli.
8. S. Canciano.
9. Monumento Colconi
10. Scuola di S. Marco.
11. Ospedale
12. Ospedale
13. S. Giustina
14. S Francesco della Vigna
15. La Celestia
16. Colegio maritimo
17. S. Francesco di Paolo.
18. S. Daniele
19. S. Martino
20. S. Giovani in Bragora
21. S. Antonio
22. S. Lorenzo.
23. Direz. gen. di Polizia
24. S. Severo.
25. S. Salvatore
26. S. Partolomeo.
27. S. Filippo.
28. S. Guiliano.
29. S. Marco.
30. S. Moise
31. S. Marco Zobenigo.
32. S. Fantino.
33. Teatro la Fenice.
40. S. Simeone piccola
41. S Giovani Evangelista
42. S. Maria dei Frari
43. S Nicolo di Tolentino.
44. S. Pantaleone
45. S. Barnaba
46. S. Agnese
47. S Maria delle Salute
48. Il Retendore
49. S Cosmo
Darsena novissima
Darsena nuova
Magazzini
Nuova Porta di Mare
Punta di Quintavalle
Riva dei Schiavoni
Strada nuova Giardini
PIAZZA S. MARCO
Isola di San Giorgio
GIUDECCA
Calle — Durchgang, Gässchen
Cantieri — Schiffswerfte
Cavallerizza — Reitbahn
Corte — Hof
Dogana — die Mauth
Fondaco — Proviantmagazin
Fonderie — Stückgiesserei
Giardino — Garten
La Pescaria — der Fischmarkt
Officine — Werkstätte
Rio — Bach
Riva — Ufer
Strada — Strasse

JOHN RUSKIN – 1819 in London geboren, gestorben 1900 in Brantwood/Lancashire – war Schriftsteller, Maler, Kunsthistoriker und Sozialphilosoph; als umfassend gebildeter Kunsthistoriker und engagierter Sozialreformer hatte er eine herausragende Rolle im Gesellschaftsleben seiner Zeit.

In vielen Schriften beschrieb er das »Evangelium der Schönheit«, worunter er eine Verschmelzung von Kunst, Politik und Wirtschaft verstand, die sich am Ideal der mittelalterlichen Kunst orientieren sollte. In der zunehmenden Industrialisierung sah er menschliche Tugenden und künstlerische Schaffenskraft bedroht, und trat für eine Wirtschaftsethik ein, in deren Mittelpunkt der Mensch steht und die handwerkliche Arbeit als einen schöpferischen Wert anerkennt.

Im September 1849 bricht Ruskin nach Venedig auf. Gemeinsam mit seiner Frau Effie und zwei Begleitern eilt er in die von Cholera, Hunger und Kriegsverlusten gequälte Stadt, nur seiner selbstgestellten Aufgabe verpflichtet: Auf Hunderten von Zeichenkartons und in Dutzenden von Notizbüchern vermisst er die Bauten des mittelalterlichen Venedig, er zeichnet, aquarelliert, beschreibt und fotografiert: So, in Bild und Beschreibung, will er die sterbende Schönheit der Serenissima festhalten.

Diese Ausgabe macht nach vielen Jahren dieses einmalige Werk über Venedig wieder zugänglich: Von Catharina Berents und Wolfgang Kemp komponiert und mit einem ausführlichen Vorwort versehen, ist diese Ausgabe nicht nur geschmückt mit vielen der Ruskin-Motive, sondern zeigt – erstmals in einer deutschsprachigen Buchpublikation – einige der frühen Fotografien, die Ruskin anfertigte und die erst mehr als 100 Jahre nach seinem Tod zufällig wiederentdeckt wurden.

CORSO

JOHN RUSKIN

DIE STEINE VON VENEDIG

NEU KOMPONIERT VON
CATHARINA BERENTS UND
WOLFGANG KEMP

CORSO

TEIL II

TEIL III

»Diese schimmernde, wundervolle Prosa,
die ihm eigen, so glühend, so voll
wundervoll brennender Farben in dem adeligen
Schwung ihrer Beredsamkeit, so reich in ihren
durchdachten symphonischen Klängen …«

OSCAR WILDE ÜBER JOHN RUSKIN

EIN BUCH ÜBER STEINE

VON CATHARINA BERENTS UND
WOLFGANG KEMP

Die Steine von Venedig: ist das ein Beitrag zur Geologie, zu einer Art von Stadtgeologie, wie sie später Bücher wie *The Stones of London* oder *Die Steine der Wiener Ringstraße* leisteten? Die Antwort heißt ja: John Ruskin hat geschätzte 2.000 bis 3.000 steinerne Objekte, also Wände, Reliefs, Tür- und Fensterrahmen, Kapitelle und Gesimse vermessen, gezeichnet, fotografiert und in Gipsabdrücken plastisch reproduziert. Er war auch sehr interessiert an den Gesteinsarten und ihrer Herkunft. Die Antwort heißt aber auch nein: Der Autor las alle diese Steine als Zeugen, als Zeugen für Stile, für Arbeitstechnik und Arbeitsorganisation, für Gesellschafts- und Frömmigkeitsgeschichte.

So ist dieses Buch zweierlei: ein großes und bis heute nicht ausgeschöpftes Denkmalrepertorium, ein Werk des Empirismus und der Sachforschung, aber auch ein Traktat, eine Geschichtserzählung, und manchmal eine Predigt. Nicht zu vergessen: ein großes Stück englische Prosa. Man hat gesagt, Ruskin habe für die Prosa geleistet, was die englische Sprache Shakespeare für den Vers verdanke. Und als Mann der »purple passages«, als »Edelfeder«, wie es heute heißt, war der Autor sehr schnell berühmt geworden: *Modern Painters*[1], so der Titel seines ersten Buches, das noch nicht abgeschlossen war, als Ruskin an die Aufgabe Venedig ging – drei weitere Bände sollten folgen –, und vor den *Stones* publizierte er *The Seven Lamps of Architecture*[2]: er »konnte« also Titel, konzise der eine, leicht spirituell der andere. Aber man wird nicht umhin kommen, den Titel *The Stones of Venice* mutig zu nennen, weil er sperrig ist und fernab vom »human factor« und »human interest« liegt.

Ruskin war sich der Dualität und der Ambivalenz des Werkes und seines Ansatzes wohl bewusst: Er sei »wrong at both ends« schildert er seinen Zustand einmal, der Wissenschaftler fühlte sich im Konflikt mit dem Essayisten und Kritiker und umgekehrt. Der Vater, der den Sohn und seine schriftstellerische Arbeit finanzierte und als Kaufmann schon etwas von der Attraktivität von Titeln und Themen verstand, war überhaupt nicht einverstanden mit einem »technical work« voll mit »winzigen, nüchternen, geschäftsmäßigen Kleinigkeiten« (business details) – »Farbe« und »eloquente Passagen«, das wolle das Publikum vom Sohn haben, doch ahnte der täglich durch Briefe vom Fortgang Informierte ganz richtig, was das Ganze zum Schluss ergeben würde: »a conjurer's box«, eine »Zauberkiste«. Der Sohn hielt durch, zeichnete, fotografierte, maß und füllte – in der deutschen Übersetzung – knappe 1.400 Seiten mit ungezählten Abbildungen. Er verfiel in einen wahren Materialrausch: »stone by stone, to eat it all up into my mind, touch by touch«[3], das wurde sein erklärtes Vorhaben. Er gab zu den drei Bänden auch noch einen Bildband dazu, dessen Grafiken er zum Teil im Badezimmer seiner venezianischen Wohnung geätzt hatte. All dieses Material wurde zum ersten Mal aufgenommen und publiziert.

John Ruskin, 1879
Porträt von Hubert Herkomer, Aquarell

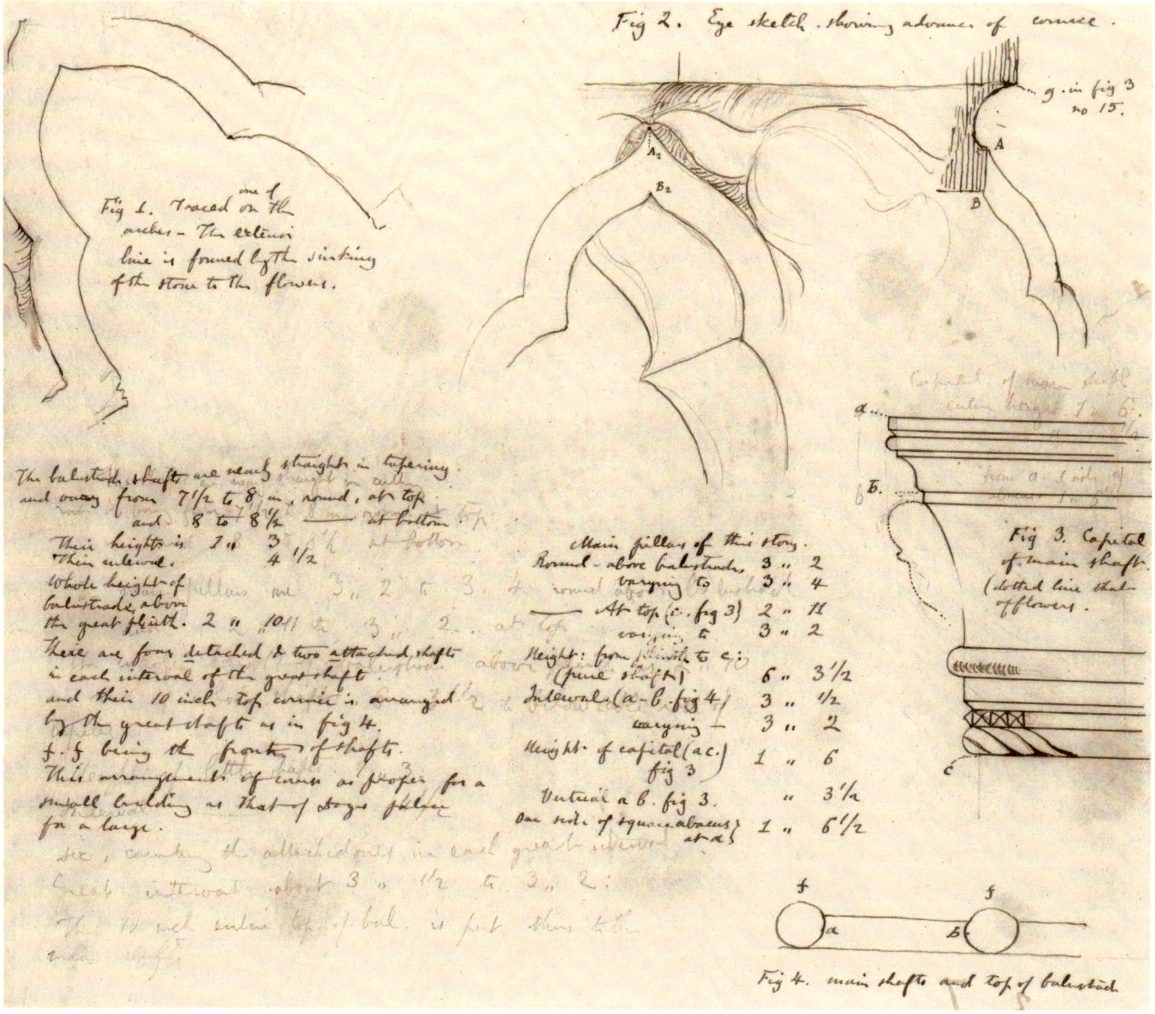

Studien und Abmessungen zur Ca d'Oro, 1845
Zeichnung, Tinte und Bleistift auf Papier

Die *Stones* erschienen 1851 bis 1853, und erzielten einen nicht minderen, ja noch nachhaltigeren Erfolg als die *Modern Painters*, allerdings vor teilweise anderem Publikum: Zum einen wurde ein Kapitel ausgegliedert und kursierte als Sonderdruck unter Arbeitern. Was im Buch mit »The Nature of Gothic« überschrieben ist, enthält Ruskins Gesellschaftskritik, die er wie Karl Marx auf dem zentralen Faktor Arbeit aufbaute, aber anders als Marx nicht vom Treibmittel Kapital ableitete. Ruskin bemaß Arbeit nach dem Grad ihrer Freiheit oder Unfreiheit im Prozess der Herstellung. Das Mittelalter hatte den höchsten, weil menschlichsten Stand der Arbeitsorganisation erreicht, danach begann der Rückgang. Ruskin beginnt die *Stones* an dem Tag, da in London die Erste Weltausstellung eröffnete, eines der ganz großen und wirklich epochemachenden Ereignisse, zu dem er natürlich auch eingeladen war, aber es vorzog, über »echte«, »notwendige« Ergebnisse menschlicher Arbeit zu schreiben und nicht über Industriewaren, die in der ersten vorfabrizierten Mega-Architektur des Crystal Palace ausgestellt wurden – auf 92.000 Quadratmetern. Alles war dort anders als im mittelalterlichen Venedig, aber der Stolz und die Notwendigkeit des Zeitalters tendierten hier wie dort zur immens großen Zahl: im »Palast« die Produkte von insgesamt 14.000 Ausstellern, im Venedig-Buch und in den dafür aufgehäuften Skizzen, Notizbüchern Tausende von Daten. Zwei Arten des Materialismus also, die noch eine weitere Tendenz gemeinsam haben: das tiefe Vertrauen in die Geschichte. Die Ausstellung im Crystal Palace ist als Exzess des Historismus bekannt geworden: Selbst die Erfindungen des industriellen Zeitalters präsentierten sich im Gewand historischer Ornamentstile, und Ruskin förderte in Venedig ebenfalls einen Vorrat an nachahmenswerten Mustern und an Empfehlungen für den richtigen Materialeinsatz zutage, vor allem aber – und dieses Anliegen entfernte ihn so weit vom Konzept der Weltausstellung – gab ihm das mittelalterliche Venedig den Impuls, die Produktionsverhältnisse seiner Zeit und deren gesellschaftliche Folgen aus der Perspektive einer Kultur des Handwerks neu zu sehen. Ein paar berühmte Sätze seien zitiert:

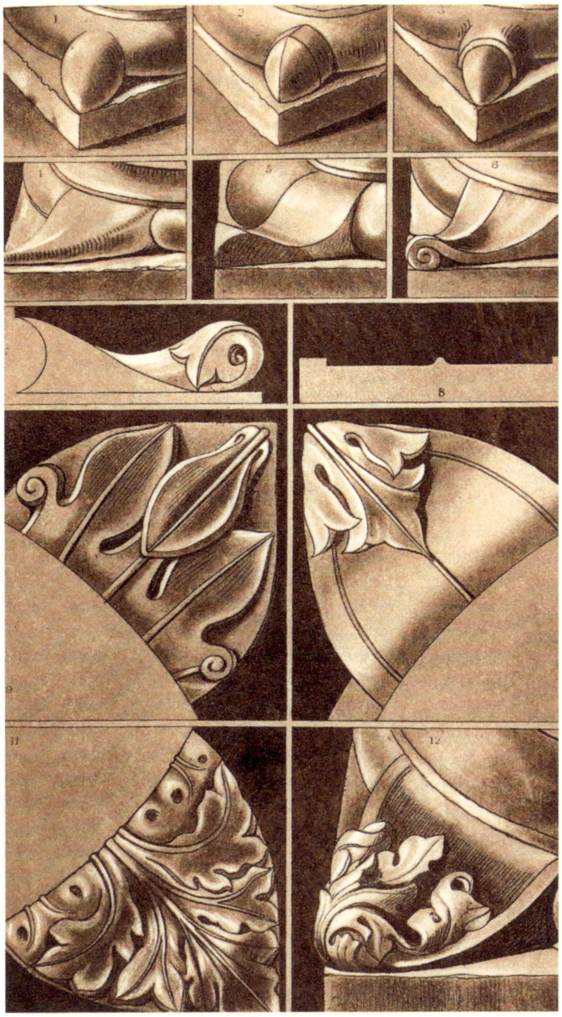

Dekoration von Basen
Mezzotinto, Sepiaton

»Man muss aus dem Geschöpf entweder ein Werkzeug oder einen Mann machen. Man kann nicht beides tun. Menschen wurden nicht geschaffen, um mit der Genauigkeit von Werkzeugen zu arbeiten, und in allen ihren Ausführungen korrekt und vollkommen zu sein. Wenn man nun diese Genauigkeit von ihnen verlangt, und ihre Finger Entfernungen abmessen sollen wie Zahnräder und ihre Arme Kurven schlagen wie Zirkel, dann muss man sie unmenschlich machen. Ihre ganze Energie muss darauf gerichtet sein, Zahnräder und Zirkel aus sich zu machen. (…) Wenn man dagegen einen Mann aus dem arbeitenden Geschöpf machen will, dann kann man kein Werkzeug aus ihm machen. Sobald er anfängt, sich etwas vorzustellen und auszudenken, oder versucht, etwas zu tun, was der Mühe lohnt, sobald ist es mit der maschinenmäßigen Genauigkeit vorbei. Seine ganze Rauheit tritt zu Tage, seine ganze Schwerfälligkeit und Unfähigkeit; Beschämung über Beschämung, Misslingen über Misslingen, Zweifel über Zweifel; aber auch seine ganze Erhabenheit tritt hervor, und wir erkennen ihre Höhe erst, wenn wir die Wolken sich darauf niederlassen sehen. Und mögen die Wolken licht oder dunkel sein, es wird hinter ihnen und zwischen ihnen Verklärung stattfinden.«[4]

Palazzo Ducale, Ruskins neuntes Kapitel mit der Darstellung der Tugenden, 1849–1852
Die Personifizierung der Hoffnung betet die Sonne an, aus der die Hand Gottes hervorschaut.
Daguerreotypie

Durch die *Stones* wurde Ruskin also auch als herber Kritiker des englischen Fabriksystems und der daraus hervorgehenden Warenästehtik bekannt. Ebenso als Anreger und Unterhalter des genau in diesen Jahren beginnenden organisierten Tourismus. Die Engländer waren auch hier führend; sie stellten die Kavalierreise des 17. und 18. Jahrhunderts auf Fahrplan und Vorbuchung um. Die Dampferfahrt auf dem Rhein, die Schweizer Alpen und Oberitalien waren die ersten wirklich populären und infrastrukturell gerüsteten Reiseziele. Und für die Reise nach Venedig, das 1849, als Ruskin dort anfing zu arbeiten, ein einziges Hotel hatte (das immer noch bekannte Danieli), wurden die *Stones* ein Steinbruch, den es auf nicht ganz einfache Weise für den Tourismus aufzuarbeiten galt, denn Ruskin hatte an dieses Publikum nicht gedacht: »Traveller's Edition« war dann der Untertitel der überarbeiteten und zurechtgestutzten *Stones*, mit denen sich die Touristen durch die Lagunen-Stadt bewegten – sehr zum Verdruss des Autors, der ihnen 20 Jahren später in großer Zahl begegnete. Mit anderen Worten: Das Buch sprach ebenso zu Menschen, die niemals im Leben das Geld gehabt hätten, eine Auslandsreise zu unternehmen, wie zu den Privilegierten, welche die aus der industriellen Produktion gewonnenen Reichtümer in das immer noch sehr günstige Kontinentaleuropa trugen.

So begründete Ruskin eine Gattung der Städtemonographie, die mehr liefern wollte als Stadtgeschichte oder Fremdenführung, sondern die jeweilige Stadt als ein urbanes Wesen mit Sendungsbewusstsein, als mit einer die jeweilige Epoche zusammenfassenden Kraft begreift. Walter Benjamins unvollendetes Projekt *Paris – Hauptstadt des 19. Jahrhunderts* kündet diesen Anspruch schon im Titel an. In unseren Zeiten entstanden Werke wie *Barcelona the Great Enchantress* von Robert Hughes, *Fifth Avenue* (über die »Hauptstraße des 20. Jahrhunderts«) von Stephan Wackwitz oder *Königsberg. Geschichte einer Weltbürgerrepublik* von Jürgen Manthey. Das alles, die *Stones* einbegriffen, sind weltliche Gegenstücke zur *Civitas dei* des Augustinus, es sind »Gottesstädte«, weil sie in ihrer Blütezeit das normale Dasein der *Civitas terrena* durch eine epochale Botschaft übersteigen.

Ruskin ging diesen Autoren auch darin voran, dass er die kleinen und scheinbar nebensächlichen Details zum Sprechen brachte und im Dialekt so etwas wie die Mentalität einer Stadt entdeckte. Klar: der Markus-Dom und der Dogenpalast sind die wichtigsten Bauten Venedigs und werden in den längsten Kapiteln behandelt. Aber man schaue sich die beiden einzigen Totalen an, die Ruskin einem Bauwerk widmet, einen Plan und eine Ansicht des Dogenpalastes – im Vergleich zu den Detailstudien, den unveröffentlichten und den veröffentlichten, zwei ganz armselige Grafiken, die Ruskin vermutlich irgendeinem Handbuch entnommen hat. (Fig. 32, 33) Er ist kein Mann der großen Zusammenhänge und des Plans: Weder denkt er an die Anforderungen des religiösen und des politischen Zeremoniells, noch interessiert ihn die Organisation des Lebens im Grundriss eines venezianischen Palazzo, obwohl er zeitweilig in einem solchen wohnte und sich in authentischer Erfahrung einen Begriff von der nicht ganz gewöhnlichen Raumdisposition hätte machen können.

In Band II geht er in einer langen Passage die figurierten Kapitelle des Dogenpalastes ab, wie sie jeder Besucher an zwei Flanken studieren konnte. Die Kapitelle auf der Seite zum Wasser hin, die im 14. Jahrhundert entstanden, wurden im 15. Jahrhundert auf der Seite zur Piazzetta hin kopiert, was Ruskin die einzigartige Möglichkeit gibt, den Wandel von der »guten« Zeit des Mittelalters zur »schlechten« Zeit der Renaissance im Detail zu studieren. Die spätere Folge von Reliefs fällt schon dadurch ab, dass ihre Auftraggeber und Handwerker sich nicht in der Lage sahen, etwas Eigenes und Neues zu kreieren, sondern wiederholten – was sie von nun an immer taten, nicht als Nachahmung mittelalterlicher Vorlagen, sondern als korrekte Wiederholung antiker Vorbilder (dorisch, jonisch, korinthisch) und zwar so, dass alle Säulen und Pfeiler eines Bauwerks möglichst identisch geschmückt wurden – für Ruskin ein eklatanter Verlust an schöpferischer Freiheit und Phantasie, ein Hang zur Konformität, zum »System«, dem die Künste der Neuzeit zuerst frönten und der in der maschinellen Produktion des Maschinenzeitalters seinen konsequenten Endpunkt fand. In Band II wird also Kapitell für Kapitell beschrieben und verglichen. Die Botschaft aber, welche aus dem Vergleich zu holen ist, hat Ruskin schon in Band I, im Kapitel »Der Steinbruch«, mitgeteilt: Unter den Tugenden, die je ein Kapitell auf beiden Seiten zieren, ist auch die Hoffnung (Spes): sie »betet, während über ihrem Haupt, aus Sonnenstrahlen heraus – die Hand Gottes auftaucht (…)«, und die Inschrift darüber lautet: »Spes optima in deo«. Tritt man dann vor die Kopie des 15. Jahrhunderts, ist das Kapitell »roh und unvollkommen gemeißelt, von Handwerkern des fünfzehnten Jahrhunderts nachgeahmt worden; die Tugenden haben ihre harten Züge und ihren lebendigen Ausdruck verloren; sie haben jetzt alle römische Nasen bekommen und lockiges Haar. Ihre Stellungen und Embleme sind jedoch beibehalten worden, bis wir zur Hoffnung kommen; sie betet noch, aber nur zur Sonne; Gottes Hand ist verschwunden.«

»Von solcher Art sind die beiläufigen Zeugnisse, auf die ich mich berufen werde«, fährt Ruskin fort, vielleicht als erster die Aussagekraft des unbewusst gemachten Fehlers, der scheinbar nebensächlichen Leerstelle aktivierend, hier allerdings die höchste Instanz ansprechend: »dass man vergaß, Gottes Hand in dem Lichte zu sehen«[5], da ruhte kein Segen mehr drauf.

Man könnte meinen, die fehlende Hand habe Ruskin motiviert, an sehr vielen Stellen den Leser behutsam an die Hand zu nehmen und ihn durch die Faktenfülle Venedigs zu führen oder als Begleiter bei den großen »Kamerafahrten« mitzunehmen, mit denen Ruskin auf die Stadt und ihre wichtigsten Bauten vorbereitet. Hier die erste Annäherung an Venedig; sie kommt nach fast 500 Seiten Architekturdetails.

»ES IST VENEDIG«

JOHN RUSKINS ERSTE ANNÄHERUNG AN VENEDIG

Und nun folge mir, denn ich habe dich schon zu lange von deiner Gondel fern gehalten; folge mir an einem Herbstmorgen durch die dunklen Tore von Padua, und lass uns die weite, nach Osten führende Straße einschlagen.

Sie liegt, eine oder zwei Seemeilen lang, ganz eben zwischen ihren Ulmen und reich beladenen Weingehängen, deren zarte Blätter in hektischem Scharlach leuchten, während ihre Trauben sich zu düsterem Blau verdunkelt haben; dann steigt ein Damm über der Brenta auf und erstreckt sich zwischen dem Fluss und der weiten Ebene, die sich mit endlosen Reihen von Maulbeerbäumen und Mais nach Norden hinzieht. Die Brenta strömt langsam aber kräftig dahin; eine schlammige Masse gelblich-grauen Wassers, die weder eilt noch zögert, sondern schwerfällig zwischen ihren einförmigen Ufern dahingleitet, hier und da einen kurzen, murmelnden Strudel aufwirbelnd, der einen Augenblick die undurchsichtige Oberfläche durchbricht, und verschwindet als ob etwas in seine Tiefe hineingezogen wäre. Staubig und schattenlos zieht sich der Weg an der nördlichen Seite des Deichs entlang; man sieht in weiter Ferne den hohen weißen Turm von Dolo in glühendem Dunst zittern, und er scheint uns nie näher als zu Anfang zu sein. Jetzt kommen wir an einer der viel gerühmten »Villas an der Brenta« vorüber; ein blendendes, gespenstisches Gehäuse von Backstein und Stuck, die Fenster mit gemalten Architraven, wie Bilderrahmen, und davor ein mit Kieselsteinen gepflasterter Hof, alles brennend in fieberhafter Sonnenglut, aber der Prächtigkeit wegen, von der Landstraße durch große Pfosten und Ketten abgegrenzt; dann eine andere, von Kew Gotik, mit chinesischen Verzierungen, rot und grün bemalt; eine dritte, die zum großen Teil aus toten Mauern besteht, mit fingierten Fenstern darauf gemalt, jedes mit einer maigrünen Jalousie und einem klassischen Architrav, in schlechter Perspektive; und eine vierte, mit Stuckfiguren auf ihrer Gartenmauer, ein paar antike, wie an der Ecke von New Road, und ein paar plumpe, groteske Zwerge mit dicken Körpern und großen Stiefeln. Das ist die Baukunst, zu der das Studium der Renaissance im modernen Italien geführt hat.

Die Sonne steigt höher und höher, und wärmt zu leuchtendem Weiß die Mauern der kleinen Piazza von Dolo, wo wir die Pferde wechseln. Noch eine öde Fahrt zwischen den jetzt geteilten Armen der Brenta, die unregelmäßige und halb stagnierende Kanäle bilden, mit noch ein oder zwei Villas an ihrer anderen Seite, aber von dem alten venezianer Typus, den wir schon vorher in Padua gesehen haben und die, völligem Verfall entgegen sinkend, schwarz, geborsten und einsam, dicht am Rande des trüben Wassers stehen, umgeben von ehemaligen kleinen Gärten, aus deren Schlamm zerfressene Überreste von knorrigen Hecken und zerbrochene Zaunpfähle hervorragen; hier und da ein paar Trümmerstücke von Marmorstufen, die einstmals anmutigen

Mondlicht auf Venedig von der
Lagune aus gesehen, um 1850
Radierung

Zutritt vom Flußufer aus boten, und nun zerbrochen im Schlamm stecken, ganz quer und schief, und schlüpfrig von grünen Algen. Endlich dreht sich die Straße scharf nach Norden und an ihrer rechten Seite liegt eine lichte Stelle, mit Heidekraut bedeckt; aber seht nicht nach dieser Seite hin.

Noch fünf Minuten, und wir befinden uns in dem oberen Zimmer des kleinen Wirtshauses in Mestre, froh, einen Augenblick im Schatten ausruhen zu können. Der Tisch ist (wie ich glaube, immer) mit einem Tischtuch von angeblichem Weiß, und immerwährendem Grau bedeckt, mit Tellern und Gläsern in gebührenden Zwischenräumen und kleinen, eigentümlichen, mit Öl bereiteten Weißbrötchen, die mehr wie Mehlknoten als Brot aussehen. Die Aussicht vom Balkon ist nicht erfreulich; eine enge Straße, mit einer einzeln stehenden Backsteinkirche und einem kahlen Campanile an ihrer anderen Seite; ein paar Klostergebäude mit etwas roten Überresten von Freskomalerei an den Fenstern, und zwischen ihnen und der Straße ein Graben mit langsam fließendem Wasser und ein oder zwei kleine Häuser daran, das eine mit einer Rosenlaube vor der Tür, wie in einem englischen Teegarten; die Luft hat indessen nichts von Rosen an sich, sondern es riecht dumpfig nach Knoblauch und Krabben, angewärmt durch den Rauch von verschiedenen Kohlenständern mit heißen Kastanien. Man hört viel Geschrei unter unsern Fenstern, wegen gewisser Karren, deren Führer sich um unser Gepäck streiten; wir besänftigen ihre Rivalität mit größter Geduld und folgen ihnen die enge Straße hinunter.

Nachdem wir kaum zweihundert Yards[6] weit gegangen sind, kommen wir an eine niedrige Werft, oder einen Quai am Ende eines Kanals, von dem hohe Stufen an beiden Seiten an das Wasser hinunterführen, das uns im ersten Augenblick schwarz und sumpfig erscheint; ein zweiter Blick klärt uns auf, – es ist bedeckt von den schwarzen Booten Venedigs. Wir besteigen eines von ihnen, mehr, um zu versuchen, ob es wirkliche Boote sind, oder nicht, als aus irgend einer bestimmten Absicht, und gleiten dahin; wobei wir zuerst das Gefühl haben, als ob das Wasser fortwährend unter dem Boote nachgäbe und es in weiche Leere sinken ließe. Es ist klarer als jedes andere Wasser, das wir in letzter Zeit gesehen und von blassgrüner Farbe; die Ufer sind nur zwei oder drei Fuß hoch, von Schlamm und üppigem Gras bedeckt, hier und da ein verkrüppelter Baum; alles gleitet an den kleinen Fensterrahmen der Gondel so rasch vorbei, als ob es auf einer gemalten Kulisse vorüber gezogen würde.

Schlag für Schlag zählen wir das Eintauchen des Ruders, wobei sich die Seite des Bootes leicht hebt, während sein silberner Schnabel vorwärts schießt. Wir verlieren die Geduld und entreißen uns den weichen Kissen; die Seeluft weht uns scharf entgegen, als wir uns an das Dach der schwimmenden Zelle lehnen. Vor uns sehen wir nichts als den langen Kanal mit dem flachen Ufer, im Westen wird der Turm von Mestre immer niedriger und hinter ihm sind purpurne Schatten aufgetaucht, von der Farbe welker Rosenblätter; sie schließen den ganzen Horizont ein und heben sich schwach von dem Nachmittagshimmel ab, – die Alpen von Bassano. Aber nur weiter, der endlose Kanal krümmt sich schließlich und windet sich in unregelmäßigen Ecken um ein paar niedrige Bastionen, die jetzt in Trümmer zerfallen, sich in hässlichen Spalten nach dem Wasser zu neigen, – die Bastionen des Forst von Malghera. Noch eine Biegung und ein anderer Blick auf den Kanal, aber kein unbegrenzter mehr. Der silberne Schnabel bahnt sich seinen Weg, – er erweitert sich; das üppige Gras der Dämme wird immer niedriger und verschwindet zuletzt als bräunlich-gelbe Büschel im Unkraut des Ufers. Über diesem hätten wir an der rechten Seite noch vor wenig Jahren die Lagune am Horizont ausgestreckt erblicken können und den warmen südlichen Himmel, der sich über Malamocco zur See herabneigte. Jetzt sehen wir nichts weiter als eine Art von niedriger und einförmiger Werftmauer, mit flachen Bogen, um die Flut hindurch zu lassen; – das ist die Eisenbahnbrücke, die aus allem anderen hervorsticht. Aber am Ende dieser düsteren Bogen erhebt sich aus dem breiten Wasser eine weitläufige Linie von niedrigen und undeutlichen Backsteinbauten, die man, ohne die vielen Türme dazwischen, für die Vorstädte einer englischen Fabrikstadt halten könnte. Vier oder fünf Kuppeln erheben sich blass und scheinbar in größerer Entfernung über dem Mittelpunkt dieser Linie; aber der Gegenstand, der das Auge zuerst auf sich zieht, ist eine düstere Wolke schwarzen Rauchs, die über ihrer nördlichen Hälfte brütet und aus dem Glockenstuhl einer Kirche herausdringt.

Es ist Venedig.[7]

WARUM VENEDIG?

Als John Ruskin (1819–1900) und seine Frau Effie, geborene Euphemia Chambers Grey (1827–1897), 1849 das erste Mal gemeinsam nach Venedig reisten, befand sich die Stadt an der Lagune immer noch im Belagerungszustand durch die Österreicher. In den Befreiungskämpfen der Revolutionsjahre 1848/49 hatte Venedig am längsten standgehalten gegen ihre seit 1815 präsenten österreichischen Landesherren. Vom März 1848 bis zum August des folgenden Jahres verteidigte sich die Stadt gegen die mit modernsten Waffen angreifenden österreichischen Truppen. Nach der Kapitulation Venedigs statteten die Belagerer die Außenforts der Stadt mit schweren Geschützen aus und installierten gegenüber der Kathedrale San Marco eine Batterie von Kanonen. Sie hielten das historische Zentrum der Serenissima als Geisel und drohten, bei dem geringsten Ausbruch von Unruhe die ganze Stadt dem Meeresspiegel gleich zu machen. Diese so erschütternde Nachricht hatte Ruskin bewogen, noch im Herbst des Jahres 1849 zusammen mit seiner Frau und zwei Begleitpersonen, Charlotte Kerr, einer Freundin Effies, und dem Diener John Hobbes, genannt George, nach Venedig zu reisen. Angesichts der Tatsache, dass Venedig von Cholera, Hungersnot und Kriegsverlusten gezeichnet war, eine mutige Entscheidung, zumal der Gesundheitszustand von Effie nicht als stabil gelten durfte. Man muss sich vorstellen, dass allein die Österreicher fast sechstausend Mann durch die Cholera-Epidemie, die während der Belagerung ausgebrochen war, verloren hatten. Suchten die Engländer, die bis dato nach Venedig gereist waren, das Vergnügen und vielleicht noch das eine oder andere Mitbringsel für ihre Schlösser, so ging es Ruskin nicht darum, sich an der Stadt zu bereichern, sondern ganz im Gegenteil, sich ihrer anzunehmen.

Während früherer Besuche hatte er die Erfahrung gemacht, dass von allen italienischen Städten Venedig am stärksten durch die unheilige Allianz aus Kräften des natürlichen Verfalls, der Abgestumpftheit der Italiener gegenüber ihrer eigenen Kultur und der rasch fortschreitenden Industrialisierung bedroht wurde. »Wie ein

Stück Zucker im Tee, so schnell schmilzt Venedig dahin«[8], schrieb er 1846 in Bezug auf die Abrisswut und Umbaumaßnahmen im Rahmen der Eisenbahnanbindung. Man hatte sogar geplant, den Bahnhof in das Zentrum der historischen Stadt zu legen. Nun, 1849, war durch die Militärpräsenz der Österreicher eine noch viel größere Gefahr hinzugetreten.

War Venedig zuvor das Vergnügungszentrum des europäischen Adels gewesen, so stellte John Ruskin seine Aufenthalte ab 1849 unter das Motto: »There is no pleasure in being in Venice« und ging an die Arbeit.

Seine Frau hingegen war nicht nur über das milde Klima erfreut, das ihrem Gesundheitszustand zuträglich war, sondern sie war dem alten Zauber Venedigs vollkommen erlegen. Am 13. November 1849 schrieb sie, gerade angekommen, an ihre Mutter: »Es ist der wundervollste Ort, an dem ich je gewesen bin, und wenn es nach mir geht, werden wir ihn so schnell nicht wieder verlassen (…). Wir wohnen im Hotel *Danieli*, ehemals ein prächtiger Palast, mit Treppen und Türen aus Marmor und Balkonen mit Blick auf das Meer, die Schiffe, die Kirchen, und der Dogenpalast, das schönste Gebäude auf der Welt, und San Marco sind keine 100 Yard entfernt. Dort spielt jeden Abend eine österreichische Kapelle, 60 Mann stark, die beste, die ich je gehört habe. Ganz Venedig scheint sich deswegen einzufinden. Der Platz ist dann wie ein großes Wohnzimmer, von den Gaslaternen der ringsumlaufenden Arkaden ausreichend beleuchtet – dort sitzen die Damen und Herren bei Kaffee, Eiswasser und Zigaretten, während eine dichte Menge von Männern, Frauen, Kindern, Soldaten, Türken und phantastischen Gestalten in griechischer Tracht in der Mitte auf- und abgeht, das Ganze unter einem Nachthimmel voller unzähliger funkelnder Sterne.«[9]

Effie schien sich gut zu amüsieren, während ihr Ehemann, über die sich selbst gestellte Aufgabe, das untergehende Venedig in allen seinen Facetten zu dokumentieren, verzweifelte. Dabei wäre es für ihn, als einziger verwöhnter Sohn reicher Eltern, der bereits mit den ersten beiden Bänden seines Hauptwerkes *Modern Painters* in England zu Ruhm gelangt war, ein Leichtes gewesen, es sich ebenfalls gut gehen zu lassen. Er verzweifelte an einzelnen Herausforderungen, ebenso wie an der gesamten Situation in Venedig, die er vor allem den unordentlichen Italienern anlastete. In einem Brief an eine gute Freundin, Pauline Trevelyan[10], schreibt er, dass er »langsam (begreife), dass die Italiener wirkliche Tiere sind, eine Mischung aus Hund und Katze (ohne die Treue des einen und die Reinlichkeit der anderen), aber dass man ihrer Herr wird, wenn man achtsam ist und den Stock eifrig gebraucht. Man muss ihnen bei jeder Gelegenheit ›den Stock zu fressen geben‹, dann werden sie recht verlässlich und einem zugetan, wenn man sie nur oft genug ausgeschimpft hat, aber ich habe bisher noch kein Gran Dankbarkeit bei ihnen finden können.«[11] Ruskin spielte hier auf eine Redewendung Lady Trevelyans in Bezug auf den Umgang mit Hunden an.

Aber diese Ansicht über die Italiener sollte seine Liebe zur Stadt und ihrer Architektur nicht brechen. In einem weiteren Brief an Lady Trevelyan heißt es: »Effie ist, wenn das möglich ist, noch lieber in Venedig als ich. Und ich denke, das ist möglich, denn wenn sie auch nur zwei Drittel oder drei Viertel der Freuden empfindet, die mir San Marco und der Dogenpalast bereiten, so leidet sie doch nicht wie ich unter dem Anblick der Restaurierung und des Verfalls. Während ich über jeden Kanonenschuss jammere und mit den Zimmerleuten hadere, schließt sie Freundschaften mit österreichischen Offizieren und heckt Reformen in Salons aus. Während ich murre und knurre, schwatzt sie mit den Leuten und lacht über sie.«[12]

Effie Ruskin
Unbekannter Fotograf, um 1851

Ein sehr schönes und bedeutendes Aquarell der Ca d'Oro, einem der wichtigsten gotischen Paläste am Canal Grande, legt auf sehr eindrückliche Weise von seinen Sorgen und Nöten, aber auch von seiner Arbeitsweise Zeugnis ab. Die kolorierte Zeichnung entstand auf einer früheren Venedig-Reise Ruskins im Jahr 1845. Das war die erste größere Reise, die er ohne seine dominanten Eltern unternahm, in Begleitung seines Dieners und eines berühmten Alpenführers, Joseph Marie Couttet. Im September dieses Jahres erreichten sie Venedig, Johns damaliger Zeichenlehrer, J.D. Harding, war hinzugestoßen. Gemeinsam zeichneten sie viele der Paläste entlang des Canal.[13] Das Aquarell der Ca d'Oro blieb wie so viele der lebendigen Studien Ruskins unvollendet, Fragment, aber in diesem Fall aus gutem Grund. Am 23. September schrieb er an seinen Vater: »Schon an sich hätte sie (die Ca d'Oro) mir das Höchste abverlangt, denn sie ist unendlich schwer zu zeichnen und wegen ihrer Vielfalt und Farbigkeit als Aquarellstudie kaum auszuführen, und stelle Dir ein Arbeiten vor, wenn verdammte Maurer Stangen hochziehen und in die alten Mauern einschlagen und dabei die Profile abbrechen.«[14]

Zum einen bereiteten ihm die ornamentale Feinheit und der Detailreichtum der Fassade Schwierigkeiten, zum anderen waren es die unsensiblen Restaurierungsarbeiten, die ihn zur Verzweiflung brachten. Aus diesem Grund blieb der untere Teil des Palastes im Aquarell ausgespart. Betrachtet man parallel dazu die Daguerreotypie, die Ruskin genau in dieser Zeit vermutlich von dem Daguerreotypisten Le Cavalier Illier, »the poor Frenchman«, erworben hatte, so kann man seine Pein sehr gut nachvollziehen, ungeachtet der historischen Bauzier wurden Bretter und Gerüste angeschlagen. Aber die Daguerreotypie der Ca d'Oro leistet auch dass, was er vermeintlich nicht schaffte, »done perfectly & faultlessly in half a minute«.

Am 7. Oktober 1845 schrieb er an seinen Vater: » Ich bin sehr glücklich, dass ich von einem armen Franzosen, und das sage ich mit Bekümmern, eine der schönsten, gleichwohl sehr kleinen, Daguerreotypien von dem Palast erhalten habe, den ich zu zeichnen versucht habe – natürlich sind Daguerreotypien eine gloriose Angelegenheit, die bei diesem lebendigen Sonnenlicht gemacht worden sind. Ich bin davon sehr begeistert, und ich möchte von ausgesuchten Details noch mehr davon haben. Es ist eine vornehme Erfindung, man kann sagen, was man will, und jeder, der sich wie ich über vier Tage daran stümperhaft und fuschend abgearbeitet hat, und dann sieht, wie die Dinge, die man so lange verzweifelt versucht hat zu tun, in einer halben Minute perfekt und fehlerfrei entstanden sind, würde sie anschließend nicht missen wollen.«[15]

Das Arbeiten mit Daguerreotypien wurde fortan für Ruskin eine Selbstverständlichkeit, er kaufte sie von den verfügbaren Daguerreotypisten, gab sie in Auftrag, ließ sie seinen Diener John Hobbes alias George anfertigen, oder stand selbst hinter der Kamera. »Mr. Ruskin ist den ganzen Tag über bis zum Dinner beschäftigt, und sonst sehen wir ihn kaum zwischen Tee und Schlafengehen, denn er hat herausgefunden, dass die kurze Zeit, die wir hierbleiben können, angesichts der Menge des zu Leistenden nicht ausreicht. Er zeichnet und macht Notizen, fertigt Daguerreotypien an und nimmt Maße von jedem Palast, Haus, Brunnen oder Objekt von einschlägigem Interesse, so dass Sie sich vorstellen können, wie viel er zu ordnen und zu bedenken hat. Manchmal necke ich ihn ein wenig mit seinen sechzig Türen und hunderten von Fenstern, Treppen, Balkonen und anderen Bauteilen, mit denen er sich Tag für Tag abgibt.«[16]

John Ruskin rückte der Architektur auf den Leib, und wenn es sein musste mit einer Leiter: »Ich fragte ihn (den Bibliothekar der Bibliothek des

Dogenpalastes) unter anderem, ob die Fenster, die kein Maßwerk haben, früher welches besaßen. ›Niemals‹, sagte er, ›es gibt nicht die geringste Spur davon‹. Da man zu diesen Fenstern mit der Leiter hochklettern muss und sie schwer zu öffnen sind, kam mir der Gedanke, dass sich vielleicht niemand die Mühe gemacht hatte, einmal hinzuschauen. Gestern habe ich genau dies unternommen. Ich nahm die Bibliotheksleiter und öffnete alle Fenster, auf allen Seiten. Ich fand die Ansatzstücke für das Maßwerk, die Löcher für die Dübel, mit denen es befestigt worden war, die genaueren Umrisse auf der Mauer, und schließlich fand ich in einem Fenster auf der Rückseite, dessen bloße Existenz wahrscheinlich allen Autoren, die über den Palast geschrieben haben, entgangen war, einen der gedrehten Schäfte mit Kapitell und allem dran. Der Bibliothekar fragte mich nachher, ob ich irgendwelche Spuren gefunden hätte. Ich sagte: ›Spuren ja, gewiss‹, aber ich sagte ihm nichts über meinen gedrehten Säulenschaft; soll er doch selbst danach Ausschau halten.«[17]

Die Briefe an seinen Vater, dem er fast täglich schrieb, enthalten eine ganze Reihe von Klagen über die Italiener, deren Trägheit und Arglosigkeit gegenüber den Schätzen, die sich in ihrer Stadt befinden: »Die historischen Nachrichten über den Palast sind eine einzige Quelle der Konfusion. Der Name des Architekten ist nicht bekannt. Vom Baumeister sagt man, dass er an einer der Säulen aufgehängt wurde. Sein Name sei Calendario. Andere Quellen sagen, dass er erhängt wurde, bevor der Bau stand. Und die meisten Berichte stimmen darin überein, dass das obere Geschoss vor dem unteren gebaut wurde. Ich wurde davon ganz krank und machte mich selbst an die Arbeit (...).«[18]

Er schreckte dabei auch nicht davor zurück, sich vor seinen Kunstobjekten auf den Boden zu werfen: »Nachdem wir heute das Haus verlassen hatten, gingen wir zu San Marco, wo wir John in der Nähe des Hochaltares ausgestreckt auf dem Boden fanden, um eine der wunderschönen Alabastersäulen zu zeichnen, umgeben von einer Schar von bewundernden Müßiggängern (...).«[19]

Die Schaulustigen bewunderten ihn und argwöhnten zugleich:

»John erregt lebhaftestes Erstaunen bei Groß und Klein, und ich glaube, die Venezianer haben noch nicht ausgemacht, ob er total verrückt oder ein großer Weiser ist. Nichts vermag ihn zu unterbrechen – der Platz mag voll oder leer sein, John steckt entweder unter dem schwarzen Tuch und macht Daguerreotypien, oder er klettert zwischen Kapitellen herum, die so mit Staub und Spinnweben bedeckt sind, dass er wie nach einem Ritt mit einer Hexe zurückkehrt. Wenn er dann wieder unten ist, wartet er geduldig, bis Domenico ihn abgebürstet hat, ungeachtet der vielen Müßiggänger, die ihn überhaupt nicht verstehen können.«[20]

In einem späteren Brief an den berühmten amerikanischen Gelehrten Charles Eliot Norton reflektierte Ruskin seine Erfahrungen in Venedig; Erfahrungen historisch-philologischer Natur und Erfahrungen aus seinem ganz banalen Arbeitsalltag: »Ich bin hier durch so viele harte, trockene, mechanische Arbeit gegangen, dass ich das Gefühl für den Reiz des Ortes fast ganz verloren habe. Die Analyse ist ein widerwärtiges Geschäft. (...) Man fühlt nur, wie man eigentlich sollte, wenn man nicht sehr viel über die Sache weiß. Wenn ich Dich nur einen Moment lang erleben lassen könnte, was ich erlebe, wenn ich auf dem Kanal fahre und meine Arbeit tue, wenn sich Venedig in der Gestalt so vieler Architekturprofile darbietet und jedes Gebäude in mir nur Assoziationen stärkerer oder geringerer Provokationen, Probleme und Pein auslöst – Pein, wenn ich mit erfrierenden Fingern und rauhem Hals die Fensterbänke in der winterkalten Luft zeichnete; Probleme, wenn die Profile der Fensterbän-

Die Fassade der Ca d'Oro, 1845
Zeichnung/Aquarell, Wasserfarbe und Deckfarbe auf getöntem Papier

ke nicht mit denen der Eingangstreppe und die Rückenansicht nicht mit der Vorderansicht übereinstimmen; Provokationen, die ich von jedem Lebewesen in Venedig entgegennehmen musste, von meinen Gondolieri, die immer nach Hause wollten und nicht einsehen konnten, warum man den ganzen Tag lang auf dem Canal Grande festliegen sollte, um anschließend zum Lido zu rudern, von meinem Koch, der unablässig versuchte, Krebse am wasserseitigen Hauseingang zu fangen, und niemals welche fing, von meinem Valet-de-Place[21], der mich an Orte schleppte, wo es nichts zu sehen gab, und bei Verabredungen an der falschen Seite wartete, von meinem englischen Diener, den ich lässig rauchend auf dem Markusplatz antraf und den ich, wenn's so weiter geht, seiner Mutter als Tunichtgut zurückbringen werde, von meinen Zierfischen, die im ganzen Raum Wasser verspritzen und meine Zeichnungen verdarben, von meinen Seepferdchen, die nie ihren Schwanz um meinen Stock ringelten, wenn ich es wollte, von einem Fischer, der vor meinem Fenster seine Krabben lebend als Köder aufspießt, wenn ich das Morgenlicht auf der Madonna della Salute studiere, von den Küstern aller Kirchen, die nie zu Hause sind, wenn ich sie brauche, von den Glocken aller Kirchen, die immer zu läuten anfangen, wenn ich am Turm arbeite, von den Gezeiten, die sich nicht so pünktlich einstellen, wie sie sollen, vom Wind, der meine Skizzen in den Kanal wehte und einmal den Gondoliere hinterher, vom Regen, der durch das Dach der Scuola di San Rocco tropft, von der Sonne, die jeden Nachmittag auf Tintorettos *Ariadne und Bacchus* fällt und dort Blasen hervorruft, und vom Dogenpalast selbst, der der Schlimmste ist, der einfach nicht preisgibt, wie er entstanden ist. (Ich nehme an, dass dieser Satz irgendwo einen Anfang hatte, also auch irgendwo enden muss. Aber ich kann kein Ende für ihn finden, also muss er so bleiben, wie er ist.)«[22]

Es mag von dem düsteren Grundton des viktorianischen Zeitalters herrühren, dass Ruskin sich zu einer derartigen Litanei von Klagen hinreißen ließ, doch betrachten wir das Werk, dass am Ende dieser Strecke harter Arbeit steht, so liegt uns vor allem in Band I auch kein prächtiges Historiengemälde oder gar eine gloriose Architekturphantasie vor, sondern eine demonstrativ trockene Grammatik der venezianischen Architektursprache.

Das pittoreske Bild von Venedig, das noch existierte, als etwa Lord Byron dort residierte, in ruhigeren Zeiten, vor Krieg und Epidemien, gab es für John Ruskin nicht mehr. Der mondäne Glanz des Vergnügungszentrums der europäischen Reichen und Schönen war dem unaufhaltsamen Verfall preisgegeben. »Wir hörten von einer englischen Familie hier im Hotel, dass die meisten Kanonenkugeln und Granaten, die während der Blockade auf Venedig abgeschossen wurden, in den Canal Grande fielen und dass einige Paläste stark zerstört wurden. Der Palazzo Grimani und der Palazzo Mocenigo – dort wohnte Lord Byron – denke ich, haben am stärksten gelitten.«[23]

Während John über die Arbeit an den *Steinen* halb krank wurde, knüpften Effie und ihre Freundin Charlotte Kerr Kontakte zu österreichischen Militärs und zu dem europäischen Adel, der nach den Kriegswirren der Revolution langsam wieder eintraf.[24] Die meisten der bedeutenden venezianischen Familien residierten jedoch immer noch auf ihren Landsitzen, da sie die belagerte Stadt und die Fremden mieden. Effie, die ebenso wie ihr Mann fast täglich an ihre Eltern schrieb, gibt in ihren Briefen beinahe so etwas wie ein Sittenbild der venezianischen Gesellschaft um 1850.

»Ich versichere Dir, dass wir den Herzen der österreichischen Offiziere und Soldaten einen tieferen Schrecken einjagen, als ihr Vorgesetzter, Marschall Radetzky[25], es könnte, denn so etwas wie die zwei Ladies ist hier seit Monaten nicht mehr gesichtet worden, und mit Ausnahme der jungen Lady Otway[26], die hier im Hause lebt, sind Charlotte und ich die absoluten Königinnen. Von großer Zahl sind die Zigarren, die aus dem Mund genommen werden, wenn wir vorüberfahren (…)«, schreibt Effie am 28. Oktober 1849 an ihre Mutter. Aber wir können uns sicher sein, dass Effie die Freiheit, die ihr Ehemann ihr zugestand, mit äußerster Diskretion und Zurückhaltung einsetzte. »Ich denke nur, dass es absurd wäre, wenn du und Charlotte, nur weil ich mich selbst vergnüge, trübsinnig zu Hause herumsitzen solltet.«[27] Mit diesen Worten übergab Ruskin seine Frau und deren Begleiterin in die Obhut des Grafen Alphonse Wimpffen. Wimpffen, Sohn des Leutnant-Feldmarschall Graf Francois Wimpffen und Kommandant der österreichischen Truppen in Triest, diente als Adjutant bei Radetzky und wurde ein enger Freund der Ruskins, besonders Effies. Die europäischen Adligen erkannten sehr bald, dass die frischverheiratete Engländerin sich nicht für die Abenteuer eignete, die sie in Venedig zu finden hofften, gleichwohl verliebten sich doch die von Verlangen und Ritterlichkeit zugleich erfüllten österreichischen Offiziere reihenweise in die charmante junge Frau. Wie viele Herzen da gebrochen wurden, können wir nur ahnen, was aber zu diesen Zeiten und in dieser Situation passieren konnte, ja musste, davon wissen wir – von einem Duell, das ihretwegen ausgetragen wurde. Effie berichtet in einem ihrer Briefe auf unnachahmlich unbetroffene Weise davon.

Eine der erstaunlichsten Verbindungen war sicher die zu dem Leutnant der österreichischen Artillerie Karl Paulizza, jener, der für das große Bombardement aus der Luft, mit sogenannten unbemannten Ballonbomben, auf Venedig verantwortlich war. Da diese Geschosse nicht sehr präzise zu steuern waren, explodierten sie glücklicherweise noch über dem Meer und ließen den historischen Stadtkern von Venedig unangetastet. Effie beschreibt Paulizza in ihren Briefen als einen gebildeten, gutaussehenden, sprachbegabten und höflichen Mann, und selbst Ruskin, der ihn ja eigentlich für seine Taten gehasst haben müsste, war von dessen Talenten sehr beeindruckt. An ihren Vater schreibt Effie am 6. Januar 1850 über Paulizza: »Ich bin außerordentlich stolz auf ihn, da er kein gewöhnlicher Charakter ist, obgleich Du nicht der Meinung sein wirst, dass es für ihn spricht, wenn ich Dir erzähle, dass er es war, der all diese Bomben auf Venedig abgeschossen hat. Ich vermute, er hat deswegen jeden Tag geweint, aber es war seine Pflicht. John attachierte sich sofort an ihn wegen seiner exquisiten Zeichnungen, viele davon Konstruktionszeichnungen, Angriffspläne und Pläne von der Lagune, und sie sind so perfekt ausgeführt, dass John – und Du weißt, er ist ein strenger Richter – von ihrer Feinheit und ihrem Stil vollkommen überrascht war. Er ist John behilflich, ihm zu Kasernen und Wachstuben und Palästen Zugang zu verschaffen, die ihm bisher verschlossen geblieben waren. Er ist ein sehr tapferer Mann und wurde dafür vom Kaiser mit zwei Orden geehrt. Übrigens ist er auch ein Poet, er spielt Klavier, spricht fünf oder sechs Sprachen, beherrscht die Technik des Stahlstechens, kurz, wie er selbst schlicht sagt, Gott hat ihm genügend Talente gegeben, so dass er in sehr vielen verschiedenen Gebieten zu arbeiten vermag.«[28]

John Ruskin war über die Herrschaft der Österreicher nicht unglücklich, denn er hoffte, dass sie verhindern würden, dass noch mehr historische Bausubstanz Venedigs abgerissen wurde. Darüber hinaus schätzte er die Umgangsformen der Besatzungsmacht, ganz im Gegenteil zu denen der Italiener, wie wir gesehen haben, er verließ sich derart auf die Integrität der Österreicher, dass er ihnen sogar seine junge Ehefrau anvertraute. Nicht nur zu Leutnant Paulizza bestand ein freundschaftliches Verhältnis, auch Graf Wimpffen genoss sein vollstes Vertrauen. In einem Brief an seinen Vater beschreibt Ruskin sehr eindrücklich den Besuch des österreichischen Kaisers Franz Joseph I. Der junge Kaiser besuchte zu Beginn des zweiten Venedigaufenthalts von John und Effie im September 1851 die Lagunenstadt. »Alle Anwohner des Canal Grande wurden von der Stadtverwaltung aufgefordert, das Innere ihrer Häuser zu illuminieren, nur am Rialto wurde aus öffentlichen Mitteln für Beleuchtung gesorgt. Man hat dafür, das heißt für bengalische Lichter und Lampen, 300 Pfund ausgegeben, dieser Tage eine hohe Summe für Venedig, aber ich muss sagen, ich habe den Rialto niemals so schön gesehen. Es gab keine Embleme oder Schriftzeichen oder andere Kinkerlitzchen, nur die Konturen seiner Architektur waren in Lichterketten nachgezogen, und zwei Reihen roter Lampen begleiteten den Bogen über den Kanal, um das Gewölbe zu erleuchten – mit entsprechenden hellen Reflexen im Wasser. Wir verließen das Haus kurz vor zehn, ruderten unter der Brücke hindurch zu dem Abschnitt des Canal Grande, der der Bahnstation am nächsten ist (…). So warteten wir eine halbe Stunde. Es war ein merkwürdiger Anblick in der Dunkelheit, diese stillstehende Menge, die dennoch auf und ab bewegt wurde, der Gondoliere am Heck darüber wachend, dass die Nachbarboote ihn nicht abdrängten, und alle anderen Personen im tieferen, offenen Teil der Boote stehend und so von Ufer zu Ufer reichend. Man konnte nicht sehen, worauf die Menge stand, nur hier und da blitzte die Flut im Fackellicht auf, und zwischen den Personen ragten die ungezählten Schnäbel der Gondeln empor, die sich mit ihren phantastisch gebogenen Hälsen wie ein Heer von Drachen ausnahmen, die schwarz glitzernden Leiber kaum wahrzunehmen – man konnte denken, dass Cadmus die falschen Zähne ausgesät und statt Menschen Drachen geerntet habe. (…) und dann kam mit einem Mal die Nachricht von der Ankunft des Kaisers, und man begann, auf den Booten bengalische Lichter abzubrennen, was die Fassaden der Paläste am ganzen Kanal hell gegen den Nachthimmel erstrahlen ließ. Und dann kam der Kaiser tatsächlich, angetan mit grauem Reisemantel und Reisemütze; man führte ihn die Stufen hinunter in ein Boot, und sogleich begann die ganze Masse der schwebenden Gestalten und Drachenköpfe hinter ihm herzugleiten. Er hatte ausdrücklich jedermann eingeladen, mit der Gondel zu erscheinen und ihn zu begleiten, also waren keine Anstalten getroffen worden, ihn abzuschirmen, und so konnte das Motto des Abends nur heißen, so nah wie möglich an ihn heranzukommen.«[29]

Die Situation in Venedig war im Sommer 1851, wie man an dem Aufgebot von Schaulustigen anlässlich des Besuchs von Kaiser Franz Joseph sehen kann, eine ganz andere, als zwei Jahre zuvor. Die Gesellschaft war zurück, der europäische Hochadel hatte sich wieder eingestellt, und Effie war mittendrin.

Im November dieses Jahres schrieb sie an ihre Mutter: »Der Großfürst Konstantin[30] und seine Gattin kamen samt Gefolge von fünfzig Russen vor zwei Tagen hier an und wohnen für die nächsten fünf Monate im kaiserlichen Palast auf dem Markusplatz. (…) Madame Pallavicini[31] fragte, ob ich ihrer Ankunft beiwohnen wollte; Graf Falkenhayn[32], der zweite Mann am Platz, hatte ihr einen Raum im Palast zur Verfügung gestellt. Wir gingen und wurden von Baron Baumgarten, dem Adjutanten von Gorzkowski[33], in seinen Räumen freundlich empfangen, die auf den Garten des Gouverneurs gingen. (…) Nach kurzer Zeit kam das Dampfschiff an, von Gondeln umschwärmt, und der Herzog und seine Gattin wurden von Gorzkowski empfangen. Die Diener trugen alle sehr schöne Livreen, die Gondeln waren mit blassblauer Seide ausgeschlagen, die blau-rot-weißen Fahnen Russlands flatterten im Wind. Das Paar sah gut aus. Er trug Marineuniform und wirkt wie 23 – sie ebenfalls, eine hübsche Frau. Sie trug eine weiße Satinhaube mit rosa Rosenmuster innen, einen schwarzen Samtmantel, der fast bis zu den Füßen reichte und unten mit Zobel besetzt war, und ein hellblaues Kleid. Ich hoffe, ihre Anwesenheit wird Venedig guttun und ihnen werden weitere Russen folgen, die Häuser für den Winter mieten.«[34]

Effie wurde zu Soireen eingeladen, besuchte regelmäßig die Oper und tanzte auf Bällen. Und selbst ihr Ehemann, der sich zwar in der Regel auf solchen gesellschaftlichen Ereignissen langweilte und lieber hinten in der Loge saß und zeichnete, als dem Geschehen auf der Bühne zu folgen, oder die Bibliothek der Gastgeber aufsuchte und für den gesamten Abend darin verschwand, schrieb am 27. Januar 1852 über einen Ball im Hause des Marschalls Wimpffen an seinen Vater: »Effie kam in einem schönen Kleid und galt bei jedermann als die *reine du bal*. Der alte Marschall führte sie durch den ganzen Raum um sie der Marschallin vorzustellen und dann dem Erzherzog Karl Ferdinand, einer der Söhne des Erzherzogs Karl. Getanzt wurde sehr viel lebhafter als bei uns; es dauerte bis zwölf Uhr, als alle Damen nach unten zum Souper geführt wurden.«[35]

Es ist erstaunlich, wie selbstverständlich und selbstsicher sich Effie in der Fremde und unter Fremden bewegte – unter Ausländern, Andersgläubigen und in den meisten Fällen unter Standeshöheren. Aber ihr schottisches Eltern-

Ca d'Oro am Canal Grande, teilweise eingerüstet, um 1845
Daguerreotypie

haus hatte sie gut auf ihre Rolle vorbereitet. Die Hocharistokratie nahm sie mit offenen Armen auf. Das lag zum einen daran, dass eine Engländerin, auch wenn sie aus dem Bürgertum stammte, so etwas wie eine standesgemäße Fremde im 19. Jahrhundert schlechthin verkörperte, und zum anderen, dass Effie, jung, hübsch, gebildet und charmant war, und auf gewisse Weise auch allein; sie brachte mit anderen Worten alles das mit, was sich Gastgeber und Gastgeberinnen nur wünschen konnten.

Für Effie Ruskin waren die Aufenthalte in Venedig, fernab von den Schwiegereltern, die sich überall einmischten und bei allen Entscheidungen gefragt werden wollten, ein Segen. Sie hatte die venezianische Gesellschaft im Sturm erobert, und in den 16 Monaten, die zwischen der ersten und der zweiten Venedig-Reise lagen und die sie zusammen mit ihrem Mann in London verbrachte, machte sie von ihren Fähigkeiten Gebrauch, die sie in Venedig erworben hatte, und schon bald lag ihr auch die Londoner Gesellschaft zu Füßen. Aber ihr stand immer der nächste Venedig-Aufenthalt in Aussicht, den sie lieber heute als morgen angetreten hätte. In Venedig konnte sie sich selbst verwirklichen: »Wenn man in Venedig herumfragen würde, wer wohl die glücklichste Person sei, dann würden sie alle mich nennen. Denn jedermann mag mich und hätschelt mich; ich bin die *Belle* auf allen Bällen, und die Leute respektieren mich, weil ich tugendhaft bin und mich zu beschäftigen weiß.«[36]

John Ruskin hingegen reiste als »Antiquarian«, als Altertumsforscher, nach Venedig, in die Stadt, die für ihn eine Lektion für alle, für die Menschheit bedeutete, eben »the history of all men, not ›in a nutshell‹, but in a nautilus shell«[37].

DER THRON

JOHN RUSKINS
ZWEITE ANNÄHERUNG AN VENEDIG

In jenen alten Reisetagen, die nie mehr wiederkehren, bei denen die Entfernung nicht ohne Mühe überwunden werden konnte, diese Mühe aber auch belohnt wurde, teils durch den behaglichen Überblick über die Länder, durch die die Reise ging, und teils durch die Wonne der Abendstunden, wenn der Reisende vom Gipfel des letzten überstiegenen Hügels aus das stille Dorf erblickte, in dem er ausruhen sollte, mit den zwischen den Wiesen des Talbaches verstreuten Häuschen; oder wenn er von der lang ersehnten Biegung der staubigen Chaussee aus zum ersten Male die Türme einer berühmten Stadt im Strahl der untergehenden Sonne schimmern sah – Stunden friedlicher und tiefsinniger Freude, für die die stürmische Ankunft auf der Bahnstation vielleicht nicht immer, oder für alle Leute, ein Äquivalent ist, – ich meine, in jenen Tagen, als man noch etwas mehr erwartete und im Gedächtnis behielt von jedem aufeinanderfolgenden Rastorte, als eine neue Einrichtung von Glasdach und Eisenträgern, da gab es wenige Augenblicke, deren Erinnerung dem Reisenden teurer blieb, als den, welcher ihm, wie ich am Schluss des letzten Kapitels zu beschreiben versuchte, Venedig in Sicht brachte, als seine Gondel vom Kanal von Mestre aus in die offene Lagune schoss. Allerdings war der Anblick der Stadt selbst gewöhnlich die Quelle einer leichten Enttäuschung, denn, von dieser Richtung aus betrachtet, sind ihre Gebäude viel weniger charakteristisch, als die anderer großer italienischer Städte; aber diese Minderwertigkeit wurde teils durch die Entfernung verhüllt, und mehr als aufgewogen durch das merkwürdige Aufsteigen ihrer Mauern und Türme, scheinbar aus der Mitte der tiefen See; denn unmöglich vermochten Geist oder Auge sogleich die Seichtheit der gewaltigen Wasserfläche zu ermessen, die sich in kräuselndem Glanze meilenweit nach Norden und Süden erstreckte, oder die schmale Linie von kleinen Inseln zu erkennen, die sie im Osten begrenzte. Der salzige Windhauch, die weißen wehklagenden Seevögel, die Massen dunklen Tangs, den die Flut heranspült, alles verkündete, dass es wirklich der Ozean war, an dessen Busen die große Stadt so friedlich ruhte; nicht ein so blauer, sanfter, binnenseeartiger Ozean, wie er die neapolitaner Vorgebirge umspült oder unter den marmornen Felsen von Genua schlummert, sondern ein Meer mit der bleichen Gewalt unserer eigenen nordischen Wogen, allerdings gemildert zu seltsamer, ausgedehnter Ruhe, und seine zornige Blässe zu einem Felde leuchtenden Goldes verwandelt, wenn die Sonne hinter dem Glockenturm der einsamen Inselkirche unterging, die so passend »St. Georg vom Seetang« genannt wird. Indem das Boot sich der Stadt näherte, sank die Küste, die der Reisende eben verließ, hinter ihm in eine lange düstere Linie zusammen, hier und da unregelmäßig mit Gestrüpp und Weiden besetzt; aber an ihrem scheinbar nördlichsten Vorsprung tauchten die Hügel von Arqua als dunkle Gruppe purpurner Pyramiden auf, über der lichten Spiegelung der Lagune schwebend; zwei oder drei glatte Wellenlinien niedrigerer Hügel streckten sich an ihrem Fuße hin, und über diese hinaus schloss die Alpenkette, mit den Felsspitzen oberhalb Vicenzas beginnend, den ganzen nördlichen Horizont ein – eine ausgezackte blaue Wand, durch deren Spalten hier und da eine Wildnis nebliger Abgründe zu sehen war, weit zurücktretend bei den Buchten von Cadore, und sich selbst erhebend und nach Osten wendend, wo die Sonne auf ihren Schnee traf, in mächtigen Bruchstücken matten Lichts, aufragend hinter den streifigen Abendwolken, eines nach dem andern; in ungezählter Pracht, als Krone des adriatischen Meeres, bis das Auge sich von ihnen abwandte, um auf der näheren Glut der Glockentürme von Murano zu ruhen, und auf der großen Stadt, die an den Wellen entlang immer größer wurde, beim raschen stillen Näherkommen der Gondel. Und wenn man endlich ihre Mauern erreicht und in die äußersten ihrer unbetretenen Straßen Eingang gefunden hatte, nicht durch betürmte Tore oder bewachte Wälle, sondern wie durch eine tiefe Durchfahrt zwischen zwei Korallenfelsen im Indischen Ozean; wenn sich zuerst dem Blicke des Reisenden die langen Reihen säulengeschmückter Paläste darboten, – jeder mit seiner schwarzen Gondel am Portal befestigt, – jeder mit seinem Spiegelbild zu seinen Füßen auf jenem grünen Pflaster, das jeder Windhauch zu neuen phantastischen Gebilden reichen Mosaiks verschob; wenn zuerst am äußersten Ende des strahlenden Bildes der schattige Rialto seine kolossale Bogenlinie hinter dem Palazzo de' Camerlenghi hervor ausstreckte, jener merkwürdige Bogen, so zart und so hart, so stark wie eine Berghöhlung und so zierlich wie ein eben gespannter Bogen; wenn zuerst, noch ehe sein mondförmiger Umriss ganz aufgetaucht war, der Ruf des Gondoliers »Ah! Stall«,* scharf ins Ohr klang und der Schiffsschnabel seitwärts drehte unter die mächtigen Steingesimse, die über dem engen Kanal beinahe zusammentrafen, wo das Klatschen des Wassers laut am Marmor seitwärts

* Siehe Kapitel »Der Ruf des Gondolieres«.

von der Gondel erklang; und wenn zuletzt das Boot auf die Breite der silbernen See hinausschoss, über der die Fassade des Dogenpalastes mit ihren blutroten Adern leuchtend nach der schneeigen Kuppel von S. Maria della Salute hinüberblickt, dann war es kein Wunder, dass der Sinn so überwältigt war von dem phantastischen Zauber einer so schönen und seltsamen Szenerie, dass man die dunkleren Tatsachen ihrer Geschichte und ihrer Existenz vergaß. Es mochte wohl so erscheinen, als ob eine solche Stadt ihre Entstehung eher der Wünschelrute eines Zauberers zu verdanken hätte, als der Furcht des Flüchtlings, dass das Wasser, das sie umschloss, eher zum Spiegel ihres Pomps als zum Obdach ihrer Nacktheit gewählt wäre und dass alles, was von Natur aus rauh oder unbarmherzig ist, – Zeit und Verfall sowohl, wie Wellen und Stürme – dazu vermocht wäre, sie zu schmücken, anstatt sie zu zerstören, und noch für künftige Zeiten jene Schönheit erhalten könnte, die für ihren Thron den Sand des Stundenglases ebenso festgehalten zu haben schien wie den der See.

Wenn auch die letzten wenigen ereignisreichen Jahre, die das Aussehen der ganzen Welt umgestaltet haben, in ihrem Einfluss auf Venedig verhängnisvoller gewesen sind, als die fünfhundert vorhergegangenen; und das edle Landschaftsbild, das sich uns beim Ankommen bot, jetzt nicht mehr gesehen werden kann, oder nur ganz flüchtig, wenn die Lokomotive ihr Rasen auf den eisernen Schienen verlangsamt; und wenn auch viele ihrer Paläste für immer verunstaltet und viele zu geschändeten Trümmern geworden sind, so liegt doch noch soviel Zauber in ihrem Anblick, dass der eilige Reisende, der sie verlassen muss, ehe die Verwunderung über diesen ersten Anblick sich abgeschwächt hat, noch immer dahin gelangen kann, die Niedrigkeit ihres Ursprunges zu vergessen, und seine Augen vor der Tiefe ihrer Verwüstung zu verschließen. Wenigstens sind diejenigen nicht zu beneiden, in deren Herzen das große Mitleid der Einbildungskraft erstorben ist und deren Phantasie keine Macht besitzt, die Zudringlichkeit schmerzlicher Eindrücke zurückzudrängen, oder das Unedle zu erheben und das Unharmonische zu verhüllen bei einer Szene, die so reich an Erinnerungen, so unübertrefflich an Schönheit ist. Aber dieses Spiel der Phantasie darf nicht gestattet werden bei der vor uns liegenden Aufgabe. Die unfruchtbaren romantischen Gefühle, die so charakteristisch für unser Jahrhundert sind, vermögen die Überreste jener mächtigeren Zeitalter, an denen sie wie rankende Blumen hängen, wohl zu vergolden, aber niemals zu erhalten; und sie müssen von den herrlichen Bruchstücken losgerissen werden, wenn wir sie sehen wollen, wie sie in ihrer eigenen Kraft dastanden. Diese stets ebenso fruchtlosen wie liebevollen Gefühle sind in Venedig nicht nur unfähig die Gegenstände zu schützen, denen sie gelten müssten, sondern selbst sie herauszufinden. Das Venedig des modernen Romans und des Dramas ist ein Ding von gestern, ein bloßes Aufblühen des Verfalls, ein Bühnentraum, der beim ersten Strahl von Tageslicht in Staub zerfallen muss. Kein Gefangener, dessen Name der Erinnerung wert ist, oder dessen Kummer Mitleid verdiente, hat jemals die »Seufzerbrücke« überschritten, die der Mittelpunkt des Byronschen Ideals von Venedig ist; kein großer Kaufmann von Venedig sah jemals jenen Rialto, unter dem der Reisende jetzt mit atemlosen Interesse entlang fährt; die Statue, welche Byron Faliero als einen seiner großen Vorfahren anreden lässt, wurde einem Glücksritter hundertundfünfzig Jahre nach Falieros Tode errichtet; und die hervorragendsten Teile der Stadt sind im Laufe der letzten drei Jahrhunderte so gänzlich verändert worden, dass wenn Enrico Dandolo oder Francesco Foscari aus ihren Gräbern zitiert werden könnten, und jeder auf dem Verdeck seiner Galeere an der Einfahrt des großen Kanals stände, jener berühmten Einfahrt, die der Lieblingsvorwurf des Malers, die Lieblingsszenerie des Romanschreibers ist; dort wo das Wasser zuerst bei den Stufen der Kirche von La Salute sich verengert, – dann würden die mächtigen Dogen nicht wissen, in welchem Teile der Welt sie ständen, würden tatsächlich nicht einen Stein der großen Stadt wieder erkennen, um derentwillen und durch deren Undankbarkeit ihre grauen Haare mit Bitterkeit in die Gruft gebracht wurden. Die Überbleibsel *ihres* Venedigs liegen hinter den aufgehäuften Massen verborgen, die das Entzücken des kindisch gewordenen Volkes bildeten; verborgen in manch einem grasbewachsenen Hof und stillem Fußsteig und finsterm Kanal, wo die trägen Wellen ihre Fundamente fünf Jahrhunderte lang unterspült haben und bald den Sieg über sie davontragen müssen. Es muss unsere Aufgabe sein, sie zu sammeln und auszulesen und aus ihnen ein schwaches Abbild der entschwundenen Stadt wieder herzustellen; tausendfach prächtiger als die heut existierende; aber nicht erschaffen als Luftschloss des Fürsten, oder als Prahlerei des Edelmanns, sondern von eisernen Händen und geduldigen Herzen aufgebaut, im Kampf gegen die Unbill der Natur und die Raserei des Menschen, so dass ihre Wunderbarkeit nicht mit der Indolenz der Phantasie erfasst werden kann, sondern nur nach ehrlicher Erforschung der wahren Natur jenes rauhen und einsamen Schauplatzes, dessen rastlose Flut und zitternder Sand allerdings den Ursprung der Stadt beschirmten, aber ihr lange Zeit die Herrschaft versagten.

Wenn man zufällig einen Blick auf die Karte von Europa wirft, so gibt es keine Form, durch die er mehr angezogen werden kann, als durch die merkwürdige Schleifenkrümmung, die die Vereinigung der Alpen und Apenninen bildet und das große Becken der Lombardei einschließt. Dieses Zurückkehren der Bergkette zu sich selbst bringt eine große Verschiedenheit im Charakter ihrer Trümmerverteilung auf ihren entgegengesetzten Seiten hervor. Die Felsentrümmer und Ablagerungen, die die Ströme an der Nordseite der Alpen in die Ebenen tragen, breiten sich über eine weite Strecke Land aus, und wenn sie auch hier und dort in Kiesbetten von riesiger Dicke eingegraben sind, so gestatten sie doch bald den festen Substraten unter ihnen zum Vorschein zu kommen; aber alle Ströme, welche von der südlichen Seite der Alpen und vom nördlichen Abhange der Apenninen herabkommen, treffen konzentrisch in der Bucht oder Talmulde zusammen, welche die beiden Bergrücken einschließen; jedes Trümmerstück, das Gewittersturm aus ihren Festungsmauern bricht, und jedes Staubkorn, das der Sommerregen aus ihren Triften wäscht, wird schließlich zur Ruhe gelegt in der blauen Krümmung der lombardischen Ebene; und diese Ebene hätte innerhalb ihrer felsigen Schranken emporsteigen müssen, wie ein Becher sich mit Wein füllt, wenn nicht zwei entgegengesetzte Einflüsse vorhanden wären, die beständig auf ihrer Oberfläche die Anhäufung der Trümmer von Jahrhunderten niederdrücken oder zerstreuen.

Ich will das Vertrauen des Lesers auf die moderne Wissenschaft nicht erschüttern, durch besonderes Eingehen auf die eigentümliche Senkung der lombardischen Ebene, die seit vielen Jahrhunderten gleichmäßig und andauernd stattgefunden zu haben scheint; die hauptsächliche Tatsache, mit der wir zu tun haben, besteht in der stufenweisen Fortschaffung großer Massen feiner Ablagerungen durch den Po und seine großen Nebenflüsse nach der See. Der Charakter der lombardischen Ebene ist am schlagendsten ausgedrückt durch die alten Mauern ihrer Städte, die größtenteils aus großen, abgerundeten Alpenkieseln bestehen, die mit schmalen Backsteinschichten abwechseln; und er wurde 1848 merkwürdig deutlich gemacht durch die vier oder fünf Fuß hohen Wälle, die um jedes Feld errichtet wurden, um die österreichische Kavallerie bei der Schlacht unter den Mauern Veronas

Canal Grande mit Rialtobrücke, um 1845
Daguerreotypie

3832

zurückzuhalten. Der feinere Staub, in dem diese Kiesel verstreut liegen, wird von den Flüssen aufgenommen, die durch den Schnee der Alpen immer neue Kraft erhalten, so dass sie trotz der Reinheit, mit der ihre Wasser aus den Seen am Fuße der großen Kette hervorquellen, die Farbe und Undurchsichtigkeit des Lehms annehmen, bevor sie das adriatische Meer erreichen. Der Bodensatz, den sie mit sich tragen, wird sofort niedergeschlagen, wenn sie in die See treten, und er bildet einen weitreichenden Gürtel niedrigen Landes an der südlichen Küste von Italien entlang. Der mächtige Strom des Pos baut natürlich am raschesten und weitesten hinaus; an beiden Seiten, nördlich und südlich liegt eine Strecke Marschland, die von schwächeren Strömen gespeist wird, und einem weniger raschen Wechsel unterworfen ist, als das Delta des Hauptflusses. In einer dieser Strecken ist *Ravenna* erbaut, in der anderen *Venedig*.

Was für Umstände die eigentümliche Anordnung dieses Ablagerungsgürtels in frühesten Zeiten veranlasste, ist hier nicht der Ort zu erforschen. Für uns genügt es zu wissen, dass sich von den Mündungen der Etsch bis zu denen der Piave, in einer wechselnden Entfernung von drei bis fünf Meilen von der wirklichen Küste, eine Sandbank erstreckt, die durch schmale Seekanäle in längliche Inseln geteilt ist. Der Raum zwischen dieser Sandbank und dem wirklichen Ufer besteht aus den Ablagerungen dieser Kanäle und anderer Flüsse, eine große Fläche kalkartigen Schlammes, der in der Nähe von Venedig bei Hochflut, an den meisten Stellen ein bis anderthalb Fuß hoch von der See bedeckt ist, aber durch ein verwickeltes Netzwerk von engen und gewundenen Kanälen geteilt ist, aus denen die See nie zurücktritt. An einigen Stellen ist das Land, je nach dem Lauf der Strömungen, zu moorigen Inseln aufgestiegen, die teils durch Kunst, teils durch die Zeit einen so festen Boden erlangt haben, dass darauf gebaut, oder einen so fruchtbaren, dass er bestellt werden kann; an anderen hat es dagegen die Meereshöhe nicht erreicht, so dass beim durchschnittlichen Niederwasser seichte kleine Seen zwischen seinen unregelmäßig verteilten Feldern von Seetang glitzern. Inmitten des größten von diesen, der noch an Bedeutung gewann durch das Zusammenfließen mehrerer großer Flusskanäle nach einer der Öffnungen am Seeufer zu, ist die Stadt Venedig selbst auf einer zusammengedrängten Gruppe von Inseln erbaut worden; die verschiedenen Flecken höheren Grund und Bodens, die nördlich und südlich von dieser Mittelgruppe auftauchen, sind in verschiedenen Zeiträumen dicht bevölkert gewesen, und man findet noch jetzt, je nach ihrer Größe, die Überreste von Städten, Dörfern, oder vereinzelten Klöstern und Kirchen zwischen Strichen freien Feldes verstreut, die teils wüst und mit Trümmern bedeckt, teils zur Versorgung der Hauptstadt bestellt sind.

Das durchschnittliche Steigen und Fallen der Flut beträgt ungefähr drei Fuß (was mit den Jahreszeiten beträchtlich wechselt;) aber sie genügt, um an einem so flachen Ufer eine fortwährende Bewegung des Wassers hervorzubringen, und in den Hauptkanälen einen Rückfluss, der häufig wie ein Mühlstrom dahinschießt. Bei hoher Flut ist häufig meilenweit nördlich oder südlich von Venedig kein weiteres Land zu sehen, als kleine Inseln, die mit Türmen bekrönt, oder von Dörfern bedeckt sind. Ein etwa drei englische Meilen breiter Kanal liegt zwischen der Stadt und dem Festland, und ein etwa anderthalb Meilen breiter zwischen ihr und der sandigen Düne, der Lido genannt, der die Lagune von dem adriatischen Meer trennt, aber so flach ist, dass er kaum den Eindruck stört, als ob die Stadt inmitten des Ozeans erbaut sei, trotzdem das Geheimnis ihrer wahren Lage teilweise, wenn auch nicht unangenehm auffallend, durch die Gruppen von Pfeilern verraten wird, die errichtet sind, um die Tiefwasserkanäle zu bezeichnen, und welche weit hinaus, gefleckten Ketten gleich wogen, wie die bunten Rücken riesiger Seeschlangen, und durch das rasche Aufflimmern der gekräuselten und dicht gedrängten Wellen, die von den starken Winden getrieben, auf der glatten Oberfläche der flachen See flattern und tanzen. Aber die Szene stellt sich ganz anders zur Ebbezeit dar. Ein Sinken von achtzehn oder zwanzig Zoll genügt, um auf dem größten Teil der Lagune den Grund sehen zu lassen; und bei vollständiger Ebbe erblickt man Venedig inmitten einer düsteren Ebene von dunkelgrünem Seetang, mit Ausnahme der Stelle, wo die breiteren Arme der Brenta und ihrer Nebenflüsse nach dem Hafen des Lido zusammenlaufen. In dieser salzigen und düsteren Ebene kommen die Gondeln und Fischerboote durch gewundene Kanäle vorwärts, die selten mehr als vier oder fünf Fuß tief sind, und oft so von Schlamm verstopft, dass die schwereren Kiele den Boden so stark durchfurchen, dass man ihre Wegspuren durch das klare Seewasser erblickt wie die Radspuren auf einer winterlichen Landstraße. Das Ruder lässt bei jedem Schlage blaue Narben auf dem Grunde zurück, oder verwickelt sich in den dicken Tang, der die Ufer mit der Wucht seiner finsteren Wogen umsäumt, hin und her schwankend im unsicheren Wallen der erschöpften Flut. Der Anblick hat oft etwas tief bedrückendes, auch noch heutzutage, wo jeder Fleck höher gelegenen Bodens irgend ein Bruchstück eines schönen Gebäudes trägt. Um aber kennen zu lernen, wie es einst war, möge der Reisende eines Abends in seinem Boot den Windungen eines wenig besuchten Kanals weit hinaus in die melancholische Ebene folgen. Er entferne im Geist den Glanz der großen Stadt, die sich in der Entfernung erstreckt, und die Mauern und Türme in der Nähe, und warte dann bis die strahlende Bekleidung und süße Wärme des Sonnenunterganges von den Wassern entschwunden sind und die dunkle Öde ihrer Ufer in ihrer Nacktheit unter dem Nachthimmel liegt, pfadlos, trostlos, kraftlos, in düstere Mattigkeit und banges Schweigen versunken, ausgenommen, wo die salzigen Flüsschen in die flutlosen Lachen plätschern, oder die Seevögel von ihren Rändern mit einem fragenden Schrei aufflattern. Dann wird er im stande sein, in gewissem Maße das Herzensgrauen nachzuempfinden, mit dem in alten Zeiten der Mensch diese Einsamkeit zu seinem Wohnort wählte. Die zuerst die Pfähle in den Sand hinein trieben und das Seegras zu ihrem Lager ausstreuten, dachten wohl schwerlich daran, dass ihre Kinder einst die Fürsten des Ozeans sein würden und ihre Paläste sein Stolz; und doch erinnere man sich bei den großen Naturgesetzen, die jene traurige Wildnis regieren, welch eine merkwürdige Vorbereitung für Dinge getroffen war, die keine menschliche Phantasie vorhersehen konnte, und wie die ganze Existenz und der Reichtum der venezianischen Nation voraussichtlich oder folgerichtig waren durch das Anbringen jener Dämme und Tore an den Flüssen und an der See. Hätten tiefere Strömungen ihre Inseln getrennt, dann würden feindliche Flotten immer wieder die aufstrebende Stadt zur Dienstbarkeit herabgewürdigt haben; hätten stärkere Wogen an ihre Ufer geschlagen, dann hätte die ganze Pracht und Feinheit der venezianischen Architektur mit den Bollwerken und Molen eines gewöhnlichen Seehafens vertauscht werden müssen. Hätte keine Flut stattgefunden, wie in anderen Teilen des mittelländischen Meeres, dann wären die engen Kanäle der Stadt gesundheitsschädlich geworden und das Meer, in dem sie erbaut war, verpestend. Wäre die Flut nur einen Fuß oder achtzehn Zoll höher gestiegen, dann hätte man keine Wasserzugänge an den Türen der Paläste anbringen können, was sogar jetzt eine kleine Schwierigkeit zur Ebbezeit bietet, wenn man landen muss, ohne die niedrigeren und schlüpfrigen Stufen zu betreten; und die höchste Flut tritt mitunter in die Hofräume und überströmt die Hausflure. Ein achtzehn Zoll größerer Unterschied zwischen der Höhe von Ebbe und Flut würde die Türstufen jedes Palastes bei Tiefwasser zu einer trügerischen Masse von Seetang und Schnecken gemacht haben, und das ganze System der Wasserbeförderung für die höheren Klassen, bei ihrem leichten und täglichen Verkehr, hätte aufgegeben werden müssen. Die Straßen der Stadt wären verbreitert worden, das Netzwerk ihrer Kanäle zugeschüttet und der ganze eigentümliche Charakter des Ortes und der Einwohner zerstört worden.

Der Leser hat vielleicht einen gewissen Schmerz empfunden bei dem Kontrast zwischen dieser getreuen Schilderung von der Lage des venezianischen Throns und der romantischen Auffassung, die wir uns gewöhnlich davon bilden; aber dieser Schmerz sollte, wenn wir ihn überhaupt empfunden haben, mehr als aufgewogen werden durch den Wert des uns hierdurch sofort dargebotenen Beispiels von der Unerforschlichkeit und Weisheit der Wege Gottes. Wenn es uns vor zweitausend Jahren gestattet gewesen wäre, das langsame Ansetzen des Schlammes jener trüben Flüsse in der verunreinigten See zu beobachten, und das Eindringen der leblosen, gefühllosen und unwegsamen Ebene in ihre tiefen und frischen Wasser, wie wenig hätten wir wohl den Zweck verstehen können, um dessentwillen jene Inseln aus dem leeren Raum geformt und die trüben Wogen von ihren öden Sanddämmen umschlossen wurden! Wie wenig hätten wir, ebenso wie bei vielem, was uns jetzt äußerst trübe, dunkel und zwecklos erscheint, das glorreiche Ziel zu erkennen vermocht, das Er damals im Sinne hatte, in dessen Händen alle Enden der Welt liegen! Wie wenig wir uns vorstellen können, dass in den Gesetzen, welche die düsteren Ränder jener unfruchtbaren Uferdämme vorrückten und das Unkraut zwischen ihren Untiefen aufwachsen ließen, allerdings eine Vorbereitung lag, und zwar *die einzig mögliche Vorbereitung* für die Begründung einer Stadt, die wie eine goldene Spange an den Gürtel der Erde gesetzt werden sollte, um ihre Geschichte auf die weißen Rollen der Meereswogen zu schreiben, sie mit ihrem Donner in Worte zu kleiden, und den Ruhm des Westens und des Ostens aufzuhäufen, und in weltdurchdringendem Pulsschlag aus dem glühenden Herzen ihrer Kraft und ihres Glanzes zu verkündigen![38]

DIE LEHRE VON DEN STEINEN

Welche methodischen Voraussetzungen, welche Fragestellungen und Begrifflichkeiten brachte Ruskin mit, als er die Arbeit in Venedig aufnahm? Und wie erweiterte und veränderte er das Spektrum von Kunst- und Baugeschichte?

Im wörtlichen Sinne grundlegend kann man zuerst Ruskins Materialismus nennen, mit dem er an eine sehr rezente Denkweise anknüpft. In Sachen Venedig ist er darin Pionier. In London arbeitete zur gleichen Zeit Gottfried Semper und publizierte 1851, in dem Jahr, da auch der erste Band der *Stones* erschien, *Die vier Elemente der Baukunst*, eine Art anthropologische Grundlegung des Bauens, die Semper aus vier Komponenten entwickelt: der Herd, das Dach, die Umfriedung und der Erdaufwurf. Sempers Materialismus ist einer der menschlichen Grundbedürfnisse und Gründungsmotive, wohingegen Ruskin seinen materialistischen Ansatz von Material und Technik ableitete, wozu Semper später auch aufschloss. Die Steine von Venedig ruhen auf sehr speziellem Grund. Um ihn zu erfahren, lädt Ruskin den Leser auf eine Fahrt in die abendliche Lagune ein, wo er der »traurigen Wildnis« gewahr wird, wo alles »pfadlos, kraftlos, trostlos« erscheint, »in düsterer Mattigkeit und bangem Schweigen versunken«. Diese Exkursion in den morastigen Naturraum ist zugleich ein Hinweis auf die prekäre, physische Gründung der Stadt als auch eine Rückblende zu den Anfängen der Stadt, zu ihren Gründungsumständen. Was daraus gelernt werden soll, ist das Wissen um die materiellen Bedingungen des Bauens einer Stadt im Sumpf und eines Gemeinwesens, das durch die Seefahrt groß geworden ist. Da ist Ruskin ganz Darwinist (avant la lettre): die Venezianer bauen mit Ziegeln, weil diese den weichen Boden nicht so stark belasten, schwerer Haustein, vor allem Marmor, der aus nicht allzu großer Entfernung hergebracht werden kann, wird in dünnen Scheiben wie ein Furnier vorgeblendet, figurale Elemente sind Spolien, welche die Schiffe auf der Rückreise als Ballast mitgenommen haben. Das Ergebnis hat Georg Simmel folgendermaßen anvisiert: »Als hätten alle Dinge alle Schönheit, die sie hergeben können, an ihrer Oberfläche gesammelt und sich dann von ihr zurückgezogen (…).«[39]

»Oberflächlich« ist die »Venezianische Ordnung« aus Notwendigkeit; zugleich lassen ihre Spielflächen und ihre Versatzstücke der Anwendung große Freiheiten: »Vitalität der Assimilation« und »anpassende Umwertung« sind Ruskins Begriffe für eine Baukultur, die erst runde 120 Jahre später wieder auflebte, als Prinzipien und Schlagworte wie »Bauen im Bestand«, rekonstruierende Anverwandlung und generell die postmoderne Zitierweise einen neuen Umgang mit der Überlieferung anstrebten.

Längst etabliert war zu Ruskins Zeiten der Stilbegriff und die damit einhergehende Vorstellung von einer in großen Etappen voranschreitenden Entwicklung. Wer auf dem Markusplatz

Kapitelle. Runderhabene Gruppe
Mezzotinto, Sepiaton

steht, kann mit einer Körperdrehung vier sehr verschiedene Stilphasen ausmachen: den byzantinischen Baustil von San Marco (11. Jahrhundert), die Gotik des Dogenpalastes (14.–15. Jahrhundert), den Renaissance-Stil der Libreria, der Bibliothek, die an der Piazzetta dem Palast gegenübersteht (16. Jahrhundert) und die drei Flügel der Prokurazien, die in drei Jahrhunderten entstanden (16., 17. und 19. Jahrhundert) und Flanke für Flanke eine eigene Interpretation einer strengen und würdigen Verwaltungsarchitektur geben, aber auch auf verschiedene Weise Platz und Öffentlichkeit definieren.

Napoleon soll die Piazza den »Salon Europas« genannt haben, man kann ihn auch als ein Freilichtmuseum der Stilgeschichte betreten und mehr noch mit Ruskin vom »Kampfplatz für die drei hervorragenden Stile der Welt« sprechen: »Der Dogenpalast enthält die drei Elemente in genau gleichen Verhältnissen – das römische, lombardische und arabische. Er ist der Zentralbau der Welt.«[40] Kampfplatz und Zentralbau bezieht sich also nur auf die drei Stilimporte des Mittelalters, die anderen Stile interessieren Ruskin hier nicht. Import meint zunächst einmal Versatzstücke, die bereits erwähnten Spolien, die aus dem Mittelmeerraum herbeigeholt wurden. »Die Leidenschaft, möglichst viele Säulen an und in dem Gebäude aufzustellen, verlangte auch eine reiche Auswahl von Kapitellen. Und so ist an San Marco angebracht, was die sieben letzten Jahrhunderte an Kapitellformen produziert hatten, eine wahre baugeschichtliche Repetition.«[41] Das schrieb Jacob Burckhardt, der wie Ruskin zuerst in den vierziger Jahren Italien bereist hatte, aber sein Italien-Reisebuch, den berühmten *Cicerone,* erst 1855, also nach den *Stones*, erscheinen ließ. Statt »Repetition« könnte man auch Repetitorium sagen, ein Wiederholungskurs in Kunst- und Baugeschichte. Mit den »sieben letzten Jahrhunderten« kann nur gemeint sein, dass man vom späten 11. Jahrhundert zurückrechnen muss, als der Bau geweiht wurde: dann lassen sich Versatzstücke seit der späten Antike studieren, die meisten aus der spätchristlichen und byzantinischen Baukunst.

Mit anderen Worten: Der Bau verkörpert nicht nur einen Stil, eine Stilstufe, er ist gleichzeitig ein Museum architektonischer Leitmotive und fremder Versatzstücke (Spolien) aus vielen Phasen. Es gehört zu den ganz großen Verdiensten Ruskins, dass er eine Abwandlung des Spolienprinzips auch am Nebenbau entdeckt hat, am Dogen-Palast: Dort sind die Kapitelle zwar nicht importiert, sondern alle vor Ort selbst gefertigt, aber die Bauzier der einen Front wird von der Bauzier der anderen Front kopiert, d. h. hier findet der Dialog zwischen zwei Jahrhunderten statt, auch ein Rezeptionsprozess in einer Stadt, die sich so vieles angeeignet hat. Ein »Unikum« (Burckhardt) in der Geschichte des Nehmens und Gebens.

»Soweit meine Forschungen sich erstreckt haben, gibt es in Venedig kein einziges, vor dem sechzehnten Jahrhundert errichtetes Gebäude, das nicht wesentliche Änderungen an einem oder mehreren seiner bedeutsamsten Grundzüge erfahren hätte. Die bei weitem größte Zahl unter ihnen bietet Beispiele von drei oder vier verschiedenen Stilarten dar, die aufeinander gefolgt oder auch zufällig zusammen geraten sein können; in vielen Fällen haben die Ausbesserungen oder Hinzufügungen stufenweise die ganze Struktur des alten Bauwerks ersetzt, von dem nichts als der Name übrig geblieben ist, und eine gewisse Identität, die in der abnormen Vereinigung der modernisierten Teile zur Schau gestellt wird; sozusagen der letzte Wille des alten Bauwerks, der sich durch sie alle hindurch geltend macht (…).«[42] Man kann sich nach solchen und hier schon gekürzten Sätzen die Ungeduld der Kunsthistoriker und der Architekten vorstellen und die daraus resultierende Zurückhaltung gegenüber

Fondaco dei Turchi
Mezzotinto, koloriert

einer Stadt, die sich nicht so recht fixieren und einordnen ließ.

Die Baukunst hatte sich wie keine andere Kunstlehre auf verbindliche Formen und Normen festgelegt, und ebenso war das Verlangen der Stilgeschichte nach dem reinen und rein erhaltenen Modell sehr groß. Aber hier arbeitete einer, der würdigte eine Baukultur der Umbauten, Palimpseste, der »letzten Willen« und der gestörten Befunde. Wenn die Abbildungen der *Stones* etwas mehr als ein Detail zeigen, dann sind sie gerne solchen ganz unspektakulären Reparaturzonen gewidmet, die das Zusammentreffen mehrerer stilistischer Interventionen nachweisen. Die favorisierten Stile, der byzantinische und der gotische, welche den Input der römischen, lombardischen und arabischen Vorbilder aufnehmen und verarbeiten, sind in Venedig schon abwechslungsreich genug, weil sie auf Variation setzen, übernommene oder selbstgeschaffene, aber sie sind als älteste auch dem Verschleiß, der Reparatur, der Anpassung unterworfen – das macht aber auch klar, dass nur die Verfügung über die mikroskopische Ebene den Forscher überhaupt in die Lage versetzt, Datierungen vorzunehmen.

Burckhardt fand das alles ziemlich verwirrend, was es ja auch ist; er vermisste den großen »Umriss«, die hierarchische Ordnung, die das antike und das spätere Italien so vorbildhaft herzustellen vermochten. Hatte nicht Michelangelo die »Kolossalordnung« erfunden und Palladio sie in den venezianischen Kirchen musterhaft angewandt – vis-à-vis von San Marco in den Verwaltungsgebäuden, wo man zur Not eine »Minimalordnung« ausmachen konnte? Was Ruskin zur gegenüberliegenden Kirche San Giorgio Maggiore zu sagen hatte, sei hier in Englisch wiedergegeben – man liest gewissermaßen die Spucke der Verachtung besser: »It is impossible to conceive a design more gross, more barbarous, more childish in conception, more servile in plagiarism, more insipid in result, more contemptible under every point of rational regard.«[43] Burckhardt dagegen fand Palladios Kirchenbau »harmonisch«, »beeindruckend«, »zwingend«: »Die Kirche S. Giorgio Maggiore in Venedig, herrlich isoliert, der Piazzetta gegenüber gelegen, ist das früheste dieser Gebäude (begonnen 1560). Schon von außen bilden Kirche, Querschiff, Turm und Kloster eine malerische Gruppe. Der Eindruck des Innern ist besonders schön und feierlich.«[44] An solchen klassischen Bauten maßnehmend musste San Marco auf Burckhardt eher wie ein »Zirkus« anmuten: »Rein als Bauwerk betrachtet, ist S. Marco von außen ziemlich nichtig und ungeschickt. Die Kuppeln heben sich in der Wirkung gegenseitig auf; die Fassade ist die unruhigste und zerstreuteste, die es gibt, ohne wahrhaft herrschende Linien und ausgesprochene Kräfte.«[45]

Über die Front des Markus-Doms zum Palast hin, wo sich die meisten Motive häufen und man den Kolorismus der venezianischen Baukunst am besten studieren kann (besser: konnte), über diese von Ruskin in vielen Zeichnungen und fotografischen Aufnahmen gewürdigte Formation notiert der Schweizer: »Reliefs und Mosaikzierate, die namentlich in den oberen Halbrundwänden der Palastseite den Charakter einer vor Alter kindisch gewordenen Kunst zeigen.« Aber dann findet er doch etwas Interessantes: »Wie dieselbe in Betreff des Details beinahe nur das Längstvorhandene aufbraucht, ist namentlich in einer Beziehung interessant zu verfolgen.«[46] Burckhardt meint: In dieser einen Beziehung, nämlich als ewige Variation ein- und desselben Modells hat das Ganze ein Interesse für sich. Ruskin hat der Ecke zum Palast hin unter anderem sein berühmtes Aquarell *San Marco im Regen* gewidmet – das war im Mai 1846, Burckhardt ist erst im August in der Lagunen-Stadt, da ist Ruskin schon wieder weg.

Besagtes Aquarell ist keine flüchtige Skizze, sondern vierzig Zentimeter hoch, doch wie alle Arbeiten, die der Zeichner Ruskin hervorgebracht hat, gibt es nur eine Teilansicht, keine Totale, und es ist auch in sich unfertig, fragmentarisch. Es geht um Reize, um Glanz, Spiegelung, Farbigkeit, ja man meint, auch Bewegung sei im Spiel, so als würden die hinuntergleitenden dunklen Flächen etwas mit fallender Nässe zu tun haben. Ruskin kommt hier von seinem großen Vorbild William Turner her, der sich zwar nie auf einen solchen Ausschnitt konzentriert hätte, aber keine seiner panoramatischen Szenerien ohne Wetterbericht gemalt hat, auch und gerade in Venedig nicht, wo die Wahrzeichen der Stadt gerade noch erkennbar aus Nebel, Dunst und spiegelnden Wasserflächen auftauchen – auch die Piazzetta im Gewitter ist für Turner ein Thema. Mit Ruskins Aquarell und im Grunde allen seinen Studien von 1845 bis 1865 sind wir auf dem Boden des Realismus, der Proben nimmt, mit ein, zwei sprechenden Details zufrieden ist, aber niemals vergisst, die Umstände mitzumelden, unter denen das Ganze existiert: Wetter, Licht, Kontingenz, Entropie. In Venedig sieht sich Ruskin freilich auch zum Fragment verdammt, wenn er der Zerstörung eines Bauwerks durch Restaurierung beiwohnt. Siehe oben der Fall der Ca d'Oro. Er musste miterleben, wie immer mehr historische Alabasterplatten durch maschinengesägte und im Schnitt musterhaft symmetrische moderne Ware ersetzt wurden – das alte Material ging zum Teil in London als Intarsie in Gulli-Deckeln auf, und Ruskin konnte seine Vorträge über venezianische Themen mit Originalen illustrieren.

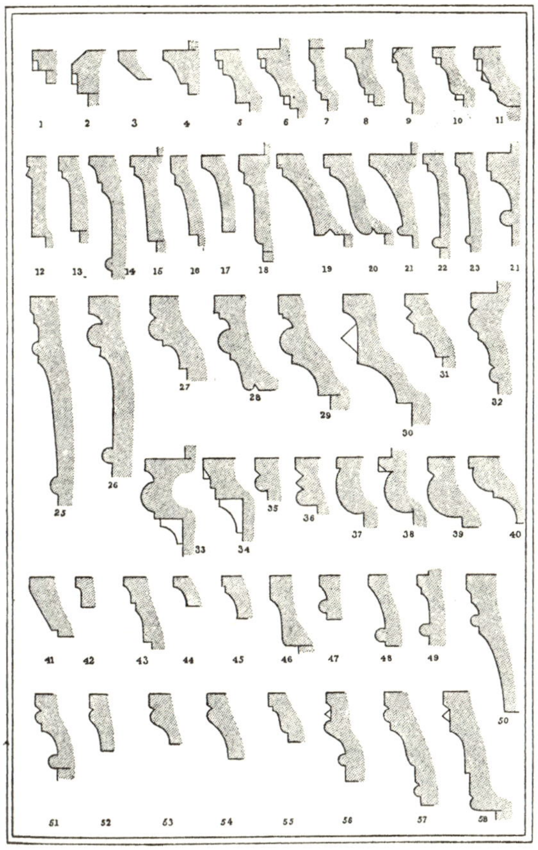

Gesimse, Radierung

Burckhardt erklärt: »Das Ziel, welches mir vorschwebte, war vielmehr: Umrisse vorzuzeichnen, welche das Gefühl des Beschauers mit lebendiger Empfindung ausfüllen könnte.«[47] Er sagt dies in bezug auf die Tatsache, dass er so viele Objekte zumindest ansprechen muss, sich mit Beschreibungen nicht aufhalten kann und auch keine Abbildungen zur Verfügung stellt. Da müssen es in der Tat für den Leser im Sessel und den Besucher vor Ort die »Umrisse« tun. Im großen »Umriss« ist Venedig, hält man sich nicht an Palladio, die unsystematische Stadt, ein Ort der Unregelmäßigkeiten, Überraschungen und Fragmente, der Überlagerungen und Pasticci und ein großes Stein gewordenes Bekenntnis zur Farbe in der Architektur, eine Qualität, die Burckhardt völlig entgeht. Ruskin: »Es ist eines der wesentlichsten Zeichen von Leben in einer Schule der Kunst, dass sie Farbe liebt.«[48] Farbe und Unregelmäßigkeit sind Indikatoren für Freiheit und Leben. »Der Wert der Dinge bemisst sich nach dem Grad der Lebensfülle, dessen sie sich erfreuen oder der sie hervorgebracht hat und dessen Spur sie noch tragen.«[49] Und Ruskins Begeisterung für farbige Architektur war ein starker Anreger der Stilvariante der englischen Backstein-Neogotik, die »Streaky Bacon-Style« genannt wird, Frühstücksspeckstil auf Deutsch.

Ruskin ist aber auch ein Mann der Umrisse, in diesem Fall der ganz nahsichtig gewonnenen. Er nennt sie Profile und Schnitte und bildet sie ab, einige hundert, aufgenommen hat er sehr viel mehr. Er hat dieses Verfahren aus den ersten Monografien, die in England gotischen Kathedralen gewidmet wurden. Auch damals versuchte man, chronologische Erkenntnisse zu sichern oder Bauschulen bestimmte Partien zuzuschreiben, aber das Schnitt- und Profilgeschäft konnte mehr. Es ließ sich im Sinne des Spuren-Paradigmas von Carlo Ginzburg[50] mit der Vermutung aufladen, dass der unbewusst getane Zug, die anscheinend selbstverständliche Formentscheidung uns zu den tiefen Informationen führt: zum Täter (Sherlock Holmes), zur Hand des Künstlers (Giovanni Morelli), zu Charakter und Vorgeschichte des Menschen (Sigmund Freud) oder eben zum »Sozialprofil« einer Epoche (John Ruskin).

Von der Ebene der Profilbeschau und der Probenentnahme aus strebte Ruskin höhere Ebenen an. Seine Stilgeschichte ist kein neutrales Verfahren, sie hat eine Moral. Sie wertet – eine Haltung, welche die Kunstgeschichte erst vierzig

Detail von San Marco nach dem Regen, 27. Mai 1846
Das Blatt zeigt den Weinranken-Pfeiler an der Südfassade.
Zeichnung/Aquarell, Wasserfarbe, Deckfarbe, Bleistift und Tinte auf grauem Papier

Wand-Dekorationen
Mezzotinto, Sepiaton

Jahre später ablegen sollte. Ab da sind dann alle Stile »vor Gott gleich«. Ruskin kennt einen guten Stil, den byzantinischen, einen sehr guten, den gotischen, und einen schlechten und immer schlechter werdenden Stil, die Renaissance und den Barock. Aus der Frührenaissance konnte er einiges für sich retten, aber der Weg nicht zum Verfall, sondern zur Falschheit ist im frühen 15. Jahrhundert schon gebahnt. Es geht damals zum Beispiel mit Perspektive und Anatomie los, und das führt in letzter Instanz zum »System«.

Ruskin ist der erste, der das Phänomen »Systemzeit« negativ denkt, lange bevor der Schimpfbegriff auf die Weimarer Republik angewandt wurde. System bedeutet Korrektheit in der Anwendung von Wissenschaft und Kanon auf Bildende Kunst und Architektur. System will äußerste Präzision des immer Gleichen. Man betrachte dazu die Abbildung »Wand-Dekoration«, welche der Wanddekoration als »Vorhang«, sprich als reine und freie Oberflächengestaltung gewidmet ist. Ruskin führt hier zum ersten Mal den Gut-Schlecht-Bildvergleich ein, der eine lange Tradition haben sollte, auch eine unrühmliche, als sich rechte Propaganda des Mittels bediente. Rechts ein Ausschnitt aus einer polychromen Wandverzierung aus Pistoia, der zwar ohne Farben auskommen muss, aber in lebhaften Dunkelbraun- und Weiß-Kontrasten eine Vorstellung von der Lebendigkeit der Inkrustation gibt. Es ist eben steter Wechsel angesagt: auf Weiß folgt Rot, Braun oder Grün (im Original), auf eine Schicht weißer Rauten antwortet eine Reihe schwarzer. Links das »sinnreiche Ornament«, »mit dem die Hälfte aller großen Londoner Gebäude verunziert ist«, so z. B. viele Banken. »Die Linien auf dem Bankgebäude können vielleicht als typisch für Rechnungen angesehen werden.«[51] Tatsächlich handelt es sich um die Wand eines Klubhauses in London, die in Putz den Steinschnitt einer

Renaissance-Architektur nachahmt. Ruskin findet, dass die »Fugen der Steine, die als Linien gezogen, in ihrer Regelmäßigkeit peinlich wirken«, peinlich und überflüssig, weil Verschwendung von Zeit und Arbeit, ganz gleich, ob sie im Stein die Fuge sichtbar verstärken oder nur in Putz nachgeahmt werden. Nun ist jeder Schmuck, jedes Ornament »unökonomisch«; Ruskins Bewertung setzt voraus, dass die Dekoration nicht unnütz ist, wenn sie »richtig« ist: im guten Falle farbig, lebendig und daher dem Leben zugewandt, im schlechten Falle auf der korrekten Durchführung des Systems bestehend, auch wenn die unglücklichsten Figuren entstehen.

System macht stolz, und Stolz ist eine Sünde. Damit ist der Schlüssel zum Wertesystem einer Kunstgeschichte gegeben, die mehr sein will als Ästhetik, Touristenführer, Historie – nämlich politische Ökonomie und eine Art von religiös fundierter sozialer Ethik.

Der englische Protestant betrachtet die Vergangenheit einer italienischen Gesellschaft auf ihre Gottesnähe, ihre Religiosität hin. Im Grunde konstruiert er einen späten Beweis für die historische Notwendigkeit der Reformation: Auch ästhetisch ging es im 16. Jahrhundert nicht weiter, sondern nur zurück, zur paganen Antike. Siehe die neuen Pläne für Sankt Peter in Rom, deren Finanzierungsmethode Luther geißelte und an deren antikischem Gepräge und Gepränge der *»Luther der Künste«* Anstoß nahm – einige Jahre nach den *Stones* kam dieser Titel für Ruskin auf. Man kann nicht übersehen, wie fundamental verschieden das Motto ist, das Jacob Burckhardt (übrigens auch ein Protestant) seinem Italienführer voranstellt: »Haec est Italia diis sacra« – »Dies ist Italien, den Göttern heilig« – ein Satz des Älteren Plinius, Betonung auf Götter. Aber im Grunde ist Burckhardt, der einen Führer schreibt, näher an der Realität seiner Leser, die erstens sicher alle auf dem Gymnasium die Sprachen und die Kultur der Antike und nicht Kunstgeschichte und italienische Landeskunde gelernt hatten und die zweitens das Italien der Gegenwart und auch seine Frömmigkeitspraktiken wenig vorbildhaft fanden. Letzteres gilt ganz entschieden auch für Ruskin. Während eines Italienbesuchs ging man in die Kirche um der Kunstdenkmäler willen, nicht um zu beten. Man diente eher doch den Göttern, den antiken. Ansonsten war das Italien der Gegenwart ein »geographischer Begriff«, wie sich Fürst Metternich auszudrücken pflegte.

Das Protoprotestantische und Gute an der mittelalterlichen Kunst Venedigs stützt sich vor allem auf zwei Qualitäten: Da ist zum einen der Dienst an der Schöpfung, der sich in ihrer naturnahen Ornamentik und in ihrer völlig unsystematischen Erschließung immer neuer Motive kundtut. Selbst an den Profillinien konnte Ruskin die richtige, die ideale Kurvatur entdecken, wenn er sie gegen den Schwung eines Lilienstängels, eines Gletschers oder gegen die Linie einer Bergflanke hielt, welchletztere im erdgeschichtlichen Maßstab die Arbeit der Erosion und Verwitterung erzeugt hatte – so die Matterhorn-Schönheitslinie, die Ruskin mit dem Kurvenlineal gegen viele Kurvaturen hielt. Das Richtige ist also in Natur und Kunst gleichermaßen gegeben und ist als nicht-intentionale Hervorbringung so etwas wie ein Wunder, ein Gottesbeweis.

Was das Mittelalter die Neuzeit zum anderen lehren konnte, war die Ehrfurcht vor der Arbeit und vor dem Arbeiter, der sich in seiner Arbeit frei verwirklichen kann, dessen Unregelmäßigkeiten und Abweichungen als Vitalität gelesen werden. »Das Lebensprinzip ist nicht die Liebe zur Wissenschaft, sondern die Liebe zur Veränderung. Gerade in der seltsamen Unruhe des gotischen Geistes liegt seine Größe; in jener Ruhelosigkeit des träumenden Geistes, der hin und her schweift zwischen den Nischen und

Abstrakte Linien, Radierung

fieberisch um die Spitzbogen flackert und in labyrinthischen Verschlingungen an Dach und Wand aufkräuselt und entschwindet, und sich nie genug tut, und auch nie genug tun kann.«[52] Als Ruskin dem Vater seine Schwierigkeiten beschreibt, den gotischen Stil zu definieren, entschließt er sich fast gewaltsam zu folgender Stilbestimmung: »Ich werde zeigen, dass das ausgezeichnetste Merkmal des Gotischen im Herzen und in der Hand des Arbeiters zu finden ist, aber der äußere Beweis des Charakters der Gotik ist der Dreipassbogen und nicht der einfache Spitzbogen. Gotik ist rein oder unrein je nach der Prominenz und der Strenge, mit der dieser Bogen eingesetzt wird.«[53] Dies ist ein sehr typisches Statement Ruskins: mit ebenso großer Eigenwilligkeit nennt er ein bisher nur mitlaufendes Baumotiv den Schlüssel zum gotischen Kunstwollen, und im gleichen Zuge erklärt er das innere Wesen der Gotik aus ihrer »Menschlichkeit«. Letztere Denkfigur hat viel Englisches an sich und ist zutiefst widersprüchlich: Das libertäre Argument liegt dem Engländer ebenso nahe wie die Priorisierung von Arbeit, es ist aber schwer auf das Feudalsystem des Mittelalters übertragbar. Und hatte nicht in England das »Factory System« angefangen: mit extremer Arbeitsteilung und weitgehendster Abrichtung der Arbeitskraft auf Präzision, sprich auf unendliche Wiederholung von Arbeitsschritten und dementsprechenden Produkten? Ruskin weiß das natürlich auch und betrachtet das mittelalterliche Venedig als historische Versuchsanordnung und als Gegenentwurf zur Neuzeit. Denn Venedig birgt, wie wir schon erfahren haben, »the history of all men, not ›in a nutshell‹, but in a nautilus shell«[54]. Ruskin wandelt den von Goethe geprägten Topos der Singularität Venedigs – »Wie man denn auch Venedig nur mit sich selbst vergleichen kann« – in eine Botschaft, ja Warnung um. Dies sind die berühmten Sätze, mit denen Ruskin die *Stones* beginnen lässt: »Seit zuerst die Herrschaft der Menschen sich über das Weltmeer geltend machte, sind drei Reiche von höherer Bedeutung als alle anderen an seinen Gestaden errichtet worden: die Reiche von Tyrus (Karthago), Venedig und England. Von der ersten dieser großen Mächte besteht nur die Erinnerung, von der zweiten der Verfall; die dritte, die ihre Größe erbt, kann, wenn sie ihr Beispiel vergisst, durch stolzere Erhöhung zu minder beklagtem Untergang geführt werden.«[55] So pathetisch und selbstbewusst tönt der Erforscher der Profile und Kapitelle und der Dreipassbögen, und er würde behaupten, dass er nur auf der Basis solcher Befunde zum großen Warner werden konnte, denn – und das ist für den Viktorianer ganz entscheidend – es ist die Organisation von Arbeit, die eine Epoche, eine Kultur prägt. Der Universalismus, den dieser Buchanfang verspricht, ist also aus einem Sendungsbewusstsein abgeleitet, das an den kleinsten Dingen Maß nimmt – und damit selbst Gottesdienst ist, Ehrfurcht vor der menschlichen Schöpfung.

Es ist schwer zu sagen, wie weit Ruskins Venedig-Bild zur Seite des sterbenden oder des lebenden Venedig neigt. Nicht den Tod in Venedig, sondern den Tod von Venedig sah er stärker durch die Kräfte des Fortschritts, als durch das gefährdete Ökosystem der Lagune heraufbeschworen. Sie drohte langsam zu versanden. Er fürchtete die Österreicher bzw. die Italiener, und vor einer neuen Konfrontation zwischen der Besatzungsmacht und den Venezianern und bevor die Indolenz beider Mächte die Stadt ganz ruiniert hatten, versuchte er zu retten, was zu retten war: in Zeichnungen, Fotografien, Abgüssen und Worten. Ein solcher Ersatz erscheint uns heute angesichts der Größe und Singularität der »Vorbilder« höchst ungenügend, aber man muss ernst nehmen, wie hoch das 19. Jahrhundert und sein Historismus das Prinzip Nachahmung und ihr einschlägiges Potential einschätzten. Wenn die großen Muster gesichert waren und man sie sich nicht nur aneignen, sondern auch verbessern konnte, und wenn man die gesellschaftspolitische Lektion angenommen hatte, dann hatte sich tendenziell die Instanz des Originals erschöpft. Das Abbild konnte Bild werden. Nun hätte Ruskin bei der hohen Wertschätzung, die er der Farbe entgegenbrachte, schwarzweiße Daguerreotypien niemals als vollgültigen Ersatz angesehen, aber wenn einen die neuesten Forschungen von Ken und Jenny Jacobson[56] belehren, wie oft Ruskin den Komplex von San Marco und Dogenpalast hat fotografieren lassen, nämlich 85 mal und darunter etwa 50 mal die Kapitelle und Säulen, dann spürt man das Verlangen sehr deutlich, dass hier einer alles sichern will – in Vorahnung eines drohenden Verlustes genauso wie im Hochgefühl zukünftiger Verwertbarkeit.

ZUM SCHLUSS – DAS FADEOUT VENEDIGS

Die Frage nach Leben und Sterben Venedigs stellt sich heute anders. Die Gefahr der Versandung wurde durch Umlenkung der einfließenden Gewässer gebannt. Jetzt steigt das Wasser: um 23 cm generell und immer höher bei Hochwasser. Die allgemeine Anhebung der Meere ist schuld, aber, was speziell die Lagune angeht, tragen die immer tiefer ausgehobenen Fahrrinnen für die großen Schiffe dazu bei, zumal für die Superkreuzfahrtschiffe, von denen bis zu fünf die Stadt täglich heimsuchen. Venedig, eine Kommune mit nicht einmal mehr 70.000 Einwohnern nimmt jährlich 13 bis 14 Millionen Touristen auf. Und nicht nur Touristen. Das aktuellste Werk über Venedig trägt den Titel *Migropolis* und nennt sich »Atlas of a Global Situation«. Unter Anleitung von Wolfgang Scheppe mit zahlreichen Co-Auto-

Links: Die Hoffnung – »The bad version of the Hope«, 15. Jahrhundert
Rechts: Die Hoffnung – »The old Hope«, 14. Jahrhundert
Fotografien des Kapitells der Tugenden am Palazzo Ducale, 2015, Andrew Burke

ren zusammengetragen hat es ziemlich genauso viele Seiten wie die deutsche Übersetzung der *Stones*.[57] Auf 1.344 Seiten und ungezählten Fotografien und Grafiken stellt es Venedig als »geteilte Stadt« dar, als einen »Schauplatz«, der im Grunde von den »Ureinwohnern« aufgegeben und zwei extrem unterschiedlichen Klassen von Reisenden überlassen wurde: den Reisenden, die zum Zeitvertreib Venedig aufsuchen, und den Reisenden, welche in die Stadt aus Subsistenzgründen kommen, Touristen und legale und illegale Immigranten mit anderen Worten. Eine höchst fluide und veränderliche Situation also, zu der passt, dass nun auch die Unterkünfte beweglich geworden sind: Das größte Hotel Venedigs soll 86 Zimmer haben, die Kreuzfahrtschiffe, die immer häufiger die Stadt anlaufen, haben derer Tausende. So schließt die »Mikropolis«, die Stadt in der Nautilus-Schale, die in so vielen Details studiert wurde, auf zur »Migropolis«, die wie in einem Experiment den Bewegungsströmen in einer globalisierten Welt ausgesetzt ist.

Andrew Burke, ein Blogger, ist mit den *Stones*, sprich mit einer Kindle-Ausgabe derselben in der Hand, Ruskins Spuren gefolgt. Er wollte, unter anderem auch vor den Originalen überprüfen, ob sich Ruskins berühmte Geschichte mit der (fehlenden) Hand Gottes noch verifizieren lässt. Er gibt den entsprechenden Texten selbst angefertigte Aufnahmen der beiden Kapitelle mit den beiden Allegorien der Hoffnung bei. Die Säulen des Palazzo Ducale sind ja so stumpfartig kurz gehalten, dass man ohne Probleme die figurierten Kapitelle betrachten kann. Ruskin meinte, deswegen seien sie so kurz, weil die mittelalterliche

Architektur über beide Distanzen verfügt: über die Ferne, das Himmelstrebende und rhythmisch Bewegte, aber genauso über die Nähe mit ihren sehr präzisen, gerichteten Botschaften. Der Blogger stimmte mit Ruskins Lesart des späteren Kapitells überein: keine Hand, nur die Sonne. Man erkennt an dem Zustand der Skulptur, dass die Zeit und bestimmt nicht das 20. Jahrhundert an ihr spurlos vorübergegangen waren: Stein und Relief sehen aus, als wären sie einem Prozess unterworfen, den man bei einem alten Möbelstück abbeizen nennen würde.

An der Allegorie des 14. Jahrhunderts kann der Blogger aber die Hand Gottes ebenfalls nicht entdecken. Er ist sich unsicher, denn an diesem Relief ist noch mehr abgerieben als am anderen. Die Sonne ist hier ein vollplastischer tiefgestaffelter Körper und nicht nur ein flaches Zeichen. Aber wenn *wir* die Daguerreotypie des Kapitells mit der Darstellung der Hoffnung betrachten, die John Ruskin und sein Diener Hobbs um 1850 anfertigten und die immerhin noch das Original zeigt, später, in den 1870er Jahren wurden die Kapitelle durch Repliken ersetzt, so meinen wir doch emblemhaft auf der Sonne die Hand Gottes erkennen zu können. Der Blogger beschließt seine Kapitellstudien mit einem Blick durch das Visier der Arkaden des Dogenpalastes auf das Bacino di San Marco, nein: nicht auf die Lagune, die rechts in den Canal Grande übergeht. Der Blick wird gestoppt durch eine Wand, eine Schiffswand, ein Schiffshochhaus mit hunderten von Zellen und ihren Insassen. Ein zweiter Ruskin wäre gefordert, um hier weiterzumachen. Aber unser Blogger würde einem solchen noch mehr kostbares Material an die Hand geben. Er war auch in Las Vegas und hat das Themenpark-Hotel »The Venetian« besichtigt.[58] Diese Kurzversion der Hauptattraktionen der Serenissima weist auch eine Kopie der längeren Seite des Dogenpalastes, der Seite zur Piazzetta hin, auf. Das ist nach Ruskin die schlechtere Front, auf welcher die Architektur und die Kapitelle der älteren Front kopiert wurden. In Las Vegas steht also eine Kopie der Kopie, womit Baudrillards Status des *Simulacrum* schon erfüllt ist (Baudrillard hat man übrigens ein Denkmal in Las Vegas gesetzt.) Die Kopisten haben die Säulen der Arkade auch mit figurativen Kapitellen ausgestattet, allerdings mit einer Form höherer Kopie, in der sie charakteristische Elemente zusammengeschmolzen haben, wobei schmelzen insofern das beinahe richtige Wort ist, denn die Kapitelle wurden in Kunststein gegossen. Dass jetzt nicht nur die Hand Gottes, sondern die ganze Allegorie der Hoffnung fehlt, bedarf weiterer Erwähnung nicht.

Den Blogger könnten wir uns zum Vorbild nehmen. Mit den *Stones* durch Venedig zu gehen, bedeutet automatisch Abstand halten von dem, was die Führer uns nahebringen wollen: Daten, Namen, Einordnungen – den großen »Umriss« eben. Solche Gewissheiten kann man überall einsammeln. Venedig, auf Millionen Stämmen ruhend und aus Milliarden Ziegeln aufgebaut und mit ungezählten Spolien und Kunststücken geschmückt, ist in seinem kompositen Wesen nur adäquat zu erfassen, wenn man anfängt, auf die kleinen Elemente und Zeichen zu achten, sich also eine persönliche Sammlung fehlender »Hände Gottes« anzulegen und deren Vorkommen auf das Venedig der Gegenwart auszudehnen, wie die Forschergruppe um Wolfgang Scheppe oder unser Blogger es taten. Die Künstlergruppe der Situationistischen Internationale, die sich 1957 zusammenfand, pflegte die Strategie des »dérive«, der »Abdrift«, die eine zufallsgesteuerte Durchwanderung einer Stadt forderte, in London mit dem Stadtplan von Paris in der Hand und umgekehrt. In einer Stadt, in der Stadtpläne wenig helfen, veranstaltete Ruskin, ein früher Drifter, seine »Kamerafahrten«, die zwar ein Ziel haben, aber sich auf dem Weg dorthin durch vielfältige Details ablenken lassen. Ihm ist zu folgen.

»There is the strong instinct in me which
I cannot analyse to draw and describe the thing
I love – not for reputation, nor for the good
of others, nor for my own advantage, but a
sort of instinct like that for eating or drinking.
I should like to draw all St Mark's
stone by stone, to eat it all up into my mind,
touch by touch.«

JOHN RUSKIN, IN EINEM BRIEF
AN SEINEN VATER AUS VENEDIG

DER STEINBRUCH

Seit zuerst die Herrschaft des Menschen sich über das Weltmeer geltend machte, sind drei Reiche von höherer Bedeutung als alle anderen an seinen Gestaden errichtet worden: die Reiche von Tyrus, Venedig und England. Von der ersten dieser großen Mächte besteht nur die Erinnerung, von der zweiten der Verfall; die dritte, die ihre Größe erbt, kann, wenn sie ihr Beispiel vergisst, durch stolzere Erhöhung zu minder beklagtem Untergang geführt werden.

Die Erhebung, die Sünde und die Strafe von Tyrus sind für uns aufgezeichnet worden in den vielleicht rührendsten Worten, die die Propheten Israels jemals gegen die Städte der Fremden äußerten. Aber wir lesen sie wie einen lieblichen Gesang und verschließen unsere Ohren vor dem Ernst ihrer Warnung; denn gerade die Tiefe des Falles von Tyrus hat uns blind gemacht gegen seine Tatsächlichkeit und wir vergessen, wenn wir die bleichen Felsen im Sonnenschein an der See aufleuchten sehen, dass sie einst waren »wie in Eden, dem Garten Gottes«.

Ihre Nachfolgerin, die ihr in der Vollkommenheit der Schönheit gleich kam, wenn auch weniger in der Dauer der Herrschaft, ist uns noch geblieben und wir dürfen sie in der Schlussphase ihres Niederganges betrachten; ein Gespenst am Gestade der See, so schwach, so still, so beraubt alles Besitzes, nur nicht ihrer Lieblichkeit, dass man im Zweifel sein kann, wenn man ihr mattes Abbild in der Spiegelung der Lagune erblickt, welches die Stadt und welches der Schatten ist.

Ich möchte versuchen, die Züge dieses Bildes nachzuzeichnen, bevor es für immer verloren ist und so weit ich es vermag, die Warnung im Gedächtnis zu erhalten, die für mich jede der rasch herandringenden Wellen zu äußern scheint, die wie vorbeiziehende Glocken gegen die *Steine von Venedig* schlagen.

Es würde schwer sein, den Wert der Lehren zu überschätzen, die aus einem gewissenhaften Studium der Geschichte dieser seltsamen und mächtigen Stadt gezogen werden könnten; eine Geschichte, die trotz der Arbeit von zahllosen Chronisten in unbestimmten und anfechtbaren Umrissen bestehen bleibt, – mit Streifen von Licht und Schatten wie der weit entfernte Rand ihres eigenen Ozeans, wo Brandung und Sandbank sich mit dem Himmel vermischen. Die Forschungen, auf die wir uns einlassen müssen, werden schwerlich den Umriss deutlicher machen, aber ihre Resultate doch in gewissem Maße seinen Anblick verändern, und so weit sie sich überhaupt auf ihn beziehen, besitzen sie ein Interesse von weit höherer Art, als es gewöhnlich architektonischen Forschungen eigen ist. Ich kann vielleicht gleich von Anfang an und in wenig Worten das allgemeine Lesepublikum in den Stand setzen, sich eine klarere Idee von der Bedeutung jedes existierenden Ausdrucks venezianischen Charakters durch venezianische Kunst zu machen, und von dem weiten Felde von Interessen, das die wahre Geschichte Venedigs umfasst, als es wahrscheinlich durch die land-

San Marco, Südfassade mit Weinranken-Pfeiler, 1849–1852
Das Kapitell zeigt Distel-Motive. Daguerreotypie

läufigen Fabeln von seiner geheimnisvollen Herrlichkeit erhält.

Venedig wird gewöhnlich als eine Oligarchie betrachtet und war auch eine solche während der kleineren Hälfte seines Bestehens, die die Tage seines Niederganges einschlossen, und es ist eine der ersten Fragen, die eine strenge Prüfung verlangen, ob dieser Niedergang in irgend einer Weise dem Wechsel seiner Regierungsform zuzuschreiben war, oder völlig, wie es sicherlich größtenteils der Fall ist, den Veränderungen im Charakter der Personen, aus denen die Regierung bestand.

Der Staat Venedig bestand dreizehnhundert sechs und siebzig Jahre, von der ersten Einsetzung einer Konsular-Regierung auf der Rialto-Insel an bis zu dem Augenblicke, als der kommandierende General der französischen Armee von Italien die venezianische Republik für eine Sache der Vergangenheit erklärte. Von diesem Zeitraum verstrichen zweihundert sechs und siebzig Jahre in einer nominellen Unterwürfigkeit unter die Städte des alten Venetia, besonders Padua und in einer erregten Form von Demokratie, deren ausübende Gewalt Tribunen anvertraut gewesen zu sein scheint, von denen je einer von den Bewohnern der hauptsächlichsten Inseln gewählt war. Sechshundert Jahre lang, in denen die Macht Venedigs fortwährend stieg, war die Regierung eine Wahl-Monarchie und ihr König oder Doge besaß, wenigstens in der ersten Zeit, mindestens ebensoviel unabhängige Autorität, wie irgend ein anderer europäischer Souverän, aber eine Autorität, die stufenweise eingeschränkt und beinahe täglich in ihren Prärogativen verkürzt wurde, während sie an gespenstischer und unfähiger Prachtentfaltung zunahm. Die letzte Regierung des Adels, unter dem Bilde eines Königs, dauerte fünfhundert Jahre, während deren Venedig die Früchte seiner früheren Tatkräfte erntete, sie verzehrte, – und unterging.

Möge der Leser daher das Bestehen des venezianischen Staates als zwei weit getrennte Perioden auffassen; die erste von neunhundert, die zweite von fünfhundert Jahren, deren Scheidung durch das sogenannte »Serrar del Consiglio« bezeichnet wird; das heißt, die schließliche und gänzliche Absonderung des Adels von der Bürgerschaft und die Übergabe der Regierung in ihre Hände, unter Ausschließung des Volkseinflusses einerseits und der Autorität des Dogen andererseits.

Nun bietet uns die erste Periode von neunhundert Jahren das höchst interessante Schauspiel eines Volkes dar, das sich aus Anarchie zu Ordnung und Macht durchkämpfte und dann, größtenteils von dem würdigsten und edelsten Manne regiert wurde, den sie unter sich finden konnten;* den man Doge oder Führer nannte und um den sich nach und nach eine Aristokratie bildete, aus der und von der er schließlich gewählt wurde; eine Aristokratie, die ihren Ursprung der zufälligen Anzahl, dem Einfluss und dem Reichtum einiger Familien unter den Flüchtlingen des älteren Venetia verdankte, und die sich nach und nach selbst durch Einigkeit und Heroismus zu einer besonderen Körperschaft organisierte.

Diese erste Periode schließt das Emporsteigen Venedigs in sich, seine edelsten Heldentaten und die Ereignisse, die seinen Charakter und seine Stellung unter den europäischen Mächten bestimmten; in ihrem Bereich finden wir, wie vorauszusetzen war, die Namen aller ihrer fürstlichen Helden – Pietro Urseolo, Ordalafo Falier, Domenico Michieli, Sebastiano Ziani und Enrico Dandolo.

Die zweite Periode beginnt mit hundert und zwanzig Jahren, den ereignisreichsten in Vene-

* »Ha saputo trovar modo che non uno, non pochi, non molti, signoreggiano, ma molti buoni, pochi migliori e insiememente, *un ottimo solo.*« – Sansovino. Ha, gut gethan, Venedig! Das ist allerdings wahre Weisheit.

digs Laufbahn – dem Hauptkampf seines Lebens – befleckt durch sein schwärzestes Verbrechen, den Mord von Carrara – verwirrt durch seinen gefährlichsten inneren Aufruhr, die Verschwörung des Falier – bedrückt durch seinen verhängnisvollsten Krieg, den Krieg von Chiozza, – und ausgezeichnet durch den Ruhm seiner beiden edelsten Bürger (denn in dieser Periode ersetzt der Heroismus der Bürger den der Monarchen), Vittor Pisani und Carlo Zeno.

Ich setze als Beginn von Venedigs Verfall den Todestag Carlo Zenos, am 8. Mai 1418* fest; als *sichtbaren* Beginn den eines anderen seiner edelsten und weisesten Söhne, des Dogen Tomaso Mocenigo, der fünf Jahre später verschied. Die Regierung der Foscari folgte darauf, verdüstert durch Pestilenz und Krieg, ein Krieg, in dem große Erwerbungen von Ländereien durch schlaue oder glückliche Politik in der Lombardei gemacht wurden, und ebenso bedeutsame als unwiederbringliche Schande in den Schlachten am Po bei Cremona und in den Sümpfen von Caravaggio erduldet werden musste. Im Jahre 1454 demütigte sich Venedig als erster Staat der Christenheit vor den Türken; im selben Jahre wurde die Staats-Inquisition** eingeführt und von diesem Zeitpunkt an nimmt seine Regierung die perfide und geheimnisvolle Form an, unter der sie gewöhnlich aufgefasst wird. Im Jahre 1477 verbreitete die große türkische Invasion Schrecken an den Ufern der Lagunen, und 1508 bezeichnet die Liga von Cambrai den Zeitpunkt, der gewöhnlich als der Anfang des Niederganges venezianischer Macht angesehen wird***; die Blüte des Handels in Venedig am Ende des fünfzehnten Jahrhunderts machte seine Geschichtsschreiber blind gegen die schon vorher in die Augen fallende Abnahme seiner innerlichen Kraft.

Nun besteht scheinbar eine bedeutsame Übereinstimmung zwischen der Einsetzung der aristokratischen und oligarchischen Macht und der Abnahme des staatlichen Wohlstandes. Aber dies ist gerade die streitige Frage und sie ist meiner Ansicht nach von allen Geschichtsschreibern unentschieden gelassen, oder von jedem nach seinen eigenen Vorurteilen entschieden worden. Es ist eine dreifache Frage: erstens, ob die durch individuellen Ehrgeiz eingesetzte Oligarchie in ihrer späteren Wirksamkeit die Veranlassung zu Venedigs Untergang war; oder (zweitens) ob die Einsetzung der Oligarchie selbst nicht eher Merkmal und Beweis, als Grund und Ursache für die nationale Entkräftung seien; oder (schließlich) ob, wie ich eigentlich denke, die Geschichte Venedigs nicht beinahe geschrieben werden könnte ohne Bezugnahme auf die Zusammensetzung seines Senates oder die Vorrechte seines Dogen. Es ist die Geschichte eines Volkes von großer Eintracht untereinander; als Abkömmlinge römischer Rasse; lange geschult durch Missgeschick, sahen sie sich durch ihre Stellung gezwungen, entweder edel zu leben oder zu Grunde zu gehen; – tausend Jahre lang kämpften sie um ihr Leben; dreihundert Jahre lange riefen sie den Tod herbei; ihr Kampf wurde belohnt, ihr Ruf erhört.

Während seiner ganzen Laufbahn wurden die Siege Venedigs, und in manchen Zeiten auch seine Sicherheit, durch individuellen Heldenmut erkauft; und der Mann, der es erhob oder rettete, war mitunter ein Bürger. Das kümmerte weder ihn noch den Staat; es handelt sich weniger um die Frage, welchen Namen sie trugen, oder welche Macht ihnen anvertraut war, als darum, in welcher Weise sie geschult waren, wie sie sich selbst beherrschen lernten und zu Dienern ihres

* Daru, liv. XII, cap. XII.

** Daru, liv. XVI, cap. XX. Wir verdanken diesem Historiker die Auffindung der Statuten des Tribunals und das Datum seiner Einsetzung.

*** Verhängnisvoll angedeutet durch seine Demütigung unter die päpstliche Gewalt (wie vorher unter die türkische) im Jahre 1509 und die Aufgabe ihres Rechts, die Geistlichkeit ihrer Gebiete zu ernennen.

Volkes wurden, geduldig im Missgeschick, unduldsam bei Unehere und Schmach; und was der wahre Grund war für den Wechsel zwischen jener Zeit, als Venedig Erretter unter denen zu finden vermochte, die es ins Gefängnis geworfen hatte, und der, wo die Stimmen seiner eigenen Kinder ihm befahlen, ein Bündnis mit dem Tode zu unterzeichnen.

Auf diese Nebenfrage möchte ich die Aufmerksamkeit des Lesers während aller unserer weiteren Forschungen gerichtet sehen. Sie verleiht jeder Einzelheit doppeltes Interesse und dieses Interesse wird nicht ohne Nutzen sein; denn der Beweis, den ich imstande sein werde aus den Künsten Venedigs her zu leiten, wird häufig und unwiderleglich zeigen, dass der Niedergang seiner politischen Blütezeit auf das engste zusammenhing mit dem der häuslichen und persönlichen Religion.

Ich sage häuslich und persönlich; denn – und dies ist der zweite Punkt, von dem ich wünsche, dass ihn der Leser im Kopf behält – das merkwürdigste Phänomen in der ganzen venezianischen Geschichte ist die Lebendigkeit der Religion im Privatleben und ihre Leblosigkeit im Staatswesen. Inmitten des Enthusiasmus, der Ritterlichkeit und des Fanatismus der anderen europäischen Staaten steht Venedig von Anfang bis Ende wie eine maskierte Statue da; seine Kälte ist undurchdringlich, seine Bewegung nur durch die Berührung einer geheimen Feder veranlasst. Diese Feder war sein Handelsinteresse – dies das einzige Motiv all seiner bedeutenden politischen Taten, oder andauernden nationalen Feindseligkeiten. (…)

Es sind daher zwei seltsame und ernste Gesichtspunkte, unter denen wir fast jede Szene der wechselvollen Geschichte des Rivo Alto zu betrachten haben. Wir finden einerseits, dass ein tiefer und beständiger Sinn persönlicher Religiosität das Leben der Bürger von Venedig zur Zeit seiner Größe kennzeichnet; wir finden, dass dieser Sinn sie bei allen intimen und unmittelbaren Lebensinteressen beeinflusst, sogar der Handhabung ihrer geschäftlichen Unternehmungen eine eigentümliche Würde verleiht und von ihnen mit einer Schlichtheit der Überzeugung bekannt wird, die wohl geeignet ist, das Zögern zu beschämen, mit dem ein Mann von Welt gegenwärtig zugiebt (selbst wenn es wirklich der Fall ist), dass religiöses Gefühl irgend einen Einfluss auf die untergeordneten Zweige seiner Lebensführung habe. Als natürliche Folge hiervon spricht sich in allen ihren Handlungen eine gesunde Klarheit des Geistes und Energie des Willens aus und ein zur Gewohnheit gewordener Heroismus, der sie nie im Stiche lässt, selbst wenn das unmittelbare Motiv der Handlung aufhört lobenswert zu sein. Mit der Fülle dieser Geistesrichtung stimmt die Wohlfahrt des Staates direkt überein und mit ihrem Nachlassen sein Niedergang und zwar mit einer Genauigkeit und Folgerichtigkeit, die wir als einen der nebensächlichen Gegenstände dieses Essays betrachten und durch solche gelegentliche Beweise erläutern werden, wie sie das Feld seiner Erforschung darbietet. (…)

Dies scheinen meiner Ansicht nach die Hauptpunkte allgemeinen Interesses an Charakter und Schicksal des venezianischen Volkes zu sein. Ich möchte zunächst versuchen, dem Leser einen Begriff zu geben, in welcher Weise das Zeugnis der Kunst sich zu diesen Fragen verhält, und von dem Anschein, den die Künste selbst annehmen, wenn sie in ihrer wahrer Beziehung zu der Staatsgeschichte betrachtet werden. (…)

Philippe de Commynes sagt bei der Schilderung seiner Ankunft in Venedig im Jahre 1495:

»Chascun me feit seoir au meillieu de ces deux ambassadeurs qui est l'honneur d'Italie que d'estre au meillieu; et me menerent au long de la grant rue, qu'ilz appellent le Canal Grant, et est bien large. Les gallees y passent à travers, et y ay veu navire de quatre cens tonneaux ou plus pres des maisons: et est la plus belle rue què je croy

Tafel 1 Wand-Dekoration Ca' Trevisan, Ca' Dario
Mezzotinto, koloriert

qui soit en tout le monde, et la mieulx maisonnee, et va le long de la ville. Les maisons sont fort grandes et haultes, et de bonne pierre, et les anciennes toutes painctes; les autres faictes depuis cent ans: toutes ont le devant de marbre blanc, qui leur vient d'Istrie, à cent mils de là, et encores maincte grant piece de porphire et de sarpentine sur le devant. (…) C'est la plus triumphante cité que j'aye jamais veue et qui plus faict d'honneur à ambassadeurs et estrangiers, et qui plus saigement se gouverne, et où le service de Dieu est le plus sollempnellement faict: et encores qu'il y peust bien avoir d'aultres faultes, si croy je que Dieu les a en ayde pour la reverence qu'ilz portent au service de l'Eglise.«*

Diese Stelle ist aus doppeltem Grunde von eigentümlichem Interesse. Man, beachte zuerst den Eindruck, den Commynes von der Religion in Venedig hatte; von der, wie ich oben sagte, die Formen mit etwas schwach flackerndem Leben darin noch bestanden und Zeugnis davon ablegten, was das wirkliche Leben in früheren Zeiten gewesen war. Aber man beachte, zweitens, den Eindruck, den Commynes sofort durch den Unterschied zwischen den alten Palästen und den »während der letzten hundert Jahre erbauten« empfing; »deren Fassaden alle aus weißem Marmor bestehen, der hundert Meilen weit aus Istrien herbeigeschafft wurde, und welche außerdem manch großes Stück Porphyr und Serpentinstein enthalten«.

* Mémoires de Commynes, liv. VII, ch. XVIII.
»Zwischen den beiden Botschaftern sitzend, in der Mitte, dem ehrenvollsten Platz in Italien, wurde ich durch die Hauptstraße geführt, die sie den Canal Grande nennen. Sie ist so weit, dass Galeeren dort einander begegnen können, und in der Tat habe ich Schiffe von vierhundert Tonnen und mehr gesehen, die direkt bei den Häusern vor Anker liegen. Der Kanal ist die schönste und bestgebaute Straße auf der ganzen Welt, er durchläuft fast die ganze Stadt, die Häuser sind hoch und erhaben und aus gutem Stein gebaut; die älteren sind alle bemalt, dagegen sind die anderen während der letzten hundert Jahre erbaut worden, deren Fassaden alle aus weißem Marmor bestehen, der hundert Meilen weit aus Istrien herbeigeschafft wurde und welche außerdem manch großes Stück an Porphyr- und Serpentingestein enthalten. (…) Das Triumphale dieser Stadt habe ich sonst nirgends gesehen, sie ist ehrerbietig gegenüber Botschaftern und Fremden, von höchster Weisheit beseelt und Gott mit größtem Ernst dienend, so dass ich glaube, dass die Venezianer, selbst wenn sie in anderen Dingen fehlerhaft sind, doch von Gott gesegnet werden, auf Grund der Reverenz, die sie ihm im Dienst an der Kirche entgegenbringen.« Aus dem Französischen übersetzt von Wolfgang Kemp.

Auf der beigefügten Tafel 1 habe ich zwei Ornamente von den Palästen wiedergegeben, die dem französischen Gesandten so auffielen. Er hatte recht mit seiner Bemerkung über den Unterschied. Es war in der Tat im fünfzehnten Jahrhundert ein Wandel in der venezianischen Architektur eingetreten; und zwar ein Wandel von ziemlicher Bedeutung für uns Moderne; wir Engländer haben ihm unsere St. Pauls-Kathedrale zu verdanken, und das allgemeine Europa die völlige Entwürdigung und Verderbnis seiner Bauschulen, die nie wieder zu neuem Leben aufgeblüht sind. Aber damit der Leser dies versteht, ist es nötig, dass er einen allgemeinen Begriff von dem Zusammenhange der venezianischen Architektur mit der des übrigen Europas bekommt, von ihrem Beginn an aufwärts.

Die ganze europäische Architektur, gute und schlechte, alte und neue, ist von Griechenland aus über Rom auf uns gekommen, während der Osten ihr Farbe und Vollkommenheit gegeben hat. Die Geschichte der Baukunst ist nichts als das Aufspüren der verschiedenen Arten und Richtungen dieser Abstammung. Man muss sich ein für allemal klar machen, wenn man diesen großen Leitfaden festhält, dann kann man alle Typen aufeinander folgender architektonischer Erfindung wie ebenso viele Perlen daran aufreihen. Die dorischen und die korinthischen Ordnungen sind die Wurzeln, die ersteren aller romanischen, mit massigen Kapitälen versehenen Bauten – normännischen, lombardischen, byzantinischen, und was man sonst von dieser Art aufzählen kann; und die korinthische von allen gotischen, altenglischen, französischen, deutschen und toskanischen. Man beachte nun: jene alten Griechen gaben die Säule; Rom gab den Bogen; die Araber spitzten den Bogen und verzierten ihn mit Blattwerk. Die Säule und der Bogen, das Gerippe und die Kraft der Architektur stammen vom Geschlecht Japhets; die Vergeistigung und Heiligung derselben von Ismael, Abraham und Sem.

Ich habe gesagt, dass die dorische und korinthische Ordnung die Wurzeln aller europäischen Architektur sind. Man hat vielleicht von fünf Säulen-Ordnungen gehört; aber es giebt nur zwei wirkliche Ordnungen und es können nie mehr sein bis zum jüngsten Tage. Bei der einen dieser Ordnungen ist das Ornament rund-erhaben; das sind die dorischen, normannischen und worauf man sich sonst noch von dieser Art erinnert. Bei der anderen ist das Ornament rund-hohl; das sind die korinthischen, altenglischen, dekorativen, und worauf man sich sonst noch von dieser Art erinnert. (…)

Diese griechische Architektur mit ihren beiden Ordnungen wurde nun ohne besonderes Resultat von den Römern in plumper Weise kopiert, bis sie anfingen, den Bogen in ausgiebiger Weise praktisch anzuwenden; nur wurde das dorische Kapitäl bei den Bemühungen es zu verbessern, verdorben und das korinthische sehr verändert und bereichert durch phantastisches und oft sehr schönes Bildwerk. Und als die Dinge so standen, kam das Christentum, bemächtigte sich des Bogens als seines Eigentums, schmückte ihn aus und erfreute sich daran; erfand ein neues dorisches Kapitäl, um das verdorbene römische zu ersetzen und machte sich im ganzen römischen Reiche an die Arbeit, mit dem zunächst zur Hand liegenden Material, um sich, so gut es vermochte, zur Geltung zu bringen und zu schmücken. Dieser römisch-christliche Baustil trägt das bestimmte Gepräge des Christentums jener Zeit, äußerst leidenschaftlich und schön – aber recht unvollkommen; in manchen Beziehungen unbewusst und doch strahlend in einem hellen kindlichen Lichte der Phantasie, das unter Constantin aufflammt und die Ufer des Bosporus, des ägäischen und adriatischen Meeres bestrahlt und dann nach und nach, durch die Hingabe des Volkes an Götzendienst, zum Totenlicht wird. Die Baukunst sinkt wie die von ihr ausgedrückte Religion zu einer festgesetzten Form – einer seltsamen, vergoldeten und einbalsamierten Ruhe herab, und würde so für immer geblieben gewesen sein, – ja, *bleibt* so, wo ihre Schläfrigkeit ungestört geblieben ist.* Aber es war ihr ein rauhes Erwachen bestimmt.

Diese christliche Kunst des sinkenden Kaiserreichs ist in zwei große Zweige geteilt, den westlichen und östlichen; der eine hat seinen Mittelpunkt in Rom, der andere in Byzanz; von ihnen wird der eine mit Recht der römisch-altchristliche Stil genannt, während der andere, durch griechische Arbeiter zu höherer, phantasiereicherer Vollkommenheit gebracht, zum Unterschiede davon als byzantinisch bezeichnet wird. Und diese Kunst verbreitet sich, wie der Leser sehen wird, in ihren verschiedenen Zweigen über alle Hauptprovinzen des Kaiserreichs und nimmt je nach der Nähe der Regierungssitze, mehr oder minder verfeinerte Formen an; ihre ganze Macht ist aber abhängig von der Kraft und Frische der Religion, die ihr Leben verlieh; und als diese Kraft und Reinheit entschwanden, verlor sie ihre eigene Lebenskraft und versank in entnervte Ruhe, ihrer Schönheit unberaubt, aber erstarrt und unfähig jedes Fortschrittes oder Wechsels.

Unterdessen hatte sich ihre Erneuerung vorbereitet. Während in Rom diese verderblich bereicherte Kunst und in Byzanz diese religiös hinsiechende Kunst in ihrer ganzen Gesuchtheit ausgeübt wurden, hatten untergeordnete Arbeiter eine unreine Abart derselben – ein Patois des Romanischen – in entlegene Provinzen gebracht; und noch plumpere Nachahmungen wurden von den barbarischen Nationen an den Grenzen des Reiches ausgeführt. Aber diese barbarischen Nationen standen in voller Jugendkraft, und während im Mittelpunkt Europas eine verfeinerte und rein überlieferte Kunst zu anmutigem Formalismus herabsank, gestaltete sich an seinen Grenzen eine barbarische und erborgte Kunst zu Kraft und Festigkeit. Der Leser muss daher bedenken, dass die Geschichte der Arbeit jener Zeit in zwei große Abschnitte geteilt ist; der eine umfasst die völlig erschlaffte Nachkommenschaft der christlichen Kunst von Rom, der andere die Nachahmungen derselben, die in jeder denkbaren Phase frühzeitiger Entwickelung von Nationen ausgeübt wurden, die an den Grenzen des Kaiserreichs lebten, oder in seinen jetzt nur nominellen Bereich eingeschlossen waren.

Einige dieser barbarischen Nationen waren natürlich unempfänglich für diesen Einfluss und erscheinen, wenn sie über die Alpen dringen nur als Geißeln, wie die Hunnen, oder vermischen sich mit den entnervten Italienern und verleihen der Volksmasse, mit der sie sich vermischen, physische Kraft, ohne ihren geistigen Charakter zu beeinflussen. Aber andere, sowohl im Süden wie im Norden des Reiches, hatten diesen Einfluss empfunden, auf der einen Seite bis zurück an das Gestade des indischen Ozeans, auf der anderen bis an die Eisberge der Nordsee. Im Norden und Westen stammte der Einfluss von den Lateinern; im Süden und Osten von den Griechen. Zwei Nationen sind es vor allen anderen, die uns die Kraft des überkommenen Geistes nach beiden Richtungen hin darstellen. Wenn die Zentralkraft erloschen ist, leuchten die Himmelskörper mit ihrem Reflexlicht um so voller auf, und als Sinnlichkeit und Götzendienst ihr Werk getan hatten, und die Religion des Kaiserreichs in einem glitzernden Sarkophag zur Ruhe gelegt war, da ging das lebendige Licht an beiden Horizonten auf und die grimmigen Schwerter des Lombarden und Arabers wurden über seiner goldenen Paralyse geschwungen.

Das Werk des Lombarden sollte dem entnervten Körper und geschwächtem Geiste des Christentums Kraft und System verleihen; das des

* Der Leser wird die schwachen Seiten der byzantinischen Architektur scharfsinnig aufgefasst und vorzüglich geschildert finden im Einleitungskapitel des entzückendsten Reisebuches, das ich je aufschlug, – Curzons »Monasteries of the Levant«.

Arabers, Götzendienst strafen und geistige Gottesverehrung verkünden. Der Lombarde bedeckte jede Kirche, die er baute mit bildhauerischen Darstellungen körperlicher Übungen – Jagd und Krieg. Der Araber verbannte jede Abbildung körperlicher Form aus seinen Tempeln und verkündete von seinen Minarets: »Es ist kein Gott außer Gott«. Entgegengesetzt in Charakter und Mission, aber gleich in der Großartigkeit ihrer Energie, kamen sie von Norden und Süden herbei, der Gletschergießbach und der Lavastrom; sie trafen zusammen und kämpften miteinander auf den Trümmern des römischen Reiches; und der eigentliche Mittelpunkt des Kampfes, der Ruhepunkt für beide, das Kielwasser der feindlichen Strudel, angefüllt mit versunkenen Bruchstücken des römischen Untergangs, ist *Venedig*.

Der Dogenpalast von Venedig enthält die drei Elemente in genau gleichen Verhältnissen – das römische, lombardische und arabische. Er ist der Zentralbau der Welt.

Der Leser wird nun anfangen zu verstehen, von welcher Bedeutung das Studium der Gebäude einer Stadt ist, die im Umkreis von etwa sieben oder acht Meilen den Kampfplatz für die drei hervorragendsten Baustile der Welt bildet; – jeder Stil der Ausdruck einer besonderen Religionsform, von denen jede irrig und doch zur Verbesserung der anderen notwendig war und auch von ihnen verbessert wurde.

Es wird einen Teil meiner Bemühungen in dem folgenden Werke bilden, die verschiedenen Arten festzustellen, in welchen sich die nördlichen und südlichen Baustile aus dem römischen entwickelten; hier kann ich mich nur dabei aufhalten, die charakteristischen Merkmale der großen Gruppen zu erwähnen. Das christlich-römische und byzantinische Bauwerk ist rundbogig mit einfachen, wohlproportionierten Säulen; die Kapitäle klassisch römischen nachgeahmt; die Glieder mehr oder weniger desgleichen; und große Wandflächen ganz bedeckt mit Bildwerk, Mosaik und Malereien, entweder biblische Geschichte oder heilige Symbole darstellend.

Die arabische Schule ist zuerst in ihren Hauptzügen die gleiche, da byzantinische Arbeiter von den Kalifen beschäftigt wurden; aber der Araber bringt sofort halb persopolianische, halb ägyptische Charakterzüge bei den Säulenschaften und Kapitälen an; in seiner großen Vorliebe für Reizmittel spitzt er den Bogen und umschlingt ihn mit verschwenderischen Blattverzierungen; er verbannt die Tierbilder und erfindet eine eigene Ornamentierung (Arabeske genannt), um sie zu ersetzen; da diese nicht zur Bedeckung großer Flächen geeignet ist, konzentriert er sie auf hervorstechende Formen und versieht die Oberflächen mit horizontalen Farbenstreifen, wie sich der Horizont in der Wüste darstellt. Er behält die Kuppel bei und fügt das Minaret hinzu. Alles wird mit der ausgezeichnetsten Feinheit ausgeführt.

Die von den Lombarden eingeführten Veränderungen sind noch merkwürdiger, denn sie liegen mehr in der Gliederung des Baues als in seiner Verzierung. Die lombardische Architektur stellt, wie ich sagte, den Inbegriff aller Baukunst der barbarischen Nationen des Nordens dar. Und diese bestand, wie ich glaube, zuerst in einer Nachahmung der christlich-römischen Kirchen oder Basiliken aus Holz. Ohne uns damit aufzuhalten, die ganze Konstruktion einer Basilika zu untersuchen, wird der Leser doch leicht soviel davon verstehen, dass sie ein Mittelschiff und zwei Seitenschiffe hatte, und dass das Mittelschiff bedeutend höher war als die Seitenschiffe; ferner, dass das Mittelschiff von den Seitenschiffen durch Reihen von Säulen getrennt war, welche darüber breite Flächen von glattem oder Blendmauerwerk trugen, die über den Seitenschiffen aufstiegen und den oberen Teil des Mittelschiffes, jetzt Fenstergeschoss genannt, bildeten, der ein hölzernes Satteldach hatte.

Diese hohen blinden Mauern waren bei römischen Bauten aus Stein errichtet, aber bei den Holzbauten des Nordens müssen sie notwendigerweise aus horizontalen Brettern oder Balken bestanden haben, die an Pfosten auf den Mittelschiffpfeilern befestigt waren, die ebenfalls aus Holz bestanden. Nun waren diese Pfosten natürlich stärker als die übrigen Balken und bildeten quadratische Pilaster über den Mittelschiffpfeilern. Als das Christentum sich ausbreitete und die Zivilisation zunahm, wurden diese Holzbauten in Steinbauten verwandelt, aber sie waren im wahren Sinne des Wortes versteinert, da sie die Form behielten, die notwendig gewesen war, als sie aus Holz bestanden. Der aufrecht stehende Pilaster über dem Mittelschiffpfeiler bleibt im Steinbau bestehen und ist die erste Form des großen Unterscheidungszuges nordischen Baustils – des Gewölbpfeilers. In dieser Form brachten ihn die Lombarden im siebenten Jahrhundert nach Italien und er bleibt bis zum heutigen Tage in Sant'Ambrogio in Mailand und San Michele in Pavia.

Als der Gewölbpfeiler in den Fenstergeschosswänden eingeführt war, wurden weitere Glieder zu seiner Stütze an den Mittelschiffpfeilern hinzugefügt. Vielleicht gaben zwei oder drei Tannenstämme, als einzelner Pfeiler benutzt, die erste Idee zum Bündelpfeiler. Mag das sein wie es will, die Anordnung des Mittelschiffpfeilers in der Form eines Kreuzes begleitet die Belastung des Gewölbpfeilers zugleich mit korrespondierenden Gruppierungen von untergeordneten Säulen in Türen und Fensteröffnungen. So kann das ganze System nordischen Baustils, wenn er durch die Lombarden dargestellt wird, als rohe aber majestätische Bauart beschrieben werden, mit runden Bogen, Bündelpfeilern, hinzugefügten Gewölbpfeilern und endlosem Bildwerk von rührigem Leben und phantastischem Aberglauben.

Der Gletscherstrom der Lombarden und der auf ihn folgende der Normannen, hinterließen ihre erratischen Blöcke, wo sie vorübergeströmt waren; aber, wie ich glaube, ohne die südlichen Nationen über die Sphäre ihrer eigenen Gegenwart hinaus zu beeinflussen. Aber der Lavastrom der Araber erwärmte, auch nachdem er aufgehört hatte zu fließen, noch die ganze nördliche Luft, und die Geschichte der gotischen Architektur ist die Geschichte der Verfeinerung und Vergeistigung nordischer Arbeit unter ihrer Beeinflussung. Die edelsten Bauwerke der Welt, die Pisanisch-Romanischen, Toskanischen (Giotto) Gotischen und Veroneser Gotischen sind diejenigen der lombardischen Schulen selbst, unter ihrem starken und unmittelbaren Einfluss; die verschiedenen Arten nordischer Gotik sind die ursprünglichen Formen der Baukunst, welche die Lombarden nach Italien brachten und die sich unter dem weniger direkten Einfluss der Araber veränderten.

Da wir so viel von der Bildung der großen europäischen Stilarten wissen, wird es uns keine Schwierigkeit machen, die Aufeinanderfolge der Baustile in Venedig selbst aufzuspüren. Aus dem was ich von dem zentralen Charakter venezianischer Kunst sagte, soll der Leser natürlich nicht schließen, dass die römischen, nordischen und arabischen Elemente zusammentrafen und im gleichen Zeitraum um die Meisterschaft stritten. Das früheste Element war das reine christlich-römische; aber es existiert wenig oder nichts mehr von dieser Kunst in Venedig; denn die jetzige Stadt bestand in frühester Zeit nur aus vielen Ansiedelungen auf der Reihe sumpfiger Inseln, die sich von der Mündung des Isonzo nach der der Etsch erstrecken und erst zu Anfang des neunten Jahrhunderts wurde sie der Sitz einer Regierung; während die Kathedrale von Torcello, trotz ihrer, im allgemeinen christlich-römischen Form, im elften Jahrhundert wieder aufgebaut wurde und in vielen Einzelheiten Zeugnis von byzantinischer Kunstfertigkeit ablegt. Diese Kathedrale bildet indessen mit der Kirche von Santa Fosca in

Torcello, San Giacomo di Rialto in Venedig und der Krypta von San Marco eine hervorragende Gruppe von Bauten, bei denen der byzantinische Einfluss sehr gering ist, und welche wahrscheinlich vollkommen genügende Repräsentanten der frühesten Baukunst auf den Inseln sind.

Die fürstliche Residenz wurde im Jahre 809 nach Venedig verlegt und zwanzig Jahre später der Körper des heiligen Marco von Alexandrien dorthin gebracht. Die erste Kirche von San Marco war unzweifelhaft eine Nachahmung jener zerstörten Kirche in Alexandrien, aus der man die Reliquien des Heiligen erlangt hatte. Während des neunten, zehnten und elften Jahrhunderts scheint die Architektur von Venedig sich nach demselben Vorbild gerichtet zu haben und ist beinahe identisch mit der von Cairo unter den Kalifen und es ist ganz unwesentlich, ob der Leser vorzieht beide byzantinisch oder beide arabisch zu benennen; die Arbeiter waren allerdings Byzantiner, aber von ihren arabischen Meistern zur Erfindung neuer Formen angeregt und sie brachten diese Formen überall zur Anwendung, wo sie in anderen Teilen der Welt beschäftigt wurden.

Dieser ersten Art venezianischer Baukunst, zugleich mit den Überbleibseln der christlich-römischen, werde ich den ersten Abschnitt der folgenden Untersuchung widmen. Die davon erhaltenen Beispiele bestehen aus drei edlen Kirchen (die von Torcello, Murano und der größere Teil von San Marco) und aus etwa zehn oder zwölf Bruchstücken von Palästen.

Auf diesen Stil folgt ein Transitionsstil von viel entschiedenerem arabischen Charakter; die Säulen werden schlanker, die Bogen übereinstimmend spitz anstatt rund; gewisse Veränderungen, die nicht in einem Satze anzuführen sind, finden an den Kapitälen und Gliedern statt. Dieser Stil ist beinahe ausschließlich weltlich. Es schien den Venezianern natürlich, die schönen Details des arabischen Wohnhauses nachzuahmen, während sie nur widerstrebend diejenigen der Moscheen für christliche Kirchen angenommen haben würden.

Es ist mir nicht gelungen, abschließende Daten für diesen Stil festzustellen. Er erscheint teilweise gleichzeitig mit der byzantinischen Art, aber überdauert diese. Seine Stellung ist jedoch fixiert durch das Zentral-Datum 1180, als dasjenige der Aufrichtung der Granitsäulen auf der Piazzetta, deren Kapitäle die bedeutendsten Detailstücke dieses Transitionsstils in Venedig sind. Beispiele seiner Anwendung bei Wohngebäuden finden sich in beinahe jeder Straße der Stadt und werden den Gegenstand des zweiten Abschnittes dieses Essays bilden.

Die Venezianer waren stets bereit, Unterweisungen in der Kunst von ihren Feinden anzunehmen (sonst hätte es keine arabische Kunst in Venedig gegeben). Aber ihre besondere Scheu vor den Lombarden und ihr Hass gegen dieselben scheinen sie lange verhindert zu haben, den Einfluss der Kunst zu empfangen, die dieses Volk auf dem Festlande von Italien eingeführt hatte. Dennoch war während der Anwendung der beiden, eben auseinandergesetzten Stilarten, eine besondere und sehr primitive Art von spitzer Gotik in kirchlicher Baukunst aufgekommen. Es scheint ein schwacher Reflex der lombardisch-arabischen Formen zu sein, die auf dem Kontinent zur Vervollkommnung gelangten und wahrscheinlich, wenn sie sich selbst überlassen geblieben wären, bald in der venezianisch-arabischen Schule aufgegangen sein würden, mit der sie von Anfang an eine so nahe Gemeinschaft verband, dass man es schwierig finden wird, die arabischen Spitzbogen (ogives) von denen zu unterscheiden, die unter diesem frühen gotischen Einfluss erbaut zu sein scheinen. Die Kirche von San Giacopo dell'Orio, San Giovanni in Bragora, Carmine und ein oder zwei andere bieten die einzigen bedeutsamen Beispiele davon dar. Aber im dreizehnten Jahrhundert führten die Franziskaner und Dominikaner vom Kontinent her ihre

Moralität und ihre Architektur ein, die schon eine ausgesprochene Gotik war, sonderbar entwickelt aus lombardischen und nordischen (deutschen?) Formen; und der Einfluss dieser, in den großen Kirchen von San Paolo und den Frari zum Ausdruck kommenden Grundsätze, begann rasch die venezianisch-arabische Schule zu beeinflussen. Dennoch wurden die beiden Systeme niemals verbunden; die venezianische Politik drängte die Macht der Kirche zurück und die venezianischen Künstler widerstrebten ihrem Beispiel; daher teilt sich die Architektur der Stadt in kirchliche und bürgerliche; die eine, eine wenig anmutige aber mächtige Form der westlichen Gotik, ist der ganzen Halbinsel eigen und zeigt venezianische Sympathien nur in der Annahme gewisser charakteristischer Glieder; die andere, eine reiche, luxuriöse und völlig originelle Gotik, aus dem venezianischarabischen durch den Einfluss der Dominikaner und Franziskaner Baukunst gebildet, und besonders durch die auf die arabischen Formen eingepfropfte, ganz neue Franziskaner Arbeit, ihr Maßwerk. Diese verschiedenen Formen der Gotik, des *kennzeichnenden* Baustils von Venedig, der hauptsächlich durch die Kirchen von San Giovanni und Paolo, den Frari und San Stefano auf kirchlicher Seite und durch den Dogenpalast und die anderen vornehmsten gotischen Paläste auf profaner Seite dargestellt wird, sollen den Gegenstand des dritten Abschnittes dieses Essays bilden.

Man bemerke nun. Der Transitions- (oder speziell arabische) Stil venezianer Baukunst ist durch das Datum 1180 zentralisiert und stufenweise in den gotischen verwandelt worden, der sich in seiner Reinheit von der Mitte des dreizehnten bis zum Anfang des fünfzehnten Jahrhunderts ausbreitet, das heißt, gerade über den Zeitraum, den ich als die Zentral-Epoche des venezianischen Lebens bezeichnet habe. Ich leitete ihren Niedergang vom Jahre 1418 ab; Foscari wurde fünf Jahre später Doge und unter seiner Regierung erscheinen in der Baukunst die ersten auffallenden Merkmale jener mächtigen Veränderung, die Philippe de Commynes, wie oben angeführt, erwähnt; die Veränderung, der London St. Pauls verdankt, Rom St. Peter und Venedig und Vicenza die Gebäude, welche gewöhnlich für ihre edelsten gehalten werden, – und das allgemeine Europa die Herabwürdigung jeder seither von ihm ausgeübten Kunst. (…)

Wie Venedig einst der religiöseste Staat von Europa gewesen, so war es bei seinem Verfall auch der verderbteste; und wie es in seiner Kraft der Mittelpunkt aller reiner Strömungen christlicher Baukunst war, so ist es in seinem Niedergang die Quelle der Renaissance. Die Originalität und die Pracht der Paläste von Vicenza und Venedig verliehen dieser Schule ihren Vorrang in den Augen von Europa; und die sterbende Stadt, mit dem Glanz ihrer Ausschweifungen und der Anmut ihrer Tollheiten, erlangte ausgedehntere Verehrung in ihrer Hinfälligkeit als in ihrer Jugendkraft und sank aus der Mitte ihrer Bewunderer in das Grab.

Daher ist es in Venedig und nur in Venedig möglich, wirksame Streiche gegen diese verpestende Kunst der Renaissance zu führen. Man muss ihre Ansprüche auf Bewunderung dort zerstören, dann kann sie sich nirgend anderswo behaupten. Dies soll daher der endgültige Zweck des folgenden Essays sein. Ich werde keinen vierten Abschnitt dem Palladio widmen, noch den Leser mit ununterbrochenen tadelnden Kapiteln langweilen; aber ich werde in meinem Bericht über die frühere Baukunst die Form aller ihrer Hauptzüge mit denen vergleichen, zu denen die Klassizisten sie verderbt hatten; und zum Schluss am Rande des Abgrundes ihres Niederganges stehen bleiben, sobald ich seine Tiefe erkennbar gemacht habe. Hierbei werde ich mich auf zwei verschiedene Arten von Beweismaterial stützen: – erstens auf das Zeugnis, das besondere Ereignisse und Tatsachen von einem Mangel an

Nachdenken und Gefühl bei den Erbauern ablegen und woraus wir schließen können, dass ihre Baukunst schlecht sein muss; – zweitens auf die Empfindung, die es mir zweifellos gelingen wird, bei meinem Leser wach zu rufen, von einer systematischen Hässlichkeit der Baukunst selbst. Von der ersten Art von Zeugnis werde ich hier zwei Beispiele anführen, die sich sofort als nützlich erweisen dürften, um im Geiste des Lesers die oben erwähnte Epoche des beginnenden Niederganges zu fixieren.

Ich muss noch einmal auf die Bedeutung hinweisen, die ich oben dem Tode Carlo Zenos und des Dogen Tomaso Mocenigo beigelegt habe. Das Grabmal jenes Dogen ist, wie ich sagte, von einem Florentiner hergestellt; aber es ist von demselben allgemeinen Typus, und von der gleichen Empfindung beseelt wie alle venezianischen Grabmäler jener Periode und es ist eines der letzten, das diese noch aufweist. Das klassische Element mischt sich ausgiebig in die Details ein, aber der Ausdruck des ganzen ist noch unberührt davon. Wie alle die schönen Grabmäler von Venedig und Verona ist es ein Sarkophag mit einer liegenden Figur darauf und diese Figur ist ein getreues aber liebevolles Abbild, soweit dies ohne Peinlichkeit geschehen kann, von dem Dogen, wie er auf dem Totenbette lag. Er trägt sein Dogengewand und Barett – sein Haupt liegt leicht zur Seite gewandt auf dem Kissen – seine Hände sind einfach gefaltet. Das Gesicht ist abgezehrt, die Züge groß, aber so rein und vornehm in ihrer natürlichen Modellierung, dass sie auch im Leben wie Marmor ausgesehen haben müssen. Sie sind tief eingefallen durch Nachdenken und Tod; die Adern an den Schläfen verästelt und vortretend; die Haut in scharfe Falten zusammengezogen; die Augenbrauen hochgewölbt und struppig; der Augapfel großartig breit; die Krümmung der Lippen an der Seite durch den leichten Schnurrbart verhüllt; der Bart kurz, geteilt und scharf zugespitzt; das Ganze edel und ruhig; der weiße Grabesstaub wie Lichter auf den scharf vorspringenden Ecken der Wangen und Brauen wirkend.

Dieses Grabmal war im Jahre 1424 ausgehauen worden und ist folgendermaßen von einem der verständigsten unter den neueren Schriftstellern beschrieben worden, die das volkstümliche Empfinden in bezug auf venezianische Kunst repräsentieren.

»Von italienischer Schule ist auch der reiche aber hässliche (ricco ma non bel) Sarkophag, in dem die Asche Tomaso Mocenigos ruht. Man kann ihn als eines der letzten Kettenglieder bezeichnen, die die sinkende Kunst des Mittelalters mit der eben aufsteigenden Renaissance verbinden. Wir wollen uns nicht dabei aufhalten, die einzelnen Fehler der sieben Figuren an der Vorderfront und den Seiten, die die kardinalen und theologischen Tugenden darstellen, eingehend zu bezeichnen; auch wollen wir keine Bemerkungen über diejenigen machen, die in den Nischen über dem Pavillon stehen, weil wir sie sowohl des Alters als des Rufs der Florentiner Schule für unwürdig halten, die damals mit Recht für die bedeutendste in Italien galt«.*

Es ist in der Tat gut, sich nicht bei diesen Mängeln aufzuhalten; aber es wäre vielleicht besser gewesen, einen Augenblick vor diesem edlen Abbilde der Sterblichkeit eines Herrschers verweilt zu haben.

Im Chor derselben Kirche, San Giovanni e Paolo befindet sich ein anderes Grabmal, das des Dogen Andrea Vendramin. Dieser Doge starb 1478 nach nur zweijähriger Regierung, der unheilvollsten in den Annalen Venedigs. Er starb an einer Seuche, die den, bis an die Lagunen ausgedehnten Verheerungen der Türken folgte. Er starb und hinterließ Venedig auf Meer und Land geschändet, während der Rauch feindlicher Verwüstungen in der blauen Ferne von Friuli aufstieg; und dort wurde ihm das kostbarste Grab-

* Selvatico. »Architettura die Venezia«, S. 147.

mal errichtet, das jemals einem seiner Monarchen gewidmet wurde.

Wenn der oben angeführte Schriftsteller kühl von dem Standbilde eines seiner Landesväter spricht, so macht er es durch seine Beredsamkeit vor dem Grabmal Vendramins wieder gut. Ich darf die Kraft der italienischen Superlativa nicht durch Übersetzung verderben.

»Quando si guarda a quella corretta eleganza di proflli e di proporzioni, a quella squisitezza d'ornamenti, a quel certo sapore antico che senza ombra d'imitazione traspare da tutta l'opera – etc. Sopra ornamentissimo zoccolo fornito di squisiti intagli s'alza uno stylobate – etc. Sotto le colonne, il predetto stylobate si muta leggiadramente in piedistallo, poi con bella novità di pensiero e di effetto va coronato da un fregio il più gentile che veder si possa – etc. Non puossi lasciar senza un cenno l'arca dove sta chiuso il doge; capo lavoro di pensiero e di esecuzione«, etc. –

Es sind zwei und eine halbe Seite voller eng gedruckter Lobpreisungen, von welchen die obigen Proben genügen mögen; aber es wird von Anfang bis Ende kein Wort über die Statue des Toten gesagt. Ich selbst bin gewohnt, diese eigentlich für einen bedeutsamen Teil des Grabmals anzusehen und ich interessierte mich für dieses hier besonders, weil Selvatico nur die Lobpreisungen von Tausenden wiederholt. Es wird einstimmig für das Meisterwerk der Grabmalkunst der Renaissance erklärt und Cicognara (den Selvatico ebenfalls zitiert) sagt darüber:

»Il vertice a cui l'arti Veneziane si spinsero col ministero del scalpello«, – »der Höhepunkt, den die venezianischen Künste durch die Meisterschaft des Meißels erreichten«.

Diesen Höhepunkt, der mit Staub und Spinnweben bedeckt war, erreichte ich, wie jedes andere bedeutsame Grabmal Venedigs, mit Hilfe so alter Leitern, wie sie bei dem Sakristan aufzutreiben waren. Es fiel mir zuerst die außerordentliche Ungeschicktheit und der Mangel an Feinfühligkeit in der dem Beschauer zugewandten, herabhängenden Hand auf, denn sie ist von der Mitte des Körpers weggestreckt, um ihre feine Ausmeißelung zu zeigen. Nun sind bei Mocenigos Hand, die streng und sogar steif gegliedert ist, die Adern fein gezeichnet, da der Bildhauer mit Recht fühlte, dass die Zartheit der Adern zugleich Würde, Alter und vornehme Geburt ausdrückt. Die Hand des Vendramin ist viel sorgfältiger gemeißelt, aber ihre plumpe und dicke Kontur lässt uns sofort empfinden, dass alle Mühe fortgeworfen war, und das kann auch nicht anders sein, da sie nur darauf verwendet war, gichtische Knoten an den Gelenken anzubringen. Bei der Betrachtung der Hand sah ich mich nach ihrem Gefährten um. Zuerst dachte ich, sie wäre abgebrochen, aber nach Wegräumung des Staubes sah ich, dass das jämmerliche Bildnis nur *eine* Hand hatte und auf der inneren Seite ein bloßer Block war. Das Gesicht mit den plumpen unangenehmen Zügen wirkt scheußlich durch die Halbskulptur. Die eine Seite der Stirn ist stark gerunzelt, die andere glatt gelassen; nur die eine Seite des Dogenbaretts ist ausgemeißelt, nur eine Wange ist vollendet, die andere roh angedeutet und dazu noch verzerrt; schließlich ist die Hermelinrobe, die auf einer Seite bis auf das kleinste Härchen täuschend nachgebildet ist, auf der anderen nur skizziert – da bei dem ganzen Werk angenommen wurde, dass das Bildwerk nur von unten und von einer Seite gesehen würde.

Es wurde in der Tat von beinahe jedermann nur so betrachtet und ich tadle den Bildhauer nicht –, ja, ich würde ihn im Gegenteil gelobt haben, dass er seine Behandlung des Bildwerkes nach dessen Stellung eingerichtet habe, wenn diese Behandlung nicht erstens eine Unehrlichkeit in sich geschlossen hätte, da er uns nur ein halbes Gesicht, eine scheußliche Maske gab, wo wir das getreue Abbild des Toten verlangten, und zweitens eine solche Kälte des Gefühls, wie sie nur mit der äußersten geistigen und moralischen

Degradation zusammenhängen kann. Welcher Mensch, der ein Herz in der Brust trägt, hätte seine Hand zurückhalten können, als er die matten Linien der Züge des alten Mannes zog – die einst wohl wenig majestätisch waren, aber doch geheiligt durch die Feierlichkeit des Todes – wie hätte er seine Hand zurückhalten können, als er die Wölbung der grauen Stirn erreichte und die letzten Adern derselben, für so und so viel Zechinen das Stück ausmaß?

Ich glaube nicht, dass der feinfühlige Leser erwartet, dass der Bildhauer dieser niedrigen und sinnlosen Lüge noch viel Talent in seiner übrigen Arbeit gezeigt haben wird. Das ganze Denkmal ist eine langweilige Anhäufung jener ornamentalen Schnörkel, die man, mit der Feder ausgeführt, Zeichenkunst nennt, und die, mit dem Meißel ausgeführt, Meißelkunst heißen müsste; ihr Gegenstand besteht hauptsächlich aus dickgliedrigen Knaben, die auf Delphinen herumkrabbeln, Delphine, die unfähig sind zu schwimmen und mit ausgebreiteten Taschentüchern durch das Meer gezogen werden.

Aber jetzt kommt für den Leser des Pudels Kern, der Hauptpunkt der ganzen Angelegenheit. Dieses lügnerische Monument für einen ehrlosen Dogen, dieser stolze Höhepunkt der Renaissancekunst in Venedig ist wenigstens in einer Beziehung wahr, als Zeugnis für den Charakter seines Bildhauers. *Er wurde im Jahre 1487 wegen Fälschung aus Venedig verbannt.*[*]

Ich habe später noch mehr über das Werk dieses Verbrechers zu sagen, gehe aber augenblicklich zu dem zweiten geringfügigeren, aber doch noch interessanteren Beweisstück über, das ich zu geben versprach.

Der Dogenpalast hat zwei Hauptfassaden, eine nach der See, die andere nach der Piazzetta. Die Seeseite, und bis zum siebenten Hauptbogen inklusive, auch die Piazzettaseite, stammen aus dem ersten Teile des vierzehnten Jahrhunderts, einiges davon vielleicht aus noch früherer Zeit; während das übrige auf der Piazzettaseite aus dem fünfzehnten ist. Der Unterschied im Alter ist eifrig bestritten worden von den venezianischen Altertumsforschern, die viele Dokumente über diesen Gegenstand geprüft und einige zitiert haben, die sie niemals untersucht. Ich habe selbst die meisten der geschriebenen Dokumente miteinander verglichen und noch ein Dokument mehr, auf welches zurückzugreifen den Venezianern niemals eingefallen ist, – das Mauerwerk des Palastes selbst.

Dieses Mauerwerk verändert sich in der Mitte des achten Bogens, von der Seeecke der Piazzettaseite an gerechnet. Bis zu dieser Stelle bestand es aus verhältnismäßig kleinen Steinen; die Arbeit des fünfzehnten Jahrhunderts beginnt sofort mit größeren Steinen, »hundert Meilen weit von Istrien herbeigeschafft«.[**] Die neunte Säule in der unteren Arkade, von der See her gerechnet, und die darüber befindliche siebzehnte, in der oberen Arkade beginnen die Säulenreihe des Cinquecento-Stils. Diese beiden sind etwas stärker als die anderen und tragen die Zwischenmauern der Sala del Scrutinio. Nun gebe der Leser wohl acht. Die Fassade des Palastes von dieser Stelle bis zur Porta della Carta wurde auf Veranlassung jenes edlen Dogen Mocenigo erbaut, an dessen Grabmal wir gestanden haben; das heißt, ungefähr um 1424. Dies wird nicht bestritten; man bestreitet nur, dass die Seefassade früheren Ursprungs sei; wofür indessen die Beweise ebenso einfach wie unwiderleglich sind; denn nicht nur das Mauerwerk, sondern auch die Skulptur ändert sich bei der neunten unteren Säule und ebenso bei den Kapitälen an den Säulen der oberen wie der unteren Arkade; die Trachten der auf der Seeseite angebrachten Figuren sind noch rein giottesk, übereinstimmend mit denen von

[*] Selvatico, S. 221.

[**] Die ältere Arbeit ist auch von Stein aus Istrien, aber von verschiedener Qualität.

Giottos Werk an der Arenakapelle in Padua, während die Tracht an den anderen Kapitälen renaissanceklassisch ist; auch die Löwenköpfe zwischen den Bogen ändern sich an derselben Stelle. Es gibt noch zahllose andere Beweise an den Eckstatuen, mit denen ich augenblicklich den Leser nicht behelligen will.

Nun war der, im Jahre 1424 unter Foscari bauende Architekt (man erinnere sich meines Datums für den Niedergang Venedigs, 1418), gezwungen, die Hauptformen des älteren Palastes beizubehalten. Aber er hatte nicht soviel Geist, um neue Kapitäle desselben Stils zu erfinden, daher kopierte er plump die alten. Der Palast hat siebzehn Hauptbogen an der Seefassade, achtzehn an der Piazzettaseite, die alle zusammen von sechsunddreißig Säulen getragen werden; diese Säulen werde ich immer von rechts nach links zählen, von der Ecke des Palastes an der Ponte della Paglia bis zu der an der Porta della Carta. Ich zähle sie in dieser Reihenfolge auf, weil ich so die ältesten Säulen zuerst nenne. So gerechnet sind die 1., 18. und 36. die großen Stützpunkte für die Ecken des Palastes; und die erste von der Cinquecentoreihe, wie oben gesagt, die 9. von der See her auf der Piazzettaseite, ist die 26. der ganzen Reihenfolge und wird in Zukunft immer so bezeichnet werden, so dass alle Zahlen über sechsundzwanzig Cinquecentoarbeit bedeuten und alle darunter Quattrocento, mit einigen Ausnahmefällen von Restaurierung.

Die kopierten Kapitäle sind also: das 28. nach dem 7.; das 29. nach dem 9.; das 30. nach dem 10.; das 31. nach dem 8.; das 33. nach dem 12. und das 34. nach dem 11.; die anderen sind langweilige Erfindungen des fünfzehnten Jahrhunderts, mit Ausnahme des 36., das sehr edel entworfen ist.

Die aus dem früheren Teile des Palastes in dieser Weise zur Nachahmung auserwählten Kapitäle werden zugleich mit den übrigen später genau beschrieben werden; der Punkt, den ich hier zu erwähnen habe, liegt in der Kopie des 9. Kapitäls, welches (oktagonal wie die übrigen) mit Gestalten der acht Tugenden dekoriert war: – Glaube, Hoffnung, Barmherzigkeit, Gerechtigkeit, Mäßigkeit, Klugheit, Humilität (der venezianische Altertumsforscher nennt sie Humanität!) und Stärke. Die Tugenden des vierzehnten Jahrhunderts haben etwas harte Züge, mit lebendigem, lebhaftem Ausdruck und tragen die einfache alltägliche Kleidung jener Zeit. Die Barmherzigkeit hat den Schoß voller Äpfel (oder Brote) und gibt einen davon an ein kleines Kind, das seinen Arm durch eine Lücke im Blattwerk des Kapitäls danach ausstreckt. Die Stärke reißt den Rachen eines Löwen auf; der Glaube legt die Hand auf die Brust, als er das Kreuz gewahrt; die Hoffnung betet, während über ihrem Haupt, aus Sonnenstrahlen heraus – die Hand Gottes auftaucht (nach der Offenbarung »Gott der Herr wird sie erleuchten«); und die Inschrift darüber lautet: »Spes optima in Deo«.

Dieser Entwurf ist nun, roh und unvollkommen gemeißelt, von Handwerkern des fünfzehnten Jahrhunderts nachgeahmt worden; die Tugenden haben ihre harten Züge und ihren lebendigen Ausdruck verloren; sie haben jetzt alle römische Nasen bekommen und lockiges Haar. Ihre Stellungen und Embleme sind jedoch beibehalten worden, bis wir zur Hoffnung kommen; sie betet noch, aber nur zur Sonne; *die Hand Gottes ist verschwunden.*

Ist es nicht ein merkwürdiges und schlagendes Kennzeichen der Geistesrichtung, die damals in der Welt herrschend geworden war, dass man vergaß, Gottes Hand in dem Lichte zu sehen, das Er gab; so dass in der Folge, als das Licht einerseits in der Reformation aufging und anderseits in der vollen Kenntnis alter Literatur, die eine stehen blieb und die andere verderbt wurde?

Von solcher Art sind die beiläufigen Zeugnisse, auf die ich mich berufen werde, um den minderwertigen Charakter der Renaissance-Arbeiter zu beweisen. Aber der Beweis für die Minderwertigkeit der Arbeit selbst ist nicht so leicht, denn hierbei muss ich mich auf Urteile berufen, die von der Renaissance selbst entstellt worden sind. Ich empfand diese Schwierigkeit sehr stark, als ich eine oberflächliche Kritik meines früheren Werkes »Die sieben Leuchter« in »Der Architekt« las; der Kritiker erwähnte mein fortwährendes Rühmen von San Marco mit den Worten: »Mr. Ruskin hält es für ein sehr schönes Gebäude! Wir«, sagte der Architekt, »halten es für ein sehr hässliches Gebäude.« Ich wunderte mich nicht über die Meinungsverschiedenheit, sondern dass man den Gegenstand so gänzlich als eine Ansichtssache auffasste. Meine Gegner in Angelegenheiten der Malkunst setzen stets voraus, dass es ein rechtmäßiges Gesetz gibt, das ich nicht verstehe; aber meine architektonischen Gegner berufen sich auf kein Gesetz, sondern stellen einfach ihre Ansicht der meinigen gegenüber, und es gibt allerdings gegenwärtig kein Gesetz, an das sie oder ich appellieren könnten. Niemand kann mit vernünftiger Bestimmtheit von den Vorzügen oder Fehlern von Gebäuden reden; er kann es mit Eigensinn tun, oder mit entschlossenem Festhalten an alten Vorurteilen, aber nie so, als ob die Sache anderweitig entschieden werden könnte, als durch Stimmenmehrheit oder hartnäckiges Parteigängertum. Ich war jedoch stets der festen Überzeugung, dass ein Gesetz in dieser Angelegenheit bestände, und dass gute Architektur unbestreitbar von schlechter unterschieden und getrennt werden könne; dass der Kontrast sich in ihrem eigensten Wesen sichtbar mache, und dass wir alle beim Streiten um die Sache, ohne uns auf Grundsätze zu stützen, ebenso töricht wären, als ob wir um die Echtheit einer Münze stritten, ohne sie klingen zu lassen. Ich war auch überzeugt, dass dieses Gesetz, wann es endgültig sei, allgemein sein und uns dazu befähigen müsse, jede törichte und unedle Arbeit zu verwerfen und jede edle und kluge Arbeit gelten zu lassen, ohne Rücksicht auf Stil oder nationales Empfinden; auch müsse es die Entwürfe aller törichten Nationen und Zeiten verwerfen und missbilligen, die chinesischen, mexikanischen und modern europäischen, und leicht anwendbar sein bei allen denkbaren architektonischen Erfindungen des menschlichen Geistes. Ich machte mich also daran, ein solches Gesetz aufzustellen, in gutem Glauben, dass die Menschen dazu bestimmt seien, ohne besondere Schwierigkeit, und durch Anwendung ihres gesunden Menschenverstandes gute Dinge von schlechten zu unterscheiden und dass nur, weil sie sich die erforderliche Mühe nicht geben mögen, die Welt so von Falschheiten und Unechtheiten überfüllt ist. Ich fand die Arbeit einfacher als ich gedacht hatte; die vernünftigen Dinge fügten sich der Ordnung ein, die ich verlangte, und die törichten Dinge fielen bei Seite und traten zurück, sobald man ihnen ins Gesicht sah. Es stand mir nun in bezug auf venezianische Architektur die Wahl frei, entweder jeden Gesetzesparagrafen einzeln festzustellen, wenn ich zu den Formen kam, auf die es sich bezog, oder sonst die Geduld des Lesers in Anspruch zu nehmen und die allgemeine Untersuchung erst fortzusetzen und mit ihm ein Gesetzbuch über Recht und Unrecht aufzustellen, auf das wir uns gemeinsam, rückblickend beziehen konnten. Ich hielt dies für den besten, wenn auch einförmigsten Weg, und habe auf den zunächst folgenden Seiten versucht, diese Fundamente der Kritik zu ordnen, auf die ich mich in meinem Berichte über venezianische Architektur stützen werde, in einer so klaren und einfachen Form, dass sie sogar für diejenigen verständlich ist, die nie vorher an Architektur gedacht. Denen, die sich schon damit beschäftigt haben, wird vieles darin erwähnte wohlbekannt oder selbstverständlich sein; aber sie dürfen nicht unwillig sein über eine Einfachheit, von der die Nützlichkeit des ganzen Beweises abhängt. Sie werden aus dem, was bei der ersten Erwähnung als bloßer Gemeinplatz erscheint, mitunter sehr merkwürdige Folgerungen hervorgehen sehen; – Folgerungen, die ganz unerwartet und von großer Bedeutung sind; ich will mich hier nicht bei ihrer Wichtigkeit aufhalten, noch bei der der Sache selbst; denn ich glaube, die meisten Leser werden sofort zugeben, welchen Wert ein Kriterium von Recht und Unrecht bei einer so praktischen und kostspieligen Kunst wie die Architektur, besitzt, und sie werden eher geneigt sein, an der Möglichkeit seiner Erlangung zu zweifeln, als seine Nützlichkeit zu bestreiten, wenn es erreicht wäre. Ich fordere sie daher zu einer ernsten Untersuchung auf und bin überzeugt, wenn ich auch meinen Hauptzweck verfehlen und nicht imstande sein sollte, in meinem Leser die Zuversicht des Urteils zu erwecken, die ich wünsche, doch wenigstens seinen Dank zu erhalten für die Angabe vernunftgemäßer Gründe, die eine zögernde Wahl entscheiden, oder eine unwillkürliche Vorliebe rechtfertigen können. Und wenn es mir, wie ich hoffe, gelingen wird, die Steine von Venedig zu Prüfsteinen zu machen und beim Zerbröckeln seines Marmors ein feineres Gift zu entdecken als je eines beim Zersplittern seines Kristalls zum Vorschein kam; und wenn ich so in stand gesetzt werde, die Niedrigkeit der Bauschulen und beinahe jeder anderen Kunst, die seit drei Jahrhunderten in Europa vorherrschend waren, nachzuweisen, dann hoffe ich, dass das Resultat der Untersuchung als Beweis dienen möge für eine viel lebendigere Wahrheit, als irgend eine, die ich bisher angedeutet habe. Denn man beachte: ich sagte, der Protestant hatte die Künste verachtet und der Rationalist sie verdorben. Aber was hat der römische Katholik inzwischen getan? Er rühmt sich, dass es das Papsttum war, das die Künste gehoben hat; warum konnte es sie nicht stützen, als es seiner eigenen Kraft überlassen war? Wie kam es dazu, dem Klassizismus nachzugeben, der auf Unglauben beruhte und keine Schranken gegen Neuerungen aufzurichten, die den einstmals gläubig ersonnenen Bilderschmuck seiner Gottesverehrung zu Theaterdekoration herabwürdigte? Werden wir nicht vielmehr finden, dass der Romanismus, anstatt die Künste zu fördern, sich nie mehr einer einzigen großen Schöpfung fähig gezeigt hat, seit der Protestantismus sich von ihm schied. So lange trotz aller Verderbtheit kein offenes Zeugnis gegen ihn abgelegt worden war, so dass sich noch eine große Zahl gläubiger Christen in seinen Reihen befand, so lange waren seine Künste edel. Aber das Zeugnis wurde abgelegt – der Irrtum kam ans Tageslicht; und Rom, das das Zeugnis nicht hören und die Falschheit nicht aufgeben wollte, ist von diesem Augenblick an von einer geistigen Lähmung befallen worden, die es nicht nur unfähig gemacht hat für jedwede fernere Anwendung der Künste, die einst seine Diener waren, sondern es dahin gebracht hat, die Schmach seiner eigenen Heiligenschreine zu vergöttern und ihre Anbeter zu ihren Zerstörern zu machen. Kommt denn, wenn Wahrheiten wie diese wert sind, unsere Gedanken zu beschäftigen; kommt und lasst uns, bevor wir die Straßen der Meeresstadt betreten, wissen, ob wir uns wirklich ihrem unedlen Zauber unterwerfen und die an den erhabenen Formen ihrer Paläste angebrachten letzten Veränderungen so betrachten müssen, wie das wunderliche Auftürmen von Sommerwolken beim Sonnenuntergang, bevor sie in die tiefe Nacht versinken; oder ob wir nicht vielmehr im Glanz ihres aufgehäuften Marmors Tafeln erblicken müssen, auf denen der Urteilsspruch ihrer Üppigkeit geschrieben stehen sollte, bis die Wellen ihn auslöschten, und das Wort erfüllet würde – »Gott hat dein Königreich gezählet und vollendet«.

Kapitelle. Rundhohle Gruppe
Mezzotinto, Sepiaton

DIE TUGENDEN DER ARCHITEKTUR

Wir begeben uns zunächst an die Aufgabe, ein rechtmäßiges Gesetz aufzustellen, das wir bei der Architektur aller Welt und aller Zeiten anwenden können, und mit dessen Hilfe wir ebenso leicht beurteilen können, ob ein Gebäude gut und edel, wie durch die Anwendung eines Lots, ob es senkrecht ist.

Die erste Frage wird natürlich sein: Was für Tugenden kann die Architektur überhaupt haben?

In der Hauptsache verlangen wir von Bauwerken, als von Menschen herstammend, zwei Arten von Tugend: erstens, dass sie ihre praktische Pflicht erfüllen, und ferner, dass sie es in anmutiger, gefälliger Form tun, was an sich selbst auch eine Art von Pflicht ist.

Dann teilt sich die praktische Pflicht in zwei Abzweigungen, – handeln und reden; – handeln, insofern sie uns vor Wetter oder Gewalttätigkeit schützt; reden, als die Pflicht von Monumenten oder Grabmälern, um an Taten zu erinnern und Gefühle auszudrücken; oder von Kirchen, Tempeln und öffentlichen Gebäuden, die als Geschichtsbücher behandelt werden, um solche Geschichte klar und deutlich zu erzählen.

Wir haben auf diese Weise, alles in allem, drei große Zweige architektonischer Tugend und verlangen von jedem Bauwerk:

1. dass es gut handle und die Dinge, die von ihm verlangt werden zu tun, auf die beste Art tue; 2. dass es gut rede und die Dinge, die von ihm verlangt werden zu sagen, auf die beste Art sage; 3. dass es gut aussehe und uns durch seine Gegenwart erfreue, was es auch immer zu tun oder zu sagen habe.

Was nun die zweite dieser Tugenden betrifft, so ist es klar, dass wir keine allgemeinen Gesetze darüber aufstellen können. Erstens, weil es keine Tugend ist, die bei allen Bauwerken verlangt wird; denn es giebt einige, die nur zu Schutz oder Trutz bestimmt sind und von denen wir keine Unterhaltung verlangen. Zweitens, weil es unzählige Ausdrucksweisen gibt, konventionelle und natürliche; jede konventionelle Art hat ihr eigenes Alphabet, das entschieden kein Gegenstand allgemeiner Gesetze sein kann. Jede natürliche Art wird instinktiv angewandt und instinktiv verstanden, wo wahres Gefühl vorhanden ist und dieser Instinkt steht über dem Gesetz. Die Wahl von konventionellen Methoden hängt von unberechenbaren Umständen ab und die von natürlichen Methoden von unkontrollierbaren Gefühlen, so dass wir die Wahl nur für richtig erklären können, wenn wir fühlen, dass die Mittel effektvoll sind und wir können sie nicht immer für falsch erklären, wenn sie es nicht sind.

Ein Gebäude, das die biblische Geschichte durch eine Reihe von Bildwerken im Gedächtnis erhielte, würde völlig nutzlos sein für jemand, dem die Bibel von vornherein unbekannt wäre; anderseits könnte der Text des Alten und Neuen Testamentes auf seine Wände geschrieben sein und das Gebäude doch eine sehr unbequeme Art von Buch sein und nicht so nützlich, als wenn es mit verständlicher und lebendiger Skulptur geschmückt wäre. So muss die Macht, Gemütsbewegung hervorzurufen, wechseln oder verschwinden, je nachdem der Beschauer achtlos oder kalt wird, und das Bauwerk wird oft für etwas getadelt werden, was die Schuld seines Beurteilers ist, oder mit einem Reiz bedacht werden, der in den Augen seines Beschauers liegt. Es ist daher nicht möglich, ausdrucksvollen Charakter als unparteiisches Kriterium für die Vortrefflichkeit von Bauwerken gelten zu lassen, ehe wir uns nicht völlig in die Lage derjenigen versetzen können, an die ihr Ausdruck ursprünglich gerichtet war, und ehe wir nicht sicher sind, jedes Symbol zu verstehen und fähig, von jeder Ideenverbindung ergriffen zu werden, die ihre Erbauer als Buchstaben ihrer Sprache benutzten. Ich werde mich unausgesetzt bemühen, den Leser in solche sympathische Stimmung zu bringen, wenn ich sein Urteil über ein Gebäude erbitte, und bei jedem Werk, das ich ihm vorführe, werde ich ihn, soweit ich dazu imstande bin, auf das eigentümlich ausdrucksvolle daran aufmerksam machen; ja, ich muss mich sogar auf solche Eigentümlichkeiten häufig als Hauptzeugnisse für den Charakter der Erbauer berufen. Aber ich kann das Urteil, für das ich eintrete, nicht rechtskräftig machen, und auch nicht darauf bestehen, wenn es verworfen wird. Ich kann den Leser weder dazu zwingen, diese architektonische Rhetorik zu empfinden, noch zuzugestehen, dass sie gewaltig sei, wenn sie ihm selbst keinen Eindruck gemacht hat.

Ich werde daher den Ausdruck von Gebäuden nur gelegentlich anführen. Aber ihre beiden anderen Tugenden sind rechtmäßigen Gesetzen unterworfen, – die Ausübung ihrer gewöhnlichen und notwendigen Arbeit und ihre Übereinstimmung mit allgemeinen und göttlichen Gesetzen der Schönheit; in bezug auf diese kann es weder Zweifel noch Zweideutigkeit geben. Ich möchte den Leser dahin bringen sie so rasch zu begreifen, dass er beim Entlanggehen einer Straße auf den ersten Blick edle Arbeit von unedler zu unterscheiden vermag. Er ist dazu imstande, wenn er seinen natürlichen Instinkten freien Spielraum lässt; und ich habe nichts weiter zu tun, als von diesen Instinkten die künstlichen Schranken zu entfernen, die sie verhindern in Kraft zu treten, und ihn zu einer unbefangenen und freien Wahl zwischen Gut und Schlecht zu ermutigen.

Wir haben also zwei Eigenschaften von Bauwerken als Gegenstände gesonderter Untersuchung; ihre wirkende Kraft und äußere Erscheinung, und die Quellen der Tugend in beiden; das heißt, Kraft und Schönheit, die beide weniger um ihrer selbst willen bewundert werden, als durch ihr Zeugnis von dem Geist oder der Phantasie des Erbauers.

Denn wir haben eine würdigere Art und Weise, menschliche Baukunst zu betrachten als göttliche; viel von dem Wert der Konstruktion und Dekoration an den Bauwerken der Menschen hängt davon ab, wie wir durch das hervorgebrachte oder ausgeschmückte Ding darauf hingeleitet werden, die Geisteskräfte zu betrachten, die an seiner Schöpfung oder Ausschmückung beteiligt waren. Hierzu werden wir durch ein göttliches Werk nicht angeregt, sondern begnügen uns mit der ruhigen Betrachtung des erschaffenen Dinges. Ich möchte dem Leser folgendes besonders einprägen; wir empfinden Vergnügen, oder *sollten* Vergnügen empfinden an Bauwerken, schon allein als an der Offenbarung einer bewunderungswürdigen menschlichen Befähigung; es ist weder die Kraft, noch die Größe oder Vollendung des Werkes, die wir verehren; Felsen sind immer stärker, Berge immer größer, alle Naturerzeugnisse immer vollendeter; sondern es ist der Geist und die Entschlossenheit des Menschen bei der Überwindung physischer Schwierigkeit, die die Quelle unseres Vergnügens und der Gegenstand unseres Rühmens sein sollen. Und bei Ausschmückung oder Schönheit ist es wieder weniger die tatsächliche Anmut des hervorgebrachten

Dinges, als die sorgfältige Wahl und Erfindung bei der Hervorbringung, die uns entzücken; die Liebe und das Nachdenken des Arbeiters mehr als seine Arbeit; sein Werk muss immer unvollkommen bleiben, aber seine Gedanken und Neigungen können treu und tief sein.

Diesen Ursprung unserer Freude an der Baukunst muss ich etwas ausführlicher betonen, denn ich möchte gern ein wenig von der undankbaren Kälte aus der Welt schaffen, die wir den guten Baumeistern alter Zeiten bezeigen. In keiner Kunst besteht eine engere Verbindung zwischen unserem Entzücken über das Werk und unserer Bewunderung für den Geist des Schöpfers, als bei der Baukunst, und doch fragen wir selten nach dem Namen des Erbauers. Wir erinnern uns gelegentlich des Schutzherren, auf dessen Kosten, und des Mönchs, auf dessen Träume hin der Grundstein gelegt wurde, aber nie des Mannes, der das Werk wirklich ausführte. Hat der Leser je von William of Sens gehört, dass er etwas mit der Kathedrale von Canterbury zu tun gehabt? Oder von Pietro Basegio in irgend einem Zusammenhange mit dem Dogenpalast in Venedig? Hierin liegt viel Undankbarkeit und Ungerechtigkeit und ich möchte daher, dass mein Leser sorgfältig beachtete, wie viel von seiner Freude an einem Bauwerk stammt oder stammen sollte von der Bewunderung der Geistesgaben von Männern, deren Namen er nicht kennt. Die beiden Tugenden der Baukunst, die wir richtig abschätzen können, sind, wie gesagt, ihre Kraft, oder gute Konstruktion und ihre Schönheit, oder gute Dekoration. Man bedenke daher zuerst, was man darunter versteht, wenn man sagt, ein Gebäude sei gut konstruiert oder gut gebaut; man meint damit nicht nur, dass es seinem Zweck entspricht, – das ist schon viel, und manche modernen Gebäude lassen hierin viel zu wünschen übrig; aber wenn es wirklich gut gebaut ist, dann muss es diesem Zweck in einfachster Weise entsprechen und ohne übermäßigen Kostenaufwand. Wir verlangen z. B. von einem Leuchtturm, dass er fest steht und ein Licht trägt; wenn er dies nicht tut, ist er sicherlich schlecht gebaut; aber er mag es bis ans Ende aller Zeiten tun und doch nicht gut gebaut sein. Er mag viele hundert Tonnen Steine mehr enthalten, als notwendig war und tausende von Pfunden mehr gekostet haben als er musste. Um ihn als gut oder schlecht gebaut zu erklären, müssen wir die äußersten Naturgewalten kennen, denen er zu widerstehen hat und die besten Anordnungen der Steine, um ihnen zu begegnen, sowie die rascheste Art dies zu bewerkstelligen; denn nur insofern als solche Anordnungen getroffen und solche Methoden angewandt sind, ist er gut gebaut. Nun ist die Kenntnis aller auftauchenden Schwierigkeiten und aller Mittel und Wege, mit denen ihnen zu begegnen ist, und die rasche und richtige Erfindungsgabe, in bezug auf die Anwendung dieser Mittel zu ihrem Zweck das was wir an dem Erbauer zu bewundern haben, wie er auch bei diesem ersten und untergeordneten Teil seiner Arbeit stets zu erkennen ist. Geistige Kraft, wohlverstanden, nicht muskulöse oder mechanische, technische oder empirische Kraft, – reiner, kostbarer, majestätischer, massiger Intellekt, der nicht zu gewöhnlichem Preise zu haben und nicht ohne Danksagungen und ohne Frage nach dem Spender aufzunehmen ist.

Nehmen wir z. B. an, dass wir bei dem Bau einer Brücke zugegen sind; für die Maurer oder Steinsetzer ist das Lehrgerüst errichtet worden und dieses Gerüst wurde von einem Zimmermann zusammengesetzt, dem die Kurvenlinie von dem Architekten vorgezeichnet war; die Maurer handhaben ihre Ziegelsteine gewandt und passen sie ein, oder fügen mit Hilfe von Maschinen sorgfältig Steine ein, die durch Zahlen für ihre Stellen bezeichnet sind. Es liegt vermutlich in ihrem raschen Blick und ihrer geschickten Hand etwas Bewunderungswürdiges, aber dies ist es nicht, was ich den Leser auffordere, zu bewundern; nicht die Zimmer- oder Mauerarbeit, oder sonst etwas, was er sofort sehen und begreifen kann, sondern die sorgfältige Wahl der Kurve, das Formen der nummerierten Steine und die Feststellung dieser Zahlen; es mussten viele Dinge gewusst und bedacht werden, bevor diese bestimmt werden konnten. Der Mann, der die Kurve wählte und die Steine nummerierte, musste die Zeiten und Fluten des Flusses kennen und die Gewalt seiner Strömungen und ihre Höhe und ihren Zufluss und das Erdreich seiner Ufer und dessen Tragkraft und die Last der Steine, mit denen er zu bauen hatte und die Art des Verkehrs, der Tag für Tag über seine Brücke stattfinden würde; alle diese Einzelheiten und dazu die großen allgemeinen Gesetze von Druck und Last und ihre Wirkung; und bei der Wahl der Kurve und dem Nummerieren der Steine ist nicht bloß seine Kenntnis hiervon ausgedrückt, sondern sein Genie und seine Entschlossenheit bei der Anwendung besonderer Mittel, um die besonderen Schwierigkeiten bei seiner Brücke zu überwinden. Es ist nicht zu sagen wieviel Geist, wieviel Gedankentiefe, Phantasie, Geistesgegenwart, Mut und fester Wille dazu gehört haben mögen, einen einzelnen Stein davon an die richtige Stelle zu bringen. Dies ist es, was wir zu bewundern haben, – diese große Macht und Hingebung des Mannes an die Sache; nicht seine kunstgerechte oder erfahrungsmäßige Art, die Mauerkelle zu halten und Mörtel und Steine zu behandeln.

Nun liegt dieser geistige Anteil in allem, was berechtigt Kunst genannt wird, selbst in dem nur praktisch erscheinenden Gebiet derselben. Denn man bemerke wohl, ich setze bei diesem Brückenbau keine Beziehung auf architektonische Grundsätze voraus; alles was wir, meiner Ansicht nach, brauchen, ist, sicher über den Fluss zu gelangen; der Mann, der uns hinübergebracht hat, ist nur ein einfacher Brücken*bauer*, – ein *Erbauer*, aber kein Architekt; er kann ein roher, unkünstlerischer, gefühlloser Mensch sein, unfähig, etwas wirklich schönes in seinem ganzen Leben auszuführen. Ich werde euch auffordern, ihn sofort in gewisser Weise zu verachten, aber nicht, als ob er ein bloßer Mörtelglätter wäre; er ist vielleicht ein großer Mann, von unendlichem Gedächtnis, unermüdlich bei der Arbeit, unerschöpflich an Hilfsquellen, unübertrefflich in Raschheit des Gedankens. Habt wohl Acht, ihn zu verstehen, bevor ihr ihn verachtet.

Aber weshalb ist er überhaupt zu verachten? Verachtet ihn unter keinen Umständen, wenn er nicht etwa ohne Seele ist, oder wenigstens keine Spuren davon zeigt; was vielleicht bei dem bloßen Hinüberbringen über den Fluss nicht der Fall ist. Er ist vielleicht nur, was Carlyle mit Recht einen menschlichen Biber nennt; und es mag in seiner ganzen Begabung nichts Größeres liegen als eine Komplikation animalischer Eigenschaften, eine verworrene Bestialität, – Nester- oder Bienenstockbau in der höchsten Entwickelung. Man braucht aber etwas mehr als dies, sonst ist der Mann verächtlich; man braucht jene Tugend des Bauens, durch welche er seine Neigungen und Freuden zeigen kann; man braucht die Schönheit und den Schmuck desselben.

Nicht etwa, dass in Wirklichkeit ein Teil des Menschen menschlicher wäre als ein anderer. Theologen verfallen unglücklicherweise fortwährend in diesen Irrtum; und ein Mann, von dem ich viel gelernt habe, Lord Lindsay, hat sein edles Buch verdorben, indem er so spricht, als ob der Geist des Menschen allein unsterblich sei und im Gegensatz stünde zu seinem Intellekt und dieser wieder zu den Sinnen; wohingegen alle Teile der menschlichen Natur edel oder brutal sind, unsterblich oder sterblich, je nach dem Grade ihrer Heiligung; und es ist kein Teil des Menschen, der nicht unsterblich und göttlich ist, wenn er einmal Gott hingegeben ist, und keiner, der nicht sterblich ist durch den zweiten Tod und brutal vor dem ersten, wenn er sich von

Gott entfernt hat. Denn worauf sollen wir unsere Unterscheidung von den Tieren begründen, die verenden? Auf unseren höheren Intellekt? – Aber ist uns nicht geboten worden, klug zu sein wie die Schlange und die Weise der Ameise zu betrachten? Oder auf unsere Neigungen? Nein; diese werden von den niedrigeren Tieren mehr geteilt als unsere Klugheit; – Hamlet springt in das Grab seiner Geliebten und verlässt es wieder, – ein Hund würde geblieben sein. Menschlichkeit und Unsterblichkeit bestehen weder in Verstand noch in Liebe, weder im Körper noch in der Herzbewegung oder in den Gedanken und Regungen des Gehirns – sondern nur in der Hingabe ihrer aller an Ihn, der sie am jüngsten Tage auferwecken wird.

Es ist indessen nicht der Fall, dass die Zeichen seiner Neigungen, die der Mensch seinem Werke einprägt, es wirklich mehr veredeln als die Zeichen seiner Intelligenz, sondern es ist das Gleichgewicht beider, was zum Ausdruck kommen muss und die Anzeichen, dass sie alle durch Gewissenhaftigkeit beherrscht werden, und durch Umsicht, die Tochter der Gewissenhaftigkeit. Wenn nun der Geist des Mannes hervorragend, ja hauptsächlich in der Konstruktion seines Werkes zum Ausdruck kommt, so muss sich seine Neigung in der Dekoration desselben zeigen; und damit diese Dekoration wirklich schön sei, sind zwei Dinge erforderlich; erstens, dass die Neigung lebendig sei und ehrlich gezeigt werde und zweitens, dass sie auf die rechten Dinge gerichtet sei.

Ihr denkt vielleicht, ich habe die Erfordernisse in falscher Reihenfolge genannt. Logischerweise habe ich es getan, praktischerweise aber nicht; denn es ist notwendig, die Menschen zuerst zu lehren, sich auszusprechen, und was sie sagen wollen, ehrlich zu sagen; und sie zweitens zu lehren, welche ihrer Neigungen schlecht angebracht sind und welche recht. Wenn ein Mann kühl ist in seinen Neigungen und Abneigungen, oder wenn er nicht sagen mag, was er gern hat, dann kann man nichts aus ihm machen. Man muss ihn dahin bringen, rasch zu empfinden und sich deutlich auszusprechen, dann kann er auf den rechten Weg kommen. Es ist eine Tatsache, dass das große Übel aller architektonischen Leistungen der letzten Zeit nicht darin liegt, dass die Menschen falsche Dinge gern hatten, sondern, dass sie sich entweder aus gar keinen etwas machten, oder behaupteten etwas zu lieben, was gar nicht der Fall war. Glaubt man vielleicht, dass irgend ein moderner Architekt das leiden mag, was er baut, oder dass er Freude daran hat? Nicht im mindesten. Er baut es, weil man ihm gesagt hat, dass gewisse Dinge schön sind und dass er sie gern haben *müsse*. Er behauptet sie zu lieben und gibt ihnen einen falschen Anstrich von Prahlerei. Glaubt der Leser im Ernst, dass irgend ein lebendes Wesen in London Triglyphen oder Dreischlitze liebt?* – oder seine Herzensfreude an Giebelfeldern** (Tympanum) hat? Griechen freuten sich daran; das englische Volk aber nicht, – und wird es auch nie tun. Glaubt man, dass der Erbauer der Old Burlington-Marställe in Regent Street besondere Befriedigung dabei empfand, das blinde Dreieck über dem Torweg anzubringen, anstatt eines nützlichen Dachfensters? Keinesfalls. Man hatte ihm gesagt, es wäre richtig, es so zu machen und er dachte, er würde bewundert werden, wenn er es täte. Sehr wenige architektonische Fehler entspringen ehrlichen Ursachen; es sind fast immer Heucheleien.

So ist also das erste, was wir von der Dekoration zu verlangen haben, dass sie eine starke Neigung zum Ausdruck bringe und zwar in ehr-

* Triglyph. Wörtlich, »Dreischlitz«. Das ungeschickte gerade Ornament, mit zwei Einschnitten darin und einem Schlitz an jeder Seite, das man überall auf antiken und modernen dorischen Säulengängen findet.

** Giebelfeld (Tympanum). Der dreieckige Raum über griechischen Säulengängen (Portikus), wie am Mansion House oder Royal Exchange.

licher Weise. Es kommt weniger darauf an, was für ein Gegenstand es ist, als dass der Erbauer es wirklich liebt und sich daran freut und dies deutlich ausspricht. Der Erbauer der Kathedrale von Bourges liebte Hagedorn; daher bedeckte er sein Portal ganz mit Hagedorn, – es ist eine wahre Niobe des Mais. Nie hat man solchen Hagedorn gesehen; man möchte gleich versuchen ihn abzupflücken, wenn man nicht fürchtete, sich an den Dornen zu stechen. Die alten lombardischen Architekten liebten die Jagd; sie bedeckten ihre Bauten daher mit Pferden und Hunden und Leuten, die lange Trompeten bliesen. Die schlechten Renaissance-Architekten von Venedig liebten Mummenschanz und Spiel; sie bedeckten ihre Bauten daher mit komischen Masken und musikalischen Instrumenten. Selbst dies war besser als unsere englische Art, nichts zu lieben und so zu tun, als ob wir Triglyphen liebten.

Aber das zweite Erfordernis bei der Dekoration ist, dass sie zeigt, dass wir das richtige Ding lieben. Und das richtige Ding für unsere Liebe ist Gottes Werk, das er zu unserer Freude und Befriedigung in dieser Welt schuf. Und jede edle Ornamentierung ist der Ausdruck menschlichen Entzückens an Gottes Werk.

So sind dies denn die beiden Tugenden der Baukunst: erstens, die Kennzeichen der eigenen guten Arbeit des Menschen; zweitens, der Ausdruck der Freude des Menschen an besserem Werk als dem seinigen. Und dies sind die beiden Tugenden, von denen ich wünsche, dass der Leser rasch imstande sei, sie, wenigstens bis zu einem gewissen Grade zu beurteilen; bis zu einem gewissen Punkt eine entschiedene Meinung darüber zu haben. Über einen gewissen Punkt hinaus kann er sich keine darüber bilden. Wenn die Wissenschaft der Baukunst groß ist, dann gehört natürlich große Wissenschaft dazu, sie zu verstehen; und daher kann über schwierige Brücken, Leuchttürme, Hafendämme, Flussdeiche und Eisenbahntunnels kein rasches Urteil gefällt werden. Aber über gewöhnliche Gebäude, unter gewöhnlichen Verhältnissen errichtet, kann jeder Mann, jede Frau und jedes Kind sich möglicherweise ein sowohl rasches als vernünftiges Urteil bilden. Ihre notwendigen, ja überhaupt möglichen Formen sind nicht zahlreich; die Gesetze ihrer Konstruktion ebenso einfach wie interessant. Die Arbeit weniger Stunden genügt, um den Leser ihre Hauptpunkte beherrschen zu lassen; und von diesem Augenblick an wird er eine Kraft des Urteils in sich finden, der nichts entgeht und die auch nicht irre geleitet werden kann, sondern Gegenstände des Interesses auch dort entdeckt, wo vorher alles wertlos und uninteressant erschien. Denn wenn es auch nur wenige und einfache Gesetze gibt, so können sie doch sehr verschieden befolgt werden. Jedes Gebäude bietet seine eigenen Anforderungen und Schwierigkeiten dar, und jedes gute Gebäude hat besondere Vorkehrungen und Kunstgriffe, um ihnen zu begegnen. Man muss die Gesetze der Konstruktion verstehen, dann wird man die besondere Schwierigkeit bei jedem neuen Gebäude, dem man sich nähert, herausfühlen und instinktiv wissen oder empfinden, ob ihr richtig begegnet ist oder nicht. Dann wird man imstande sein, eine große Zahl von Gebäuden und Baustilen sofort zu verwerfen, da sie mit diesen unverrückbaren Gesetzen der Konstruktion in Widerspruch stehen und deshalb unnatürlich und missgestaltet sind.

In bezug auf Dekoration möchte ich, dass jeder seiner natürlichen Wahl und Neigung folgte. Es liegt Richtiges und Falsches darin; aber man wird sicher das Rechte vorziehen, wenn man sich durch seinen natürlichen Instinkt leiten lässt. Der größte Teil allen Unheils in der Welt kommt davon her, dass die Leute nicht wissen was sie gern haben; nicht mit Überlegung herauszufinden suchen, woran sie wirklich Freude haben. Alle Leute mögen z. B. gern Geld ausgeben; *das* wissen sie aber nicht; – sie denken im Gegenteil, dass sie es gern behalten mögen; – und sie *behal-*

ten es auch unter dieser falschen Voraussetzung oft zu ihrem großen Unbehagen. Jedermann mag gern gutes tun; aber kaum einer unter hundert Leuten findet *dies* heraus. Große Scharen denken, dass sie gern böses tun; und doch freute sich kein Mensch wirklich daran, böses zu tun, seit Gott die Welt erschuf.

So ist es auch in minder wichtiger Weise beim Ornament der Fall. Man muss allerdings ein wenig sorgfältig zu Werke gehen, wenn man mit sich selbst Versuche anstellt; es bedarf wohlerwogener Fragen und aufrichtiger Antworten. Aber man braucht keine Schwierigkeiten zu überwinden, sich auf keine verworrenen Beweisführungen einzulassen; nur ein wenig Achtsamkeit und Nachdenken ist erforderlich und soviel Ehrlichkeit, dass man imstande ist, sich selbst und allen Leuten einzugestehen, dass man an Dingen Freude findet, trotzdem große Autoritäten sagen, man sollte es nicht tun.

Dies sieht ein wenig wie Stolz aus, aber es ist echte Demut; ein Vertrauen darauf, dass wir geschaffen sind, um das was für uns passt zu genießen und eine Willigkeit, uns daran zu erfreuen, wie es für uns beabsichtigt war. Es ist der kindliche Geist, der das Glückbringendste ist, was wir uns bewahren können; und wir bleiben weiser als Kinder in unserer Dankbarkeit dafür, dass wir uns noch an einer schönen Farbe oder einem tanzenden Licht erfreuen können. Aber lasst uns vor allem nicht versuchen, diese Freuden vernünftig zu begründen, oder das Vergnügen, das wir an schönen Ornamenten finden, mit dem zu verbinden, das wir an Konstruktion oder Nutzbarkeit haben. Sie stehen in keiner Verbindung und jede Anstrengung, die wir machen, um von einem auf das andere zu schließen, wird unser Schönheitsgefühl abstumpfen oder durch Empfindungen verwirren, die ihm gänzlich untergeordnet sind. Wir wurden zur Freude geschaffen und die Welt mit Dingen erfüllt, an denen wir uns freuen sollen, wenn wir nicht zu stolz sind, um Gefallen daran zu finden oder zu habgierig, um uns aus Dingen etwas zu machen, die nicht anders nutzbar gemacht werden können, als zur bloßen, Freude. Vergessen wir nicht, dass die schönsten Dinge auf der Welt die nutzlosesten sind; z.B. Pfauen und Narzissen; ich nehme an, dass dieser Federkiel, den ich benutze, besser schreibt als es eine Pfauenfeder tun würde, und die Landleute von Vevey, deren Wiesen zur Frühlingszeit so weiß von Narzissen sind, wie die Dent du Midi von Schnee, sagten mir, dass das Heu davon durchaus nicht verbessert würde.

Unsere Aufgabe teilt sich daher in zwei Abschnitte, die ich nacheinander erledigen werde. Ich werde zuerst die Konstruktion von Bauwerken betrachten, indem ich sie in ihre wirklich notwendigen Glieder oder Formen einteile und werde versuchen, den Leser vorwärts zu führen, von der Grundsteinlegung an aufwärts, so dass er selbst die beste Art herausfinden kann, wie alles getan werden muss; und hat er sie erst einmal entdeckt, dann wird er sie auch nicht wieder vergessen. Ich will ihm Steine und Ziegel und Stroh, Meißel und Mauerkelle, und Grund und Boden dazu geben und ihn dann auffordern, zu bauen; auch will ich ihm helfen, so gut ich kann, wenn er in Verlegenheit gerät. Und wenn er sein Haus oder seine Kirche gebaut hat, will ich ihn auffordern, sie auszuschmücken und ihm die Wahl der Ornamente überlassen, wie ich es bei der Konstruktion tat; ich will durchaus keinen Einfluss auf ihn ausüben, ausgenommen, wo es gilt, alten Vorurteilen entgegenzutreten und ihm so weit als möglich, volle Freiheit lassen. Und wenn er so herausgefunden, wie er bauen muss, und seine Dekorationsformen gewählt hat, dann will ich tun, was ich kann, um sein Vertrauen auf sein fertiges Werk zu bestärken. Ich werde ihm versichern, dass niemand auf der Welt es soweit hätte besser machen können, und ihn auffordern, alles als wertlos und falsch zu verurteilen, was keine Ähnlichkeit mit seinen eigenen Leistungen hat.

Nordwestportal der Hauptfassade von San Marco, 1877
Das Mosaik im sogenannten Portal di Sant'Alipio zeigt die Überführung
des Leichnams des heiligen Markus.
Zeichnung, Bleistift und Tinte, Wasserfarbe, Deckfarbe
auf cremefarbenem Papier

DAS BOGEN-MAUERWERK

Über das Thema der Festigkeit von Bogen sind ganze Bände geschrieben und noch mehr Bände erforderlich. Der Leser wird daher keine sehr vollständige Erklärung ihrer Bedingungen im Umfange eines Kapitels von mir erwarten. Aber das, was er notwendig wissen muss, ist sehr einfach und leicht und doch glaube ich, dass ein Teil davon sehr wenig bekannt ist oder beachtet wird.

Wir müssen zuerst einen klaren Begriff haben, was unter einem Bogen zu verstehen ist. Es ist ein gebogenes *Gerippe* von festem Material, auf dessen Rücken eine Last von *losem* Material gelegt werden soll. Insofern das darüber liegende Material *nicht lose* ist, sondern in sich zusammenhängt, ist die Öffnung darunter kein Bogen, sondern eine *Aushöhlung*. Man achte wohl auf diesen Unterschied. Wenn der König von Sardinien, wie er beabsichtigt, einen Tunnel durch den Mont Cenis anlegt, so braucht er keinen Backsteinbogen in seinem Tunnel zu bauen, um die Last des Mont Cenis zu tragen; dazu würde allerdings eine gelehrte Mauerkunst erforderlich sein. Der Mont Cenis trägt sich selbst durch seine eigene Kohäsion und eine Reihenfolge von unsichtbaren Granitbogen, die etwas größer sind als der Tunnel. Aber als Mr. Brunel einen Tunnel unter der Themse anlegte, musste er einen Backsteinbogen errichten, um die sechs oder sieben Fuß Schlamm und die Last des Wassers darüber zu tragen. Das ist ein Typus aller richtigen Bogen.

Nun nehmen Bogen bei praktischer Ausführung von beider Natur etwas an. Insofern ihr oberes Mauerwerk Mont Cenis-artig, d. h. kolossal im Verhältnis zu ihnen ist und granitartig, so dass der Bogen ein bloßes Loch in seiner felsigen Substanz ist, hat die Form des Bogens nicht die mindeste Bedeutung; sie kann gerundet, oder rautenförmig, oder eselsrückenförmig, oder sonst irgendwie sein; und in der edelsten Architektur wird dem Mauerwerk immer *etwas* von diesem Charakter gegeben. Es ist unabhängig genug, sich nicht um die Löcher zu kümmern, die hineingeschnitten werden und sinkt nicht wie Sand in sie hinein. Aber die Theorie von Bogen pocht nicht auf einen solchen Grund der Dinge; sie gestattet sich nur das Gerippe des eigentlichen Bogens, die Rückenwirbel, die ihr eigenes Widerstands-Mark tragen und über diesem Gerippe nimmt sie an, dass die Mauer sich in einem Zustand von Strömung befindet und mit ihrer ganzen Wucht auf den Bogen herniederdrückt, wie Wasser oder Sand. Und ferner besteht das von dem Erbauer des Bogens zu lösende Problem nicht nur darin, diese Last zu tragen, sondern sie mit der geringsten Stärke des Gerippes zu tragen. Es ist leicht sie zu tragen, wenn man fortwährend die Voussoirs* verstärkt; wenn man sechs Fuß hohen Sand oder Kies zu tragen hat und dazu sechs Fuß dicke Granit-Voussoirs anwendet, dann ist es keine Frage, dass der Bogen fest ge-

* Gewölbesteine

nug ist. Aber es ist vielleicht etwas zu kostspielig; es handelt sich darum, den Sand oder Kies durch Backstein-Voussoirs von etwa sechs Zoll Stärke zu tragen, oder wenigstens mit der geringsten Voussoir-Stärke, die sicher ist, und um dies zu erreichen, müssen die Linien des Bogens eigentümlich angeordnet sein. Es giebt vielerlei Anordnungen, die alle in ihrer Art brauchbar sind, aber wir haben es bei der besten Architektur nur mit den einfachsten und leicht verständlichsten zu tun. Wir müssen zuerst diejenigen betrachten, welche sich auf das tatsächliche Gerippe des Bogens beziehen und dann werden wir ein paar Beispiele von der Aufhebung solcher Hilfsmittel durch Mont Cenis-Mauerwerk vorführen.

Was wir zu sagen haben, lässt sich auf alle Bogen anwenden, aber der zentrale Spitzbogen ist der beste für eine allgemeine Erklärung. Man lasse a, Tafel 2, das Gerippe eines Spitzbogens mit loser Belastung darüber sein; angenommen, man findet das Gerippe nicht genügend stark und die Last zu drückend für die Spitze des Bogens, so dass sie ihn eindrücken könnte, dann geht man daran, das Gerippe zu verstärken, aber braucht man es gleichmäßig zu verstärken? Gewiss nicht; damit würde man nur seine guten Voussoirs verschwenden. Wenn man etwas gesunden Menschenverstand hat, wird man es am oberen Ende verstärken, wo ein Megatheriumschädel zu demselben Zwecke verstärkt ist (und einige menschliche auch, wie ich mir einbilde), wie bei b. Die Kieselsteine und der Kies darüber werden nun rechts und links davon abprallen, wie die Kugeln von einem Kürassierharnisch und keine Gelegenheit haben, es zu durchschlagen.

Wenn es noch nicht stark genug ist, kann eine weitere Hinzufügung stattfinden wie bei c, wo die Voussoirs nun auch an der Basis etwas verstärkt werden. Aber da dies den Bogen vielleicht ungebührlich hoch wölben, oder eine Verschwendung von Voussoirs an der Spitze herbeiführen würde, können wir ein anderes Hilfsmittel anwenden.

Ich denke mir, den Leser wird sein gesunder Menschenverstand, wenn nicht seine vorher erworbene Kenntnis, begreifen lassen, dass der Bogen a, Tafel 2, wenn er auf der Höhe *ein*bricht, an den Seiten *aus*brechen muss. Man stelle zwei Stücke Pappe mit den Rändern gegeneinander und drücke sie mit der Hand nieder, dann wird man sehen, dass sie nach den Seiten ausbiegen. Wenn man daher den Bogen verhindert, an den Punkten p, p auszuweichen, dann *kann* er sich an der Spitze nicht krümmen, mag man eine noch so große Last darauf legen, ausgenommen, wenn die Steine direkt zu Trümmern zermalmt werden.

Man kann nun den Bogen verhindern, bei p auszuweichen, indem man ihn bei p beschwert, größere Last auf ihn und gegen diesen Punkt legt, und dies ist die Art, die man in der Praxis gewöhnlich anwendet. Aber wir nehmen gegenwärtig an, dass die obere Last aus Sand oder Wasser besteht und daher nicht regiert und nach gewünschten Punkten hingeleitet werden kann; und in der Praxis kann es mitunter vorkommen, dass wir keine Last auf den Bogen bei p legen können. Wir brauchen vielleicht eine Öffnung darüber, oder er liegt an der Seite des Gebäudes und viele andere Gründe können uns daran verhindern.

Aber wenn wir auch nicht sicher sind, eine Last obenauf legen zu können, so sind wir doch vollkommen sicher, eine Last darunter hängen zu können. Man kann das Gerippe stets von innen verstärken und die Last darauf anbringen, wie bei x, x in d, Tafel 2. Nicht wahr, nun ist nicht viel Aussicht vorhanden, dass es bei p ausbrechen könnte?

Wenn daher ein Bogen irgend welchen senkrechten Druck auszuhalten hat, dann trägt er ihn besser, wenn sein Gerippe wie bei b oder d ge-

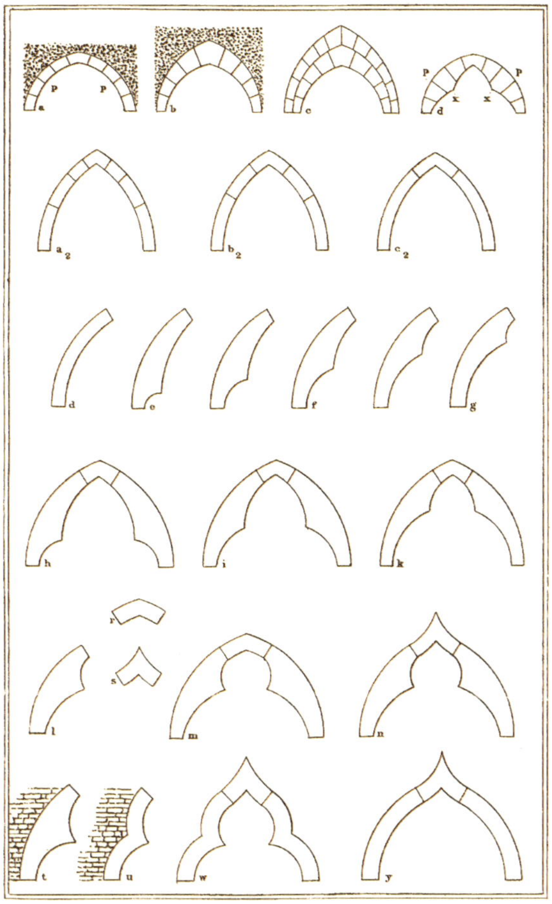

Tafel 2 und 3 Bogen-Mauerwerk, Radierungen

staltet ist, anstatt wie bei a; b und d sind daher die Typen von Bogen, die senkrechten Druck zu ertragen haben, in der ganzen Welt und von Anbeginn der Baukunst bis zu ihrem Ende. Keine andern können mit ihnen verglichen werden, außer diesen sind alle unvollkommen.

Die hinzugefügten Projektionen bei x, x in d, werden Nasen (Cusps) genannt, und sie sind Seele und Leben der besten nördlichen Gotik; jedoch findet man sie gründlich verstanden und in der Vollkommenheit nur in Italien, da die nördlichen Baumeister, selbst in den besten Zeiten, oft mit der vulgären Form a arbeiteten.

Die Form b wird selten im Norden gefunden; ihre Vollkommenheit liegt in der lombardischen Gotik, und gute oder schlechte Abweichungen davon, je nach ihrer Anwendung, kommen bei sarazenischer Arbeit vor. (…)

Die Stellung und Breite der Nase, das heißt, ihre genaue Anbringung am Rande der Bogenkrümmung, wechselt je nach der Richtung der zu stützenden Last. Ich habe mehr als einen Monat, und zwar in harter Arbeit, mit dem bloßen Versuche zugebracht, die Formen von Nasen in völlige Ordnung zu bringen; woraus der Leser schließen kann, dass ich hier keinen Raum habe, um auf den Gegenstand einzugehen; aber ich werde später ein paar der maßgebendsten und vollkommensten Beispiele mit ihren Maßen und ihrem Mauerwerk anführen.

Der Leser versteht nun alles, was er von dem Gerippe des Bogens, als eines vereinten Steinstückes zu wissen braucht. Er muss zunächst die Form der Voussoirs betrachten. Was hiervon erforderlich ist, wird er am besten an ein paar Beispielen verstehen, durch die ich auch imstande sein werde, oder die mich, besser gesagt, dazu zwingen werden, einige Methoden Mont Cenisartigen Mauerwerks zu erklären, die den zweiten Teil unseres Gegenstandes bilden sollten.

1 und 2, Tafel 3, sind zwei Gesimse; 1 von Sant'Antonio, Padua; 2 von der Kathedrale von Sens. Ich brauche sie als Gesimse; aber ich habe sie auf diese Tafel gebracht, weil sie, obgleich ihre Bogen hinten ausgefüllt, und in der Tat bloße Steinblöcke sind, in deren Fronten man Bogen hineingeschnitten hat, doch das ständige Mauerwerk kleiner Bogen sowohl im italienischen wie im nördlich-romanischen Stile veranschaulichen, aber besonders im italienischen, da jeder Bogen aus seinem eigenen Steinblock herausgehauen ist, dies ist Mont Cenis-artig genug in kleinem Maßstabe.

3 ist ein Fenster aus Carnarvon Castle und von sehr primitiver und interessanter Manier, – da einer seiner Bogen aus einem Stein und der andere aus zweien besteht. Hier haben wir das Beispiel einer Bogenform, die in großem Maßstab und aus vielen Stücken barbarisch genug erscheinen würde, aber so massiv gebaut, sinnreich und gefällig ist.

4 ist von einem kleinen Glockenturm in einem Schweizer Dorfe über Vevey; das Fenster scheint von fern gesehen eine absurde Form zu haben, aber es gefällt einem, wenn man sein Mauerwerk betrachtet. Es könnte kaum fester sein.

Dies sind also Bogen aus einem Block gehauen. Der nächste Schritt ist, sie aus zwei Stücken zu formen, die am oberen Ende des Bogens zusammengesetzt sind. 6, von den Eremitani in Padua, ist von sehr altmodischer und primitiver Manier; es ist überhaupt eine kuriose Kirche und hat einige seltsame, aus einzelnen Blöcken geschnittene Maßwerke. (...)

7, von den Frari in Venedig, ist sehr fest und fein und bewunderungswürdig dekoriert, wie wir später sehen werden. 5, die einfache zweistückige Konstruktion, von auserlesenster Proportion und Akkuratesse der Ausführung wie alles übrige in der herrlichen Kirche zu der es gehört, San Fermo in Verona. Der Zusatz des oberen Stückes, das den Kreis vervollständigt, berührt nicht den Entwurf der schönen Bogen mit ihren einfachen und vollendeten Nasen; aber er ist höchst merkwürdig und dient dazu, zu zeigen, wie der Gedanke an die Nase aus dem bloßen Blattwerk (Nasenbesetzung, Foliation) hervorging. Die ganze Architektur dieser Kirche kann charakterisiert werden als Darstellung höchster Einfachheit der Konstruktion und Vollkommenheit der Ausführung, – eine seltene Vereinigung; denn im allgemeinen werden einfache Entwürfe roh gearbeitet und je mehr der Erbauer seine Ausführung vervollkommnet, um so komplizierter gestaltet er seinen Entwurf. Beinahe alle Bogen von San Fermo sind zweistückig.

Wir haben die Konstruktion mit einem und mit zwei Stücken gesehen; a und b, Fig. 8, Tafel 3, sind die allgemeinen Typen der Konstruktion mit drei Stücken, ohne Nasen und mit Nasen; c und d mit fünf Stücken, ohne Nasen und mit Nasen. Von diesen ist die dreistückige Konstruktion von ungeheurer Wichtigkeit und muss uns einige Zeit aufhalten. Die fünfstückige ist die dreistückige mit einem an jeder Seite hinzugefügten Glied und ist auch von großer Wichtigkeit. Die vierstückige, welche die zweistückige mit hinzugefügten Gliedern ist, kommt selten vor und braucht uns nicht aufzuhalten.

Man wird sich erinnern, dass wir bei der ersten Entwickelung des Bogen-Prinzips, den Bogen aus drei Stücken zusammensetzten. Drei ist die kleinste Zahl, die das wirkliche *Prinzip* von Bogen-Mauerwerk darstellen kann und mag als vorbildlich für alle nach diesem Prinzip erbauten Bogen gelten; denn die ein- oder zweistückigen Bogen sind mikroskopische Mont Cenis-Arbeit, bloße Höhlungen in Steinblöcken oder Spalten zwischen zwei aneinander lehnenden Felsen.

Aber der dreistückige Bogen ist das eigentliche Vorbild aller; und die größeren und komplizierteren Konstruktionen werden nur hervorgebracht durch das Festhalten des Mittelstücks, als sogenannten Schlussstein, und die Anbringung von Zusatzgliedern an den Seiten. So lange nun ein Bogen einfach rund oder spitz ist, kommt es nicht darauf an, wie viele Glieder oder Voussoirs man hat, noch wo sich diese Glieder befinden; ja, man kann sogar den Schlussstein selbst teilen und zweistückig machen. Aber wenn der Bogen von irgendwie bizarrer Form ist, besonders Eselsrücken, dann müssen die Glieder an besondern Stellen angebracht und das Mauerwerk einfach sein, sonst ist er nicht völlig gut und sicher; und die feinen Schulen des Eselsrückenbogens sind nur in Ländern entstanden, wo es Sitte war, Bogen aus wenig Stücken zu errichten.

Der typisch reine Spitzbogen von Venedig ist ein fünfstückiger Bogen, dessen Steine von dreiartiger Größe sind, und deren längster der unterste ist, wie bei b 2, Tafel 2. Wenn der Bogen sehr groß ist, wird eine vierte Art von Größe hinzugefügt, wie bei a 2. Die Portale der Paläste in Venedig haben fast ausnahmslos das eine oder andere dieser Mauerwerke. Wie nun ein Stück hinzugefügt wird, um eine größere Tür zu bilden, so wird ein Stück fortgenommen, um eine kleinere oder ein Fenster zu bilden und der Mauerwerk-Typus des venezianisch-gotischen Fensters ist infolgedessen dreistückig, c 2.

Der Leser weiß schon, wo eine Nase brauchbar ist. Er wird sich erinnern, dass sie erforderlich ist, um jenen Seitensteinen Gewicht zu verleihen und sie gegen den Druck des oberen Steines nach innen zu ziehen. Man nehme einen Augenblick einen der Seitensteine von c2 heraus, wie bei d. Nun wechselt die *richtige* Stelle der Nase auf ihm je nach der Last, die er trägt oder erfordert; aber in der Praxis wird diese Sorgfalt selten beobachtet; der Platz der Nase wird fast immer durch ästhetische Rücksichten bestimmt, und es ist augenscheinlich, dass die Abweichungen seiner Stellung unendlich sein können. Man betrachte die Nase wie eine Welle, die an dem Seitenstein von unten nach oben entlang flutet; dann erhält man die Reihenfolge von Formen e–g, Tafel 2, zugleich mit unzähligen Übergangsstufen von einer zur andern; von denen man aber e, f und g herausnehmen kann als Repräsentanten dreier großer Familien von Nasenbogen. Man benutze e für die Seitensteine, dann erhält man einen Bogen wie den bei h unten, der ein unterer Nasenbogen genannt werden kann. Man benutze f für den Seitenstein und man erhält i, der ein mittlerer Nasenbogen genannt werden kann. Man benutze g und man erhält k, einen oberen Nasenbogen.

Der Leser wird bemerken, dass ich den Bogen einen mittleren Nasenbogen nenne, wenn sich der Nasenpunkt nicht in der Mitte der Bogenkurve, sondern in der Mitte des *Seitenstücks* befindet, und auch, dass, wo die Seitenstücke sich mit dem Schlussstein vereinigen, ein vielleicht etwas schroffer Wechsel in der Krümmung eintritt.

Ich habe vorgezogen, den Bogen einen mittleren Nasenbogen zu nennen, in bezug auf sein Seitenstück anstatt auf seine eigene Kurve, weil die schönsten gotischen Bogen der Welt, die der lombardischen Gotik, bei allen von mir geprüften Beispielen eine mehr oder weniger anlehnende Form an diesen mittleren Nasenbogen, bei i, Tafel 2, haben, aber die Biegung der Nase ist, wie wir gleich sehen werden, bis in den Schluss-

stein fortgesetzt; wo indessen der Bogen mit vielen Voussoirs errichtet ist, bedeutet ein mittlerer Nasenbogen einen solchen, der den Nasenpunkt in der Mitte zwischen seiner eigenen Basis und seinem Scheitel hat.

Der gotische Bogen von Venedig ist beinahe unveränderlich ein oberer Nasenbogen, wie bei k. Der Leser merke sich, dass sowohl bei den unteren wie bei den oberen Nasenbogen das Steinstück, welches hinzugefügt ist, um die Nase zu bilden, die Form eines krummen Säbels hat, der in dem einen Falle nach unten und in dem anderen nach oben gehalten wird.

Nun ist bei den Bogen h, i, k eine kleine Veränderung in der Form des Mittelstücks gemacht worden, damit es die Biegung der Nase fortsetzen kann. Diese Veränderung kann in praktischer Ausführung nicht ohne beträchtliche Zierlichkeit der Arbeit gemacht werden und einige seltsame Resultate sind aus dieser Schwierigkeit in Venedig entstanden.

Bei 1, Tafel 2, finden wir die Form des venezianischen Seitensteins mit seiner Nase; losgelöst von dem Bogen. Nichts kann besser oder zierlicher sein, oder die Last besser verteilt haben, um sie dem Schlussstein entgegen zu neigen.

Nun hat ein venezianischer gotischer Palast gewöhnlich mindestens drei Stockwerke, mit etwa zehn oder zwölf Fenstern in jedem Stockwerk, und diese erfordern auf seinen zwei oder drei Seiten etwa hundert bis hundertundfünfzig Seitenstücke.

Nachdem ich beobachtet habe, wie die Fenster zusammengesetzt sind, bin ich überzeugt, dass die Seitenstücke paarweise geschnitten wurden wie Haken, zu denen die Schlusssteine die Ösen bilden sollten; und dass diese Seitenstücke von dem Architekten en gros bestellt, und von ihm mitunter für breitere, mitunter für schmälere Fenster benutzt wurden; er schrägte die beiden Enden nach Erfordernis ab, fügte die Schlusssteine, so gut es ging, ein und veränderte die Anordnung ab und zu damit, dass er die Seitenstücke von *oben nach unten* kehrte.

Diese Art der Arbeit bietet manche Bequemlichkeit dar, von denen eine der hauptsächlichsten darin besteht, dass die Seitenstücke mit ihren Nasen immer in ihrer vollständigen Form ausgehauen wurden, und dass kein Teil der Nase in den Schlussstein hineingeführt wurde, der der Kurve des äußeren Bogens selbst folgte. Die Ornamente der Nase konnten so ohne irgend eine störende Beziehung auf den übrigen Teil des Bogens ausgearbeitet werden.

Nehmen wir nun ein paar von den Seitenstücken, die auf Bestellung gemacht wurden, wie die bei 1, und sehen wir, was wir aus ihnen machen können. Wir wollen versuchen, sie zuerst mit einem Schlussstein zusammenzupassen, der die Kurve des äußeren Bogens wie bei m fortsetzt. Dies hält der Leser sicherlich für einen hässlichen Bogen. Es sind zahllose davon in Venedig, das Hässlichste, was es dort gibt, und die venezianer Baumeister fingen bald an, dies einzusehen. Was konnten sie tun, um sie zu verbessern? Der Bogen bei m hat ein Mittelstück von der Form r. Ersetzen wir dies durch ein Stück von der Form s und wir erhalten den Bogen n.

Dieser Bogen bei n ist nicht so stark wie der bei m; aber von gutem Marmor errichtet, ist er stark genug für alle praktischen Zwecke kleineren Maßstabes. Ich habe mindestens zweitausend Fenster von dieser Art und von den andern venezianer Eselsrückenbogen geprüft, von denen das bei y (bei welchem das einfache Seitenstück d anstatt des mit einer Nase versehenen benutzt wurde) das einfachste ist; und ich fand niemals eins, auch in den baufälligsten Palästen nicht (in denen sie die verschobene Last einsinkender Wände zu tragen hatten), bei dem das Mittelstück Risse bekommen hatte; und dies ist die einzige Gefahr, der das Fenster ausgesetzt ist; in andern Beziehungen ist es ein so fester Bogen, wie nur einer errichtet werden kann.

Tafel 4 Bogen-Mauerwerk, Broletto, Como
Mezzotinto, Sepiaton, koloriert

Es ist nicht anzunehmen, dass der Wechsel vom Schlussstein r zum Schlussstein s ein augenblicklicher war. Es war ein Wechsel, der sich durch viele eigentümliche Experimente herausgearbeitet hatte, die wir später aufzuspüren haben werden, um die daraus entstehenden Abweichungen der Form in ihre richtigen Gruppen einzuteilen.

Noch ein weiterer Schritt: ich nehme ein Seitenstück eines mittleren Nasenbogens in seiner Blockform bei t, mit den Mauersteinen, die seinen Rücken belasten. Da nun diese Steine es von rückwärts stützen und da es, was die Anwendung der Nase betrifft, nicht darauf ankommt, ob die Last aus Marmor oder Backsteinen besteht, so kann uns nichts verhindern, etwas von dem Marmor fortzuschneiden wie bei u, und den Raum mit Backsteinen auszufüllen. (…) Wenn wir dieses Seitenstück statt des andern in dem Fenster n anbringen dann erhalten wir das von w, das uns vielleicht späterhin von Nutzen sein wird; hier haben wir nichts weiter damit zu tun, als zu verzeichnen, dass es so gebaut, und richtig im Rücken von Mauerwerk gestützt, eine ebenso starke und feste Form ist, wie die von n; aber dass diese, sowie jede Abweichung des Eselsrückenbogens, in bezug auf ihre Sicherheit, Tauglichkeit und Schönheit gänzlich von dem Mauerwerk abhängt, das wir eben analysiert haben; und dass, in großem Maßstab errichtet, und mit vielen Voussoirs versehen, alle solchen Bogen bei gewöhnlicher Bauart unsicher und absurd sein würden. Dennoch können sie gelegentlich wegen der hervorragenden Schönheit angewandt werden, die ihre reichen und phantastischen Abwechslungen gestatten und mitunter um eines anderen Verdienstes willen, das den konstruktiven, die wir augenblicklich prüfen, direkt entgegengesetzt ist, nämlich, dass sie wie durch Zauber zu stehen scheinen.

In den vorhergehenden Beweisführungen ist die Neigung der Voussoir-Fugen zu den Bogen-

Fig. 1

Kurven nicht betrachtet worden. Es ist eine Frage von großer Spitzfindigkeit, die ich noch nicht imstande gewesen bin, völlig zu untersuchen; aber die natürliche Idee der Anordnung dieser Linien (die bei runden Bogen natürlich senkrecht zu der Kurve stehen) würde sein, dass jedes Voussoir die Längen seiner äußeren und inneren gebogenen Fläche in gleichem Verhältnis zu einander haben müsste. Dieses aktuelle Gesetz, oder eine enge Annäherung daran wird sicherlich bei den besten gotischen Bauten durchgeführt.

Ich kann alles, was der Leser von den, mit diesem Gegenstand zusammenhängenden allgemeinen Gesetzen im Kopf behalten muss, zusammenfassen, indem ich ihm ein Beispiel von jeder dieser beiden Formen des vollkommenen gotischen Bogens vorführe, ohne oder mit Nase, mit dem einfachsten und herrlichsten Mauerwerk behandelt und in beiden Fällen zum Teil Mont Cenis-artig.

Das erste, Tafel 4, ist ein Fenster des Broletto von Como. Es zeigt in seiner Füllung zuerst den einstückigen Bogen, von Gruppen aus vier Säulen getragen, und den Raum darüber durch eine einzelne Marmorplatte ausgefüllt, die mit einem Vierblatt durchbrochen ist (dies ist Mont Cenis-Arbeit) während die Profile darüber je mit einem besonderen System von Voussoirs konstruiert sind, die, wie ich denke, alle nach dem erwähnten Prinzip abwechselnd aus Serpentin und Marmor geformt sind; indessen der äußere Bogen ein edles Beispiel der reinen, nasenlosen, gotischen Konstruktion, b, Tafel 2 ist.

Fig. 1 ist das Mauerwerk des Seitenbogens von dem (so weit ich es zu beurteilen vermag) vollkommensten gotischen Grabdenkmal der Welt; der viereckige Thronhimmel des (namenlosen?)* Grabes steht über der kleinen Kirchhofspforte der Kirche St. Anastasia in Verona.** Ich werde häufig Gelegenheit haben, auf dieses Monument zurückzukommen und glaube auch imstande zu sein, die Ausdrücke mit denen ich darüber spreche, genügend zu rechtfertigen; inzwischen möchte ich nur, dass der Leser die Strenge und Einfachheit der Bogenlinien beobachte, die exquisit zarte Andeutung der Eselsrückenkurve am Scheitelpunkt und schießlich die Anwendung der Nase, um den großen Steinstücken an den Flanken des Bogens *inneres* Gewicht zu verleihen und ihren Druck nach außen durch ihr schweres Lasten auf den untersten Steinen zu verhindern. Die Folge dieser Anordnung ist, dass der ganze massive Thronhimmel sicher von vier schlanken Pfeilern gestützt wird (wie man später auf der sorgfältigen Tafel sehen wird, die ich davon zu geben hoffe), und diese Säulen sind gegen den Druck mehr gefestigt als wesentlich unterstützt, durch eiserne, etwa einen Zoll dicke Stäbe, die sie mit den Häuptern der Abaci verbinden; ein besonders wichtiger Zug an diesem Denkmal, da wir sie als einen Teil der Originalkonstruktion erkennen durch ein schönes, kleines, gotisches verschlungenes Muster, gleich einem von den Säumen der Gewänder Fra Angelicos, das an dem eisernen Stabe selbst entlang läuft. So sorgfältig und umfassend ist das Dekorationssystem an diesem reinen und wunderschönen Denkmal durchgeführt, das mir das liebste in ganz Italien ist; – das hervorragendste, unter all den marmornen Grabmälern eines trauernden Landes.

* Grabmal des Grafen Castelbarco. Anm. d. Ueb.

** Ich kann wenigstens keine Beschreibung davon in Maffeis »Verona« noch sonst irgendwo finden, worauf man sich verlassen könnte. Es ist, wie ich nicht bezweifle, ein Werk aus dem Anfang des dreizehnten Jahrhunderts.

»… aber in Venedig hatten die Kunstfertigkeit
und die Schätze des Orients jeden Buchstaben
vergoldet und jede Seite illustriert,
bis das Tempelbuch von Ferne leuchtete wie der
Stern der Weisen aus dem Morgenlande.«

JOHN RUSKIN

SAN MARCO

Und Barnabas nahm zu sich Marcus und schiffte in Cypern.« Wenn beim Verlassen der asiatischen Küste der Geist des Prophetentums in das Herz des schwachen Jüngers gedrungen wäre, der zurückgewichen war, als er schon die Hand am Pfluge hatte, und den der oberste Vorkämpfer Christi für unwürdig erachtet hatte, ferner mit ihm zu dem Werk zu ziehen,* wie wunderbar würde er es gefunden haben, dass er in künftigen Zeiten durch das Symbol des Löwen unter den Menschen dargestellt werden sollte! Wie traurig, dass der Schlachtruf seines Namens so oft die Wut des Kriegers antreiben sollte, auf denselben Feldern, wo es ihm am Mute des Christen gefehlt hatte, dass so oft mit fruchtlosem Blut dieselbe cyprische See sich färben sollte, über deren Wellen er voll Reue und Scham dem Sohn des Trostes folgte!

Es liegt kein genügender Grund vor, zu bezweifeln, dass die Venezianer sich im neunten Jahrhundert seines Körpers bemächtigten, oder, dass sie ihn hauptsächlich infolge dieser Besitzergreifung zu ihrem Schutzheiligen erwählten. Es existiert jedoch eine Tradition, wonach er, bevor er nach Ägypten ging, die Kirche von Aquileja begründet hatte, und hierdurch gewissermaßen der erste Bischof der venezianischen Inseln und des venezianischen Volkes geworden war. (…)

Aber ob S. Marcus der erste Bischof von Aquileja war, oder nicht, jedenfalls war S. Teodoro der erste Patron der Stadt; und man kann auch nicht annehmen, dass er dieses alte Recht je niedergelegt habe, da seine Statue, auf einem Krokodil stehend, noch heute dem geflügelten Löwen auf der gegenüberliegenden Säule der Piazzetta Gesellschaft leistet. Eine diesem Heiligen errichtete Kirche soll vor dem neunten Jahrhundert die Stelle von S. Marco eingenommen haben; und der, von der Pracht des großen Platzes geblendete Reisende sollte ihn nicht verlassen, ohne den Versuch zu machen, sich ihn in jener alten Zeit vorzustellen, als er ein grünes, klösterlich stilles Feld war,** durchschnitten von einem kleinen Kanal mit einer Baumreihe auf jeder Seite, das sich zwischen den Kirchen S. Teodoro und S. Germano geradeso ausbreitete, wie die kleine Piazza von Torcello zwischen ihrem Palast und ihrer Kathedrale.

Als im Jahre 813 der Sitz der Regierung endgültig nach dem Rialto verlegt wurde, verlieh ein Dogenpalast, auf derselben Stelle erbaut, wo sich der jetzige erhebt und mit einer Seitenkapelle versehen, dem S. Marcusplatze einen ganz anderen Charakter; und fünfzehn Jahre später veranlasste die Erwerbung des Leichnams des Heiligen und seine Beisetzung in der vielleicht noch nicht vollendeten Dogenkapelle, die Investitur jener Kapelle mit aller erdenklichen Pracht. S. Teo-

* Apostelgeschichte XIII, 13; XV, 38, 39.

** Marco's Platz, »zum Teil mit Rasen bedeckt und mit wenigen Bäumen bepflanzt; wegen dieses freundlichen Aussehens Brollo oder Broglio, d. h. ›Garten‹ genannt. Der Kanal floss hindurch, über den die Brücke der Malpassi erbaut ist.« Galliciolli, Band I, Kap. VIII.

San Marco, Nordwestportal der Hauptfassade, Portal di Sant'Alipio, mit Arkade, 1849–1852, Daguerreotypie

San Marco mit dem Markusplatz, um 1845
Rechts schließt sich der Dogenpalast an.
Daguerreotypie

doro war von seiner Schutzherrschaft abgesetzt und seine Kirche zerstört worden, um Platz für die Vergrößerung der an den Dogenpalast grenzenden Kirche zu gewinnen, die von nun an als »S. Marco« bekannt ist.*

Diese erste Kirche wurde jedoch durch Feuer zerstört, als der Dogenpalast während des Aufstandes gegen Candiano im Jahre 976 abbrannte. Sein Nachfolger, Pietro Orseolo, baute sie teilweise in größerem Maßstabe wieder auf; und mit Beihilfe von byzantiner Baukünstlern wurde der Bau etwa hundert Jahre lang unter aufeinander folgenden Dogen fortgeführt, bis das Hauptgebäude um 1071 vollendet war, die Marmorbekleidung jedoch erst beträchtlich später. Sie wurde am 8. Oktober 1085** eingeweiht, wie Sansovino und der Verfasser der »Chiesa Ducale di S. Marco« angaben, 1094 nach Lazari, aber sicherlich zwischen 1084 und 1096, da diese Jahre die Regierungszeit Vital Faliers einschließen. Ich neige zu der Annahme, dass es bald nach seiner Thronbesteigung, 1085 geschah, obgleich Sansovino irrtümlicherweise Ordelafo anstatt Vital Falier schreibt. Jedenfalls fand die feierliche Einweihung der Kirche aber noch vor dem Schlusse des elften Jahrhunderts statt. Im Jahre 1106 wurde sie von neuem durch Feuer beschädigt, aber wieder hergestellt; und von jener Zeit an bis zum Untergang Venedigs gab es wahrscheinlich keinen Dogen, der nicht in irgend einer Weise das Bauwerk verschönerte oder veränderte, so dass wenige Teile desselben einem bestimmten Zeitpunkt zugeschrieben werden können. Zwei besonders eingreifende Epochen sind indessen zu verzeichnen: die erste, als die gotische Schule die byzantinische zu Ende des vierzehnten Jahrhunderts verdrängt hatte, und Spitztürme, Oberarchivolten und Fenstermaßwerke an der Außenseite angebracht wurden, und die grüne Chorschranke mit verschiedenen Kapellen und Gitterwerk im Innern; die zweite, als die Renaissanceschule die gotische verdrängte, und die Schüler von Tizian und Tintoretto eine Hälfte der Kirche mit ihren eigenen Kompositionen bedeckten, an Stelle der griechischen Mosaiken, mit denen sie ursprünglich dekoriert war;*** glücklicherweise haben sie, wenn auch unbeabsichtigt, genug übrig gelassen, um uns vorstellen und beklagen zu können, was sie zerstörten. (…)

Und nun wollte ich, der Leser könnte, bevor ich ihn auf den Marcusplatz führe, einen Augenblick denken, er befände sich in einer ruhigen englischen Stadt und schritte mit mir der Westfront ihrer Kathedrale zu. Gehen wir zusammen die stillste Straße hinauf, an deren Ende man die Fialen eines der Türme sehen kann und dann durch den niedrigen grauen Torweg mit dem zinnenbekrönten Giebel und dem Gitterfenster in der Mitte, in den inneren Privatweg oder Hof, in den niemand hinein kommt, als die Karren der Händler, die den Bischof und das Kapitel versorgen, und wo es kleine geschorene Rasenflecken gibt, von zierlichen Gittern umgeben, von altmodischen Gruppen winziger und außerordentlich sauberer Häuser, mit kleinen vorspringenden Erkerfenstern und breiten Holzgesimsen und weiß und crêmefarben gemalten Dachtraufen, und kleinen Veranden vor den Türen, in der Form von Muschelschalen oder kleinen schiefen, unbeschreiblichen Holzgiebeln; und so immer weiter, bis wir zu größeren, ebenfalls altmodischen Häusern kommen aus rotem Backstein und mit Gärten und Obstwänden dahinter, bei denen man hier und dort zwischen den Nektarinen hindurch die Überreste eines alten Klosterbogens oder einer Säule erblickt und gegenüber den Domplatz selbst, der trotz der strengen Einteilung in wei-

* »Gott, dem Herrn, der glorreichen Jungfrau Maria und dem Schutzheiligen S. Marcus.« – Corner, S. 14. Die frühere Inschrift in der Kirche selbst lautete: »Anno milleno transacto bisque trigeno / Desuper undecimo fuit facta primo.

** In den Chroniken, »Sancti Marci Ducalis Cappella«.

*** Mit der Unterschrift Bartolomeus Bozza, 1634,

ches Gras und Kieswege, keinen unfreundlichen Eindruck macht, besonders auf der Sonnenseite, wo die Kinder der Domherren mit ihren Kindermädchen spazieren gehen. Vorsichtig, ohne auf das Gras zu treten, gehen wir den geraden Weg nach der Westfront weiter und bleiben dort ein Weilchen stehen und schauen zu den spitzbogigen Portalen empor und zu den dunklen Stellen zwischen ihren Pfeilern, wo einstmals Statuen standen, und wo hier und da Bruchstücke einer stattlichen Figur übrig geblieben sind, die einem Könige ähnelt, einem irdischen Könige, oder vielleicht einem heiligen Könige, der längst im Himmel weilt. Immer höher hinauf schweift der Blick an der großen moderigen Wand voll höckeriger Skulpturen und verworrener Arkaden, zerbröckelt und grau und grässlich, mit Drachenköpfen und spöttischen Unholden, von Regen und sausendem Winde noch unförmlicher gestaltet, und ihre steinernen Schuppen durch orangerotes Flechtenmoos melancholisch goldig gefärbt; und weiter zu den bleichen Türmen hinauf, so hoch über uns, dass das Auge sich in den Buckeln ihrer Maßwerke verliert, obgleich sie fest und stark sind, und nur eine Schar von kreisenden schwarzen Punkten erblickt, die sich bald schließt, bald auseinander stiebt, und sich plötzlich an unsichtbaren Punkten zwischen den Knorren und Blumen festsetzt; die Schar ruheloser Vögel, die den ganzen Platz mit ihrem sonderbaren Gekreisch erfüllen, das so scharf und doch so beruhigend erklingt, wie das Geschrei der Vögel an einer einsamen Küste, zwischen den Klippen und der See.

Denkt ein wenig an jenen Schauplatz und die Bedeutung all seiner kleinen Förmlichkeiten, verbunden mit seiner heiteren Erhabenheit. Würdigt seine stillen, beständigen, schläfrigen Glückseligkeiten und wie er Zeugnis ablegt von der regelmäßigen Erfüllung solcher Pflichten, wie sie durch die Kirchenuhr geregelt werden können; und bedenkt den Einfluss jener dunklen Türme auf alle, die jahrhundertelang über den einsamen Platz zu ihren Füßen geschritten sind, und auf alle, die sie von weitem über die bewaldete Ebene aufragen sahen, oder auf ihren viereckigen Massen die letzten Sonnenstrahlen auffingen, wenn die Stadt darunter nur durch den Nebel an der Flussbiegung angedeutet war. Und dann denken wir schnell daran, dass wir in Venedig sind und am Eingang der Calle lunga San Moisè landen, die gewissermaßen der abgelegenen Straße entspricht, welche uns zu unserer englischen Kathedrale führte.

Wir befinden uns in einer gepflasterten Gasse, an der breitesten Stelle etwa sieben Fuß breit, voller Leute, und widerhallend von dem Geschrei hausierender Händler, – das als Gekreisch beginnt und mit ehernen Lauten verklingt, doppelt stark durch das Eingeschlossensein zwischen den hohen Häusern, durch die wir unseren Weg bahnen müssen. Über uns ein unentwirrbares Chaos von bröckligen Fensterläden, eisernen Balkons und Kaminrohren, Bogenfenstern mit vorstehenden Fensterborden aus istrischem Stein und hier und da ein paar grüne Blätter, wo ein Feigenbaum einen Zweig über die niedrige Wand eines inneren Hofes hervorstreckt und das Auge nach dem schmalen Streifchen blauen Himmels emporlenkt. Auf jeder Seite eine Reihe Läden, so eng wie möglich aneinandergedrängt, und den Raum zwischen den viereckigen, etwa acht Fuß hohen Steinsäulen einnehmend, die die ersten Stockwerke tragen; Zwischenräume, von denen der eine schmal ist und als Tür dient; der andere ist in den anständigeren Läden bis zur Höhe des Ladentisches mit Holz verkleidet und darüber mit Glasscheiben versehen, während er bei den ärmeren Händlern bis zum Boden offen ist und die Waren auf Bänken und Tischen in freier Luft ausliegen. Das Licht dringt bei allen diesen Häusern nur von vorn herein und verblasst wenige Fuß breit von der Schwelle ab zu einem Dunkel, das das Auge von außen nicht zu durchdringen vermag; es wird aber gewöhnlich von den Strahlen eines matten Lämpchens erhellt, das im Hintergrund des Ladens vor einem Bilde der heiligen Jungfrau aufgehängt ist. Der weniger fromme Ladenbesitzer lässt die Lampe öfter unangezündet und begnügt sich mit einem Pfennigbildchen; der frömmere hat einen farbigen Holzschnitt in einem kleinen Schrein mit vergoldetem oder gemustertem Rand, ein paar verblasste Blumen zu beiden Seiten und seine Lampe brennt strahlend hell. Hier bei dem Obsthändler, wo die dunkelgrünen Wassermelonen wie Kanonenkugeln auf dem Ladentisch aufgehäuft liegen, hat die Madonna einen Schrein von frischen Lorbeerblättern; aber der Zinngießer nebenan hat seine Lampe ausgehen lassen und es ist in seinem Laden nichts zu sehen als der matte Schimmer der plattierten Muster auf den von der dunklen Decke herabhängenden Kupferpfannen. Ihm zunächst kommt eine »Vendita Frittole e Liquori«, wo die Jungfrau in sehr bescheidener Art neben einer Talgkerze auf einem hinteren Fach thront, über gewissen unbestimmbaren ambrosischen Leckerbissen. Wenige Schritte weiter, im regelrechten Weinladen der Calle, wo uns »Vino Nostrano zu 28–32 Soldi« angeboten wird, thront die Madonna in großer Pracht über zehn oder zwölf großen roten Fässern mit dreijährigem Wein, flankiert von beträchtlichen Reihen von Maraschinoflaschen und zwei roten Lampen; und wenn abends die Gondoliere kommen und das Tags über verdiente Geld unter ihrem Schutz und Schirm vertrinken, dann brennt ein ganzer Armleuchter vor ihr.

Ein paar Schritte weiter kommen wir am Wirtshaus zum Schwarzen Adler vorüber und bei einem flüchtigen Blick durch die viereckige Marmortür sehen wir den Schatten seiner Weinlaube auf einem antiken Brunnen ruhen, mit einem ausgehauenen spitzen Schild an der Seite; dann kommen wir bei der Brücke und dem Campo San Moisè heraus, von wo aus bis zum Eingang nach dem Marcusplatz, Bocca di Piazza genannt (Mündung des Platzes), der venezianische Charakter beinahe zerstört ist, erstens durch die grauenhafte Fassade von San Moisè, die wir ein andermal mit Ruhe prüfen wollen, und dann durch die modernisierten Läden in der Nähe der Piazza und die Vermischung der niederen venezianischen Bevölkerung mit umherlungernden Engländern und Österreichern. Wir flüchten an ihnen vorbei in den Schatten der Pfeiler am Ende der Bocca di Piazza und dann vergessen wir alles; denn zwischen jenen Pfeilern tut sich ein helles Licht auf, und mitten darin scheint sich bei unserem langsamen Näherkommen der ungeheuere Turm von S. Marco aus der ebenen Fläche von schachbrettartigen Steinen zu erheben; und auf beiden Seiten ziehen sich die endlosen Bogen symmetrisch hin, als ob die höckerigen und unregelmäßigen Häuser, die sich in der dunklen Gasse über uns zusammenpressten, in plötzlichen Gehorsam und anmutige Ordnung zurückgedrängt wären, und alle ihre rohen Fensterrahmen und brockfälligen Mauern sich in Bogen mit schöner Bildhauerarbeit und kannelierte Säulen von zartem Stein verwandelt hätten.

Sie müssen wohl zurücktreten, denn hinter jenen Truppen geordneter Bogen steigt es wie eine Vision aus dem Erdboden und der ganze große Platz scheint sich davor in einer Art von Ehrfurcht geöffnet zu haben, damit man es weithin erschauen kann; – eine Fülle von Säulen und weißen Kuppeln, zu einer langen niedrigen Pyramide farbigen Lichtes zusammengeballt; ein aufgehäufter Schatz, teils von Gold, teils von Opal und Perlmutter, unten in fünf große gewölbte Portale ausgehöhlt, mit herrlicher Mosaik getäfelt und mit alabasternem Bildwerk verziert, so klar wie Bernstein und zart wie Elfenbein, – phantastisches und verschlungenes Bildwerk von Palmblättern und Lilien, Trauben und Granatäpfeln und Vögeln, die in den Zweigen sitzen und flattern, alles zu einem endlosen Netzwerk von Knospen und Federn verschlungen; und mitten darin die feierlichen Gestalten von Engeln, sceptertragend und mit langen Gewändern; so lehnen sie sich aneinander über den Pforten, ihre Figuren undeutlich erkennbar auf dem goldenen Grunde, der durch das Laubwerk schimmert, unterbrochen und matt, wie das Morgenlicht, das zwischen Edens Zweigen verblasste, in jener fernen Zeit, als seine Tore zuerst von Engeln behütet wurden. Rund um die Mauern der Portale sind Pfeiler von bunten Steinen angebracht, aus Jaspis und Porphyr und dunkelgrünem Serpentin, mit Schneeflocken gefleckt und Marmorarten, die es, der Kleopatra gleich, dem Sonnenschein halb versagen, halb gestatten, »ihre blauesten Adern zu küssen« – der Schatten enthüllt beim allmählichen Zurückweichen eine Reihenfolge blauer Wellenlinien, wie die zurückweichende Flut beim Verlassen des sandigen Strandes; die Kapitäle mit dem reich verflochtenen Maßwerk, den eingewurzelten Grasbüscheln und aufschießenden Akanthus und Weinblättern, und mystischen Zeichen, die alle im Kreuz beginnen und endigen; und darüber, in den ausgedehnten Archivolten, eine ununterbrochene Kette von Ausdruck und Leben – Engel, und die Zeichen des Himmels, und die Arbeiten der Menschen, jede zu ihrer gegebenen Jahreszeit auf Erden; und über diesen eine neue Reihe glitzernder Spitztürme, untermischt mit weißen, von scharlachfarbenen Blumen eingefassten Bogen, – ein wonnevolles Durcheinander, aus dem man die Brustblätter der griechischen Rosse in ihrer vollen goldigen Kraft hervorleuchten sieht, und den Löwen von S. Marcus, auf einem blauen mit Sternen besäten Felde, bis zuletzt, wie in Ekstase, die Kronen der Bogen in marmornem Schaum sich brechen, und weit hinein in den blauen Himmel Ringel und Sprühregen marmornen Gischtes schleudern, als ob die Brandung am Lidostrande zu Eis erstarrt wäre, ehe sie niedersank, und die Meeresnymphen sie mit Korallen und Amethysten geschmückt hätten.

Welch ein Abstand zwischen der finsteren englischen Kathedrale und dieser hier! Ein Sinnbild davon liegt schon in den Vögeln, die sie umflattern; denn statt der ruhelosen Scharen mit den heiseren Stimmen und den düsteren Schwingen, die hoch oben in der bleichen Luft dahinziehen, sind die Portale von S. Marco von Tauben bedeckt, die in dem marmornen Laubwerk nisten, und das sanfte Schillern ihres lebendigen Gefieders, das bei jeder Bewegung wechselt, mit den kaum minder lieblichen Farbentönen vermischen, die seit siebenhundert Jahren unverändert bestanden haben.

Und welchen Eindruck macht diese Pracht auf die Vorübergehenden drunten? Man kann vom Sonnenaufgang bis Sonnenuntergang vor dem Portal von S. Marco auf- und abwandern, und wird nie ein Auge erblicken, das zu ihm aufschaut, oder ein Antlitz, das sich an ihm erfreut. Priester und Laien, Soldaten und Bürger, Reiche und Arme gehen mit gleicher Achtlosigkeit daran vorüber. Bis unter die Nischen der Portale rücken die gewöhnlichsten Handelsleute der Stadt ihre Ladentische; ja, die Fundamente der Pfeiler selbst dienen als Sitze – nicht als »Stühle der Taubenkrämer« zum Opfern, sondern für die Verkäufer von Spielsachen und Karikaturen. Rund um den ganzen Platz, der Kirche gegenüber zieht sich eine Reihe von Cafés hin, in denen die venezianer Müßiggänger aus den mittleren Klassen herumlungern und nichtssagende Journale lesen; mitten auf dem Platze spielen die österreichischen Musikkapellen während der Abendstunden, und ihre Militärmusik bildet einen schroffen Gegensatz zu den Tönen der Orgel, – der Marsch übertönt das Miserere, und die mürrische Menge drängt sich um sie herum, – eine Menge, die, wenn es nach ihrem Willen ginge, jeden Soldaten, der mitbläst, erdolchen würde. Und in den Nischen der Portale liegen Männer aus den untersten Schichten der Bevölkerung, unbeschäftigt und teilnahmlos, den ganzen Tag

San Marco
Arkaden von der Piazzetta aus gesehen, um 1845
Im Hintergrund sind die Prokurazien zu sehen,
im Vordergrund die Weinranken-Pfeiler.
Daguerreotypie

lang und wärmen sich im Sonnenschein wie die Eidechsen; und verwahrloste Kinder, – aus deren jungen Augen Verzweiflung und Verderbtheit spricht, und deren Kehlen heiser vom Fluchen sind, – spielen und streiten und knurren und schlafen, stundenlang mit ihren verbogenen Centesimi auf den Marmorleisten der Kirchenpforte klappernd. Und die Bilder von Christus und seinen Engeln blicken unausgesetzt auf sie herab.

Damit wir nicht unmittelbar aus diesem Grauen heraus die Kirche betreten, wenden wir uns seitwärts unter die Säulenhalle, die auf die See hinausgeht; und um die beiden massiven Pfeiler herumschreitend, die aus St. Jean d'Acre hergebracht sind, finden wir die Pforte zum Baptisterium und treten dort ein. Die schweren Türen schließen sich sofort hinter uns, und Licht und Lärm der Piazzetta sind zugleich ausgeschlossen.

Wir befinden uns in einem niedrigen gewölbten Raum; gewölbt, aber nicht mit Bogen, sondern mit kleinen Kuppeln, die mit goldenen Sternen verziert und mit dunklen Figuren gemustert sind; in der Mitte steht ein bronzener Taufstein, mit reichen Basreliefs überladen; eine kleine Figur des Täufers steht darüber in einem einzelnen Lichtstrahl, der in den kleinen Raum fällt; er kommt erblassend aus einem hochgelegenen Fenster her, und das erste, was er streift, das einzige, worauf er mit vollem Glanze trifft, ist ein Grabmal. Wir merken kaum, dass es ein Grabmal ist; denn es könnte, wenn es nicht etwas erhöht über dem Boden stände, wie ein schmales Ruhebett mit niedrigem Betthimmel und Vorhängen erscheinen, das man an das Fenster gerückt, damit der Schläfer früh erwachen möge; – nur sind zwei Engel da, die den Vorhang zurückgezogen haben und auf ihn herabsehen. Lasst uns auch hinblicken, und dem sanften Licht danken, das für immer auf seiner Stirn ruht und auf seiner Brust erlischt.

Das Antlitz gehört einem Manne mittleren Alters an; aber zwei tiefe Furchen ziehen sich über seine Stirn und teilen sie wie die Fundamente eines Turmes; die obere Höhe ist von der Kopfbinde der Dogenmütze verhüllt. Die übrigen Züge sind eigentümlich klein und zart, die Lippen scharf geschnitten, vielleicht die Härte des Todes der der natürlichen Linien hinzugefügt; aber ein mildes Lächeln ruht auf ihnen und ein tiefer Friede auf dem ganzen Antlitz. Die Decke des Baldachins ist oben blau gewesen und mit Sternen besetzt; darunter, im Mittelpunkt des Grabmals, auf dem die Gestalt ruht, ist eine sitzende Figur der Jungfrau angebracht, und die Borte des ganzen besteht rund herum aus Blumen und weichen Blättern, die reich emporwachsen wie auf einem sommerlichen Felde.

Es ist der Doge Andrea Dandolo, ein Mann, der früh groß war unter den Großen Venedigs, und früh verloren wurde. In seinem 36. Jahre wurde er zum Herrscher der Republik erwählt und starb zehn Jahre später, jene Geschichte hinterlassend, der wir die Hälfte alles dessen verdanken, was wir von ihren früheren Schicksalen wissen.

Sehen wir uns in dem Raume um, in dem er liegt. Der Fußboden ist von reicher Mosaik, umgeben von einem niedrigen Sitz von rotem Marmor, und die Wände bestehen aus Alabaster, sind aber abgenutzt, beschädigt und vom Alter geschwärzt, beinahe eine Ruine, – an einzelnen Stellen sind die Marmortafeln ganz herausgefallen, und man sieht das höckerige Mauerwerk durch die Spalten, und doch ist alles schön; die verheerenden Risse fressen sich durch die Inseln und gefurchten Zonen des Alabasters weiter, und die Altersflecken auf seinen durchsichtigen Massen sind zu Flächen reichen goldigen Brauns nachgedunkelt, gleich der Farbe des Seetangs, wenn die Sonne durch die stille See darauf scheint. Das Licht verblasst nach der Nische des Raumes zu, wo der Altar steht, und angeregt wird, ist von uns mit keiner größeren Ehrfurcht zu betrachten, als wir uns berechtigt fühlen würden, der Anbetung der Andächtigen in Eleusis, Ellora oder Edfu zu weihen.*

Allerdings wurden diese untergeordneten Reizmittel zur Erregung religiöser Rührung in der alten Kirche ebenso angewendet wie heutigentags, aber nicht allein. Wachskerzen waren vorhanden wie heute; aber ihr Licht beleuchtete die biblischen Geschichten an den Wänden, die jedes Auge erschaute und jedes Herz verstand, die ich aber, so lange ich in Venedig weilte, keinen einzigen Venezianer auch nur einen Augenblick betrachten sah. Ich hörte nie von irgend einem das geringste Wort des Interesses für irgend eine Stelle der Kirche, oder bemerkte das kleinste Zeichen von Verständnis für die Bedeutung ihrer Architektur; und während die englische Kathedrale, trotzdem sie nicht mehr dem Gottesdienst geweiht ist, für den ihre Erbauer sie bestimmten, und in manchen Charaktereigenschaften sehr im Widerspruch zu dem Temperament der Leute steht, die sie jetzt umgeben, doch noch so viel von ihrem religiösen Einfluss besitzt, dass man wohl sagen kann, kein einziger hervorragender Grundzug ihrer Architektur wäre umsonst vorhanden, so haben wir in S. Marco ein Bauwerk, das scheinbar noch den Zeremonien dient, für die es entworfen wurde, während seine eindrucksvollen Attribute jedoch gänzlich aufgehört haben, von seinen Andächtigen verstanden zu werden. Die Schönheit, die es besitzt, wird nicht empfunden, die Sprache, die es redet, ist vergessen. (...)

Wir müssen daher gänzlich ohne Beziehung auf seine jetzige Brauchbarkeit unsere Erforschung der Vorzüge und Bedeutung der Architektur dieses wunderbaren Bauwerkes fortsetzen; und erst wenn wir diese Forschung auf abstrakter Grundlage sorgfältig durchgeführt haben, können wir mit einiger Sicherheit beurteilen, in wie weit die jetzige Vernachlässigung von S. Marco bedeutsam ist für den venezianischen Charakter, oder inwieweit diese Kirche als die Reliquie eines barbarischen Zeitalters zu betrachten ist, unfähig die Bewunderung einer zivilisierten Gemeinde zu erregen, oder ihre Gefühle zu beeinflussen.

Die vor uns liegende Forschung ist eine zweifache. Während des ersten Bandes unterschied ich sorgfältig das Studium des *Ausdrucks* von dem der abstrakten architektonischen Vollendung; ich sagte dem Leser, er solle sich bei jedem Gebäude, das wir später prüfen würden, zuerst ein Urteil über seine Konstruktion und seinen dekorativen Wert bilden und es ausschließlich als ein Kunstwerk betrachten; und dann erst sehen, in welchem Grade es seinen Ausdruckszwecken entspräche. Demzufolge haben wir S. Marco zuerst nur als ein Stück Baukunst zu betrachten, nicht als eine Kirche; und zweitens zu beurteilen, wie weit es für seine besondere Aufgabe als Gotteshaus geeignet ist, und in welcher Beziehung es als solches zu jenen nordischen Kathedralen steht, die noch so viel von jener Macht über das menschliche Herz behalten haben, die die byzantinischen Dome für immer verloren zu haben scheinen. (...)

Nun ist das charakteristischste Kennzeichen des Gebäudes und die Wurzel fast aller seiner anderen bedeutsamen Eigentümlichkeiten, seine ausgesprochene *Inkrustierung*. Es ist das reinste Beispiel dieser großen Bauschule in Italien, deren herrschender Grundsatz die Bekleidung von Backsteinen mit kostbarerem Material ist; und

* Ich sagte oben, der größere Teil der Andächtigen trete durch die »arabische« Pforte ein, d. h. durch die an der Nordseite der Kirche befindliche, durch ihre reiche arabische Archivolte ausgezeichnete Pforte, durch die man unmittelbar in das nördliche Querschiff gelangt. Der Grund hierfür besteht darin, dass sich in diesem Querschiff die Kapelle der Madonna befindet, die für die Venezianer eine größere Anziehungskraft besitzt als die ganze übrige Kirche. Die alten Baumeister ordneten ihre Bilder der Jungfrau denen von Christus unter; aber der moderne Romanismus ist von ihren Ansichten abgewichen, und die funkelndsten Teile der ganzen Kirche sind die beiden Nischen hinter diesem Seitenaltar, die ganz mit silbernen, der Jungfrau geweihten Herzen bedeckt sind.

der Leser muss notwendigerweise, bevor wir eine dieser Ausführungen kritisieren, die Grundsätze sorgfältig betrachten, die den Baustil einer solchen Schule beeinflusst haben mögen, im Gegensatze zu denen, deren Entwürfe in massiverem Material ausgeführt werden sollen.

Man kann allerdings bei verschiedenen Nationen und zu verschiedenen Zeiten Beispiele von allen Arten von Inkrustierung finden. (…) In manchen römischen Überresten, die aus Tuffsteinblöcken erbaut und mit Marmor bekleidet sind, eine Stilart, die trotz echter Solidität einige Attribute der Inkrustierung besitzt; und in der aus Backstein erbauten und mit Marmor bekleideten Kathedrale von Florenz, ist die Marmorverblendung so fest und vorzüglich eingefügt, dass das, allerdings inkrustierte Bauwerk, die Attribute der Solidität annimmt, während (…) bei der anderen die Substanz aus zwei Arten besteht, einer innerlichen und einer äußerlichen, und das System der Verzierung auf dieser Doppelzüngigkeit beruht, wie hervorragend in S. Marco.

Aber sobald der Betrachter den inkrustierten Stil kennen lernt, wird er einsehen, dass die südlichen Baumeister nicht die Absicht hegten, zu betrügen. Er wird sehen, dass jede Marmortafel mit der anderen durch eine offenkundige *Niete* verbunden ist, und dass die Glieder der Rüstung so sichtbar und offen den Umrissen der inneren Substanz angefügt sind, dass er kein größeres Recht hat, sich über Betrug zu beklagen, als ein Wilder haben würde, der zum ersten Male im Leben einen Mann in voller Rüstung sähe und annähme, er bestände aus massivem Stahl. Man braucht ihn nur mit den Sitten des Rittertums bekannt zu machen und mit dem Gebrauch des Panzerhemdes, dann hört er sofort auf, sowohl die Rüstung wie den Ritter der Unehrlichkeit zu beschuldigen.

Diese Gesetze und Sitten des architektonischen Rittertums von S. Marco klarzulegen, muss zunächst unsere Aufgabe sein.

Betrachtet zuerst die natürlichen Verhältnisse, welche einen solchen Stil veranlassen. Stellt euch eine Schar von Baumeistern vor, die weit entfernt sind von Steinbrüchen brauchbaren Steins, und schwierigen Zugang zu dem Festland haben, wo sie existieren, und die daher gezwungen sind, entweder ganz aus Backstein zu bauen, oder jeden Stein, den sie benutzen, aus weiter Entfernung in Schiffen mit kleiner Tonnenladung kommen zu lassen und sich größtenteils mehr auf die Geschwindigkeit der Ruder als die der Segel verlassen müssen. Mühe und Kosten des Transports sind ebenso groß bei der Beförderung von gewöhnlichem, wie von kostbarem Stein, und man würde naturgemäß geneigt sein, jede Schiffsladung so wertvoll wie möglich zu gestalten. Aber im Verhältnis zur Kostbarkeit des Steins steht die Beschränkung seiner Lieferungsmöglichkeit; eine Beschränkung, die nicht nur auf den Kosten beruht, sondern auf den physischen Bedingungen des Materials, denn von vielen Marmorarten sind Stücke über ein gewisses Maß hinaus für kein Geld zu haben. (…) Aus diesem Vorrat von Marmor, der teils aus so kostbaren Stücken besteht, dass nur wenige Tonnen Schiffsinhalt davon erlangt werden können, und teils aus Säulen, Kapitälen und anderen Teilen fremder Bauwerke, muss der Inselarchitekt, so gut er es vermag, den Körper seines Gebäudes herstellen. Es steht ihm frei, ob er die wenigen Blöcke kostbaren Marmors hier und da zwischen seinen Backsteinmassen anbringen und von den Skulpturfragmenten solche neue Formen ausschneiden will, wie sie zur Aufrechterhaltung bestimmter Verhältnisse an dem neuen Gebäude notwendig erscheinen; oder ob er die farbigen Steine in dünne Stücke schneiden will, so dass sie genügen, um die ganze Oberfläche der Wände damit zu bekleiden; auch ob er eine so regellose Konstruktion annehmen will, dass sie die Einfügung fragmentarischer Skulpturen gestattet; mehr von der Absicht ausgehend, ihre innerliche Schönheit zur Geltung zu bringen, als sie regelrecht zur Stütze des Gebäudes zu verwenden.

Ein Baukünstler, der nur seine eigene Geschicklichkeit zeigen möchte und keine Achtung vor den Werken anderer hätte, würde sicherlich die erste Alternative gewählt und die alten Skulpturen in Bruchstücke zerschnitten haben, um jeden Konflikt mit seinen eigenen Entwürfen zu verhindern. Aber ein Baukünstler, dem an der Erhaltung edler Arbeit lag, mochte es seine eigene oder die eines anderen sein, und der die Schönheit seines Bauwerks höher stellte als seinen eigenen Ruhm, würde dasselbe getan haben, was die alten Erbauer von S. Marco für uns taten, und jede Reliquie bewahrt haben, die ihm anvertraut war.

Aber dies waren nicht die einzigen Beweggründe, welche die Venezianer zur Annahme ihrer Bauart veranlassten. Es könnte unter allen eben erwähnten Umständen bei anderen Baumeistern die Frage gewesen sein, ob sie eine Schiffslast von kostbarem Jaspis einführen sollten oder zwanzig von Kalkstein; und ob sie eine kleine Kirche, mit Porphyr bekleidet und mit Agat gepflastert, erbauen, oder eine umfangreiche Kathedrale aus Sandstein errichten sollten. Aber bei den Venezianern konnte dies keinen Augenblick fraglich sein; sie waren aus alten, schönen Städten verbannt, und daran gewöhnt gewesen, mit ihren Trümmern zu bauen, die sie ebenso bewunderten wie sie sie liebten; so waren sie nicht nur damit vertraut geworden, ältere Bruchstücke an modernen Gebäuden anzubringen, sondern sie verdankten dieser Gewohnheit einen großen Teil der Prachtentfaltung ihrer Stadt, und jenen Reiz der Gedankenverbindung, der mit dazu half, sie aus einer Zufluchtsstätte zu einem Heim zu gestalten. Diese Praxis, die ihren Anfang den Gemütsregungen einer geflüchteten Nation verdankte, wurde durch den Stolz einer erobernden fortgesetzt; und neben den Denkzeichen entschwundenen Glückes wurden die Trophäen wiederkehrenden Sieges aufgerichtet. Das Kriegsschiff brachte im Triumph mehr Marmor heim, als das Kauffahrteischiff aus Spekulation; und die Fassade von S. Marco wurde mehr zu einem Altarschrein, an dem man die Pracht mannigfaltiger Kriegsbeute darbrachte, als zu dem organisierten Ausdruck irgend eines feststehenden architektonischen Gesetzes oder religiöser Empfindung.

Soweit hängt indessen die Rechtfertigung des Stils der Kirche von Umständen ab, die der Zeit ihrer Errichtung und dem Orte, wo sie sich erhob, eigentümlich waren. (…)

Empfindung für *Farbe* ist eine Gabe, die gerade wie musikalisches Gehör einem Menschen verliehen und dem anderen versagt ist, und das erste Erfordernis für eine richtige Beurteilung von S. Marco besteht in der Vervollkommnung jenes Farbensinnes, von dem sich wenige Menschen jemals ernstlich klar machen, ob sie ihn besitzen oder nicht. Denn gerade auf dem Wert seiner vollendeten und unvergänglichen Farbenpracht beruhen schließlich die Ansprüche dieses Bauwerks auf unsere Wertschätzung; und ein tauber Mensch könnte ebensogut ein Urteil über die Vorzüge eines vollen Orchesters abgeben, wie ein, nur im Entwerfen der Form ausgebildeter Architekt die Schönheit von S. Marco zu erkennen vermöchte. Es besitzt den Reiz der Farbe gemeinsam mit dem größeren Teil der Bauwerke, sowie den Industrieerzeugnissen des Orients; aber die Venezianer verdienen eine besondere Erwähnung, da sie das einzige europäische Volk sind, das volle Sympathie mit dem großen Naturtrieb der orientalischen Rassen gehabt zu haben scheint. Sie sahen sich allerdings gezwungen, Künstler aus Konstantinopel kommen zu lassen, um die Mosaiken der Wölbungen von S. Marco zu entwerfen, und die Farben seiner Portale zusammenzustellen; aber sie nahmen rasch das ihnen von den Griechen gegebene System auf und entwickelten es unter kräftigeren Bedingungen

San Marco
Detail der Südfassade mit Marmor-Inkrustationen und
Skulpturen der Tetrarchen (römische Kaiser), 1850–1852
Daguerreotypie

weiter. Während die Bürger und Barone des Nordens ihre dunklen Straßen und grausigen Schlösser aus Eichenholz und Sandstein erbauten, bedeckten die Kaufherren von Venedig ihre Paläste mit Porphyr und Gold; und als schließlich seine mächtigen Maler ihm eine Farbe geschaffen hatten, die unschätzbarer war als Gold und Porphyr, da verschwendete es selbst diesen seinen kostbarsten Schatz auf die Mauern, deren Fundamente von der See umspült wurden; und die starke Flut, die unter dem Rialto entlang strömt, wird noch heute von dem Widerschein der Fresken von Giorgione gerötet.

Wenn sich der Leser daher nichts aus Farbe macht, so muss ich ihm das Recht bestreiten, sich irgend ein Urteil über S. Marco zu bilden. Aber wenn er Interesse dafür hat und Liebe, dann erinnere er sich daran, dass die Schule inkrustierter Architektur *die einzige ist, in der eine vollkommene und beständige chromatische Dekoration möglich ist*; und er betrachte jedes Stück Jaspis und Alabaster als ein dem Baumeister gegebenes Stück sehr harter Farbe, von der ein gewisser Teil abgerieben oder abgeschnitten werden muss, um die Mauern damit zu bemalen. Wenn man dies einmal gründlich begriffen hat, und annimmt, dass der Rumpf und die Tragkraft des Gebäudes aus Backstein bestehen müssen, und dass diese untere Muskelkraft von Mauerwerk mit einer Schutzhülle von glänzendem Marmor überzogen wird, wie der Körper eines Tieres durch seine Schuppen oder sein Fell geschützt und geschmückt wird, dann werden alle daraus folgenden Tauglichkeiten und Gesetze der Konstruktion leicht zu erkennen sein. (…)

Alle Säulen müssen massiv sein. Wo wir durch die Kleinheit der Teile dazu getrieben werden, die Inkrustierung aufzugeben, muss sie ganz und gar aufgegeben werden. Das Auge darf niemals in Zweifel gelassen werden, ob etwas massiv ist oder bekleidet. Was als *wahrscheinlich* massiv erscheint, muss es *unbedingt* sein, und daraus entsteht das unverbrüchliche Gesetz, dass keine Säule jemals inkrustiert werden soll. Es hängt nicht nur der ganze Wert einer Säule von ihrer Festigkeit ab, sondern die Arbeit des Aushauens und Anpassens der inkrustierten Bekleidung würde größer sein, als die Ersparung an Material. Daher muss die Säule, von welcher Größe sie auch sein mag, immer massiv sein.

Und dies auch noch aus einem anderen Grunde. Obgleich es, wie schon gesagt, unmöglich ist, die Wände eines großen Gebäudes anders mit Farbe zu bedecken, als indem man die Steine in Tafeln schneidet, so liegt in dieser Behandlung doch ein gewisser Anstrich von Knauserigkeit und Geiz. Der Baumeister muss sich daher von diesem Verdacht reinigen, und beweisen, dass er nicht aus Sparsamkeit oder Armut, sondern weil es absolut nicht anders zu machen war, seine Wände so dünn mit der kostbaren Schicht überzogen hat. Nun ist gerade die Säule der geeignetste Teil des Gebäudes, um in dieser Hinsicht seine Ehre zu retten. Denn wenn Blöcke von Jaspis oder Porphyr in die Wände eingelassen sind, dann kann der Beschauer weder ihre Stärke erkennen, noch die Kostbarkeit der Aufwendung beurteilen. Die Säule kann er indessen sofort mit den Blicken abschätzen, sowohl an der bestehenden Substanz, wie an dem, was der symmetrischen und vollendeten Form wegen fortgeschlagen werden musste. Und so betrachtet man mit Fug und Recht die Säulen aller dieser Bauwerke als Ausdruck ihres Reichtums und als eine Art von Schatz, gerade wie die Juwelen oder das Gold an den Kirchengefäßen; sie sind tatsächlich nichts anderes als große Edelsteine,* denn der Block von kostbarem Serpentin oder Jaspis, wird

* »Quivi presso si vedi una colonna di tanta bellezza e finezza che è riputato *piutostogioiache pietro.*« – Sansovino, über den grünen Porphyr-Pfeiler in San Giacomo dell' Orio. Ein bemerkenswertes Stück Naturgeschichte und Ethik findet man in bezug auf diesen Gegenstand im Kapitel Römische Renaissance, aus dem Werke eines Florentiner Architekten des fünfzehnten Jahrhunderts zitiert.

je nach seiner Größe und Farbenpracht, wie ein großer Smaragd oder Rubin geschätzt; nur wird das Wert verleihende Volumen des einen in Fuß und Kubikmeter berechnet, und das des anderen in Linien und Karat. Die Säulen müssen daher bei dieser Art von Bauwerken ausnahmslos aus einem Block bestehen. (…)

Die Säulen können mitunter unabhängig von der Konstruktion sein. Genau im Verhältnis zu der Bedeutung, die die Säule als großer Edelstein annimmt, steht die Verminderung ihrer Bedeutung als stützendes Glied; denn die Freude, die wir an ihrer reinen Größe und Farbenschönheit empfinden, ist gänzlich unabhängig von der Erkenntnis ihrer Brauchbarkeit für nützliche Zwecke. Gleich anderen schönen Dingen dieser Welt hat sie den Zweck schön zu *sein*; und im Verhältnis zu ihrer Schönheit, wird es ihr gestattet, anderseits nutzlos zu sein. Wir tadeln Smaragde und Rubine nicht, weil wir keine Hammerköpfe daraus machen können. Ja, unsere Bewunderung für die Edelsteinsäule hängt so wenig davon ab, was sie für uns leistet, dass ein Hauptteil ihrer Kostbarkeit in einer Zartheit, Zerbrechlichkeit und Weichheit des Materials liegen kann, die sie ganz ungeeignet für schwere Arbeit machen muss, und die wir daher um so mehr bewundern werden, weil wir merken, dass sie unter einer stärkeren Last zusammenbrechen würde. Aber jedenfalls ist es sehr klar, dass es bei der Aufstellung solcher Säulen vor allem darauf ankommt, ihre Schönheit auf das vorteilhafteste zur Geltung zu bringen, und dass daher jedes Einlassen in Wände, oder Zusammenfassen in Gruppen, in Stellungen, bei der ihre wirkliche Größe oder ein Teil ihrer Oberfläche verdeckt würde, entweder ganz unstatthaft ist, oder tadelnswert im Verhältnis zu ihrer Kostbarkeit. Man darf daher in Gebäuden dieser Art niemals symmetrische oder systematische Anordnungen von Pfeilern erwarten, und wo man sie findet, müssen sie als entschiedene Fehler und falsche Materialverwendungen betrachtet werden; dagegen müssen wir beständig darauf vorbereitet sein, mit voller Bewunderung, Säulen von großem Umfang und Wert an Stellen angebracht zu sehen, wo ihre wirkliche Nutzbarkeit wenig mehr als nominell ist, und wo es ihr Hauptzweck ist, den Sonnenschein auf ihren polierten Seitenflächen aufzufangen, und das Auge zu entzücktem Hinschweifen durch die Irrgärten ihrer blauen Adern zu verlocken. (…)

Die Anwendung der Grundsätze der Juwelierkunst, sowohl auf die kleineren als auf die größeren Blöcke, bringen uns auf einen anderen Grund für die an den Wänden angenommene Inkrustierungsmethode. Es kommt häufig vor, dass die Schönheit des Geäders bei einigen Alabasterarten so groß ist, dass es wünschenswert erscheint, den Stein nicht bloß zu teilen, um sparsam mit ihm umzugehen, sondern auch, um die Abwechselungen in der Anordnung seiner phantastischen Linien zur Schau zu stellen. Indem man die eine von zwei Tafeln, die man nacheinander von dem Stein abgeschnitten hat, umkehrt und die korrespondierenden Ecken zusammenstellt, erhält man eine vollkommen symmetrische Figur, die das Auge befähigt, gründlicher die Stellung der Adern zu verstehen. Und dies ist genau die Methode, nach der größtenteils die Alabasterstücke von S. Marco angewandt sind; und sie erfüllen einen doppelten Zweck, indem sie, erstens, den Beschauer zu einer eingehenden Beobachtung der Natur des benutzten Steines anregen, und ihm, zweitens, einen weiteren Beweis für die ehrliche Absicht des Baukünstlers geben; denn überall, wo man gleiche Äderung in zwei Stücken entdeckt, ist die Tatsache bestätigt, dass sie von demselben Stücke geschnitten sind. (…)

Die Verzierung muss flach ausgehauen sein. Nachdem die Konstruktionsmethode derartig in ein System gebracht ist, zeigt es sich klar, dass ein gewisser Dekorationsstil hieraus entstehen muss, mit der Grundbedingung, dass am größeren Teile des Gebäudes *keine tieferen Einschnitte stattfinden können.* Die dünnen Tafeln der deckenden Steine gestatten es nicht; wir dürfen sie nicht bis auf die Backsteine hindurch schneiden, und jedes Ornament, das wir ihnen eingraben, kann daher höchstens einen Zoll tief sein. (...) Bedenkt, dass jede Tier- oder Menschenform auf einer flachen Außenseite hervortreten muss; dass alle Gesichtszüge, die Falten der Gewänder, die Verschlingungen der Glieder so eingeschränkt und gemildert werden müssen, dass die ganze Arbeit mehr einer feinen Zeichnung gleicht als einer Skulptur. (...)

Genau im Verhältnis zu der unterdrückten Bedeutung der Skulptur steht ferner der Wert, den man der Farbe als Hilfsmittel für Effekt und Schönheit beimisst. Ich habe eben festgestellt, dass der inkrustierte Stil der einzige sei, bei dem eine vollendete oder dauernde Farbendekoration *möglich* ist. Er ist auch der einzige, bei dem ein wirkliches System von Farbendekoration jemals erfunden werden konnte. Um dies zu verstehen, muss der Leser mir gestatten, mit gewisser Sorgfalt die Grundsätze der Farbengebung zu prüfen, die bei den nordischen und südlichen Völkern maßgebend waren.

Ich glaube, von Beginn der Welt an hat es nie eine wahre oder gute Schule der Kunst gegeben, die die Farbe verachtet hätte. Sie ist oft unvollkommen erreicht und unverständig angewandt worden, aber ich glaube, es ist eines der wesentlichsten Zeichen von Leben in einer Schule der Kunst, dass sie die Farbe liebt. (...)

Soweit stimmen Ägypter, Griechen, Goten, Araber und mittelalterliche Christen überein; keiner von ihnen denkt, bei klarem Verstande, daran, ohne Malerei fertig zu werden, und wenn ich darum eben sagte, die Venezianer seien das einzige Volk, das in dieser Hinsicht vollkommene Sympathie mit den Arabern gehabt hätte, so bezog ich dies erstens auf ihre große Vorliebe für Farbe, die sie zu den verschwenderischsten Dekorationen an gewöhnlichen Wohnhäusern veranlasste; zweitens auf jene Vervollkommnung ihres Farbeninstinktes, die sie in stand setzte, alles, was sie in dieser Art machten, ebenso richtig im Prinzip, wie prächtig in der Ausführung zu gestalten. (...)

Aber im Süden boten gerade die flachen und verhältnismäßig unklaren Formen der Skulptur, die förmlich nach Farbe zu verlangen schienen, um ihr Interesse zu erhöhen, die Bedingungen dar, um diese auf das vorteilhafteste hervortreten zu lassen; breite Ausdehnung, die selbst die zartesten Tönungen an den lichten Stellen zur Geltung bringt, und unbestimmte Schatten, die sich mit dem zartesten, perlenschimmernden Grau zur Farbenharmonie vereinigen; während die Zeichnung, die in den meisten Fällen zu einer bloßen Verschlingung von ornamentalen Linien geworden ist, ganz nach Belieben des Baumeisters koloriert werden kann, ohne unvernünftig zu wirken. Wo Eichenblätter und Rosen in kräftigem Relief und voller Blüte ausgehauen wurden, mussten sie natürlich grün und rot gemalt werden, aber an Stellen, wo nichts vorhanden war, was entweder als Eichenblatt oder Rose definiert werden konnte, sondern nur ein Labyrinth schöner Linien, das hier einem Blatt und dort einer Blume ähnelte, konnte die ganze Zeichnung der Skulptur weiß bleiben, auf goldenem oder blauem Grunde, oder in irgend einer Weise behandelt werden, die am besten mit den umgebenden Farben übereinstimmte. Und wie der naturgemäß schwache Charakter der Skulptur die besten Farbenanordnungen darzustellen bereit war, so boten die dem Baumeister zur Verfügung stehenden kostbaren Marmorarten ihm zugleich die besten Vorbilder und das beste Farbenmaterial dar. Die besten Vorbilder, denn die Tinten aller natürlichen Steine sind ebenso vorzüglich von Qualität, wie endlos in ihrer Abwechselung, und das beste Material, denn sie sind alle dauerhaft.

So trafen alle Beweggründe zusammen, ihn zum Studium farbiger Dekoration zu drängen, und jeder Vorteil stand ihm bei ihrer Ausübung zu Gebote; und dies gerade in dem Augenblick, wo, wie gleich erwähnt werden wird, an die Naivität des barbarischen Christentums nur wirksam appelliert werden konnte mit Hilfe farbiger Bilder; so dass die architektonische Konstruktion, sowohl äußerlich wie innerlich, teilweise in malerischem Effekt aufging. Das ganze Gebäude muss weniger als ein Tempel betrachtet werden, in dem man betet, sondern als ein Gebetbuch selbst, ein umfangreiches illustriertes Messbuch, in Alabaster anstatt in Pergament gebunden, mit Porphyrsäulen anstatt mit Edelsteinen verziert, und innen und außen mit Lettern von Emaille und Gold beschrieben.

Der Leser versteht jetzt hoffentlich, dass die Ansprüche dieser verschiedenen Teile des Bauwerks auf seine Aufmerksamkeit abhängig sind von der Sorgfalt ihres Entwurfs, der Vollkommenheit ihrer Farbe, der Kostbarkeit ihres Materials, und von ihrem legendären Interesse. Alle diese Eigenschaften sind unabhängig von Größe, und zum Teil sogar unvereinbar damit. Weder Zartheit der Flächenskulptur, noch feine Farbenabstufungen können in der Entfernung durch das Auge geschätzt werden; und da unsere Skulptur, wie wir gesehen haben, gewöhnlich nur einen oder zwei Zoll tief ist, und unsere Färbung großenteils durch die weichen Töne und Adern von natürlichen Steinen hervorgebracht wird, so ergibt sich hieraus naturgemäß, dass kein Teil des Gebäudes dem Auge weit entrückt werden darf, und sein ganzer Umfang daher nicht groß sein kann. Es ist nicht einmal wünschenswert, dass es so wäre; denn die Gemütsstimmung, die sich auf die Betrachtung zierlicher und schöner Einzelheiten richtet, ist eine grundverschiedene von der, die sich unklaren Eindrücken von Raum und Größe überlässt. Wir müssen daher nicht enttäuscht, sondern dankbar sein, wenn wir die besten Kunstwerke des Gebäudes in einem verhältnismäßig kleinen Raume vereinigt finden, und statt der großen klippenartigen Strebepfeiler und mächtigen Säulen des Nordens, die bis in unerkennbare Höhe hinaufragen, hier niedrige Wände vor uns ausgebreitet sind, wie die Blätter eines Buches, und Säulen, deren Kapitäle wir mit der Hand berühren können.

Die rechte Erwägung der oben erwähnten Grundsätze wird den Reisenden in den Stand setzen, den Baustil von S. Marco mit größerer Aufrichtigkeit und Gerechtigkeit zu beurteilen, als es ihm möglich sein würde unter dem Einfluss des Vorurteils, das notwendigerweise aus der Vertrautheit mit den sehr verschiedenen Schulen nordischer Kunst entspringt. Ich wollte, es stände in meiner Macht, dem Leser einen gewissen Beleg für die Art zu geben, mit der diese eigentümlichen Prinzipien in dem anmutigen Bauwerk entwickelt sind. Aber im richtigen Verhältnis zu der Erhabenheit eines jeden Werkes steht die Schwierigkeit, eine richtige Vorstellung davon zu übermitteln, und wo ich daher Gelegenheit habe, hohes Lob zu erteilen, ist es gerade am gefährlichsten für mich, meine Ansicht anders zu erklären als durch eine Beziehung auf das Kunstwerk selbst. (…) Man könnte eher einen schottischen Bergkamm darstellen, mit der vollen Schönheit seines purpurnen Heidekrauts und der blassen Glockenblumen, oder eine Lichtung des Jurawaldes mit ihrem Teppich von Anemonen und Moos, als einen einzigen Portikus von S. Marco. Das auf Tafel 5 unten abgebildete Bruchstück einer seiner Archivolten, soll nicht das Ding selbst darstellen, sondern nur die Unmöglichkeit einer Abbildung darstellen.

Es ist als Bruchstück belassen worden, um es in größerem Maßstab wiederzugeben, und ist selbst in diesem Maßstab zu klein, um die scharfen Windungen und Spitzen der marmornen Weinblätter mit genügender Deutlichkeit zu zeigen. Der Grund ist Gold, die Skulptur in den Zwickeln kaum anderthalb Zoll stark. Es ist tatsächlich nichts weiter als eine herrliche Skizze

Tafel 5 Der Weinstock. Frei und in Dienstbarkeit, Radierung

marmorner Umrisslinien, ungefähr von derselben Tiefe wie der Elgin Fries; die Gewandungen jedoch mit dichten Falten ausgefüllt, in der Art byzantinischer Gemälde; Falten, die hier besonders notwendig sind, da breite Massen in der flachen Skulptur nicht dargestellt werden konnten, ohne nichtssagend zu wirken; aber die Anordnung dieser Falten ist immer sehr schön, und ihnen stehen oft breite einfache Flächen gegenüber, wie die durch die Rolle in der Hand des Propheten auf Tafel 5 erreichte.

Die Kugeln in der Archivolte springen beträchtlich vor, und die Räume zwischen ihren durchflochtenen Marmorbändern sind mit Farben, wie die Illustrationen eines Manuskriptes ausgefüllt; violett, karminrot, blau, gold und grün, miteinander abwechselnd; aber grün ist nie ohne eine Beimischung von blauen Mosaikstücken verwandt, und blau nie ohne einen kleinen Mittelpunkt von blassem Grün; mitunter nur ein einzelnes kleines Glasstückchen von einem viertel Zoll im Quadrat, so fein war das Gefühl für Farbe, das auf diese Weise befriedigt wurde!* Die dazwischen liegenden Kreise haben goldene Sterne auf blauem Grunde, in gleicher Weise abwechselnd; und die kleinen Kreuze in den Zwischenräumen sind abwechselnd blau und matt scharlach, mit zwei kleinen weißen Kreisen über und unter ihnen auf dem goldenen Grunde, jeder nur etwa einen halben Zoll im Durchmesser (diese Arbeit befindet sich, wohl bemerkt, an der Außenseite des Gebäudes, und zwanzig Fuß über dem Auge), während die blauen Kreuze jedes einen blassgrünen Mittelpunkt haben. Von dieser köstlichen Farbenverschmelzung kann keine, noch so große oder ausdrucksvolle Abbildung einen einigermaßen erschöpfenden Begriff geben; aber wenn der Leser mit der Phantasie dem Stiche hinzufügt, was er dem gewöhnlichen Holzschnitt einer Blumengruppe hinzufügt, dann darf man das Endurteil über die relativen Vorzüge der modernen und der byzantinischen Baukunst schon allein auf diesem Bruchstück von S. Marco beruhen lassen.

Von den Weinblättern jener Archivolte, trotzdem keine direkte Nachahmung der Natur in ihnen liegt, sondern im Gegenteil eine wohlbe-

* Tatsächlich sind nicht zwei von den Glaswürfelchen *(tesserae)* von genau demselben Farbenton, da die grünen alle mit blau verändert sind, die blauen von verschiedener Tiefe der Farbe, die roten von verschiedener Durchsichtigkeit, so dass die Wirkung jeder Farbenmasse äußerst abwechselungsreich ist, wie die getüpfelte Farbe eines Fruchtstücks.

dachte Unterordnung an den architektonischen Zweck, was später eingehender betrachtet werden soll, können wir doch denselben erfreulichen Eindruck empfangen, wie beim Anblick richtigen Weinlaubes und verschlungener Ranken, die sich vom goldigen Licht abheben. Die Sterne auf ihrem azurblauen Grunde sollen uns, ebenso wie einst ihren Erbauer, an die Sterne erinnern, die am großen Himmelsbogen emporsteigen und fallen; und ich glaube, Sterne und Zweige und Blätter und leuchtende Farben werden immerdar schön bleiben und von allen Menschen geliebt werden; und streng mit quadrierten Linien verunzierte Kirchenwände sind nichts besseres oder edleres als diese. Ich glaube, der Mann, der diese Archivolte entwarf, und der, welcher sich an ihr erfreute, sind weise, glücklich und heilig gewesen. (...)

Ich habe oben von der ganzen Kirche als von einem großen Gebetbuch gesprochen; die Mosaiken stellten seine Illustrationen dar, und das Volk damaliger Zeit lernte seine biblische Geschichte an ihnen wahrscheinlich eindrucksvoller, wenn auch lange nicht so ausführlich, wie das unsrige heutigestags durch das Lesen der Heiligen Schrift. Sie hatten keine andere Bibel, und – was Protestanten nicht oft genug bedenken – *konnten* keine andere haben. Wir finden es mitunter schwierig, unsere Armen mit *gedruckten* Bibeln zu versorgen; nun bedenke man, wie groß die Schwierigkeit gewesen sein muss, als sie nur in Handschrift existierten. Die Wände der Kirchen wurden naturgemäß die Bibel des armen Mannes, und ein Gemälde war leichter von den Wänden abzulesen, als ein Kapitel. Von diesem Gesichtspunkt aus, und nur als die biblischen Bilder eines großen Volkes in seiner Jugendzeit betrachtet, werde ich schließlich den Leser auffordern, mit mir den Zusammenhang und die Gegenstände dieser Mosaiken zu betrachten; aber inzwischen muss ich ernstlich die Ansicht zurückweisen, als ob ihre Ausführung in irgend einer Hinsicht barbarisch wäre. Ich habe dem modernen Vorurteil schon allzuviel zugestanden, indem ich sie als bloße kindische Versuche farbiger Porträtmalerei klassifizieren ließ. Sie haben äußerst edle Charakterzüge an sich, und es fehlt ihnen nicht an Überbleibseln von der Wissenschaft des späteren römischen Reiches. Der Charakter der Züge ist fast immer schön, der Ausdruck ernst, ruhig und sehr feierlich, die Stellungen und Gewänder immer majestätisch bei den einzelnen Figuren und bei den Gruppen, die nicht in heftiger Bewegung begriffen sind;* während die helle Färbung und der Mangel an Chiaroscuro nicht als Unvollkommenheiten betrachtet werden können, da sie das einzige Mittel sind, durch welches die Figuren in der Entfernung und Dunkelheit der Wölbung deutlich erkennbar gemacht werden konnten. Ich bin so weit davon entfernt, sie barbarisch zu finden, dass ich sie und ihresgleichen für die effektvollsten Werke jeder religiösen Kunst überhaupt halte. Sie stehen genau in der Mitte zwischen der herabgekommenen Fabrikation hölzerner und wächserner Bildwerke, die die Stütze des römischen Götzendienstes in der ganzen Welt bilden, und der großen Kunst, welche den Geist von dem religiösen Vorwurf zu der Kunst selbst hinlenkt. (...)

Nun muss ich die Aufmerksamkeit des Lesers auf einen Umstand richten, der einen bemerkenswerten Unterschied zwischen alter und neuer Zeit bildet. Unsere Augen sind jetzt mit dem Schreiben vertraut und ermüdet davon; und wenn eine Inschrift auf einem Gebäude ange-

* Alle Bemühungen byzantinischer Kunst, heftige Bewegung darzustellen, sind unzulänglich, die meisten in lächerlicher Weise, selbst wenn die bildhauerische Kunst in anderen Beziehungen sehr vorgeschritten ist. Die frühen gotischen Bildhauer lassen es dagegen an jeder Art von Verfeinerung fehlen, aber fast nie am Ausdruck der Bewegung. Dieser Unterschied ist natürlich eine notwendige Folge der in jeder Beziehung großen Verschiedenheit zwischen der Ruhe des östlichen und der Lebhaftigkeit des westlichen Geistes, die wir ausführlich in der Erforschung des Wesens der Gotik klarlegen müssen.

bracht wird, so muss sie schon sehr groß und deutlich sein, sonst ist zehn gegen eins zu wetten, dass wir uns nie die Mühe geben, sie zu entziffern. Aber der alte Baumeister war seiner Leser sicher. Er wusste, jedermann würde mit Vergnügen alles entziffern, was er schrieb; alle würden entzückt sein, die gewölbten Blätter seines Steinmanuskriptes zu besitzen, und je mehr er ihnen gab, um so dankbarer würden die Leute sein. Wir müssen uns daher beim Eintreten in S. Marco Mühe geben, alles zu lesen, was dort niedergeschrieben ist, sonst werden wir nicht in den Geist des Erbauers oder seiner Zeit eindringen.

Ein großes Atrium oder ein Portikus ist den beiden Seiten der Kirche angefügt, und dieser Raum war besonders für ungetaufte Personen und Konvertiten reserviert. Man hielt es für richtig, dass diese Leute vor ihrer Taufe veranlasst würden, die großen Ereignisse alttestamentarischer Geschichte zu betrachten; die Geschichte vom Sündenfall, und das Leben der Patriarchen bis zu Moses' Bund mit Gott; die Reihenfolge der Gegenstände ist fast die gleiche, wie in vielen nordischen Kirchen, aber sie schließt bedeutungsvoll mit dem Mannafall ab, um dem Katechumenen das Ungenügende des Mosesschen Bündnisses für die Erlösung deutlich zu machen, – »Eure Väter haben Manna gegessen in der Wüste, und sind gestorben«, und um seine Gedanken auf das wahre Brot zu richten, von dem dieses Manna das Sinnbild war.

Wenn ihm dann nach seiner Taufe gestattet war, die Kirche zu betreten, dann sah er, zurückblickend, über dem Haupteingang ein Mosaik mit dem thronenden Christus, umgeben von der heiligen Jungfrau und St. Markus, beide in anbetender Stellung. Christus ist mit einem aufgeschlagenen Buche auf den Knien dargestellt, auf dem geschrieben steht: *»Ich bin die Tür; so jemand durch mich eingehet, der wird selig werden.«* Auf dem roten Marmorfries, der das Mosaik umgibt, steht geschrieben: *»Ich bin das Tor des Lebens; lass die, welche mein sind, durch mich eingehen.«*

Darüber steht auf der roten Marmorleiste, die das Gesims des westlichen Teils der Kirche bildet, in Beziehung auf die darunter befindliche Christusgestalt: *»Wer Er war und von wannen Er kam und um welchen Preis Er dich erlöste, und warum Er dich erschuf und dir alle Dinge gab, das bedenke wohl.«*

Nun beachte man, dass dies nicht nur von dem Katechumenen gelesen werden sollte, wenn er zuerst die Kirche betrat; sondern von allen, die zu irgend einer Zeit in die Kirche kamen, wurde angenommen, dass sie zurückblicken und diese Schrift lesen sollten; so wurde ihr täglicher Eintritt in die Kirche zu einer täglichen Erinnerung an ihren ersten Eintritt in die geistige Kirche; und wir werden erkennen, dass das Buch, das auf ihren Wänden beständig für sie aufgeschlagen war, sie in gleicher Weise dahinführte, den sichtbaren Tempel in jedem seiner Teile als ein Sinnbild der unsichtbaren Kirche Gottes zu betrachten.

Daher stellt die Mosaik der ersten Kuppel, die sich über dem Haupte des Beschauers wölbt, sobald er durch die große Tür eingetreten ist (diese Tür ist das Sinnbild der Taufe), die Ausgießung des Heiligen Geistes dar, als erste Folge und Besiegelung des Eintritts in die Kirche Gottes. In der Mitte der Kuppel ist die Taube in griechischer Weise thronend dargestellt, wie auch das Lamm thronend aufgefasst wird, wenn die Göttlichkeit der zweiten und dritten Person betont werden soll, zugleich mit ihren besonderen Ämtern. Von dem Zentralsymbol des Heiligen Geistes ergießen sich zwölf Feuerströme auf die Häupter der zwölf Apostel herab, die um die Kuppel herumstehend dargestellt sind. Unter ihnen, zwischen den, in die Wände eingelassenen Fenstern, sind durch Gruppen von zwei Figuren für jedes einzelne Volk, die verschiedenen Völker dargestellt, die beim Pfingstfest die Apostel reden hörten, ein jeglicher mit seiner Sprache. Schließlich sind in den Wölbungen an den vier Ecken, die die Kuppel tragen, vier Engel abgebildet, von denen jeder ein, am Ende eines Stabes befestigtes Täfelchen in der Hand trägt. Auf den Tafeln der ersten drei Engel steht das Wort »Heilig« geschrieben, auf der des letzten »Herr«; und wie der Anfang des Lobgesanges auf diese Weise den vier Engeln in den Mund gelegt ist, so sind die weiteren Worte desselben um den Rand der Kuppel fortgesetzt, und vereinigen die Lobpreisung Gottes für die Gabe des Heiligen Geistes, mit der Begrüßung der in Seiner Kirche aufgenommenen erlösten Seele:

»Heilig, heilig, heilig ist der Herr Zebaoth!
Alle Lande sind Deiner Ehre voll.
Hosianna in der Höh!
Gelobet sei der da kommt im Namen
des Herrn.«

Nachdem er so die Lobpreisung gehört, die von den Engeln Gott für die Errettung der neueingetretenen Seele dargebracht wurde, hielt man es für das schicklichste, den Andächtigen zur Betrachtung der in den verständlichsten Formen dargestellten vergangenen Zeugnisse und zukünftigen Hoffnungen des Christentums hinzuleiten, wie sie in den drei Tatsachen enthalten sind, ohne deren Verbürgung aller Glaube eitel ist; nämlich, dass Christus starb, von den Toten auferstand und auffuhr gen Himmel, um Seinen Auserwählten die Stätte zu bereiten. In der Wölbung zwischen der ersten und zweiten Kuppel ist die Kreuzigung und die Auferstehung Christi dargestellt, mit den gewöhnlichen Zwischenszenen, – dem Verrat des Judas, dem Urteil des Pilatus, der Dornenkrönung, dem Niederfahren zur Hölle, dem Besuch der Frauen am Grabe und der Erscheinung vor Maria Magdalena. Die zweite, Haupt- und Mittelkuppel der Kirche, ist ganz von der Himmelfahrt in Anspruch genommen. An ihrer höchsten Stelle ist Christus zum blauen Himmel aufsteigend dargestellt, wie er von vier Engeln getragen, auf einem Regenbogen, dem Sinnbilde der Versöhnung, thront. Unter ihm erblickt man die zwölf Apostel auf dem Ölberge mit der Madonna, und in ihrer Mitte die zween Männer in weißen Kleidern, die im Augenblicke der Auferstehung erschienen; und über ihnen stehen, wie von ihnen geäußert, die Worte: »Ihr Männer von Galiläa, was stehet ihr und sehet gen Himmel? Dieser Jesus, welcher von euch ist aufgenommen gen Himmel, wird kommen, wie ihr ihn gesehen habt gen Himmel fahren.«

Unter dem Kreise der Apostel, zwischen den Fenstern der Kuppel, sind die christlichen Tugenden dargestellt, als logische Folge der Kreuzigung des Fleisches und der geistigen Himmelfahrt mit Christus. Unter ihnen auf den Wölbungen, die die Ecken der Kuppel tragen, sind die vier Evangelisten angebracht, weil auf ihrem Zeugnis unsere Überzeugung von der Tatsache der Auferstehung beruht; und schließlich zu ihren Füßen, als Symbole der Frische und Fülle des Evangeliums, das sie verkündeten, die vier Flüsse des Paradieses, Pison, Gihon, Tigris und Euphrat dargestellt.

Die dritte Kuppel, über dem Altar, stellt das Zeugnis des alten Testamentes von Christus dar; es zeigt ihn, im Mittelpunkte thronend, umgeben von den Patriarchen und Propheten. Aber diese Kuppel wurde von den Leuten wenig gesehen;* ihre Betrachtung sollte hauptsächlich auf die im Mittelpunkt der Kirche befindliche gelenkt werden, und so wurde der Geist des Andächtigen sogleich auf die Hauptgrundlage und Hoffnung der Christenheit gerichtet, – »Christus ist erstanden«, und »Christus wird kommen«. Wenn er Zeit hätte die kleineren Seitenkapellen und Kuppeln zu erforschen, dann könnte er in ihnen die ganze Reihenfolge neutestamentarischer Geschichte finden, die Ereignisse aus dem Leben Christi und die apostolischen Wunder nach der

* Sie ist auch von untergeordneter Arbeit, und vielleicht später als das übrige entstanden. Siehe Lord Lindsay, Band I, S. 124, Anmerkung.

Reihe, und schließlich die Szenerie des Buches der Offenbarung.* Wenn er aber, wie es die Leute noch heute gewöhnlich tun, nur einträte, um vor der beginnenden Tagesarbeit ein Stoßgebet zum Himmel zu senden, und sich vom Haupteingang her dem Altarschrein näherte, dann würde die Pracht des glitzernden Kirchenschiffes und der buntfarbigen Kuppel, als seltsamer Kontrast zu seiner Schilfhütte zwischen den Untiefen der Lagune, ihm das Herz bewegen, und ihm nur die beiden großen Botschaften verkündigen, – »Christus ist erstanden«, und »Christus wird kommen«. Täglich, wenn die weißen Kuppeln sich wie Kränze aus Meeresschaum in der Morgendämmerung erhoben, während der düstere Campanile und der finsterblickende Palast noch von der Nacht umfangen waren, erhoben sie sich mit der triumphierenden Osterbotschaft, – »Christ ist erstanden«; und täglich, wenn sie auf das Getümmel des Volkes herniederschauten, das auf dem großen freien Platz herumwogte, der sich zu ihren Füßen nach der See hin erstreckte, schienen sie ihnen von oben die warnenden Worte zuzurufen, – »Christus wird kommen«.

Dieser Gedanke veranlasst sicherlich den Leser mit etwas veränderter Stimmung auf das prunkvolle Gebäude und den phantastischen Farbenschmuck des Altarschreins von S. Marco zu blicken. Er begreift nun, dass es für die Herzen des alten venezianischen Volkes weit mehr bedeutete, als nur eine Stätte der Gottesverehrung. Es war zugleich ein Sinnbild der erlösten Kirche des Herrn und eine Rolle für das geschriebene Wort Gottes. Es sollte ihnen zugleich ein Abbild der Braut sein, die herrlichste Pracht darin und ihr Gewand von getriebenem Gold; und die wirkliche Gesetzestafel und das Zeugnis drinnen und draußen niedergeschrieben. Und ob es nun als Kirche oder Bibel geehrt wurde, schickte es sich nicht, dass weder Gold noch Kristall bei seiner Ausschmückung gespart wurde; dass als das Symbol der Braut, der Bau seiner Mauern von Jaspis sein sollte* und die Gründe der Mauern mit allerlei Edelsteinen geschmückt. Und als Übermittler des Wortes sollte die triumphierende Äußerung des Psalmisten darüber wahr sein, – »Ich freue mich des Weges deiner Zeugnisse, als über allerlei Reichtum.«

Und werden wir nicht in veränderter Stimmung die lange Ausdehnung des St. Marcusplatzes entlang nach den siebenfachen Pforten und Kuppeln seines Gotteshauses blicken, nun wir wissen, zu welchem heiligen Zwecke seine Säulen über das Pflaster des bevölkerten Platzes erhöht wurden. Hier trafen Leute aus allen Ländern der Welt zum Handel oder zum Vergnügen zusammen; aber über der Menge, die unausgesetzt hin- und herströmte, mit der Ruhelosigkeit der Habsucht, oder dem Durst nach Vergnügen, war fortwährend die Herrlichkeit des Tempels zu erblicken, der ihnen bekundete, ob sie es hören mochten oder nicht, dass es einen Schatz gab, den die Kaufleute erstehen konnten, ohne einen Preis dafür zu zahlen, und ein edleres Vergnügen als alle anderen, nämlich die Lust an Gottes Wort und seinen Gesetzen. Nicht um übermütigen Reichtums willen, oder zu eitler Befriedigung von Augenweide, oder strotzender Lebenslust wurden diese Marmorsteine zu durchsichtiger Tragkraft ausgehauen, und diese Bogen mit den Farben des Regenbogens bekleidet. Es steht eine Botschaft in ihren Farben geschrieben, die einst mit Blut niedergeschrieben wurde; und es hallt ein Echo von ihren Wölbungen wider, das eines Tages die Wölbung des Himmels erfüllen wird, – »Er wird wiederkehren, um Recht und Gerechtigkeit zu üben.«** Venedig blieb im Vollbesitze

* Die alten Mosaiken der Offenbarung sind zu Grunde gegangen, und durch elende Arbeit aus dem siebzehnten Jahrhundert ersetzt.

* Offenbarung Johannis XXI, 18.

** Nach dem Wortlaut der englischen Bibel. 1. Mose 18. 19.

seiner Kraft, so lange es sich dessen erinnerte; es wurde von der Zerstörung heimgesucht, als es dies vergessen hatte; und unwiderruflich heimgesucht, weil es keine Entschuldigung für seine Vergesslichkeit hatte. Nie besaß eine Stadt eine herrlichere Bibel. Bei den Völkern des Nordens waren die Gotteshäuser durch rohe und schattenhafte Skulptur mit unklarem, kaum entzifferbarem Bildwerk angefüllt; aber in Venedig hatten die Kunstfertigkeit und die Schätze des Orients jeden Buchstaben vergoldet und jede Seite illustriert, bis das Tempelbuch von ferne leuchtete wie der Stern der Weisen aus dem Morgenlande. In anderen Städten fanden Volksversammlungen oft an Orten statt, die weit entfernt von den Gotteshäusern, und Gewalttätigkeiten und Abwechselungen ausgesetzt waren; und auf dem Grase des Festungswalles, oder im Staube der geräuschvollen Straße, wurden Handlungen vollführt und Ratschläge gepflogen, die man, wenn auch nicht rechtfertigen, so doch mitunter verzeihen kann. Aber die Sünden von Venedig, mochten sie in seinem Palast oder auf seiner Piazza geschehen, wurden mit der Bibel zu seiner rechten Hand begangen. Die Wände, auf die ihr Zeugnis niedergeschrieben wurde, waren nur durch ein paar Zoll Marmorbreite von denen getrennt, die die Geheimnisse seiner Ratsbeschlüsse hüteten, oder die Opfer seiner Politik einschlossen. Und als es in seinen letzten Stunden jede Scham und Zurückhaltung von sich warf, und der große Platz der Stadt von der Tollheit der ganzen Welt widerhallte, da muss man bedenken, wie viel größer seine Sünde war, da sie im Angesicht des Gotteshauses begangen wurde, in dem die Buchstaben seines Gesetzes brennend leuchteten. Marktschreier und Masken zogen lachend ihres Weges, und eine Stille ist ihnen gefolgt, die nicht ungeweissagt war; denn über ihnen allen hin, durch die Jahrhunderte voll eiternder Eitelkeit und schwärender Schuld, hatte die weiße Kuppel von San Marco zu dem tauben Ohr von Venedig geredet: »Und wisse, dass dich Gott um dies alles wird vor Gericht führen.«

Casa Loredan.

BYZANTINISCHE PALÄSTE

Die im vorhergehenden Kapitel gegebene Beschreibung der Bauart von S. Marco hat meiner Überzeugung nach den Leser genügend mit dem Geist des byzantinischen Stils vertraut gemacht; aber er hat wahrscheinlich noch keine klare Vorstellung von seinen Gattungsformen. Auch würde es nicht recht sein, sie nach einer Prüfung von S. Marco allein festzustellen, da es nach verschiedenen Modellen und zu verschiedenen Zeiten erbaut ist. Aber wenn wir die Stadt durchschreiten, und nach Gebäuden ausschauen, die S. Marco ähnlich sind – erstens in dem wichtigsten Merkmal, der Inkrustierung, und zweitens im Charakter der Ornamente –, dann werden wir eine beträchtliche Anzahl finden, die dem Auge allerdings zuerst nicht sehr anziehend erscheinen, die aber doch in jeder wichtigen Einzelheit auf das vollkommenste sowohl miteinander, als mit den frühesten Teilen von San Marco harmonieren, und daher mit tiefgehendem Interesse als die Überbleibsel eines alten Venedigs betrachtet werden müssen, das gänzlich verschieden von dem jetzt existierenden ist. Von diesen Überresten vermögen wir mit Sicherheit allgemeine Schlussfolgerungen über die Formen byzantinischer Baukunst abzuleiten, wie sie im östlichen Italien während des elften, zwölften und dreizehnten Jahrhunderts angewandt wurden.

Sie stimmen auch in anderer Beziehung ebenso überein wie im Stil. Alle sind entweder Ruinen, oder durch Restaurierung verhüllte Bruchstücke. Nicht eines von ihnen ist unbeschädigt oder unverändert; und die Unmöglichkeit, auch nur eine Ecke oder ein einziges Stockwerk in vollständigem Zustand zu finden, ist ein nicht weniger überzeugender Beweis, als die Methode ihrer Bauart, dass sie wirklich während der frühesten Stadien der venezianischen Macht errichtet wurden. Die in engen Straßen verstreuten Bruchstücke, die nur an einem einzelnen Kapitäl, oder dem Segment eines Bogens zu erkennen sind, werde ich nicht aufzählen; aber von wichtigen Überresten gibt es sechs in der unmittelbaren Nachbarschaft des Rialto, einen im Rio di Ca' Foscari und einen, sehr augenfällig gegenüber dem großen Renaissancepalast errichteten, der unter dem Namen Vendramin Calerghi bekannt, und einer der wenigen noch bewohnten und gut erhaltenen Paläste ist;* auch zeichnet er sich durch einen daneben befindlichen Garten aus, mit reichem Immergrün, vergoldeten Gittern und weißen Statuen, die lange Streifen schneeiger Spiegelung auf das tiefe Wasser hinunterwerfen. Die Aussicht des Kanals weiter hin wird durch die Kirche S. Geremia abgeschlossen, ebenfalls ein, wenn auch weniger anziehendes Werk der Renaissance; ein kahler Backsteinbau mit einer düsteren Bleikuppel darüber, gleich denen unse-

Studie der Marmor-Inkrustationen an der Fassade der Casa Loredan
Zeichnung/Aquarell, Bleistift, Wasserfarbe, Deckfarbe und Tinte auf hellgrauem Papier

* Im Jahre 1851 bewohnte ihn die Herzogin von Berri.

rer National Gallery. So hat der Beschauer zu gleicher Zeit das reichste und ärmlichste von der späten Baukunst Venedigs vor sich; das reichste, wohlbemerkt ein Stück Privatluxus; das ärmlichste das, welches Gott dargebracht wurde. Wenn er dann nach links blickt, trifft sein Auge auf das Bruchstück eines früheren Werkes, das gegen beide zeugt, sowohl durch seine gänzliche Zertörung, wie durch die edle Würde der noch daran erkennbaren Spuren.

Es ist eine entsetzliche Ruine; alles was würdevoll oder traurig an seinen Trümmern war, ist durch Versuche verhüllt worden, es zu niedrigsten Zwecken nutzbar zu machen. Es bestand aus Arkaden mit Marmorsäulen und Backsteinmauern mit Marmorbekleidung; aber die verhüllenden Steine sind davon weggerissen worden, wie das Leichentuch von einem toten Körper; und seine, in tausend Spalten zerrissenen Wände sind immer wieder ausgefüllt worden mit neuem Mauerwerk und die Löcher und Risse mit Lehm und Kalk zugeschmiert, über den Marmor fortrinnend, – der selbst zu staubigem Verfall verblasst ist im Frost der Jahrhunderte. Weiches Gras und rankendes Laubwerk haben sich in den Spalten festgewurzelt, aber sie dürfen nicht in ihrer natürlichen Wildheit wachsen, denn das Gebäude ist auf seine Art bewohnt; wurmstichige Querwände sind in seinen Korridoren festgenagelt, und elende Zimmer in seinem westlichen Flügel zurecht gemacht. Hier und da ist das Unkraut gleichgültig heruntergerissen, und es mag sehen, wie es sich im nächsten Frühling wieder zu ungesundem Wachstum empor kämpft; und so modert der hässliche Haufen im Kampf zwischen Tod und Leben seinem Untergange zu.

Von seiner Geschichte ist weniges und nur wertloses bekannt. Es gehörte einst den Herzögen von Ferrara und wurde ihnen im sechzehnten Jahrhundert abgekauft, um zu einem Sammelplatz für die Güter der türkischen Kaufleute gemacht zu werden; seitdem ist es allgemein bekannt als der Fondaco oder Fondaco dei Turchi; aber diese Tatsachen sind für den Altertumsforscher gerade so wichtig wie die, dass die Munizipalität von Venedig im Jahre 1852 gestattete, sein unteres Stockwerk als »deposito di Tabacchi« zu benutzen. Weder von diesem, noch von irgend welchen anderen Überbleibseln jener Epoche, wissen wir etwas anderes, als was ihre eigenen Steine uns erzählen.

Der Leser findet in dem, hauptsächlich für den Reisenden geschriebenen Appendix, eine Beschreibung der Lage und jetzigen Beschaffenheit der übrigen sieben byzantinischen Paläste. Hier gebe ich nur einen allgemeinen Bericht von den interessantesten Merkmalen ihrer Baukunst.

Sie stimmen alle darin überein, dass sie rundbogig und mit Marmor eingelegt sind, aber nur bei sechs von ihnen ist die ursprüngliche Anordnung der Teile einigermaßen erkennbar; nämlich bei den als Fondaco dei Turchi, Casa Loredan, Casa Farsetti, Rio Foscari Haus, Terrassen-Haus und Madonnetta-Haus bezeichneten Palästen; und diese sechs gleichen sich ferner darin, dass sie fortlaufende Arkaden an ihren ganzen Fassaden, von einer Ecke bis zur anderen haben, und dass diese Arkaden bei jedem in ein Mittelstück und Seitenflügel geteilt sind; sowohl durch größere Höhe der mittleren Bogen, als durch die Abwechslung der mittleren Säulen mit Pfeilern, oder kleinen Säulen an den Seiten.

Soweit ihre Konstruktion noch zu erkennen ist, haben sie alle wenige hohe Bogen in den unteren Stockwerken, und kürzere und zahlreichere in den oberen; aber unglücklicherweise sind gerade in den beiden Fällen, bei denen das zweite Stockwerk erhalten ist, die unteren Stockwerke modernisiert, und in den anderen, wo die unteren erhalten sind, die oberen; so dass wir nie mehr als zwei Reihen byzantinischer Bogen übereinander haben. Dies genügt indessen vollkommen, um den ersten Hauptpunkt zu zeigen,

Fig. 2 Fondaco dei Turchi
Disposition der Fassade

den ich zu betonen wünsche, nämlich das feine Gefühl der griechischen Baukunst für die Proportion, und ich hoffe, der Leser wird nicht vor der Aufstellung einiger Messungen zurückschrecken; denn wenn er sich nur ein wenig Mühe gibt, sie zu vergleichen, wird er gewiss das Resultat nicht uninteressant finden.

Der Fondaco dei Turchi hat sechzehn Bogen im Seegeschoss und sechsundzwanzig über ihnen im ersten Stock, das ganze auf einem prachtvollen Fundament von roten Marmorblöcken ruhend, von denen einige sieben Fuß lang und anderthalb Fuß hoch sind, und sich ungefähr fünf Fuß über das Hochwasser-Standzeichen erheben. Auf dieser Fläche ist eine Hälfte des Gebäudes von der Seite bis zu den Mittelpfeilern seiner Arkaden unter Fig. 2 auf der folgenden Seite abgebildet. Es ist nur gezeichnet, um die Anordnung der Teile zu zeigen, da die durch Kreise und aufrechtstehende Oblongen angedeuteten Skulpturen zwischen den Bogen zu zart sind, um sie selbst in einer dreimal so großen Abbildung wiederzugeben. Das Gebäude war einstmals mit einer arabischen Brustwehr gekrönt; diese ist aber vor einigen Jahren heruntergenommen worden, und ich weiß von keiner authentischen Darstellung ihrer Einzelheiten. Der größere Teil der Skulpturen zwischen den Bogen, im Holzschnitt nur durch leere Kreise angedeutet, ist auch abgefallen oder entfernt, aber es ist noch genug an den beiden Seiten übrig geblieben, um die im Diagramm ihrer ursprünglichen Anordnung gegebene Darstellung zu rechtfertigen.

Und nun achte man auf die Dimensionen. Die kleinen Bogen der Seitenflügel des Erdgeschosses, a, a, a messen in der Breite:

	FUSS	ZOLL
Säule zu Säule	4	5
Zwischenraum b	7	6½
Zwischenraum c	7	11
Zwischenräume d, e, f, usw.	8	1

Der Unterschied zwischen der Breite der Bogen b und c ist durch den kleinen Rücksprung des Gesimses auf der linken Seite, im Vergleich mit dem der großen Kapitäle veranlasst; aber dieser plötzliche Unterschied, von einem halben Fuß zwischen den beiden äußersten Bogen des Mittelstückes, beleidigte das Auge des Baumeisters; er verkleinerte daher *unnötiger Weise* den nächsten um zwei Zoll und erreichte hierdurch die stufenweise Abnahme nach den Seiten zu, von acht Fuß bis zu vier und einhalb herunter, in beständig zunehmender Reihenfolge von Stufen. Natürlich kann die Wirkung in diesem Diagramm nicht gezeigt werden, da der Unterschied weniger beträgt als die Stärke seiner Linien. Im oberen Stockwerk sind die Kapitäle alle von ziemlich gleicher Höhe, und es lag kein Grund für den Unterschied zwischen den äußersten Bogen vor. Von seinen sechsundzwanzig Bogen sind vier kleine je über den drei Seitenbogen der unteren Arkade angebracht, und achtzehn größere über den zehn Mittelbogen; so dass die Säulen in alle möglichen Beziehungen zueinander gestellt sind und das Auge bei jedem Versuch, sie zu zählen, völlig verwirrt wird. Dennoch liegt eine herrliche Symmetrie in ihrer anscheinenden Verwirrung, da es sich zeigt, dass die vier Bogen an jeder Seite in zwei Gruppen geordnet sind, von denen die eine eine große einzelne Säule als Mittelpunkt hat, und die andere einen Pfeiler und zwei kleine Säulen. Die Art, wie die große Säule als ein Echo jener in der Mittelarkade benutzt ist, und sie mit dem System der Pilaster verbindet, – gerade wie ein großer Maler, beim Übergange von einem Farbenton in den anderen, nach einem kleinen Zwischenraum den aufgegebenen wiederholt, – ist höchst charakteristisch für die byzantinische Sorgfalt der Komposition. (…)

Zunächst wollen wir die Casa Loredan vornehmen. Die Anordnung der Säulen ist genau die gleiche wie beim Fondaco dei Turchi, so dass ich sie nur durch senkrechte Linien bezeichnen werde, um die Zwischenräume mit Buchstaben versehen zu können. Sie hat fünf Bogen im Mittelstück des unteren Stockwerkes und zwei in jedem der Flügel.

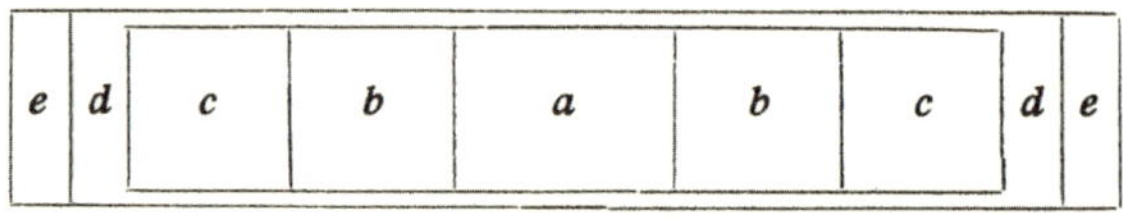

	FUSS	ZOLL
Der mittelste Zwischenraum a von den fünf mittleren beträgt	6	1
Die beiden auf jeder Seite, b, b	5	2
Die beiden äußersten, c, c	4	9
Innere Bogen der Flügel, d, d	4	4
Äußere Bogen der Flügel, e, e	4	6

Die Abstufung dieser Dimensionen ist auf den ersten Blick zu erkennen, da hier der kühnste Schritt dem Mittelpunkt zunächst getan ist, während er beim Fondaco am weitesten von der Mitte entfernt ist. Die erste Einbuße beträgt hier 11 Zoll, die zweite 5, die dritte 5, und dann folgt eine sehr feine Zunahme von 2 Zoll in den äußersten Bogen, als ob dem Prinzip der Abnahme widersprochen, und das allmähliche Hinschwinden des Gebäudes durch festen Widerstand an den Ecken aufgehalten werden sollte.

Ich konnte die Maße des oberen Stockwerkes nicht genau feststellen, da der Palast während meiner ganzen Anwesenheit in Venedig geschlossen war; aber es hat sieben Mittelbogen über den unteren fünf, und drei an den Seiten über den beiden unteren, und die Gruppen sind durch Doppelsäulen getrennt.

Im Rio-Foscari-Hause ist schließlich der Mittelbogen die hervorstechendste Form, und die vier Seitenbogen bilden einen prächtigen Flügel; die Dimensionen betragen vom Mittelpunkt bis zur Seite:

	FUSS	ZOLL
Mittelbogen	9	9
Zweiter Bogen	3	8
Dritter Bogen	3	10
Vierter Bogen	3	10
Fünfter Bogen	3	8

Der Unterschied von 2 Zoll, auf beinahe 3 Fuß, in den beiden mittelsten Bogen, war alles, was nötig war, um das Auge des Erbauers zu befriedigen.

Ich brauche dem Leser nicht klar zu machen, dass diese eigentümlichen und peinlich genauen Übereinstimmungen der Proportion es über allen Zweifel erhaben erscheinen lassen, dass die Gebäude, bei denen sie gefunden werden, nicht nur aus derselben Schule stammen, sondern (soweit diese feinen Übereinstimmungen der Maße noch an ihnen festgestellt werden können) in ihrer ursprünglichen Form erhalten sind. Kein moderner Baumeister kommt auf den Gedanken, seine Bogen in dieser Weise zu vereinigen, und Restaurierungen werden in Venedig zu gewalttätig ausgeführt, als dass man annehmen könnte, solche Feinheiten wären beim Fortgang der Zerstörung überhaupt bemerkt, und noch viel weniger bei achtloser Nachbildung nachgeahmt worden. Und wie um unsere Aufmerksamkeit besonders auf dieses für byzantinische Arbeit charakteristische Merkmal zu richten, finden wir das interessanteste Beispiel von allen in den Bogen an der Fassade von S. Marco selbst, deren Proportionen ich vorher noch nicht erwähnt habe, weil ich sie hier mit denen der zeitgenössischen Paläste vergleichen wollte.

Die zum wirklichen Eintritt in der westlichen Fassade benutzten Türen sind wie gewöhnlich fünf, angeordnet wie bei a Fig. 3; aber der byzantinische Erbauer vermochte sich mit einer so einfachen Gruppe nicht zu begnügen, und brachte daher zwei kleinere Bogen an den äußersten Enden an, wie bei b, indem er zwei kleine Portikos hinzufügte, die *nicht den geringsten weiteren Nutzen haben*, als dass sie die Verhältnisse der Fassade künstlich vollenden und selbst die herrlichsten Verhältnisse von Säulen und Archivolten-Anordnung darstellen, die mir in der ganzen europäischen Architektur vorgekommen sind.

Ich kann mich hier auf diese kleineren Einzelheiten nicht einlassen; aber man beachte die Dimensionen der Säulenreihe der Fassade, die in dieser Weise von den Seiten-Portikos vervollständigt wird:

	FUSS	ZOLL
Der Raum ihrer Mittel-Archivolte beträgt	31	8
Der Raum der beiden an jeder Seite, etwa	19	8
Der Raum der beiden folgenden, etwa	20	4
Der Raum der kleinen Bogen an den Flanken, etwa	6	0

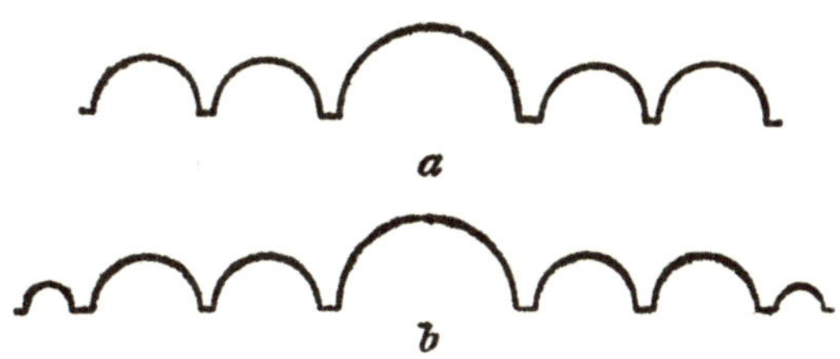

Fig. 3

Fondaco dei Turchi am Canal Grande, 1845–1846
Daguerreotypie

a b

Fig. 4

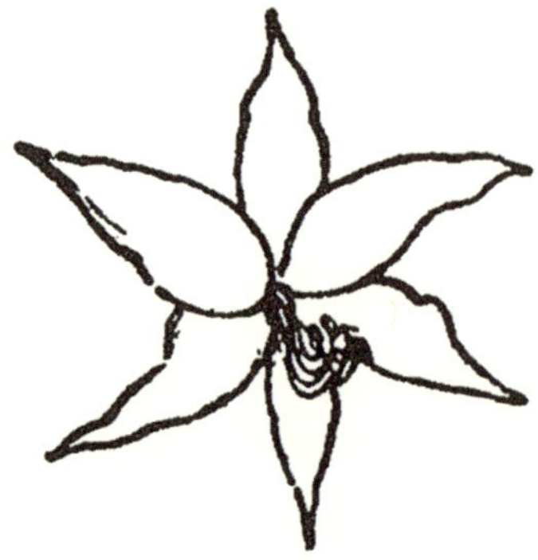

Fig. 5

Ich brauche keinen Kommentar über den feinen Unterschied von acht Zoll auf zwanzig Fuß zwischen der zweiten und dritten Dimension zu geben. Wenn der Leser sich die Mühe geben mag, das ganze ihm jetzt vorgelegte Beweismaterial mit dem zu vergleichen, das wir von der Apsis von Murano herleiteten, dann wird er gestehen müssen, dass es einen unwiderleglichen Beweis liefert von einer außerordentlichen Feinfühligkeit der byzantinischen Architekten für Harmonie der Größenverhältnisse; eine Feinfühligkeit, die wir jetzt so gänzlich verloren haben, dass wir kaum mehr imstande sind, sie zu begreifen. Und möge man nicht sagen, wie es von den kürzlichen Entdeckungen einer feinen Krümmung am Parthenon geschah, dass, was nicht ohne mühevolles Ausmessen zu erweisen ist, keinen Einfluss auf die Schönheit des Entwurfs haben kann. Das Auge wird beständig durch Dinge beeinflusst, die es nicht entdecken kann; ja man geht nicht zu weit, wenn man sagt, dass es am meisten durch das beeinflusst wird, was es am wenigsten entdeckt. Möge der Maler, wenn er es kann, die Veränderung der Linien feststellen, von denen der wechselnde Ausdruck des menschlichen Antlitzes abhängt. Je größer er ist, um so mehr wird er ihre Feinheit empfinden und die große Schwierigkeit, alle ihre Beziehungen untereinander zu erkennen, oder für die Folgen einer haaresbreiten Veränderung einer einzigen Krümmung einzustehen. Es liegt in der Tat nichts wirklich edles weder in Form noch Farbe, sondern ihre Macht hängt von Umständen ab, die zu unendlich verwickelt sind, um erklärt, und fast zu fein sind, um ausfindig gemacht zu werden. Was nun diese byzantinischen Gebäude betrifft, so verstehen wir sie nur nicht, weil wir sie nicht *beobachten*; sonst würden wir an der Abwechselung in den Verhältnissen ihrer Bogen dieselbe Freude empfinden wie gegenwärtig an dem natürlichen Bau der Blumen und Blätter. Jeder von uns fühlt sofort die Grazie der Blattgruppe, Fig. 4 b, heraus, und doch verdankt sie diese Grazie ganz einfach dem gleichen Proportionsverhältnis wie die Fassade von S. Marco; jedes Blättchen entspricht einem Bogen, – die kleinsten an der Wurzel denen der Portikos. Ich habe versucht, das Verhältnis bei b ganz genau wiederzugeben; aber da der Unterschied zwischen den zweiten und dritten Blättchen in so kleinem Maßstabe kaum erkennbar ist, habe ich ihn bei a etwas übertrieben. Die Natur ist oft viel feiner in ihren Proportionen. Wenn man bei einigen der edleren Lilienarten die Blumen von vorn betrachtet, könnte man einen Augenblick denken, sie bildeten einen symmetrischen sechsblätterigen Stern. Bei genauerer

Prüfung merkt man jedoch, dass sie eine Gruppe von drei Größen bilden, durch die größere Ausdehnung zweier innerer Kelchblätter über den Staubfäden, während das dritte innere Kelchblatt, auf dem die Staubfäden ruhen, sich zu dem kleinsten der sechs zusammenzieht und die drei unteren Kelchblätter in einer gewissen Mittelgröße verbleiben, wie man auf der beigefügten Fig. 5 erkennen kann. (…)

In jedem der oben erwähnten Gebäude, mit Ausnahme des Rio-Foscari-Hauses (das nur eine große Eingangstür zwischen seinen Flügeln hat), werden die Mittelarkaden wenigstens eines Stockwerks, und gewöhnlich bei beiden, von kühn hervortretenden zylindrischen Säulen mit reichen Kapitälen getragen, während die Bogen der Seitenflügel auf kleineren Säulen, mit Unterstützung von Teilen der Mauer ruhen, die zu Pilastern von größerem oder geringerem Umfang werden.

Und nun muss ich den Leser (daran) erinnern, dass es zwei große Ordnungen von Kapitälen in der Welt gibt, von denen die eine in ihrem Umriss runderhaben und die andere rundhohl ist; und dass man bei der einen Reichtum des Ornaments mit voller Freiheit der Phantasie findet, und bei der anderen Strenge des Ornaments mit ernster Schulung der Phantasie.

Beide Kapitälsfamilien kommen in der byzantinischen Periode vor, aber die rundhohle Gruppe ist die langlebigste und erstreckt sich bis in die gotischen Zeiten. In der Beschreibung, die ich im ersten Bande von ihnen machte, wurden sie durch zwei Teile einer sehr einfachen Krümmung, der des Salbeiblattes, erklärt. Wir müssen nun ihre Charaktereigenschaften ausführlicher erforschen und diese sind im allgemeinen am besten darzustellen, wenn man beide Familien als Nachbildungen von Blumen betrachtet, – die eine von der Wasserlilie, die andere von der Winde. Es lag nicht in der Absicht der byzantinischen Architekten, die eine oder andere dieser Blumen nachzuahmen; aber alle schönen Kunstwerke müssen, wie ich schon oft gesagt habe, natürliche Formen entweder absichtlich nachahmen, oder ihnen zufällig gleichen; und der direkte Vergleich mit den natürlichen Formen, denen diese Kapitäle am ähnlichsten sind, ist die geeignetste Art, dem Leser ihre Unterschiede einzuprägen.

Die runderhabene Familie ist nach den gewöhnlichsten Formen jener großen Gruppe von Blumen entstanden, welche gerundete Kelchschalen bilden, wie die der Wasserlilie, deren Blätter horizontal dem Stengel entspringen und sich nach aufwärts zu schließen. Die Rose gehört zu dieser Familie, aber ihr Kelch ist mit der Fülle ihrer Blätter ausgefüllt; Krokus, Glockenblume, Ranunkel, Anemone und fast alle lieblichsten Kinder des Feldes sind nach demselben Vorbild geformt.

Die andere Familie gleicht der Winde, der Trompetenblume und ähnlichen, bei denen der untere Teil der Glocke schlank ist und der Kelchrand sich am oberen Ende nach außen biegt. Es sind weniger Blumen nach diesem Modell gebildet, als nach dem runderhabenen; aber bei der Gestaltung von Bäumen und Grasbüscheln sieht man es beständig. Natürlich müssen beide Arten bei der Anwendung an Kapitälen durch die ganz enorm größere Stärke des Stengels oder Schaftes verändert werden, aber in anderen Beziehungen ist die Übereinstimmung treu und genau; und der Leser wird gut tun, wenn er sich sogleich die Blumenumrisse einprägt,* und sie sich als die beiden einzigen Kapitälsordnungen vorstellt, die die Welt jemals gesehen hat, oder sehen kann.

Die Exemplare der rundhohlen Familie in byzantinischen Zeiten findet man hauptsächlich entweder an großen Kapitälen, die in griechisch-korinthischem Stil ausgeführt und hauptsächlich für Mittelschiffpfeiler benutzt wurden, oder an den kleinen Seitensäulen der Paläste.

* Siehe Tafel 9, Fig. 1 und 4.

Es erscheint etwas seltsam, dass die reine korinthische Form beinahe ausschließlich für Mittelschiffpfeiler reserviert blieb, wie in Torcello, Murano und S. Marco; sie kommt allerdings auch mit fast jeder anderen Form an der Außenseite von S. Marco vor, aber nie so entschieden wie bei den Mittelschiff- und Transeptsäulen. Von den Eigenschaften, die sie in Torcello angenommen hat, ist genug gesagt worden, und eine der zartesten, in S. Marco vorkommenden Varietäten ist auf Tafel 7, Fig. 15 abgebildet; sie ist bemerkenswert durch das offene Relief der scharfen, distelartigen Blätter, durch die das Licht mitunter von rückwärts fällt, und durch das schöne Kräuseln der Blätter nach außen, die sich am oberen Ende vereinigen, wie bei einer ungeteilten Blume.

Die anderen charakteristischen Beispiele der rundhohlen Gruppen aus byzantinischer Zeit sind ebenso einfach, wie die aus der korinthischen reich sind. Man findet sie an den kleinen Säulen an den Seitenflügeln des Fondaco dei Turchi, der Casa Farsetti, Casa Loredan, dem Terrassenhause und am oberen Stockwerk des Madonnettahauses in so völlig gleichen Formen, dass die beiden Abbildungen 1 und 2 auf Tafel 7 sie sämtlich genügend darstellen. Sie bestehen nur aus Teilen der an allen Fassaden dieser Paläste entlang laufenden Plinthen oder Rollschichten, die durch vier Abstumpfungen in der Form von pfeilförmigen Blättern herausgeschnitten sind (Fig. 1, Fondaco dei Turchi), und das ganze ist am unteren Ende ein wenig abgerundet, um zu dem Säulenschaft zu passen. Wenn sie zwischen zwei Bogen vorkommen, nehmen sie die Form der Gruppe Fig. 2 (Terrassenhaus) an. Fig. 3 ist von den Mittelbogen der Casa Farsetti, und nur abgebildet, weil es entweder eine spätere Restaurierung ist, oder eine in der byzantinischen Periode absolut einzig dastehende Form.

Die rundhohle Gruppe war aber nicht naturgemäß erfreulich für den byzantinischen Geist. Sein eigenes Lieblingskapitäl hatte die kühn

Tafel 6 Byzantinische Kapitelle. Runderhabene Gruppe
Radierung

runderhabene oder Kissenform, die so hervorstechend bei allen Gebäuden jener Epoche ist, dass ich die Tafel 6 ganz ihrer Darstellung gewidmet habe. Die Form, in der sie zuerst praktisch angewandt wurde, ist aus einem viereckigen Block entstanden, den man auf einen Säulenschaft legte (Fig. 1, Tafel 6); von diesem schnitt man zuerst die unteren Ecken ab wie bei Fig. 2 und rundete dann die Kanten ab, wie bei Fig. 3; dies verschafft uns den Glockenstein, auf den ein einfacher Abakus gelegt wird, wie bei Fig. 4, welche Form bei der oberen Arkade von Murano vorkommt, und hiermit ist der Bau des Kapitäls vollendet. Fig. 5 zeigt die gewöhnliche Art und Wirkung seiner Dekoration im gleichen Maßstab; die

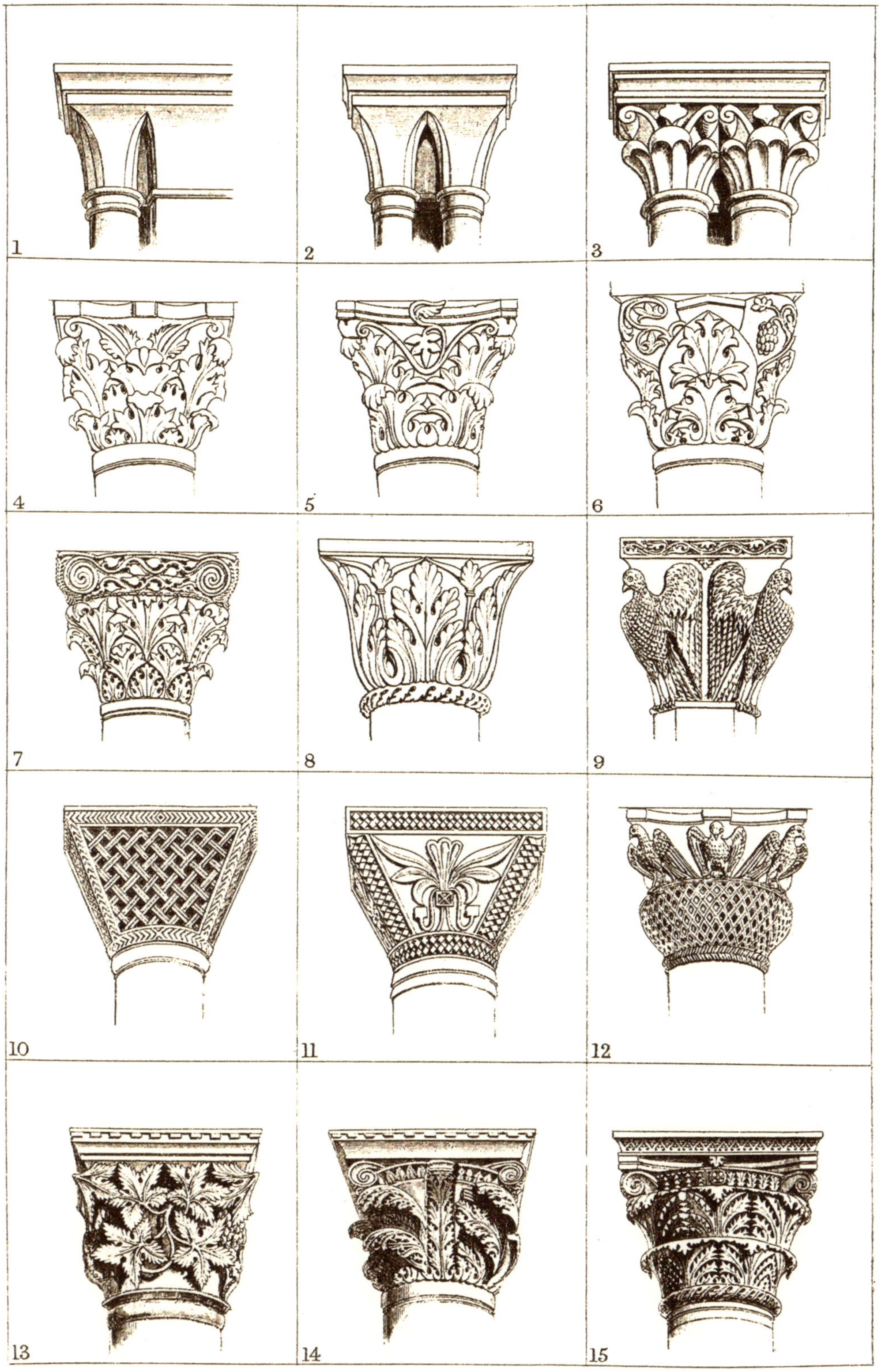

Tafel 7
Byzantinische Kapitelle
Rundhohle Gruppe
Radierung

anderen Figuren, 6 und 7, beide von der Apsis von Murano, 8 vom Terrassenhaus und 9 vom Baptisterium von S. Marco zeigen die Methode der Oberflächenausmeißelung an Kapitälen von durchschnittlichem Reichtum der Verzierung, wie sie überall vorkommen, denn es gibt keine Grenze für die Phantasie und Schönheit der ausgearbeiteteren Exemplare.

Infolge der eigentümlichen Vorliebe der Byzantiner für diese massiven Formen, pflegten sie bei einer etwaigen Anwendung eines auf korinthischen Grundsätzen basierten Kapitäls, das rundhohle Profil durch eine Ausbauchung am unteren Ende zu verändern. Fig. 1a, Tafel 9 ist das Profil eines Kapitäls von rein rundhohler Familie; man beachte, dass es einer Leiste oder eines Bandes um den Hals des Kapitäls bedarf, damit man sieht, wo es sich von dem Säulenschaft trennt. Fig. 4a ist dagegen das Profil der reinen runderhabenen Gruppe, welche nicht nur keine solche vorspringende Leiste braucht, sondern davon belästigt werden würde; während Fig. 2a das Profil eines der byzantinischen, auf korinthischem Stil beruhenden Kapitäle ist (Fondaco dei Turchi, untere Arkade), dessen Hauptkrümmung rundhohl ist, aber bei der Verbindung mit dem Säulenschaft zur runderhabenen Glockenform neigt. Fig. 3a ist schließlich das Profil der Mittelschiffsäulen von S. Marco, bei dem eine zwiefache, wenn auch sehr zart angedeutete, Konzession an die byzantinische Form zu erkennen ist. Erstens beim Entspringen der Krümmung aus der Basis und zweitens am oberen Ende, wo sie wieder runderhaben wird, trotzdem der Ausdruck der korinthischen Glocke noch durch die kühn vorspringenden rundhohlen Blätter gewahrt ist.

Da dies nun die gewöhnlichsten Veränderungen der byzantinischen Profile sind, so habe ich auf Tafel 7 einige der interessantesten Proben von der Dekoration der rundhohlen und Übergangsformen zusammengestellt; die Orte, wo sie sich befinden, sind in der unteren Anmerkung angegeben,* und das Folgende ist hauptsächlich bei ihnen zu beachten.

Die reinsten rundhohlen Formen, 1 und 2, wurden in den frühesten Zeiten niemals dekoriert, ausgenommen durch einen Einschnitt oder eine Rippe an den Abstumpfungen ihrer Ecken entlang.

Fig. 4, 5, 6 und 7 zeigen verschiedene Anwendungsarten eines eigentümlich breit gelappten Akanthusblattes, das sehr charakteristisch für inländische venezianer Arbeit ist; 4 und 5 stammen von demselben Gebäude aus einer Gruppe von vieren, und zeigen, welche Kühnheit der Abweichung selbst bei der Behandlung der am genauesten von den korinthischen abgeleiteten Kapitäle gestattet war. Ich sah nie eines dieser venezianischen Kapitäle, das einem andern in jeder Beziehung glich. Die Kleeblätter, zu denen sich die Blätter an den äußersten Stellen vereinigen, sind allerdings größtenteils gleich, wenn auch verschieden angeordnet, und stellen sich mitunter eins unter das andere, wie es sehr charakteristisch bei Fig. 7 der Fall ist. Die Form 8 kommt nur in S. Marco vor und zwar sehr häufig; 9 kommt, wie ich glaube, in Venedig nur in S. Marco vor, ist aber eine sehr beliebte frühe lombardische Form. 10, 11 und 12 sind alle sehr charakteristisch. 10 kommt mit phantastischeren Verschlingungen auf seinen Seitenflächen in den oberen Stockwerken von S. Marco vor; 11 ist in Casa Loredan von den großen Lilienkapitälen von S. Marco entnommen, von denen demnächst mehr gesagt werden soll. 13 und 15 sind S. Marco eigentümlich. 14 ist eine sehr anmutige Form, die sowohl hier, wie beim Fondaco dei Turchi vorkommt. (…)

* 1. Fondaco dei Turchi, Seiten-Pfeiler, 2. Terrassenhaus, Seiten-Pfeiler, 3. Casa Farsetti, Mittel-Pfeiler, obere Arkade, 4. Casa Loredan, untere Arkade, 5. Casa Loredan, untere Arkade, 6. Fondaco dei Turchi, obere Arkade, 7. Casa Loredan, obere Arkade, 8. S. Marco, 9. S. Marco, 10. Geflochtenes Haus, obere Arkade, 11. Casa Loredan, obere Arkade, 12. S. Marco, 13. S. Marco, 14. Fondaco dei Turchi, obere Arkade, 15. S. Marco

Hier möchte ich den Leser nur auf zwei Dinge aufmerksam machen, sowohl in bezug auf diese Kapitäle, wie auf die der runderhabenen Familie auf der vorhergehenden Tafel 6; erstens die Lebendigkeit und zweitens die Breite dieser Kapitäle im Vergleich mit griechischen Formen.

Ich sage zuerst die Lebendigkeit. Jedes dieser Kapitäle ist nicht nur verschieden ausgedacht, sondern viele von ihnen *haben nicht zwei gleiche Seiten*. Fig. 5 weicht z. B. auf jeder Seite in der Anordnung des hängenden Mittelblattes ab; Fig. 6 hat auf jeder seiner vier oberen Ecken eine verschiedene Blume. Die Vögel sind bei 9 und 12 mit verschiedenem Gefieder ausgehauen, und die Weinblätter bei 13 alle von verschiedener Stellung. Aber das ist noch nicht alles. Die Unterschiede im Charakter der Ornamentierung zwischen ihnen und den griechischen Kapitälen zeigen alle eine größere Liebe zur Natur; die Blätter sind allesamt nach dem Leben geformt, und wenn auch etwas roh, so doch der Wahrheit mehr entsprechend; und sie sind beständig in einer Art behandelt, die verrät, dass der Geist des Künstlers mehr mit der lebenden Pflanzenwelt beschäftigt war, als mit den griechischen Vorgängern. Die scharfen Umrisse, die ich der Deutlichkeit wegen diesen Abbildungen ließ, haben die Formen der Lebendigkeit ihres Lichts und Schattens beraubt; aber der Leser kann die lebendige *Auffassung* doch beständig erkennen; so sind z. B. am oberen Ende von Fig. 4 die kleinen Blätter seitwärts gedreht; bei Fig. 5 die steifen Schnecken des alten korinthischen Kapitäls in eine verzweigte Ranke umgewandelt; bei Fig. 6 die Weintraube aller Symmetrie zum Trotz achtlos in der rechten Ecke angebracht; bei Fig. 7 die Schnecken zu Efeukränzen verschlungen; bei Fig. 14 die Blätter wie durch einen Wirbelsturm um das Kapitäl herumgetrieben, aus dem sie aufsteigen, während 13 und 15 so völlig lebende Blätter sind, wie irgendwelche in der gotischen Zeit. Diese Zeichnungen mögen anmutig sein oder nicht, ihre Schönheit und Grazie ist im bloßen Umriss nicht wiederzugeben, – aber sie sind unstreitig natürlicher als irgendwelche griechischen und daher gesünder und von Streben nach Größe erfüllt.

Zweitens beachte man bei allen diesen Beispielen die außerordentliche Breite der Massen, mögen sie auch nachher mit noch so viel Einzelheiten ausgefüllt werden. Ob wir die Kontur der einfachen runderhabenen Glocken prüfen, oder die der nach außen gebogenen Blätter der reicheren, und den korinthischen ähnlicheren Typen, überall finden wir Umrisse von großen einfachen Kurven, und ihr ganzes zierliches Gitter- und Blattwerk ist in eine gigantische Form gegossen, die alle ihre zahlreichen Spitzen und Windungen ihrer eigenen unvermeidlichen Herrschaft unterwirft. Und tatsächlich finden wir in den langgezogenen Linien und breiten Flächen dieser byzantinischen Bildwerke, meines Wissens nach, zum ersten Male in der Geschichte der Kunst, den Keim jener Vereinigung von vollkommener Ungezwungenheit jedes einzelnen Teils, mit vollkommener Unterwerfung unter eine umschließende Form, oder einen leitenden Gedanken, die ihren intensivsten Ausdruck in den Schöpfungen der beiden Männer fand, mit denen die italienische Kunst ihre höchste Vollendung erreichte und zugrunde ging – Tintoretto und Michelangelo.

Wir haben bisher noch nicht von den drei geflochtenen und karierten Kapitälen gesprochen, die unter 10, 11 und 12 auf Tafel 7 aufgeführt sind. Sie gehören zu einer Gruppe, mit der viele höchst interessante Ideenverbindungen verknüpft sind. (…) Dieses System verflochtenen oder verschlungenen Ornamentes blieb nicht auf die Araber beschränkt, es gefällt instinktiv der ganzen Menschheit. Ich glaube, fast alle frühe Ornamentierung ist voll davon – ganz besonders wohl die skandinavische und angelsächsische;

Tafel 8 Lilien-Kapitell von San Marco, Radierung

sächsische; und illustrierte Handschriften verdanken ihm ihre reizendsten Farbenwirkungen bis zum Schlusse des dreizehnten Jahrhunderts. Es gibt verschiedene sehr interessante metaphysische Gründe für dieses merkwürdige und nie versagende Entzücken an einem so einfachen Dinge. Der Gedanke an Nützlichkeit hat nicht häufig die Macht, den wahren Eindruck der Schönheit zu erhöhen; aber es ist möglich, dass die enorme Wichtigkeit der Webekunst imstande ist, der Menschheit ein gewisses Interesse, ja sogar eine direkte Anziehungskraft für jedes Abbild der Erfindung zu verleihen, der wir zugleich unser Behagen und unsern Stolz verdanken. Aber der tiefere Grund liegt in der angeborenen Liebe für Geheimnis und Vereinigung; in der Freude, die der menschliche Geist an der Betrachtung jeder Art von Verwirrung und Verwickelung empfindet, so lange er durch alle Verworrenheit hindurch einen Leitfaden, oder zusammenhängenden Plan entdecken kann; eine Freude, die erhöht und geheiligt wird, durch das unklare Gefühl, dass solche Symbole die Verwickelung, das abwechselnde Steigen und Fallen, den Niedergang und Aufschwung menschlichen Glückes darstellen; »Kette und Einschlag« von Schicksal und Zeit.

Aber wie dies auch sein mag, die Tatsache bleibt bestehen, dass wir niemals müde werden, diese verwobene Verwickelung zu betrachten, und dass in gewissem Grade auch das erhabene Vergnügen, das wir bei der Beobachtung der Baumzweige, der verflochtenen Grasbüschel und dem Maßwerk der höheren Wolkengebilde empfinden, ihr zu verdanken ist, nicht minder als das, was uns die schönen Spitzenmuster eines Gewandes, die Flechten des Haares und das verschiedenartige Blitzen und Funkeln von verflochtenem Netz oder Kettenwerk bereiten. Byzantinische Ornamentierung ist, wie bei fast allen Nationen, die sich in fortschreitendem Stadium befinden, voll von dieser Art von Arbeit; aber sie kommt am auffallendsten, und zugleich am einfachsten, bei dem winzigen Maßwerk vor, das ihre massivsten Kapitäle umgibt; mitunter nur als netzartiger Schleier wie bei der zehnten Figur der Tafel, mitunter als ein Korb, auf dessen Rändern Vögel oder andere Tiere sitzen. Das rautenförmige Ornament der elften Figur ist als Ersatz dafür in der Casa Loredan angebracht; es bezeichnet eine etwas spätere Zeit, und eine Hinneigung zum gewöhnlichen gotischen Schachbrettmuster; aber die Kapitäle, die es am deutlichsten zeigen, sind die schon so oft als die Lilienkapitäle von S. Marco besprochenen, von denen das nördliche sorgfältig auf Tafel 8 wiedergegeben ist.

Diese von unsern Architekten barbarisch genannten Kapitäle sind ohne Ausnahme die feinsten Kompositionsstücke von breitem Umriss, die mir jemals in der Baukunst vorgekommen sind. Ihr Profil ist auf Tafel 9, Fig. 3b abgebildet. Die innere Linie bezeichnet den Stein hinter der Lilie, die äußere die des äußeren Netzwerkes,

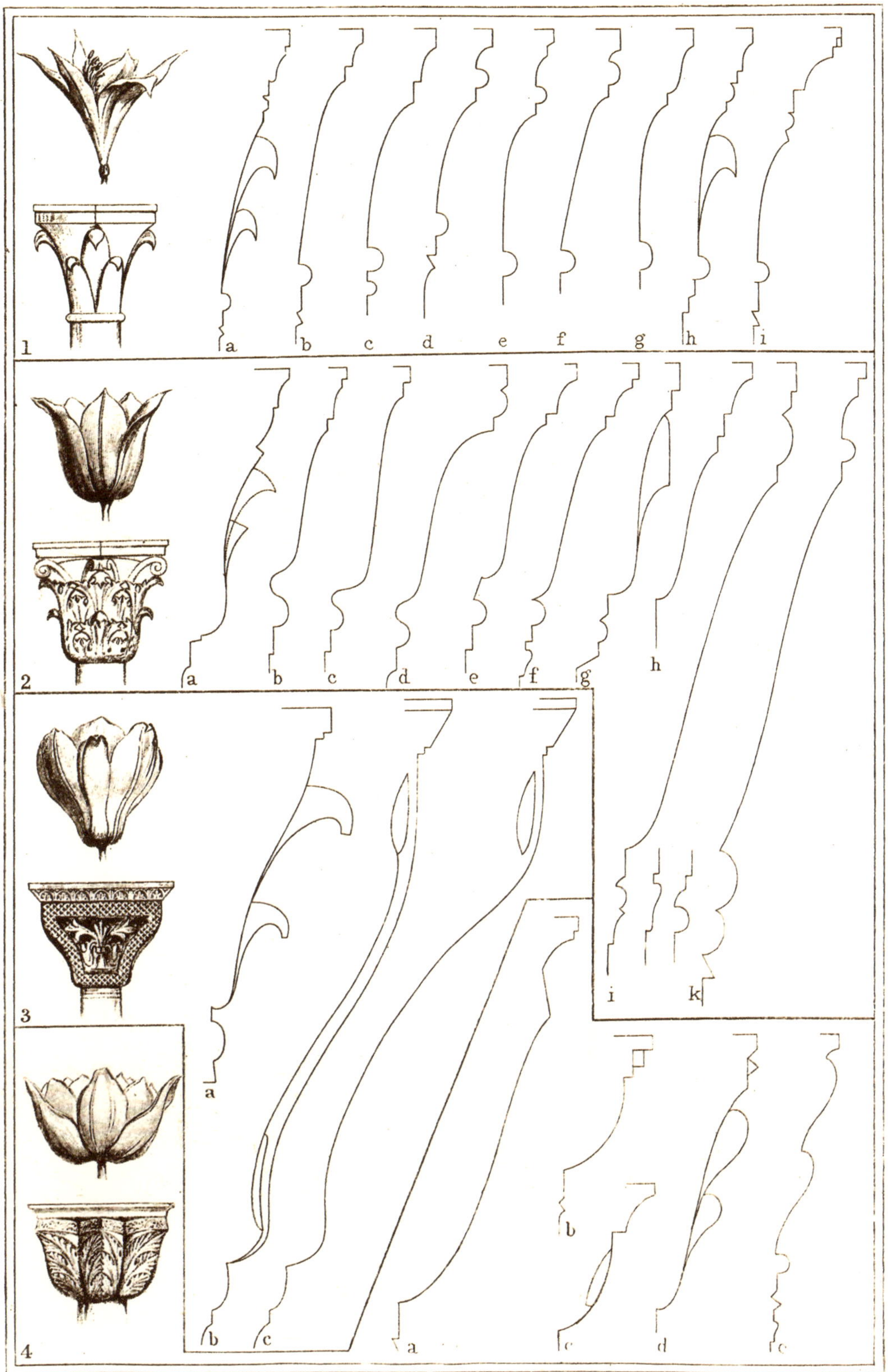

Tafel 9
Die vier venezianischen Blumenordnungen
Radierung

Tafel 10 Byzantinische Skulpturen, Mezzotinto, Sepiaton

durch die Seite des Kapitäls aufgenommen, während Fig. 3c das äußere Profil an seiner Ecke darstellt. Der Leser wird leicht verstehen, dass der Übergang von einer dieser Linien in die andere die herrlichsten und wunderbarsten Krümmungen hervorbringt, die in solchem Umfang nur möglich sind, da nicht zwei Ansichten des Kapitäls den gleichen Umriss haben. Auf diesen tiefdurchdachten Umrissen, die ebenso bemerkenswert wegen ihrer Anmut und Zusammenstellung sind, wie die ganze Masse des Kapitäls wegen ihrer massiven Kraft und Anpassung an ihre Zweckdienlichkeit, ist das Flechtwerk mit mehr als gewöhnlicher Sorgfalt ausgearbeitet; vielleicht, wie der Marchese Selvatico meint, aus dem Gedanken heraus, jene »Netze von Schachbrettarbeit und Girlanden von Kettenwerk«* an den Kapitälen von Salomos Tempel nachzuahmen, die meiner Ansicht nach die erste Erwähnung einer so angewandten Verzierung sind. Das Flechtwerk umschließt auf allen vier Seiten des Kapitäls eine Blume, deren von der Lilie abgeleitete, aber wie gewöhnlich etwas veränderte Form, im allgemeinen so dargestellt wird, wie Fig. 11 auf Tafel 7. (…)

Bei allen bis jetzt besprochenen Kapitälen war die Form des Glockenhauptes viereckig und die Verschiedenheit ihres Umrisses durch den Übergang von dem Viereck des Abakus zu dem kreisförmigen Umriss des Säulenschaftes entstanden. Eine weit kompliziertere Folge von Formen entsteht durch die Teilung der Glocke in getrennte Lappen oder Blätter, wie bei der Rose oder Tulpe, die ihrerseits wieder mit Blumenschmuck oder Netzwerk bedeckt sind. Fig. 10, Tafel 6, von S. Marco gibt eine Vorstellung von der einfachsten Ausführung dieser Form. Die im ganzen vielleicht schönste von Venedig ist das Mittelkapitäl von der oberen Arkade des Fondaco dei Turchi.

* Nach dem Wortlaut der englischen Bibel.

Dies sind die hauptsächlichen Gattungsmerkmale des byzantinischen Kapitäls; aber der Leser muss immer bedenken, dass die gegebenen Proben einzelne Beispiele sind, und nicht als schönste, sondern als deutlichste aus tausenden ausgewählt wurden; die Entwürfe der Kapitäle von S. Marco würden allein einen Band füllen. (…)

Dies war also das erste und schönste Venedig, das aus der unfruchtbaren Lagune und aus dem Kummer seines Volkes emporstieg; eine Stadt zierlicher Arkaden und glitzernder Mauern, mit bläulichem Geäder und warmem Goldglanz, und mit weißem Bildwerk verziert, gleich dem in Marmor verwandelten Raureif der Waldeszweige. Und doch war sie in der Blüte ihrer Jugend keine Stadt eitler Vergnügungssucht. Es lag noch eine Trauer des Herzens auf ihr und eine Tiefe der Andacht, die ihre ganze Kraft ausmachte. Ich betone nicht die wahrscheinlich religiöse Bedeutung vieler Skulpturen, die jetzt schwierig zu deuten sind; aber die Gemütsstimmung, die das Kreuz zum Hauptornament jeden Gebäudes machte, ist nicht misszuverstehen, und wir können auch nicht umhin, in vielen kleineren Skulpturgegenständen Bedeutungen zu erkennen, die dem Geiste der ersten Christenheit völlig vertraut waren. Der vor allen anderen Vögeln bevorzugte Pfau ist das wohlbekannte Symbol der Auferstehung, und wenn er aus einem Springbrunnen trinkt (Tafel 10, Fig. 1) oder aus einem Taufbecken (Tafel 10, Fig. 5), so ist er zweifellos ein Sinnbild des durch gläubige Taufe erhaltenen neuen Lebens. Der vor allen anderen Bäumen bevorzugte Weinstock wurde gleicherweise überall als Sinnbild, sowohl von Christus selbst, wie von denen betrachtet, die in sichtbarer oder offenkundiger Vereinigung mit ihm standen. Die Taube an seinem Fuße stellt das Kommen des Trösters dar, und selbst die Gruppen kämpfender Tiere hatten wahrscheinlich eine bestimmte, allgemein verständliche Beziehung auf die Mächte des Bösen.

Ca' Farsetti: upper story.

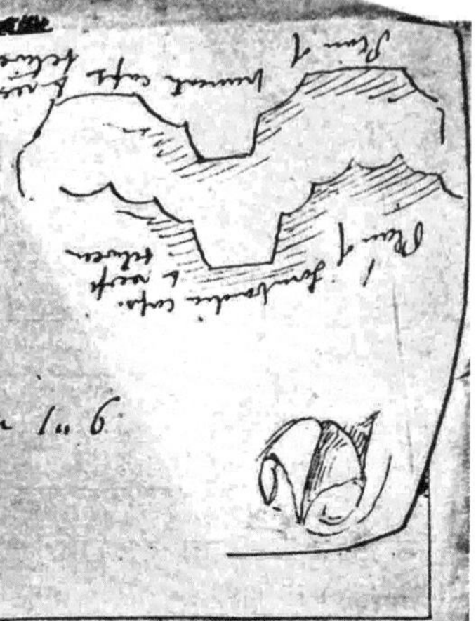

Height of base (x y in figure below) 0 " 8.
—— of Shaft. 9 " 4.
—— of Capital from joint 1 " 1.
—— of Arch (Vp) 2 " 5.
Ket. Span of arches (circa) 3 " 9.
Circumference of small shafts at base. 1 " 5½ or 1 " 6.
—— six feet up. 1 " 4.
Diameter of pilaster. 1 " 1¾.
Interval between pair & pair of shafts. 4 " 1.

Interval of between shafts in pairs (circa) 0 " 3
Width of Moulding on abacus. (circa) 1 " 5¾

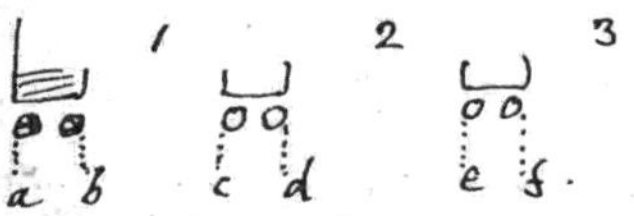

Let a be side of house, upper story: The breadth of each pair of shafts with their interval, which is about 3 inches, is always 1 " 1.
Call the intervals bc, de, &c. 1. 2. &c. counting from left to right.

Then 1, 2, 3, each are	3 " 7
4 is	3 " 5
5, 6, 7, 8, 9, 10, 11.	4 " 1.
12	3 " 5
13, 14, 15	3 " 6

Treatment of recess between innocent capitals

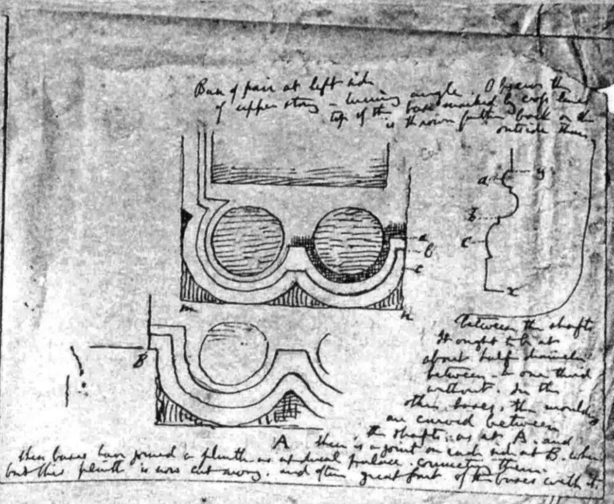

(...) Aber ich lege kein Gewicht auf diese geheimeren Bedeutungen. Der Hauptumstand, an dem der Ernst des frühen venezianer Gemütszustandes zu erkennen ist, ist vielleicht der letzte, von dem der Leser dies für möglich halten würde, – nämlich die Liebe für helle und reine Farbe, die, in veränderter Form, später die Wurzel zu allem Ruhm der venezianischen Malerschulen wurde; aber in ihrer äußersten Einfachheit nur für die byzantinische Epoche charakteristisch war, und deren Bedeutsamkeit wir uns am Schluss unserer Betrachtung jener Periode deutlich klar machen müssen. Tatsächlich schätzt niemand von uns die Würde und Heiligkeit der Farbe in gebührender Weise. (...)

Man betrachte ferner wie im orientalischen Charakter ein eigentümlicher Ernst mit diesem Farbensinn verbunden ist; ein Ernst, der der Ruhe entspringt, sowie der Fülle und Tiefe der Phantasie, im Gegensatz zu der Lebhaftigkeit und der daraus folgenden Fähigkeit, sich überraschen und erheitern zu lassen, die dem westlichen Charakter eigen ist. So muss ein auf der Reise befindlicher Mann stets auf seine Schritte achten, und die Dinge rasch und genau betrachten; während ein ruhender einen weiteren, wenn auch unveränderlichen Ausblick haben kann, der ihm mehr einen beschaulichen Genuss bieten wird, als einen unterhaltenden oder überraschenden. Wo sich der echte orientalische Geist wirklich offenbart, halte ich sein Werk für ernst, und das Zusammentreffen der Einflüsse von östlichen und westlichen Rassen ist in Europa vielleicht mehr durch das Verhalten des grotesken Gelächters des Goten bezeichnet, als durch irgend ein anderes Merkmal. (...) Augenblicklich möchte ich dem Leser hauptsächlich einprägen, dass die glänzenden Farbentöne der frühen venezianischen Baukunst kein Zeichen von Heiterkeit des Herzens waren, und dass die Bekleidung mit dem buntschimmernden Mantel, durch den die Stadt Venedig vor allen anderen Städten Italiens und Europas bekannt ist, ihr nicht im Rausche ihrer Festlichkeiten, sondern im feierlichen Ernst ihrer frühen und ernsten Religion gewährt ist. Sie wurde in späteren Zeiten zum Lustort der Welt, zur Maske Italiens; und *daher* ist sie jetzt verfallen; aber ihr herrliches Gewand von Gold und Purpur wurde ihr verliehen, als sie zuerst wie eine Vestalin aus dem Meere emporstieg, nicht aber, als sie vom Wein ihrer Unzucht trunken wurde. (...)

Es ist wahr, dass die Venedig anvertraute Macht auf tausend elende Arten verderbt war, als sie auf ihrer Höhe stand; dennoch war sie ihm allein eigen; ihm wandten sich alle Herzen zu, die von ihren Offenbarungen bewegt werden konnten, und es gibt keines, das nicht stärker und edler durch das geworden ist, was seine Hand hervorgebracht. (...) Als es das leinene Priestergewand trug, und nicht das buntscheckige Kleid des Possenreißers, da fiel das Feuer vom Himmel auf Venedig herab; und es sah die ersten Strahlen davon durch den Strom seiner eigenen Tränen, als beim Zurückfließen der barbarischen Sintflut von den Hügeln Italiens, der Umkreis seiner Paläste und der Kreislauf seiner Geschicke zusammen emporstiegen, wie der auf die Wolke gemalte Regenbogen.

Notizen zur Casa Farsetti
Zeichnung, Tinte und Bleistift auf Papier

DAS WESEN DER GOTIK

Wenn der Leser auf die Einteilung unseres Gegenstandes im ersten Kapitel des ersten Bandes zurückblickt, dann wird er finden, dass wir jetzt die Prüfung jener Schule venezianischer Baukunst vorzunehmen haben, die eine Mittelstufe zwischen byzantinischen und gotischen Formen bildet, meiner Ansicht aber am richtigsten in ihrer Beziehung zu letzterem Stile betrachtet werden kann. Ich werde daher versuchen, dem Leser in diesem Kapitel einen zugleich umfassenden und bestimmten Begriff von dem wahren Wesen *gotischer* Baukunst zu geben; nicht nur von venezianischer, sondern von allgemeiner Gotik; denn es wird eine der interessantesten Seiten unserer folgenden Prüfung sein, ausfindig zu machen, in wie weit die venezianische Architektur den allgemeinen oder vollkommenen Typus der Gotik erreichte, und in wie weit sie hinter ihm zurückblieb oder fremde und unabhängige Formen annahm.

Die Hauptschwierigkeit hierbei entsteht durch die Tatsache, dass jedes Gebäude der gotischen Periode in irgend einer wichtigen Hinsicht von allen anderen abweicht, und dass manche von ihnen Formen aufweisen, die, wenn sie bei andern Gebäuden vorkämen, durchaus nicht als gotisch betrachtet würden. So haben wir also nur zu prüfen, wenn ich es so ausdrücken darf, wie viel mehr oder weniger *Gotisches* an jedem Gebäude vorhanden ist, das wir betrachten. Und von diesem Gotizismus, – der, je nachdem er mehr oder weniger an einem Gebäude gefunden wird, es mehr oder weniger gotisch macht, – möchte ich das Wesen feststellen, und ich stoße hierbei auf dieselbe Schwierigkeit, die jemand empfinden würde, der es z. B. unternähme, das Wesen der roten Farbe zu erklären, dem aber zum Vergleich nur orangefarbene und purpurne Dinge zur Verfügung ständen. Nehmen wir an, er habe nur ein Stück Heidekraut und ein welkes Eichenblatt vor sich. Er könnte sagen, die Farbe, die in diesem Eichenblatt mit gelb vermischt ist, und in diesem Heidekraut mit blau, würde rot sein, wenn man sie für sich allein hätte, aber es würde trotzdem schwierig sein, die Abstraktion völlig verständlich zu machen. Dies würde noch in viel höherem Grade bei einer Erklärung von der Abstraktion des gotischen Charakters der Fall sein, weil dieser Charakter selbst aus vielen vermischten Ideen hervorgeht und nur in ihrer Vereinigung bestehen kann. D. h. spitze Türme, gewölbte Dächer, Schwebebogen und groteske Skulpturen machen noch keine Gotik aus; aber alle diese Dinge, oder einige von ihnen, und noch viele andere dazu, wenn sie in lebendigen Zusammenhang kommen.

Man beachte auch, dass ich bei der beabsichtigten Erklärung nur versuchen werde, die schon im Geiste des Lesers vorhandene Idee zu analysieren. Wir haben alle eine meist sogar sehr bestimmte Vorstellung von der Bedeutung des Wortes Gotik; aber ich weiß, dass viele Leute doch nicht imstande wären, den Begriff zu definieren; d. h. sie wissen im allgemeinen, dass

Die Weinstock-Ecke des Dogenpalastes mit der Trunkenheit Noahs und dessen Söhnen, Radierung die Westminster Abtei gotisch ist und St. Pauls nicht, dass das Straßburger Münster gotisch ist und St. Peter nicht, und trotzdem haben sie keine klare Vorstellung von dem, was sie bei dem einen Gebäude erkennen und bei dem andern vermissen, so dass sie imstande wären, zu sagen, in wie weit die Arbeit in Westminster oder Straßburg von reinem guten Stil ist; und noch viel weniger von einem schwer zu beschreibenden Gebäude, wie dem St. James-Palast oder dem Schloss von Windsor, wie viel richtiges gotisches Element daran vorhanden ist und wie viel fehlt. Auch glaube ich, dass diese Prüfung eine erfreuliche und nützliche sein wird, und dass man mehr als gewöhnliches Interesse daran finden wird, dieses graue, schattige, vieltürmige Abbild gotischen Geistes in uns aufzuspüren, und zu erkennen, welche Genossenschaft zwischen ihm und unsern nordischen Herzen besteht. Und wenn ich an irgend einem Punkt der Forschung mit irgend welchen früher gebildeten Auffassungen des Lesers in Widerstreit geraten und die Bezeichnung gotisch in einem Sinne anwenden sollte, den er ihr nicht gern zugestehen möchte, dann bitte ich ihn, meine Auslegung nicht anzunehmen, sondern sie nur zu prüfen und zu verstehen, da sie für die Verständlichkeit alles Kommenden in diesem Werke nötig ist.

Wir haben daher den gotischen Charakter unserer Analyse genau so unterzogen, wie das rohe Mineral der des Chemikers unterzogen wird. Von vielen fremden Substanzen durchsetzt, ist es selbst vielleicht an keiner Stelle rein, oder kann jemals mehr als einen flüchtigen Moment in voller Reinheit erreicht oder erschaut werden; aber es ist nichtsdestoweniger ein Ding von bestimmtem und besonderem Wesen, wie unentwirrbar und verwickelt es auch erscheinen mag. Nun beachte man, der Chemiker bestimmt sein Mineral durch zwei verschiedene Kennzeichen; ein äußerliches, seine kristallinische Form, Härte, Glanz usw.; und ein innerliches, die Verhältnisse und das Wesen seiner organischen Atome. Genau in derselben Weise werden wir in der gotischen Architektur äußerliche Formen und innerliche Elemente entdecken. Ihre Elemente sind gewisse geistige Neigungen ihrer Erbauer, die deutlich zum Ausdruck kommen; wie Phantasie, Liebe für Abwechslung und Pracht und andere mehr. Ihre äußeren Formen sind Spitzbogen, gewölbte Dächer usw. Und wenn nicht eben sowohl die Elemente wie die Formen vorhanden sind, haben wir kein Recht, den Stil gotisch zu nennen. Es ist nicht genug, dass er die Form besitzt, wenn er nicht auch die Kraft und das Leben hat. Wir müssen daher diese Kennzeichen der Reihe nach prüfen und feststellen, worin erstens der geistige Ausdruck, und zweitens die materielle Form der mit Recht gotisch genannten Architektur besteht.

Erstens: Geistige Kraft oder Ausdruck. Wir müssen herausfinden, welche Charaktereigenschaften die gotischen Baukünstler lieben, oder instinktiv in ihren Werken zum Ausdruck bringen, im Gegensatz zu allen andern Erbauern.

Kehren wir einen Augenblick zu unserer Chemie zurück, und beachten, dass es bei der Definition eines Minerals durch seine organischen Teile, nicht eines oder das andere derselben ist, das das Mineral bilden kann, sondern die Vereinigung aller. So kann z. B. Kreide weder aus Kohle, noch aus Sauerstoff oder Kalk entstehen, sondern aus der Verbindung von allen Dreien in einem gewissen Verhältnis; man findet sie alle in Dingen, die äußerst verschieden von Kreide sind, und es ist nichts von Kreide weder in Kohle noch in Sauerstoff vorhanden, und doch sind sie für ihre Existenz notwendig.

So ist es auch bei den geistigen Charakterzügen, die die Seele der Gotik bilden. Nicht einer oder der andere bringt sie hervor, sondern alle in einem gewissen Verhältnis. Ein jeder von ihnen findet sich auch in vielen andern Baustilen, neben dem gotischen; aber Gotik kann nicht bestehen, wo man sie nicht findet, oder wo nicht wenigstens ein gewisser Ersatz dafür geschaffen ist. Nur besteht der große Unterschied zwischen der Zusammensetzung des Minerals und des gotischen Stils darin, dass der Stein, wenn ihm eines seiner Elemente entzogen wird, seine Form gänzlich verändert und aufhört, ein derartiges Mineral zu sein. Wenn wir dagegen dem gotischen Stile eines seiner geistigen Elemente entziehen, so ist er nur etwas weniger gotisch als vorher, und die Vereinigung von zweien oder dreien seiner Elemente genügt schon, um einen gewissen Gotizismus des Charakters zu verleihen, der an Stärke gewinnt, wenn wir die andern hinzufügen, und sie verliert, wenn wir sie ihm wieder entziehen.

Ich glaube daher, dass die charakteristischen oder geistigen Elemente der Gotik die folgenden sind, die ich ihrer Bedeutsamkeit nach geordnet habe:

1. Roheit
2. Veränderlichkeit, Abwechslung
3. Naturalismus
4. Sinn für das Groteske
5. Starrheit
6. Überfülle

Diese Charaktereigenschaften sind hier in bezug auf das Bauwerk ausgedrückt; in bezug auf den Erbauer würden sie folgendermaßen lauten: 1. Wildheit oder Roheit. 2. Liebe zur Abwechslung. 3. Liebe zur Natur. 4. Verwirrte Phantasie. 5. Eigensinn. 6. Großmut. Ich wiederhole, dass das Fehlen einer oder zweier dieser Eigenschaften nicht sogleich den gotischen Charakter eines Gebäudes zerstören wird, wohl aber das Fehlen einer Mehrzahl derselben. Ich werde sie der Reihe nach prüfen.

Roheit. Ich bin nicht ganz sicher, ob das Wort »Gotik« zuerst allgemein auf die Baukunst des Nordens angewendet wurde; aber ich nehme an, dass es, wann es auch ursprünglich benutzt sein mag, einen gewissen Vorwurf einschließen und den barbarischen Charakter der Völker bezeichnen sollte, unter denen diese Baukunst aufkam. Es bedeutete niemals, dass sie buchstäblich von gotischer Abstammung waren, und noch viel weniger, dass ihre Baukunst ursprünglich von den Goten selbst erfunden sei; aber es bedeutete, dass sie sowohl wie ihre Bauten einen Grad von Strenge und Rauheit offenbarten, der im Gegensatz zu dem Charakter der südlichen und östlichen Völker wie ein beständiger Reflex des Kontrastes erschien, der sich zwischen dem Goten und dem Römer bei ihrem ersten Zusammentreffen zeigte. Als der gesunkene Römer, in der äußersten Unfähigkeit seiner Üppigkeit und in der Anmaßung seiner Schuld, zum Musterbild für die Nachahmung des zivilisierten Europas, am Ende der sogenannten dunklen Zeiten des Mittelalters wurde, erhielt das Wort gotisch einen Beiklang von ungemilderter Verachtung, die nicht unvermischt mit Abscheu war. Durch das eifrige Bemühen der Altertumsforscher und Architekten unseres Jahrhunderts ist die gotische Baukunst gegen diese Verachtung genügend in Schutz genommen worden; und es möchte wohl mancher unter uns wünschen, dass bei unserer Bewunderung für die herrliche Kunst ihrer Konstruktion und die Heiligkeit ihres Ausdrucks, die alte vorwurfsvolle Bezeichnung zurückgenommen, und eine andere von offenkundigerer Rühmlichkeit an ihre Stelle gesetzt würde. Aber es ist weder eine Aussicht auf einen solchen Ersatz noch eine Notwendigkeit dafür vorhanden. Insofern die Bezeichnung verachtungsvoll gebraucht wurde, war sie natürlich eine falsche; aber richtig verstanden liegt kein Vorwurf in dem Wort, sondern im Gegenteil eine tiefe Wahrheit, die der Instinkt der Menschheit beinahe unbewusst erfasst. Es ist eine große und tiefe Wahrheit, dass die Baukunst des Nordens roh und wild ist; aber es ist nicht wahr, dass wir sie deshalb zu verwerfen oder zu verachten haben. Ich glaube im Gegenteil, dass sie gerade dieses Charakters wegen unsere höchste Ehrfurcht verdient. (...)

Aber mit nicht geringerer Hochachtung lasst uns neben jenem stehen, der mit rauher Kraft und eiligem Schlage ein ungeschlachtes Leben aus den Felsen formt, die er dem Moose des Moorlandes entrissen hat, und wenn er in die dunkle Luft das hohe Gebäude von festen Strebepfeilern und höckerigen Mauern aufsteigen lässt, innerlich belebt durch das Walten einer Phantasie, die so wild und unstet ist, wie die nordische See; Schöpfungen von plumper Form und starrem Gliederbau, aber voll von wölfischem Leben; ungestüm wie die Winde, die sie umtosen, und veränderlich wie die Wolken, die sie beschatten. (...)

Der griechische Handwerksmeister war dem Assyrier und Ägypter an Wissen und Begabung weit überlegen. Weder er noch sein Arbeitgeber vermochten den Anschein von Unvollkommenheit bei irgend einem Dinge zu ertragen; jedes Ornament, das er daher einem unter ihm Stehenden auftrug, bestand nur aus geometrischen Formen – Kugeln, Rippen und völlig symmetrischem Laubwerk –, was mit absoluter Genauigkeit nach Schnur und Maß hergestellt werden konnte und in seiner Weise schließlich ebenso vollendet war, wie seine eigenen Bildwerke. Die Assyrier und Ägypter waren dagegen weniger kompetent in bezug auf die genaue Form der Dinge, und begnügten sich damit, ihre Figurenskulptur von untergeordneten Arbeitern ausführen zu lassen. Sie setzten aber die Behandlungsmethode auf ein Durchschnittsmaß herab, das jeder Arbeiter erreichen konnte, und drillten ihn dann durch so strenge Disziplin, dass nicht zu befürchten war, er werde unter dem festgesetzten Durchschnittsmaß bleiben. Die Griechen stellten dem untergeordneten Arbeiter keine Aufgabe, die er nicht vollkommen ausführen konnte. Die Assyrier gaben ihm Vorwürfe, die er nur unvollkommen ausführen konnte, aber stellten ein gesetzliches Durchschnittsmaß für seine Unvollkommenheit fest. Bei beiden Systemen war der Arbeiter ein Sklave.*

Aber bei dem mittelalterlichen oder speziell christlichen Ornamentierungssystem ist diese Sklaverei gänzlich aufgehoben; denn das Christentum hat sowohl in kleinen wie in großen Dingen den individuellen Wert jeder Seele anerkannt. Aber es erkennt nicht nur ihren Wert an, sondern gesteht ihre Unvollkommenheit ein, indem es Würde nur der eingestandenen Unwürdigkeit verleiht. Dieses Eingeständnis verlorener Macht und gesunkener Größe, das der Grieche und der Ninivit so schmerzlich empfanden und so viel als möglich gänzlich ableugneten, macht der Christ täglich und stündlich, indem er die Tatsächlichkeit desselben furchtlos und in seinem Endzweck doch als zum größeren Ruhme Gottes dienend betrachtet. Darum lautet die Mahnrede an jede Seele, die das Christentum zu seinem Dienst beruft: Tu', was du kannst, und bekenne ehrlich, was du nicht imstande bist zu tun; lass auch deine Anstrengung nicht nachlassen, aus Furcht vor Misslingen, noch dein Geständnis verstummen, aus Furcht vor Beschämung. Und es ist vielleicht das bewunderungswürdigste an den gotischen Schulen der Baukunst, dass sie auf diese Weise die Ergebnisse der Arbeit untergeordneter Geister aufnehmen; und aus Bruchstücken voller Unvollkommenheit, die diese Unvollkommenheit bei jeder Prüfung verraten, doch voller Nachsicht ein stattliches und untadelhaftes Ganzes errichten. (...)

* Die dritte Art von Ornament, die Renaissance, ist diejenige, bei der das untergeordnete Detail zur Hauptsache wird, da von dem Ausführer jedes unbedeutenden Teiles eine ebenso große Kunstfertigkeit und Geschicklichkeit erwartet wird, wie sie der entwerfende Künstler selbst besitzt. Bei der Bemühung, ihm diese Kunstfertigkeit zu verleihen, wird seine eigene ursprüngliche Begabung unterdrückt, und das ganze Bauwerk zu einer langweiligen Schaustellung von wohlerzogener Blödsinnigkeit gemacht. Wir müssen das Wesen dieser irrtümlichen Form ausführlich erforschen, wenn wir zur Prüfung der Renaissance-Schulen gelangen.

Denn es liegt im Charakter und Wesen jedes noch so rohen und einfachen Mannes, den wir bei Handwerksarbeit anstellen, eine gewisse Begabung für etwas Besseres; etwas träge Phantasie, etwas erstarrte Gemütserregbarkeit, schwankende Gedankenschritte schlimmstenfalls; und in den meisten Fällen ist es unsere Schuld, dass sie träge und erstarrt sind. Aber sie können nicht gekräftigt werden, wenn wir uns nicht damit begnügen, sie in ihrer Schwäche hinzunehmen, und in ihrer Unvollkommenheit über die beste und vollendetste Handgeschicklichkeit zu stellen. Dies müssen wir bei allen unsern Arbeitern tun. Wir müssen ihr *Denkvermögen* aufspüren und aus ihnen herauslocken, was wir dabei auch einbüßen mögen und was für Fehler und Irrtümer wir auch mit in Kauf nehmen müssen. Denn das Beste, das in ihnen liegt, kann sich nur in Gemeinschaft mit viel Irrtum offenbaren. Ihr müsst euch folgendes klar machen: man kann einen Mann lehren, eine gerade Linie zu zeichnen und auszuhauen; eine gekrümmte Linie zu zeichnen und auszuhauen und jede gegebene Zahl von Linien und Formen mit bewunderungswürdiger Schnelligkeit und vollkommener Genauigkeit nachzuahmen und auszuhauen; und man findet seine Arbeit in ihrer Art vollendet. Aber wenn man ihn auffordert, über irgend eine dieser Formen nachzudenken, und zu betrachten, ob ihm nicht selbst vielleicht eine bessere einfiele, dann stockt er, seine Ausführung wird schwankend; er fängt an zu denken, und es ist zehn gegen eins zu wetten, dass er falsch denkt, zehn gegen eins zu wetten, dass er einen Fehler mit dem ersten Handgriff macht, den er als denkendes Wesen an seinem Werke tut. Aber man hat trotz alledem einen Mann aus ihm gemacht. Vorher war er nur eine Maschine, ein lebendiges Werkzeug.

Aber es handelt sich um eine ernste Wahl bei dieser Angelegenheit. Man muss aus dem Geschöpf entweder ein Werkzeug oder einen Mann machen. Man kann nicht beides tun. Menschen wurden nicht geschaffen, um mit der Genauigkeit von Werkzeugen zu arbeiten, und in allen ihren Ausführungen korrekt und vollkommen zu sein. Wenn man nun diese Genauigkeit von ihnen verlangt, und ihre Finger Entfernungen abmessen sollen wie Zahnräder, und ihre Arme Kurven schlagen wie Zirkel, dann muss man sie unmenschlich machen. Ihre ganze Energie muss darauf gerichtet sein, Zahnräder und Zirkel aus sich zu machen. Ihre ganze Aufmerksamkeit und Kraft muss auf die niedrige Tätigkeit verwandt werden. Das Auge der Seele muss auf die Fingerspitze gerichtet sein, und die Kraft der Seele muss alle die unsichtbaren Nerven erfüllen, die sie zehn Stunden lang täglich leiten, so dass sie nicht von ihrer stählernen Genauigkeit abweicht, und so werden Seele und Auge abgenutzt, und das ganze menschliche Wesen verliert sich schließlich – in einen Haufen Sägespäne, soweit es seine intellektuelle Arbeit in dieser Welt betrifft; und es wird nur durch sein Herz gerettet, das nicht die Form von Zahnrädern und Zirkeln annehmen kann, sondern sich, wenn die zehn Stunden vorüber sind, zu häuslicher Menschlichkeit entfaltet. Wenn man dagegen einen Mann aus dem arbeitenden Geschöpf machen will, dann kann man kein Werkzeug aus ihm machen. Sobald er anfängt, sich etwas vorzustellen und auszudenken, oder versucht, etwas zu tun, was der Mühe lohnt, sobald ist es mit der maschinenmäßigen Genauigkeit vorbei. Seine ganze Rauheit tritt zutage, seine ganze Schwerfälligkeit und Unfähigkeit; Beschämung über Beschämung, Misslingen über Misslingen, Zweifel über Zweifel; aber auch seine ganze Erhabenheit tritt hervor, und wir erkennen ihre Höhe erst, wenn wir die Wolken sich darauf niederlassen sehen. Und mögen die Wolken licht oder dunkel sein, es wird hinter ihnen und zwischen ihnen Verklärung stattfinden.

Und nun, lieber Leser, betrachte dir dein englisches Zimmer, auf das du oft so stolz gewesen bist, weil die Arbeit daran so fest und gut ist und die Ausschmückungen so vollendet. Prüfe noch einmal alle diese akkuraten Zierate und feinen Polituren und unfehlbaren Zusammenfügungen von tauglichem Holz und gehärtetem Stahl. Wie oft haben wir darüber frohlockt und gedacht, wie groß England sei, weil seine kleinsten Arbeiten so vortrefflich ausgeführt wurden. Ach! richtig aufgefasst sind diese Vollkommenheiten Zeichen einer in unserem England herrschenden Sklaverei, die tausendmal bitterer und erniedrigender ist, als die des gepeitschten Afrikaners, oder des leibeigenen Griechen. Menschen können geschlagen, gefesselt, gequält und ins Joch gespannt werden wie das Vieh, totgeschlagen werden wie Sommerfliegen und doch in einem Sinne und zwar dem besten, frei bleiben. Aber wenn man ihre Seelen erstickt und zu modernden, gekappten Baumstümpfen die jungen treibenden Zweige ihrer menschlichen Intelligenz abhaut und vernichtet, und ihre Haut und ihr Fleisch, das, wenn die Würmer ihr Werk an ihm getan haben, Gott sehen soll, zu ledernen Treibriemen von Maschinenwerk macht, – dann ist dies wirkliche Sklavenhalterei; und es könnte mehr Freiheit in England geben, wenn auch die flüchtigsten Worte ihrer Lehnsherren Menschenleben wert wären und das Blut des geplagten Landmanns in die Furchen seiner Felder flösse, als dort jetzt ist, wo die Seele seiner Volksmassen als Feuerungsstoff hingeschickt wird, um den Fabrikrauch zu nähren, und ihre Kraft täglich an die Feinheit eines Gewebes verschwendet, oder wegen der Genauigkeit einer Linie aufs äußerste angespannt wird.

Und dann gehe anderseits noch einmal hin und betrachte die Fassade der alten Kathedrale, vor der du so oft über die phantastische Unwissenheit der alten Bildhauer gelächelt hast. Betrachte noch einmal prüfend diese hässlichen Kobolde und formlosen Ungeheuer und steifen, ungestaltenen Statuen; aber du wirst sie nicht verspotten, denn sie verraten das Leben und die Freiheit jedes einzelnen Steinhauers; eine Freiheit des Gedankens und eine Rangstufe des Wesens, wie sie keine Gesetze noch Privilegien oder Mildtätigkeiten verschaffen können, wie es aber die erste Pflicht des heutigen Europas sein müsste, sie für seine Kinder wieder zu erobern.

Man glaube nicht, dass ich übertreibe. Es ist wirklich diese Herabwürdigung des Handwerkers zu einer Maschine, die mehr als alle andern Schäden unserer Zeit überall die Massen der Bevölkerung zu nutzlosem, folgewidrigem und schädlichem Ringen nach einer Freiheit drängt, deren Natur sie sich selbst nicht klar machen können. Ihr allgemeiner Schrei gegen Reichtum und Vornehmheit wird ihnen nicht ausgepresst durch den Druck des Hungers, oder den Stachel verletzten Stolzes. Beide tun viel dazu und haben zu allen Zeiten viel dazu getan; aber die Grundlagen der Gesellschaft waren noch nie so erschüttert wie heutigestags. Es liegt nicht daran, dass die Leute schlecht genährt sind, sondern dass sie keine Freude an der Arbeit haben, mit der sie ihr Brot verdienen, und dass sie daher Reichtum als die einzige Quelle von Vergnügen betrachten. Es liegt nicht daran, dass die Leute gekränkt werden durch die Geringschätzung der höheren Klassen, aber sie können ihre eigene nicht ertragen, denn sie fühlen, dass die Art von Arbeit, zu der sie verdammt sind, wirklich eine herabwürdigende ist, und sie geringwertiger als Menschen macht. Niemals hatten die oberen Klassen soviel Teilnahme für die unteren oder soviel Wohltätigkeit für sie wie heutigestags, und doch wurden sie noch niemals so von ihnen gehasst; denn in alten Zeiten war die Scheidung zwischen dem Reichen und dem Armen nur eine vom Gesetz errichtete Scheidewand; jetzt ist sie ein wirklicher Unterschied des Standpunktes, ein Abgrund zwischen oberen und unteren Gebieten auf dem Felde der Menschheit; es herrscht verpestende Luft in seiner Tiefe. Ich weiß nicht, ob jemals der Tag kommen wird, wo man das

Wesen wahrer Freiheit verstehen wird und die Menschen einsehen werden, dass der Gehorsam gegen einen andern Mann, und die Arbeit für ihn und die Hochachtung vor ihm, oder seiner Stellung, keine Sklaverei ist. Dies ist oft die beste Art von Freiheit, – die Freiheit von Sorge. Der Mann, der zu dem einen sagt, geh, und er geht, und zu dem andern, komm, und er kommt, hat in den meisten Fällen ein größeres Gefühl von Zwang und Schwierigkeit, als der Mann, der ihm gehorcht. Die Bewegungen des einen sind durch die Last auf seiner Schulter gehindert, die des anderen durch den angelegten Zügel; es gibt keine Möglichkeit, die Last zu erleichtern, aber von dem Zügel brauchen wir nicht zu leiden, wenn wir uns nicht gegen ihn auflehnen. Einem andern Ehrerbietung zu zollen, uns selbst und unser Leben ihm zur Verfügung zu stellen, ist keine Sklaverei; es ist sogar oft der edelste Stand, in dem ein Mensch in dieser Welt leben kann. Allerdings gibt es eine Ehrerbietung, die servil, d.h. unvernünftig oder selbstsüchtig ist; aber es gibt auch eine edle Ehrerbietung, d.h. eine vernünftige und liebevolle; und ein Mann ist nie edler, als wenn er in dieser Weise ehrerbietig ist; ja, selbst wenn das Gefühl die Grenzen bloßer Vernunft überschreitet, wird, wenn es nur der Liebe entspringt, der Mensch dadurch gehoben. Wer hatte wohl in Wirklichkeit mehr von der Knechtsnatur an sich, – der irische Bauer, der in diesen Tagen seinem Gutsherrn auflauerte, die Musketenöffnung durch den zerbrochnen Heckenzaun gesteckt; oder jener alte Gebirgsknecht, der vor 200 Jahren bei Inverkeithing sein eigenes Leben und das seiner sieben Söhne für seinen Herrn dahingab?

Wir haben in letzter Zeit die große Kulturerfindung der Arbeitsteilung sehr studiert und vervollkommnet, aber wir geben ihr einen falschen Namen. Richtig ausgedrückt ist nicht die Arbeit geteilt, sondern die Menschen. Sie sind in bloße Segmente von Menschen geteilt – in kleine Bruchstücke und Krumen des Lebens gebrochen, so dass das kleine Stückchen Intelligenz, das einem Menschen übrig gelassen ist, nicht genügt, um eine Nadel oder einen Nagel zu verfertigen, sondern sich darin erschöpft, die Spitze einer Nadel oder den Kopf eines Nagels zu machen. Nun ist es ja etwas Gutes und Wünschenswertes, viele Nadeln an einem Tage anzufertigen, aber wenn wir imstande wären, zu sehen, mit welchem kristallklaren Sand ihre Spitzen poliert werden, – mit dem Sande der menschlichen Seele, der erst sehr vergrößert werden muss, bevor er als das erkannt werden kann, was er ist – dann würden wir einsehen, dass auch etwas dabei verloren gehen kann. Und der große Schrei, der sich aus allen unsern Fabrikstädten erhebt, lauter als das Gebläse ihrer Hochöfen, entsteht wahrhaftig nur, weil wir alles dort fabrizieren, nur keine Menschen; wir bleichen Baumwolle und härten Stahl und läutern Zucker und formen Tonwaren; aber einen einzigen lebendigen Geist aufzuhellen, zu kräftigen, zu verfeinern und zu bilden, das fällt uns bei der Berechnung unserer Vorteile niemals ein. Und all dem Unheil, zu dem jener Schrei unsere Massen antreibt, kann nur auf eine Weise begegnet werden; nicht durch Lehren oder Predigen, denn das Lehren lässt sie nur ihr Elend erkennen, und ihnen etwas vorpredigen, wenn man nichts weiteres tun kann, ist bloße Verhöhnung. Es kann ihm nur durch ein richtiges Verständnis von seiten aller Klassen für die Frage begegnet werden, welche Arten von Arbeiten für Menschen gut sind, und sie erheben und glücklich machen; durch ein entschlossenes Aufgeben aller Zweckdienlichkeit, Schönheit oder Billigkeit, die nur durch die Erniedrigung des Arbeiters erlangt werden können; und durch ebenso entschlossene Nachfrage nach den Erzeugnissen und Resultaten gesunder und veredelnder Arbeit.

Aber woran, wird man fragen, sind diese Erzeugnisse zu erkennen, und wie kann diese Nachfrage geregelt werden? Ganz leicht durch die Beobachtung von drei umfassenden und einfachen Vorschriften:

1. Indem man niemals die Fabrikation eines nicht unbedingt nötigen Artikels begünstigt, an dem die *Erfindung* keinen Teil hat.

2. Indem man niemals eine akkurate Vollendung um ihrer selbst willen verlangt, sondern nur um eines praktischen oder edlen Zweckes willen.

3. Indem man niemals Nachahmung oder Kopien irgend einer Art unterstützt, ausgenommen zur Erhaltung der Erinnerung an große Werke.

Der zweite dieser Grundsätze ist der einzige, der unmittelbar aus der Betrachtung unseres gegenwärtigen Gegenstandes entspringt; aber ich werde auch kurz die Bedeutung und Ausdehnung des ersten erläutern, während ich die Geltendmachung des dritten für eine andere Stelle aufbewahre.

Erstens soll man niemals die Fabrikation eines nicht notwendigen Dinges befördern, an dessen Hervorbringung die Erfindung keinen Teil hat.

Zum Beispiel Glasperlen sind völlig unnötig, und es ist weder ein Entwurf, noch irgend welches Nachdenken bei ihrer Fabrikation erforderlich. Sie werden geformt, indem man das Glas zuerst zu Röhrchen auszieht; diese Röhrchen werden zu kleinen Stückchen von der Größe der Perlen von der menschlichen Hand geschnitten und dann im Ofen abgerundet. Die Menschen, die die Röhrchen zerschneiden, sitzen den ganzen Tag bei ihrer Arbeit, ihre Hände zittern in einer fortdauernden, vorzüglich abgemessenen Bewegung, und die Perlen fallen wie Hagel herab. Weder sie, noch die Männer, welche die Röhren ausziehen, oder die Bruchstückchen schmelzen, haben die mindeste Gelegenheit, irgend eine menschliche Fähigkeit anzuwenden; und jede junge Dame, die Glasperlen kauft, ist daher am Sklavenhandel beteiligt, und an einem viel grausameren, als der ist, den wir schon so lange zu bekämpfen suchen.

Aber Glaskelche und Schalen können zu Gegenständen von herrlichster Erfindung werden; und wenn wir bei ihrer Anschaffung die Erfindung bezahlen, d. h. die schöne Form oder Farbe, oder Gravierung, und nicht nur die vollendete Ausführung, so tun wir etwas Gutes für die Menschheit.

Ferner erfordert das Schneiden von Edelsteinen in gewöhnlichen Fällen nur wenig Aufwand von geistigen Fähigkeiten; ein wenig Feingefühl und Einsicht, um Sprünge zu vermeiden, usw., aber nichts, was den ganzen Geist zutage treten lässt. Jedermann, der geschnittene Edelsteine nur um ihres Wertes willen trägt, ist daher ein Sklavenhalter.

Die Arbeit des Goldschmieds und die verschiedenartigen Entwürfe für Juwelier- und Emaillearbeiten können jedoch Gelegenheit für die Entfaltung höchster menschlicher Intelligenz bieten. Ausgaben, die man für den Ankauf von schön entworfenem Silbergerät, kostbar gravierten Vasen, Kannen oder Emaillen macht, kommen der Menschheit zugute; und bei diesen Arbeiten können Edelsteine angebracht werden, um ihren Glanz zu erhöhen; dann ist ihr Schleifen ein Preis, der für das Erreichen eines edlen Zieles bezahlt wird, und daher durchaus statthaft.

Ich werde dieses Gesetz vielleicht an anderer Stelle weiter verfolgen, aber hier haben wir hauptsächlich mit dem zweiten zu tun, nämlich, dass man nie eine akkurate Vollendung verlangen soll, wenn sie nicht einem edlen Zwecke dient. Denn man beachte wohl, ich habe die Roheit der Gotik, oder irgend eine sonstige Unvollkommenheit nur als bewundernswert betont, wo es unmöglich war, andere Gedanken oder Entwürfe zu erlangen. Wenn man mit dem Denkvermögen eines rohen, ungelehrten Mannes zu rechnen hat, dann muss man es in roher, ungelehrter Weise hinnehmen; aber von einem gebildeten Manne, der seine Gedanken mühelos in gebildeter Weise auszudrücken vermag, nehmen wir dankbar die anmutige Darstellung entgegen. Nur auf den Gedanken kommt es an, und wir dürfen den Bauer nicht zum Schweigen verdammen, weil er nicht grammatikalisch sprechen kann, oder bis wir ihn die Grammatik gelehrt haben. Grammatik und Bildung sind beide etwas Gutes, aber man darf das Bessere darüber nicht vergessen. So ist in der Kunst eine feine Vollendung bei den größten Meistern wünschenswert, und sie wird auch stets von ihnen dargeboten. Michelangelo, Leonardo, Phidias, Perugino, Turner vollendeten alle ihre Werke mit der höchsten Sorgfalt; und die Vollendung, die sie darbieten, führt stets zur volleren Entfaltung ihrer edlen Absichten. Aber geringere Männer als diese können diese Vollendung nicht haben, denn es gehört vollendetes Wissen zu vollendeter Ausführung, und wir müssen daher ihre Ideen so hinnehmen, wie sie imstande sind, sie uns zu übermitteln. Das Gesetz ist also höchst einfach; wir müssen zuerst nach Erfindung ausschauen, und dann nach soviel Ausführung, wie sie der Erfinder fähig ist, ohne peinliche Anstrengung seinem Werke zu verleihen, und *nicht nach mehr*. Vor allem dürfen wir keine verfeinerte Ausführung verlangen, wo keine Idee vorhanden ist, denn das ist unverbesserliche Sklavenarbeit. Man ziehe eine rohe Arbeit einer glatten vor, wenn sie nur dem praktischen Zwecke entspricht, und bilde sich nicht ein, dass man Grund hat, auf etwas stolz zu sein, das mit Geduld und Sandpapier hergestellt werden kann.

Ich führe nur ein Beispiel an, das dem Leser klar machen wird, was ich meine, und das ebenfalls der schon erwähnten Glasfabrikation entnommen ist. Unser modernes Glas ist von vorzüglich klarer Substanz, von korrekter Form und akkuratem Schliff. Wir sind stolz darauf. Aber wir sollten uns seiner schämen. Das alte venezianische Glas war trübe, von unkorrekten Formen und plumpem Schliff, wenn es überhaupt geschliffen war. Und doch war der alte Venezianer mit Recht stolz darauf, denn es besteht zwischen dem englischen und venezianischen Arbeiter der Unterschied, dass der erstere nur daran denkt, seine Modelle akkurat übereinstimmend zu gestalten, die Biegungen vollkommen richtig und die Ecken vollkommen scharf zu machen, so dass er zu einer wahren Maschine wird; während der alte Venezianer sich keine Spur darum kümmerte, ob seine Ecken scharf waren oder nicht. Dafür erfand er aber für jedes Glas eine neue Zeichnung und formte keinen Stengel oder keinen Kelchrand, ohne einen neuen phantastischen Zierat daran anzubringen. Wenn daher auch manches venezianische Glas hässlich und plump ist, weil es von plumpen und phantasielosen Arbeitern gemacht wurde, so ist anderes wieder so reizend in der Form, dass kein Preis hoch genug dafür ist, und man sieht dieselbe Form nie zum zweiten Male. Nun kann man nicht vollendete Ausführung und abwechslungsreiche Form vereint haben. Wenn der Arbeiter an seine Ecken denkt, kann er nicht an seine Zeichnung denken, und wenn er an diese denkt, nicht an die Ecken. Wir müssen uns also entscheiden, ob wir die schöne Form oder die vollendete Ausführung bezahlen wollen, und zugleich auch, ob wir aus dem Arbeiter einen Menschen oder einen Schleifstein machen wollen.

Hier könnte mich der Leser vielleicht mit dem Einwurf unterbrechen: – »Wenn der Mann schön zeichnen kann, dann würde ich ihn nicht am Brennofen behalten. Möge man ihn fortnehmen, ihn zu einem Herrn machen, der ein Atelier hat, wo er seine Gläser entwerfen kann; dann lasse ich sie von gewöhnlichen Arbeitern blasen und schleifen und habe auf diese Art die Zeichnung und die vollendete Ausführung dazu.«

Alle solche Ideen beruhen auf zwei irrtümlichen Voraussetzungen; erstens, dass die Gedanken eines Menschen durch die Hand eines andern ausgeführt werden können oder sollten;

zweitens, dass Handarbeit eine Erniedrigung ist, wenn sie vom Verstande geleitet wird.

In großem Maßstabe und bei einer Arbeit, die durch Lot und Zollstock festzustellen ist, ist es ebenso möglich wie notwendig, dass die Gedanken eines Mannes durch die Arbeit anderer ausgeführt werden, und habe ich in diesem Sinne schon gesagt, dass die beste Baukunst die Darstellung männlichen Geistes durch kindliche Hände ist. Aber in kleinerem Maßstabe und bei einem Entwurf, der nicht mathematisch festzustellen ist, können die Ideen eines Menschen niemals durch einen anderen ausgedrückt werden; und der Unterschied zwischen dem Geist der Auffassung des Mannes, der erfindet, und des Mannes, der gegebenen Vorschriften folgt, ist oft der ganze Unterschied zwischen einem großen und einem gewöhnlichen Kunstwerk. Es würde gut sein, wenn wir alle in gewisser Art gute Handwerker wären und mit der Missachtung der Handarbeit gründlich aufgeräumt würde. Denn wenn auch stets ein scharfer Rassenunterschied zwischen Adligen und Bürgerlichen bestehen wird, so sollte doch zwischen den letzteren kein scharfer Berufsunterschied bestehen, als zwischen trägen und arbeitenden Leuten, oder zwischen Leuten von gezwungenen oder ungezwungenen Berufstätigkeiten. Jeder Beruf sollte ungezwungen sein, und es sollte weniger Stolz auf die Art der Beschäftigung empfunden werden, und mehr auf die Vortrefflichkeit ihrer Ausübung. Ja, was noch mehr ist, es sollte in keinem der zahlreichen Berufe ein Meister zu stolz sein, auch die härteste Arbeit selbst zu tun. Der Maler sollte seine eigenen Farben reiben; der Baumeister mit seinen Leuten auf dem Bauplatz arbeiten; der Fabrikherr die Arbeit besser verstehen, als irgend ein Arbeiter in seinen Fabriken; und ein Mann sollte von dem andern nur unterschieden sein durch Erfahrung und Geschicklichkeit, und durch das Ansehen und den Reichtum, den beides naturgemäß und berechtigter Weise erlangen muss.

Ich würde weit von meinem Thema abgelenkt werden, wenn ich diesen interessanten Gegenstand weiter verfolgte. Was ich gesagt habe, wird aber genügen, um dem Leser zu zeigen, dass die Roheit oder Unvollkommenheit, die den Ausdruck Gotik zu einem Vorwurf machte, richtig aufgefasst, eines der edelsten Charakterzeichen christlicher Baukunst ist, und nicht nur ein edles, sondern ein sehr *wesentliches*. Es könnte als phantastisches Paradoxon erscheinen, ist aber eine höchst bedeutsame Wahrheit, dass keine Baukunst wirklich edel ist, welche *nicht* unvollkommen ist. Dies ist leicht nachzuweisen. Denn da der Baumeister, den wir für befähigt halten, alles aufs vollkommenste tun zu können, nicht alles mit eigener Hand ausführen kann, so muss er entweder seine Arbeiter zu Sklaven machen, wie auf alte griechische oder moderne englische Weise, und sein Werk den Fähigkeiten eines Sklaven anpassen, d. h. es herabsetzen; oder er muss seine Arbeiter nehmen, so gut er sie finden kann, und sie ihre Schwächen zugleich mit ihren Kräften zeigen lassen, was gotische Unvollkommenheiten einschließen, aber die ganze Arbeit so edel machen wird, wie die Intelligenz des Zeitalters sie herzustellen imstande ist.

Aber das Prinzip kann noch ausführlicher klargelegt werden. Ich habe seine Erklärung auf Baukunst beschränkt, aber es trifft nicht nur bei der Baukunst zu. Bisher habe ich die Worte unvollkommen und vollkommen nur gebraucht, um Arbeit, die gröblich ungeschickt ist, von solcher zu unterscheiden, die mit durchschnittlicher Akkuratesse und Kenntnis ausgeführt ist; und ich bin dafür eingetreten, dass jedes Maß von Ungeschicklichkeit zugelassen werden sollte, damit nur der Geist des Arbeiters Raum zur Entfaltung hätte. Aber genau gesprochen kann überhaupt keine gute Arbeit vollkommen sein, *und das Verlangen von Vollendung ist immer ein Zeichen von einem Missverstehen der Endzwecke der Kunst.*

Hierfür gibt es zwei Gründe, die beide auf ewigen Gesetzen beruhen. Erstens, hört kein großer Mann jemals mit der Arbeit auf, bevor er seinen schwachen Punkt erreicht; d.h. sein Geist ist stets *seiner Ausführungskraft weit voraus, und die letztere* wird bei dem Versuch, ihm zu folgen, ab und zu nachlassen; abgesehen davon, dass er den geringeren Teilen seines Werkes immer nur soviel geringere Aufmerksamkeit schenken wird, wie sie gebrauchen. Auch wird er, im Verhältnis zu seiner Größe, sich so an das Gefühl der Unzufriedenheit mit dem Besten, was er leisten kann, gewöhnt haben, dass es ihm in Momenten von Abspannung oder Ärger über sich selbst nicht darauf ankommt, ob auch der Beschauer unzufrieden ist. Ich glaube, es hat nur einen Mann gegeben, der diese Notwendigkeit nicht anerkannte und immer danach strebte, Vollkommenes zu erreichen, Leonardo; und schließlich bestand der Erfolg seiner vergeblichen Anstrengung nur darin, dass er zehn Jahre zu einem Bilde brauchte und es unvollendet hinterließ. Daher wird sowohl bei der eigenen Arbeit großer Männer, als bei dem Besten, was die geringeren leisten können, das Werk stets unvollkommen bleiben, so schön es auch sein mag. Von menschlicher Arbeit kann nur das Schlechte vollkommen sein, in seiner eigenen schlechten Art.* (…)

Das zweite, oben erwähnte geistige Element war *Veränderlichkeit* oder Abwechslung.

Ich habe schon betont, dass das Gestatten unabhängigen Arbeitens einfach als Pflicht gegen den untergeordneten Arbeiter aufzufassen ist und dass es die Baukunst veredelt, indem es dieselbe christlicher macht. Nun haben wir zu betrachten, welchen Lohn wir durch Erfüllung dieser Pflicht ernten, nämlich die beständige Abwechslung jeder einzelnen Form des Gebäudes.

Überall, wo der Arbeiter völlig zum Sklaven gemacht ist, müssen die Teile des Bauwerks sich vollkommen gleich sein, denn die Vollendung der Ausführung kann nur erreicht werden, wenn man ihm eine einzige Sache zu tun gibt und nichts weiter. Die Erniedrigung des Arbeiters ist auf den ersten Blick zu erkennen, wenn man darauf achtet, ob die verschiedenen Teile eines Gebäudes gleich sind oder nicht, und wenn, wie bei griechischer Arbeit, alle Kapitäle gleich sind, ist die Erniedrigung eine vollkommene. Bei ägyptischer oder ninivitischer Arbeit ist allerdings die Art der Ausführung gewisser Figuren immer dieselbe, aber die Anordnung des Entwurfs wechselt beständig und die Erniedrigung ist daher keine so vollständige; bei gotischer Arbeit findet dagegen ein fortwährender Wechsel von Entwurf und Ausführung statt, und der Arbeiter muss volle Freiheit gehabt haben.

Wieviel der Beschauer durch die Freiheit des Arbeiters gewinnt, kann vielleicht in England fraglich sein, wo als einer der stärksten Naturtriebe eine solche Ordnungsliebe herrscht, dass wir am liebsten die Fenster unserer Häuser paarweise haben möchten wie unsere Kutschpferde, und unsern Glauben unbedenklich auf architektonische Theorien ausdehnen, die für alles und jedes eine Form festsetzen, und jede Abweichung davon verbieten. Ich will die Liebe zur Ordnung nicht anfechten, sie ist eines der nützlichsten Elemente des englischen Geistes, und hilft uns bei unserm Handel und allen rein praktischen Angelegenheiten; ja, sie ist in manchen Fällen einer der Grundsteine der Moralität. Aber halten wir nur nicht Ordnungsliebe für Liebe zur Kunst. Ordnungsliebe ist ja allerdings in ihrem höchsten Sinne eine Notwendigkeit für die Kunst, gerade wie der Takt für die Musik; aber Ordnungsliebe hat mit unserer wirklichen Freude an Baukunst oder Malerei nicht mehr zu tun

* Die Elgin Bildwerke werden von vielen Leuten für vollendet gehalten. In den wichtigsten Teilen nähern sie sich allerdings der Vollkommenheit, aber nur dort. Die Gewandungen sind unvollendet, das Haar und die Wolle der Tiere unvollendet, und die ganzen Basreliefs des Frieses roh ausgehauen.

als Liebe für Pünktlichkeit mit dem Genuss einer Oper. Ich fürchte, die Erfahrung lehrt uns, dass genaue und methodische Gewohnheiten des täglichen Lebens selten für Leute charakteristisch sind, die die Schöpferkraft der Kunst entweder leicht erkennen, oder in reichem Maße besitzen. Dennoch besteht nichts Unvereinbares zwischen beiden Instinkten und nichts hindert uns daran, unsere geschäftlichen Gewohnheiten beizubehalten, und doch die edleren Gaben künstlerischer Erfindung in vollstem Maße anzuerkennen und zu genießen. Wir tun dies schon bei jedem andern Kunstzweige, nur nicht bei der Baukunst, und tun es dort nur nicht, weil man uns gelehrt hat, dass es unrecht sein würde. Unsere Architekten belehren uns sehr ernsthaft, dass es gleich den vier Spezies bei der Rechenkunst fünf Ordnungen bei der Baukunst gibt; und wir finden in unserer Einfalt, dass dies folgerichtig klingt, und glauben ihnen. Sie lehren uns auch, dass es eine richtige Form für korinthische Kapitäle gibt, eine für dorische und eine für ionische. Da wir nun wissen, dass es auch eine richtige Form für die Buchstaben A, B und C gibt, so klingt uns dies folgerichtig, und wir glauben den aufgestellten Satz. Und da wir begriffen haben, dass nur eine Form der besagten Kapitäle richtig ist und keine andere, und wir einen gewissenhaften Abscheu vor jeder Ungehörigkeit haben, so gestatten wir dem Architekten, uns mit den besagten Kapitälen in richtiger Form und gewisser Menge zu versorgen, und in allen andern Punkten Sorge zu tragen, dass die vorgeschriebenen Formen beobachtet werden; haben wir dies getan, dann sind wir überzeugt, gut geborgen zu sein.

Aber unsere höheren Instinkte lassen sich nicht betrügen. Wir haben an dem für uns hergerichteten Gebäude nicht die Freude, wie an einem neuen Buch oder einem neuen Bilde. Wir können stolz sein auf seine Größe, zufrieden mit seiner Korrektheit und froh über seine Bequemlichkeit. Es bereitet uns dasselbe Vergnügen durch seine Symmetrie und kunstfertige Ausführung, wie ein gut eingerichtetes Zimmer oder ein prächtiges Möbelstück. Wir halten dies für die ganze Freude, die die Baukunst uns überhaupt bereiten soll. Der Gedanke, ein Bauwerk ebenso zu lesen, wie wir Milton und Dante lesen, und dasselbe Entzücken an seinen Steinen zu empfinden, wie an ihren Stanzen, kommt uns keinen Augenblick in den Sinn. Das hat seinen guten Grund: – Es liegt allerdings ein Rhythmus in den Versen, der ebenso streng ist, wie der symmetrische Rhythmus der Baukunst, nur tausendmal schöner, aber es ist noch etwas anderes darin als Rhythmus. Die Verse wurden weder auf Bestellung noch auf Passlichkeit gemacht, wie die Kapitäle, und wir empfinden daher noch eine andere Art von Vergnügen an ihnen, als nur an ihrer Korrektheit. Aber man muss seinen gesunden Menschenverstand gründlich aufrütteln, wenn man alles, was uns in den letzten beiden Jahrhunderten gelehrt ist, abschütteln, und die große Wahrheit erkennen will, die ebenso einfach und sicher wie neu ist; dass große Kunst, mag sie in Worten, Farben oder Steinen dargestellt sein, *nicht* immer dasselbe wieder und wieder ausspricht, und dass das Verdienst der Baukunst, wie jeder anderen Kunst darin besteht, dass sie neue und verschiedene Dinge sagt. Auch ist das Wiederholen ebensowenig ein Kennzeichen von Genie bei Marmorarbeit wie beim Druck, und wir dürfen, ohne irgend welche Gesetze guten Geschmackes zu verletzen, von einem Architekten ebenso wie von einem Romanschriftsteller verlangen, dass er nicht nur korrekt sondern auch unterhaltend sei.

Dies alles ist wahr und selbstverständlich; aber gleich vielen andern selbstverständlichen Dingen durch falsche Unterweisung vor uns verborgen geblieben. Es gibt kein großes Kunstwerk, zu dessen Hervorbringung Regeln oder Modelle aufgestellt werden können. Gerade so weit wie die Baukunst nach bekannten Vorschriften und gegebenen Modellen arbeitet, ist sie keine Kunst, sondern nur ein Handwerk; und es ist noch weniger vernunftgemäß (weil es leichter ist), Kapitäle nach Phidiasschen Formen zu kopieren und uns Architekten zu nennen, als Köpfe und Hände von Tizian zu kopieren und uns Maler zu nennen.

Wir müssen daher ein für allemal begreifen, dass Abwechslung oder Veränderung bei Bauwerken ebenso notwendig für Geist und Herz des Menschen sind wie bei Büchern; und dass Einförmigkeit, so nützlich sie manchmal sein mag, kein Vorzug ist; und dass wir nicht mit mehr Recht Vergnügen oder Nutzen von einer Baukunst erwarten dürfen, deren Verzierungen alle dasselbe Muster aufweisen, und deren Säulen alle von gleichem Verhältnis sind, als von einem Weltall, bei dem die Wolken alle von gleicher Form wären, und die Bäume von gleicher Größe. (…)

Von diesen allgemeinen Anwendungen von Abwechslung im Haushalte der Welt vermögen wir sofort den Gebrauch und Missbrauch bei der Baukunst einzusehen. Die Abwechslung der gotischen Schulen ist die gesündere und schönere, weil sie in vielen Fällen völlig ungesucht ist, und nicht aus bloßer Liebe zur Veränderung hervorgeht, sondern aus praktischen Notwendigkeiten. Denn von einem Gesichtspunkt aus ist die Gotik nicht nur die beste, sondern die *einzig vernünftige* Baukunst, weil sie sich am leichtesten sowohl für edle, wie gewöhnliche Zwecke anwenden lässt. Unbegrenzt in der Abschrägung ihres Daches, der Höhe ihrer Säulen, der Ausdehnung ihrer Bogen oder der Anlage des Grundrisses, kann sie sich mit unzerstörbarer Anmut und unerschöpflicher Energie zu einem Türmchen zusammenschrumpfen, zu einer Halle ausdehnen, in eine Treppe aufrollen oder als Turmspitze herausspringen; und wo sie nur Gelegenheit findet zur Abwechslung in Form oder Zweck, da fügt sie sich ihr, ohne eine Spur von Einheit oder Erhabenheit dabei einzubüßen, – gewandt und biegsam wie eine feurige Schlange, aber immer achtsam auf die Stimme des Beschwörers. Auch ist es eine Haupttugend gotischer Baumeister, dass sie niemals, um äußerer Symmetrie und Übereinstimmung willen, die wirkliche Brauchbarkeit und Tüchtigkeit dessen, was sie errichteten, hintenansetzten. Brauchten sie ein Fenster, so brachten sie eins an; brauchten sie ein Zimmer, so fügten sie eins hinzu; brauchten sie einen Strebepfeiler, so erbauten sie einen; mit gänzlicher Nichtbeachtung jeder feststehenden Herkömmlichkeit der äußeren Erscheinung; denn sie wussten sehr wohl (was auch stets geschah), dass solche kühnen Unterbrechungen des formalen Grundrisses seiner Symmetrie eher erhöhtes Interesse verleihen als sie schädigen würden. So wurde in der besten Zeit der Gotik eher ein unnützes Fenster an einer unerwarteten Stelle, um der Überraschung willen angebracht, als dass man ein nützliches um der Symmetrie willen fortgelassen hätte. Jeder, bei einem großen Bauwerk nachfolgende Baumeister errichtete die von ihm hinzugefügten Teile nach seiner Weise, ganz unbekümmert um den von seinem Vorgänger angenommenen Stil; und wenn sich zwei korrespondierende Türme an der Kathedralen-Fassade erhoben, so war der eine fast immer von dem andern verschieden, und bei jedem der Stil der Spitze ein ganz anderer als der des unteren Teiles.

Diese auffallenden Verschiedenheiten wurden jedoch nur gestattet, als Zubehör des großen Systems fortwährenden Wechsels, das ein jedes Glied gotischen Entwurfes durchdrang, und ihn zu einem so endlosen Felde für die Erforschung des Beschauers und die Phantasie des Erbauers machte; eines Wechsels, der in den besten Schulen fein und zart ist, und noch erfreulicher wirkt durch die Vermischung mit einer edlen Monotonie. In den barbarischen Schulen ist er etwas phantastisch und übertrieben, aber bei allen eine notwendige und beständige Lebensbedingung für die Schule. Mitunter findet sich die Veränderung bei einem Gliede, mitunter bei einem anderen; sie kann beim Kapitäl oder bei den Kriechblumen stattfinden, in den Nischen oder den Maßwerken, oder bei allen zusammen; aber bei einer oder der anderen Form wird man sie stets finden. Bleiben die Gesimse unverändert, dann wechselt die Flächenskulptur; sind die Kapitäle von feststehender Form, dann wechseln die Maßwerke; und wenn selbst, wie in einigen feinen Schulen, z. B. in der frühenglischen, sich die leiseste Annäherung an eine unveränderliche Form von Gesimsen, Kapitälen und Blumenschmuck zeigt, so findet die Abwechslung in der Anordnung der Massen und im Figurenbildwerk statt. (…)

Als drittes Grundelement gotischen Geistes war der *Naturalismus* bezeichnet worden; d. h. die Liebe zu Naturgegenständen um ihrer selbst willen, und das Bemühen, sie frank und frei darzustellen, uneingeschränkt durch künstlerische Gesetze.

Dieses Kennzeichen des Stils steht teilweise in notwendiger Beziehung mit den oben erwähnten. Denn sobald es dem Arbeiter freisteht, Gegenstände nach seiner Wahl darzustellen, muss er sich in der ihn umgebenden Natur nach Material umsehen, und er wird versuchen, sie so wiederzugeben, wie er sie sieht, mit mehr oder weniger Akkuratesse, je nach der Geschicklichkeit, die er besitzt und mit großem Aufwand von Phantasie, aber geringer Achtung vor dem Gesetz. Es besteht jedoch ein auffallender Unterschied zwischen der Phantasie der westlichen und östlichen Rassen, selbst wenn beiden Freiheit gelassen wird. Die westlichen oder gotischen finden ihre Hauptfreude an der Darstellung von Tatsachen, und die östlichen (arabischen, persischen und chinesischen) an der Harmonie der Farben und Formen.

Wir müssen zuerst bedenken, dass die Anordnung von Farben und Linien eine ähnliche Kunst ist, wie die Komposition* von Musik, und gänzlich unabhängig von der Darstellung von Tatsachen. Gute Farbengebung braucht nicht unumgänglich ein anderes Abbild wiederzugeben als sich selbst. Sie besteht aus gewissen Proportionen und Anordnungen von Lichtstrahlen, aber nicht aus Ähnlichkeiten mit irgend etwas. Ein paar graue und purpurne Pinselstriche einer Meisterhand bringen auf weißem Papier eine gute Farbengebung hervor; werden noch ein paar Pinselstriche hinzugefügt, dann merken wir, dass sie einen Taubenhals darstellen sollen, und können bei fortschreitender Zeichnung die vollendete Nachahmung des Taubenhalses rühmen. Aber die gute Farbengebung besteht nicht in dieser Nachahmung, sondern in den abstrakten Eigenschaften und Beziehungen des Grau und des Purpur.

In gleicher Weise sehen wir sogleich, wenn ein großer Bildhauer sein Werk aus dem Block zu formen beginnt, dass seine Linien edel angelegt und von edlem Charakter sind. Wir können nicht die leiseste Ahnung haben, wofür die Formen bestimmt sind, ob ein Mensch, ein Tier, oder Vegetation oder Gewandung daraus werden soll. Ihre Ähnlichkeit mit irgend etwas hat nichts mit ihrer edlen Art zu tun. Es sind großartige Formen und das ist alles, was wir von ihnen zu wissen brauchen, um sagen zu können, ob ihr Verfertiger ein guter oder schlechter Bildhauer ist.

Die edelste Kunst besteht nun aus einer richtigen Vereinigung des abstrakten Wertes mit der nachahmenden Kraft, von Formen sowie von

* Ich fürchte mich stets, dieses Wort »Komposition« zu gebrauchen, da es bei dem gewöhnlichen Reden über Kunst so gänzlich missbraucht wird. Nichts hört man häufiger erwähnen, als die Einteilungen von Kunst in »Form, Komposition und Farbe«, oder »Licht und Schatten und Komposition«, oder »Gefühl und Komposition«, usw.; die Sprecher legen dem Worte in jedem Falle eine ganz verschiedene Bedeutung bei, gewöhnlich eine unklare und stets eine falsche. Komposition heißt gerade herausgesagt »Zusammenfügung«, und es bedeutet das Zusammenfügen von Linien, Formen, Farben und Schatten oder von Ideen. Maler komponieren in Farbe, in Gedanken, in Form und Effekt; und das Wort ist nur brauchbar, um eine systematische, disziplinierte und sinnreiche Anordnung aller dieser Elemente zum Ausdruck zu bringen, anstatt einer bloß naturalistischen oder zufälligen.

Farben. Es ist die Anwendung edelster Komposition zum Ausdruck edelster Tatsachen. Aber der menschliche Geist kann gewöhnlich nicht beide Vollkommenheiten miteinander vereinen; er verfolgt entweder die Tatsache zum Schaden der Komposition, oder die Komposition zum Schaden der Tatsache.

Und es ist von der Gottheit beabsichtigt, dass er dies tun *soll*; die beste Kunst wird nicht immer verlangt. Tatsachen werden oft ohne Kunst verlangt, wie bei einem geologischen Entwurf; und Kunst oft ohne Tatsachen, wie bei einem türkischen Teppich. Die meisten Leute sind nur fähig gemacht worden, das eine oder das andere zu geben, aber nicht beides; nur ein oder zwei von den allerhöchsten können uns beides geben.

Man beachte wohl. Die Menschen werden gewöhnlich, ihren künstlerischen Begabungen nach, in drei große Klassen geteilt; eine rechte, eine linke und eine zentrale. Auf der rechten Seite stehen die Männer der Tatsachen, auf der linken die Männer des Entwurfs*, in der Mitte die Männer beider Arten.

Machen wir uns zuerst die gesunde Tätigkeit der drei Klassen an einem einfachen Gegenstand klar, so dass wir den Unterschied zwischen ihnen völlig verstehen, dann können wir um so leichter die Entartungen prüfen, zu denen sie geneigt sind. Fig. 1 auf Tafel 5 ist eine Weinranke mit einem Kirschbaumzweige, die ich so genau wie möglich nach der Natur gezeichnet habe, ohne den geringsten Versuch, die Form zu komponieren oder zu arrangieren. Es ist ein einfaches Stück Tatsachenarbeit, und als solches gut und heilsam, und nützlich für jeden, der die reine Wahrheit über Weinranken erfahren möchte, aber es liegt keine Spur von einem Entwurf darin. Tafel 18 zeigt dagegen eine Weinranke, die zur Verzierung einer Ecke des Dogenpalastes angewandt ist. Es ist eine getreue Darstellung der Weinpflanze und doch so entworfen, dass jedes Blatt einem architektonischen Zweck dient und an seinem Platze nicht ohne Schädigung vermisst werden könnte. Dies ist zentrale Arbeit; Tatsache und Entwurf vereint. Fig. 2 auf Tafel 5 ist ein Zwickel von S. Marco, bei dem die Formen der Weinblätter leicht angedeutet sind, da es der Zweck des Entwurfes war, nur anmutige Linien und wohlproportionierte Massen auf dem goldenen Grunde zu erlangen. Es liegt nicht der mindeste Versuch vor, dem Beschauer irgend welche Tatsachen über den Wuchs des Weinstocks klar zu machen; es sind weder Ranken noch Stengel vorhanden – nur fortlaufende Bänder, denen Blätter entspringen, die nur den Umriss von Weinblättern haben und selbst diesen undeutlich. Dies ist Entwurf ohne Beachtung von Tatsachen.

Die Arbeit ist aber in allen drei Fällen eine durchaus gesunde. Fig. 1 ist keine schlechte Arbeit, weil sie keinen Entwurf enthält, und Fig. 2 ebensowenig, weil sie keine Tatsachen aufweist. Der Zweck der einen ist, Vergnügen durch Wahrheit zu bereiten, und der der andern, dies durch Komposition zu tun. Und beide sind im Recht.

Was für krankhafte Arten des Verfahrens gibt es nun aber, zu denen die drei Klassen von Arbeitern leicht neigen?

Vornehmlich zwei, welche die beiden untergeordneten Klassen betreffen:

Erstens. Wenn eine von diesen beiden Klassen die andere verachtet.

Zweitens. Wenn eine von diesen beiden Klassen die andere beneidet; und hieraus entstehen vier Formen gefährlichen Irrtums.

Erstens. Wenn die Männer der Tatsachen den Entwurf verachten. Dies ist der Fehler der gewöhnlichen niederländischen Maler, der bloßen Kopisten von Stillleben, Blumen usw., und anderer Leute, die entweder ein außerordent-

* Entwurf ist an dieser Stelle als Ausdruck gewählt für die Begabung, Linien und Farben edel anzuordnen. Unter Tatsachen verstehe ich Tatsachen, die das Auge und der Geist wahrnimmt, nicht Tatsachen, die das Wissen aufhäuft. Siehe das Kapitel über Römische Renaissance (Band III, Kap. II) über diesen Unterschied.

liches Nachahmungstalent besitzen oder große Sympathie für die Natur und welche glauben, alles sei getan, wenn die Wiedergabe vollendet, oder die Sympathie deutlich ausgedrückt ist. Ein großer Teil aller englischen Landschaftsmaler gehört zu dieser Klasse, mit Einschluss ausgezeichneter Skizzenzeichner, die nach der Natur malen und glauben, dass ein richtig getönter Himmel und ein getreu wiedergegebener Sonnenstrahl, oder eine Regenwolke alles sind, was von der Kunst gefordert werden kann. Diese Leute sind gewöhnlich selbst verantwortlich für die Abgestorbenheit ihres Gefühls, im Hinblick auf die höheren Eigenschaften der Komposition. Sie haben wahrscheinlich ursprünglich nicht die höhere Begabung für Entwurf, aber sie verlieren noch die Begabung, die sie besaßen, indem sie es verachten und vernachlässigen, die Erfolge großer Entwurfsbegabung bei andern zu studieren. Da ihre Kenntnisse, so weit sie reichen, von peinlicher Genauigkeit sind, so sind sie gewöhnlich anmaßend und eingebildet und werden allmählich unfähig, etwas zu bewundern, was nicht ihren eigenen Werken gleicht. Sie sehen in den Werken großer Zeichner nichts anderes als die Fehler, und richten einen beinahe unberechenbaren Schaden in der europäischen Gesellschaft der Jetztzeit an, indem sie die Kompositionen der größten Männer früherer Zeiten* verspotten, weil sie mit ihren eigenen Ideen über »Natur« nicht völlig übereinstimmen.

Die zweite Form des Irrtums entsteht, wenn die Leute des Entwurfs die Tatsachen verachten. Jeder edle Entwurf muss in einem gewissen Maße mit Tatsachen rechnen, denn er findet seine Nahrung ausschließlich in der Natur. Der beste Kolorist entnimmt seine besten Erfindungen den natürlichen Farben von Vögeln, Himmeln oder Gruppen von Gestalten. Und wenn im Rausch der Erfindung phantastischer Farben und Formen die Wahrheiten der Natur absichtlich hintenangesetzt werden, dann wird der Geist relativ schwach, und es tritt jene Phase der Kunst ein, die wir bei den Chinesen antreffen. Die griechischen Entwerfer schwelgten in dem Tatsächlichen der menschlichen Form und wurden infolgedessen groß; aber das Tatsächliche der niederen Natur verwarfen sie, und ihr untergeordnetes Ornament wurde daher tot und wertlos.

Die dritte Form des Irrtums besteht darin, dass Männer der Tatsachen den Entwurf beneiden; d. h. wenn sie, nur mit Nachahmungstalent begabt, sich weigern, diese Gaben auf die sichtbare Welt um sie her anzuwenden. Denn da ihnen gelehrt wurde, dass Komposition der Endzweck jeder Kunst ist, so streben sie danach, die Erfindungsgabe zu erlangen, die ihnen die Natur versagt hat, studieren nur noch die Werke berühmter Entwurfzeichner und gehen in einem Wucherwachstum von Plagiaten und Kunstgesetzen zugrunde.

Dies war der große Irrtum zu Anfang unsers Jahrhunderts die niedrigste Art von Irrtum, dem Leute, die sich mit der Malkunst beschäftigen, verfallen können, und der verhängnisvollste von allen, da er sie gänzlich unbrauchbar macht und unfähig, die Welt weder mit Wahrheit noch mit Phantasie zu fördern, während sie sie höchst wahrscheinlich durch niedrige Ähnlichkeiten von beiden täuschen, bis sie kaum mehr Wahrheit und Phantasie zu erkennen vermag, wenn sie wirklich vorhanden sind.

Die vierte Form des Irrtums besteht darin, dass Männer des Entwurfs Tatsachen beneiden; d. h. die Neigung, die Natur genau nachzuahmen, verlockt sie soweit, dass sie ihren eigentlichen Ornamentierungszweck vergessen und die Kraft der Komposition um der zeichnerischen Wahrheit willen einbüßen; wie z. B. bei der schon so oft besprochenen Hagedornverzierung um das

* »Früherer«, d. h. präraphaelitischer Zeiten. Männer dieses Schlages pflegen Claude zu rühmen und ähnliche entartete Künstler; aber sie vermögen an den Werken des dreizehnten Jahrhunderts keinen Geschmack zu finden.

Portal der Kathedrale von Bourges, die, so anmutig sie ist, doch, wie wir oben sahen, vielleicht noch besser hätte sein können, wenn sie der alte Baumeister in seinem lebhaften Wunsche, sie wie Hagedorn aussehen zu machen, nicht grün gemalt hätte.

Es muss jedoch sorgfältig festgestellt werden, dass die beiden krankhaften Ausschreitungen, zu denen die Männer der Tatsachen hinneigen, viel gefährlicher und schädlicher sind, als die, zu welchen die Männer des Entwurfs neigen. Der krankhafte Zustand der Männer des Entwurfs schädigt sie nur allein; der der Männer der Tatsachen schädigt die ganze Welt. Der chinesische Porzellanmaler ist allerdings kein so großer Mann, wie er sein könnte, aber er hat doch nicht den Wunsch, alles zu zerbrechen, was nicht Porzellan ist; aber der moderne englische Tatsachenjäger wünscht in seiner Verachtung des Entwurfs alles zu zerstören, was nicht mit seinen eigenen Auffassungen von Wahrheit übereinstimmt, und er wird der gefährlichste und verabscheuungswürdigste Bilderstürmer, vom Egoismus angestachelt, anstatt von der Religion. Der Bildhauer von Bourges verdarb sich allerdings ein wenig die Wirkung seines eigenen schönen Entwurfs, indem er seinen Hagedorn grün anmalte, verhinderte aber niemand daran, Hagedorn zu lieben; während Sir George Beaumont, welcher versuchte, Constable das Gras braun anstatt grün malen zu lassen, sich zwischen Constable und die Natur stellte, indem er den Maler blind machte und Gottes Werk lästerte.

Soviel also von den krankhaften Erscheinungen der untergeordneten Klassen, die aus ihrem gegenseitigen Beneiden oder Verachten hervorgehen. Die Männer der zentralen Klasse können zu derartigem kränkelnden Schaffen nicht aufgelegt sein, da sie die Begabungen beider besitzen.

Aber es gibt noch eine andere Art von ungesunden Zuständen, die alle drei Klassen betreffen, in bezug auf ihr Aufsuchen von Tatsachen. Denn man beachte wohl, alle drei Klassen sind in gewissem Grade Aufsucher von Tatsachen; da selbst die Männer des Entwurfs nicht in jedem Falle ganz unabhängig von äußerer Wahrheit sind. Wenn man sie nun alle mehr oder weniger als Aufsucher der Wahrheit betrachtet, so muss wieder eine dreifache Einteilung stattfinden. Alles was sich ihnen in der Natur darstellt, ist aus Gutem und Schlechtem gemischt; und Künstler, die als Aufsucher der Wahrheit betrachtet werden, sind wieder in drei große Klassen zu teilen, in eine rechte, eine linke und eine zentrale. Die von der rechten erkennen und verfolgen das Gute, und lassen das Schlechte; die von der zentralen, der größten, erkennen und verfolgen das Gute und Schlechte miteinander, das ganze Ding, wie es wirklich ist; die von der linken erkennen und verfolgen das Schlechte und lassen das Gute.

Die erste Klasse nimmt also das Gute und lässt das Schlechte. Aber von allem, was sich ihnen darbietet, fassen sie alles zusammen, was es an Anmut, Leben, Licht und Heiligkeit besitzt und lassen das übrige, oder wenigstens soviel wie möglich davon ungezeichnet. Die Gesichter ihrer Figuren drücken keine schlechten Leidenschaften aus, die Himmel ihrer Landschaften sind ohne Stürme; der vorherrschende Charakter ihrer Farbe ist Helligkeit, und der ihres Chiaroscuro, Fülle von Licht. Die frühen italienischen und niederländischen Maler, Angelico und Hemling, Perugino, Francia, Rafael in seiner besten Zeit, Giovanni Bellini, und unser eigener Stothard, gehören vorzüglich zu dieser Klasse.

Die zweite oder größte Klasse gibt alles, was sie in der Natur sehen, mit einer Art göttlichen Erfassens und Beherrschens des Ganzen wieder; in aller Sympathie mit allem Guten und doch mit dem Zugeständnis, Gutes auch aus dem Schlechten hervorbringen zu können. Ihre Vorwürfe sind unendlich wie die Natur, sie halten das Gleichgewicht zwischen Glanz und Traurigkeit, erreichen gelegentlich den höchsten Grad von beiden, und ihr Chiaroscuro ist gleichmäßig abgewogen zwischen Licht und Schatten.

Die hervorragenden Männer dieser Klasse sind Michelangelo, Leonardo, Giotto, Tintoretto und Turner. Rafael in seiner zweiten Periode, Tizian und Rubens sind Übergangskünstler; der erstere neigt zu der eklektischen und die beiden letzten zu der unlauteren Klasse, da Rafael selten alles Schlechte gibt und Tizian und Rubens selten alles Gute.

Die letzte Klasse erkennt und ahmt nur das Schlechte nach. Sie können keinen Baumstamm malen, ohne ihn zu versengen, oder zu zertrümmern, keinen Himmel, ohne ihn mit stürmischen Wolken zu bedecken; sie schwelgen in der Bettelhaftigkeit und Brutalität des menschlichen Geschlechts; ihre Farbe ist größtenteils gedämpft oder bräunlich düster, und die größeren Flächen ihrer Bilder sind von Dunkelheit erfüllt.

Glücklicherweise sieht man Exemplare dieser Klasse selten in Vollkommenheit. Salvator Rosa und Caravaggio sind die charakteristischsten unter ihnen; die anderen zu ihr gehörigen Männer nähern sich der zentralen Klasse mit unmerklichen Abstufungen, je nachdem sie mehr und mehr des Guten erkennen und darstellen. Aber Murillo, Zurbaran, Camillo Procaccini, Rembrandt und Teniers gehören natürlich alle zu dieser niedrigeren Klasse.

Nun beachte man, die drei Klassen, in die die Künstler zuerst eingeteilt wurden, in Männer der Tatsachen, Männer des Entwurfs, und Männer beider Richtung, sind alle von göttlicher Verordnung; aber von diesen drei letzteren ist die letzte keineswegs von göttlicher Verordnung. Sie ist durchaus menschlich und die Leute, die ihr angehören, sind durch eigene Schuld in sie hinabgesunken. So sind sie in hohem Maße nutzlose und schädliche Leute. Es ist ja gut, dass das Schlechte gelegentlich auch in seinen schlimmsten Formen dargestellt wird, aber es sollte nie Entzücken dadurch hervorgerufen werden; und die mächtigen Leute der zentralen Klasse werden uns immer soviel davon geben, wie wir brauchen; mitunter, wie es Hogarth tat, mit bitter satirischer Betonung, – aber mit um so größerer Wirkung, weil sie es nie übertreiben oder mitleidlos darstellen werden, und ohne die versöhnenden Punkte, die alles Schlechte einem aufs Göttliche gerichteten Blick auch in seiner tiefsten Erniedrigung noch darbietet. So sind denn, trotzdem, wie ich befürchte, die dritte Klasse stets in gewissem Maße existieren wird, nur die ersten beiden die wirklich notwendigen Klassen; und dies ist von der Menschheit im allgemeinen so weit anerkannt, dass die niedrigste Klasse mit der zweiten verwechselt worden ist; und Maler daher gewöhnlich in zwei Rangklassen geteilt wurden, die, wie ich glaube, jetzt in ganz Europa unter den Namen bekannt sind, die sie zuerst in Italien erhielten, nämlich »Puristen und Naturalisten«. Seit jedoch beim gegenwärtigen Stande der Dinge die entartete oder das Schlechte liebende Klasse, wenn auch weniger abgegrenzt, als die der Puristen, doch ebenso ausgedehnt wie unbestimmt ist, so hat diese Scheidung den großen und getreuen Naturmalern große Unehre gemacht; und es hat mir längst sehr am Herzen gelegen, zu zeigen, dass in Wirklichkeit die Puristen mit ihrer Heiligkeit weniger von diesen Naturmalern getrennt sind, als die Sensualisten mit ihrer Unkeuschheit. Ebenso auch, dass der, wenn auch weniger leicht erkennbare Unterschied in Wirklichkeit größer ist, zwischen dem Manne, der das Böse um seiner selbst willen treibt, und dem, der es um der Wahrheit willen erträgt, als zwischen diesem letzteren und dem Manne, der es überhaupt nicht ertragen will.

Versuchen wir daher mit kurzen Worten die wirklichen Beziehungen dieser drei großen Klassen von Männern festzustellen, die ich der Bequemlichkeit wegen Puristen, Naturalisten und Sensualisten nennen werde; nicht weil diese Bezeichnungen ihre wirklichen Charakterzüge ausdrücken, sondern weil ich kein Wort kenne und auch kein passendes zu ersinnen weiß, das genau den Gegensatz von Purist wiedergeben würde; und ich behalte die Ausdrücke Purist und Naturalist bei, um so gut als möglich mit dem feststehenden Sprachgebrauch auf dem Kontinent übereinzustimmen. Wenn ich nun sage, dass beinahe alles, was uns in der Natur dargeboten wird, ein Gemisch von Gutem und Schlechtem in sich hat, so meine ich damit nicht, dass die Natur verbesserungsfähig sei, oder dass irgend etwas, was Gott geschaffen hat, schlecht genannt werden könnte, wenn wir imstande wären, seinen wirklichen Nutzen einzusehen; sondern dass es in bezug auf augenblickliche Wirkung oder äußeren Anschein so sein kann, gerade wie die harte Schale oder der bittere Kern einer Frucht für den Verspeisenden etwas schlechtes sein mag, obgleich es in dem einen Falle der Schutz der Frucht ist, und in dem anderen ihre Fortdauer. Der Purist verbessert daher die Natur nicht, sondern empfängt von der Natur und von Gott das, was gut für ihn ist, während der Sensualist sich »mit Träbern füllt, die die Säue aßen«.

Die drei Klassen können daher mit Leuten verglichen werden, die Weizen ernten, von dem die Puristen das feine Korn nehmen, und die Sensualisten die Spreu und das Stroh; aber die Naturalisten bringen alles nach Hause und bereiten aus dem einen ihren Kuchen und aus dem andern ihr Lager. (…)

Ich sage zuerst, die gotischen Baukünstler gehörten der zentralen Klasse an, die Tatsache mit Entwurf vereint, aber das besonders eigentümliche ihrer Werke bestand in ihrer Wahrhaftigkeit. Ihre Begabung für künstlerische Erfindung oder Anordnung war nicht größer, als die der romanischen oder byzantinischen Arbeiter; von diesen lernten sie die Anfangsgründe und erhielten von ihnen die Vorbilder für ihre Entwürfe; aber dem ornamentalen Gefühl und der reichen Phantasie des byzantinischen Baumeisters fügte der gotische eine Liebe für das *Tatsächliche* hinzu, die man niemals im Süden antrifft. Sowohl die Griechen, wie die Römer wandten konventionelles Laubwerk bei ihrem Ornament an, das in etwas überging, was gar kein Laubwerk war, und sich zu sonderbaren kelchartigen Knospen oder Büscheln zusammenwickelte und aus leblosen Ruten hervorwuchs, anstatt aus Stengeln. Der gotische Bildhauer nahm diese Vorbilder zuerst wie Dinge auf, die sich so gehören, gerade wie wir sie zum zweitenmale aufgenommen haben; aber er konnte sich nicht dabei beruhigen. Er sah, dass keine Wahrhaftigkeit in ihnen war, kein Wissen, keine Lebenskraft. Wieviel Mühe er sich auch gab, er konnte es nicht lassen, richtige Blätter lieber zu haben, und ganz vorsichtig fing er bei kleinem an, etwas mehr Natur in seiner Arbeit anzubringen, bis sie zuletzt ganz wahr war, aber trotzdem alle wertvollen Kennzeichen der ursprünglichen, wohl disziplinierten und entworfenen Anordnung beibehielt.*

Aber der gotische Künstler rang nicht nur in äußerlichen und sichtbaren Dingen nach Wahrheit; er ist ebenso treu bei der Wiedergabe einer Vorstellungswahrheit, wie bei einer tatsächlichen; d. h. eine Idee, die ein Römer oder Byzantiner symbolisch dargestellt haben würde, gibt der gotische Geist so realistisch wie möglich wieder. So ist z. B. das Fegefeuer auf dem Mosaik von Torcello (romanisch) als ein roter Strom dargestellt, mit Längsstreifen, wie ein Band, das von Christi Thron ausgeht und sich allmählich ausbreitet, um die Bösen zu umschlingen. Sobald wir wissen, was es vorstellen soll, genügt es für seinen Zweck; aber der gotische Erfinder überlässt sein Symbol nicht der Verlegenheit, einer Erklärung zu bedürfen. Er macht sein Feuer

* Der Leser wird dies augenblicklich verstehen, wenn er einen flüchtigen Blick auf Tafel 19 wirft, wo die Reihenfolgen 1 bis 12 an einer Blattart den Wechsel vom byzantinischen Stil zum vollendeten gotischen darstellen.

wirklichem Feuer so ähnlich, wie er kann, und am Portal von St. Maclou in Rouen brechen die skulpturierten Flammen aus dem Höllentor hervor, und flackern mit versengenden Steinzungen durch die Lücken der Nischen aufwärts, als ob die Kirche selbst in Flammen stände. Dies ist ein übertriebenes Beispiel, aber es ist dafür um so anschaulicher für den völligen Unterschied von Charakter und Absicht bei beiden Kunstschulen, und für die starke Wahrheitsliebe, die die gotischen Entwürfe beeinflusste.

Ich behaupte nicht, dass diese Wahrheitsliebe in ihrer Anwendung stets heilsam wirkt. Oben habe ich die Irrtümer verzeichnet, in die sie durch Missachtung der Zeichnung verfällt, und ein anderer Irrtum ist in dem eben gegebenen Beispiele zu erkennen, bei dem die Liebe zur Wahrheit zu hastig ist, und nach einer oberflächlichen Wahrheit, anstatt nach einer innerlichen greift. Denn bei der Darstellung des höllischen Feuers handelt es sich nicht bloß um die Form der Flamme, sondern um ihre Unlöschbarkeit, ihre göttliche Einsetzung und Begrenzung und ihre innerliche Heftigkeit, nicht in physischem oder materiellem Sinne, sondern als Ausdruck des Zornes Gottes. Solche Dinge dürfen aber nicht durch die Nachahmung eines Feuers dargestellt werden, das aus einem Bündel Reisig auflodert. Wenn wir über dieses Symbol ein wenig nachdenken, dann finden wir vielleicht heraus, dass der romanische Baukünstler größere Wahrheit durch jene Wiedergabe eines blutroten Stromes verkündete, der von Gottes Thron entspringend, zwischen begrenzten Ufern dahinfloss, und sich, wie durch einen beständigen Zufluss gespeist, zu dem See ausbreitete, in den die Bösen geworfen werden, als der gotische Baukünstler mit jenem Fackelflackern um seine Nischen.

Ich sagte zweitens, gotische Kunst wäre in Beziehung auf die Einteilung aller Kunst in puristische, naturalistische und sensualistische, naturalistisch. Dieser Charakter entsteht folgerichtig aus ihrer übertriebenen Wahrheitsliebe, die den Sinn für Schönheit überwiegt und sie veranlasst, sich an jeglicher Art von Abbildung zu erfreuen und die Charakterzüge menschlicher Gesichter und Gestalten ebenso darzustellen wie die Verschiedenheiten von Blättern und Unebenheiten von Zweigen. Diese Neigung wird nun erhöht und veredelt durch dieselbe christliche Demut, die wir im ersten Charakter gotischer Arbeit, in ihrer Rauheit ausgedrückt fanden. Denn wie diese aus einer Demut hervorging, die die Unvollkommenheit des *Arbeiters* eingestand, so wird diese naturalistische Abbildungsweise noch aufrichtiger gemacht durch die Demut, welche die Unvollkommenheit des *Gegenstandes* eingesteht. Der griechische Bildhauer konnte es weder ertragen, seine eigene Schwäche einzugestehen, noch die Mängel der Formen zu zeigen, die er darstellte. Aber der christliche Künstler, der glaubt, dass schließlich doch alles zum Guten dienen muss, bekennt beides aufrichtig und sucht weder seine eigene rohe Arbeit, noch die rohe Beschaffenheit seines Gegenstandes zu verbergen. Da jedoch diese Aufrichtigkeit größtenteils mit tief religiösem Gefühl verbunden ist, so liegt mitunter eine Neigung zum Purismus in der besten gotischen Skulptur, so dass sie häufig eine große Würde der Form und Milde des Ausdrucks erlangt, aber nie die Wahrhaftigkeit der Wiedergabe einbüßt, wo eine solche möglich ist. Sie erhöht ihre Könige nicht zu Halbgöttern, oder ihre Heiligen zu Erzengeln, verleiht ihnen aber in vollstem Maße, was an königlichem Wesen und Heiligkeit in ihnen lag, verbunden mit gebührendem Erwähnen ihrer Fehler; und dies größtenteils mit einer Gleichgültigkeit, wie die der biblischen Geschichte, die mit unerschütterlicher Entschlossenheit die Tugenden und Fehler aller Leute aufzählt, von denen sie spricht, und es häufig dem Leser überlässt, sich sein eigenes Urteil über sie zu bilden, ohne eine Andeutung von der Beurteilung des Geschichtsschreibers. Diese Wahrhaftigkeit wird von den gotischen Bildhauern bis in die kleinsten Einzelheiten ihres Entwurfs durchgeführt; denn sie beschränken ihre Kunst nicht nur auf das Porträtieren von Heiligen und Königen, sondern bringen die intimsten Szenen und einfachsten Gegenstände an. Sie füllen die Hintergründe von biblischen Geschichtsbildern mit lebhaften und merkwürdigen Darstellungen einfachster Vorgänge aus dem täglichen Leben und benutzen jede Gelegenheit, um entweder als Symbol, oder als Erklärung eines Vorganges oder einer Zeit, Dinge anzubringen, die dem Auge des Künstlers vertraut sind. Daher enthalten gotische Bildwerke und Gemälde nicht nur wertvolle Porträts der bedeutendsten Leute, sondern zahlreiche Dokumente aller häuslichen Sitten und niederen Künste der Zeitalter, in denen sie blühten.*

Es gibt jedoch eine Richtung, in der sich der Naturalismus der gotischen Künstler besonders offenbart; und diese Richtung ist noch charakteristischer für die Schule als der Naturalismus selbst; ich meine ihre besondere Vorliebe für die Formen der Pflanzenwelt. Bei der Wiedergabe der verschiedentlichen Vorkommnisse des täglichen Lebens ist ägyptische und ninivitische Skulptur ebenso aufrichtig und weitschweifend wie die gotische. Vom höchsten Staatspomp oder Schlachtenruhm bis zu den alltäglichsten häuslichen Künsten und Vergnügungen herab, ist alles ausgenutzt worden, um die granitenen Flächen mit dem beständigen Interesse eines überladenen Dramas auszufüllen; und die frühe lombardische und romanische Skulptur ist ebenso reich in ihrer Schilderung der vertrauten Vorkommnisse bei Krieg und Jagd. Aber bei allen Darstellungen der Künstler dieser Völker kommt die Vegetation nur als erklärendes Beiwerk vor; das Rohr ist angebracht, um den Lauf des Flusses zu bezeichnen, oder der Baum, um das Versteck des wilden Tieres oder den Hinterhalt des Feindes anzudeuten; aber das Interesse an den Formen der Vegetation ist nicht stark genug, um sie zu einem Gegenstand besonderen und genauen Studiums zu machen. Ebenso wurden auch bei den Völkern, die ausschließlich die Künste des Entwurfs betrieben, die Formen des Laubwerkes nur spärlich und verallgemeinert angebracht und ihre lebendigen Verschlingungen weder bewundert noch dargestellt. Aber für den gotischen Künstler wurde das lebendige Laubwerk ein Gegenstand lebhafter Zuneigung und er bemühte sich, die ganzen Eigentümlichkeiten desselben mit so viel Akkuratesse wiederzugeben, als sich mit den Gesetzen des Entwurfs und der Natur des Materials vertrug, wobei er nicht selten in seinem Enthusiasmus verleitet wurde, die ersteren zu überschreiten und die letztere zu entstellen.

Hierin liegt eine eigentümliche Bedeutsamkeit, die zugleich höhere Bildung und weichere Gemütsstimmung andeutet, als sich jemals bisher in der Baukunst offenbart hatte. Roheit und die Liebe zur Abwechslung, die wir als erste Elemente der Gotik betont haben, sind auch die Elemente anderer, kräftiger Schulen. Aber hier ist ein sanfteres Element damit verknüpft, das der Gotik selbst eigentümlich ist. (…)

Das vierte wesentliche Element des gotischen Geistes bestand, wie oben angeführt, in dem *Sinn für das Groteske*; aber ich behalte mir vor, diese höchst eigentümliche und spitzfindige Charaktereigenschaft erst zu erörtern, wenn wir Gelegenheit haben, eine der Abteilungen der Renaissanceschulen zu prüfen, die krankhaft hierdurch beeinflusst wurde. Es ist um so weniger nötig, sie hier zu betonen, weil jeder, mit gotischer Architektur vertraute Leser versteht, was ich meine, und gewiss ohne Zögern zuge-

* Die beste Kunst stellt entweder die Ereignisse ihrer eigenen Zeit dar oder stattet Darstellungen aus der Vergangenheit mit Beiwerk aus der Zeit aus, in der das Werk geschaffen wurde. Jede gute Kunst, die vergangene Ereignisse darstellt, ist daher voll vom unzweideutigsten Anachronismus, und *sollte* dies auch stets sein. Denn kein Maler braucht Altertumsforscher zu sein. Wir verlangen von ihm keine Eindrücke oder Ansichten von Dingen, die vergangen sind. Wir verlangen nur seine klaren Kundgebungen von gegenwärtigen Dingen.

ben wird, dass die Neigung, sowohl in phantastischen und drolligen, wie in erhabenen Bildern zu schwelgen, ein angeborener Trieb der gotischen Einbildungskraft ist.

Das fünfte oben erwähnte Element war *Starrheit*; und diese Charaktereigenschaft muss ich sorgfältig zu erklären suchen, denn weder das von mir gebrauchte Wort, noch irgend ein anderes, das ich mir vorstellen kann, bezeichnet sie genau. Denn ich meine nicht nur stabile, sondern *aktive Starrheit*; die eigentümliche Energie, die der Bewegung Gespanntheit und dem Widerstand Steifheit verleiht, die den heftigsten Blitz eher gespalten als gekrümmt darstellt und den stämmigsten Eichenzweig eher eckig als gebogen, und die man ebenso im Blitzen der Lanze wie im Glitzern des Eiszapfens sehen kann.

Ich hatte vorher Gelegenheit einige Kundgebungen dieser Energie oder Festigkeit zu verzeichnen; aber sie muss hier noch aufmerksamer betrachtet werden, wie sie sich durchgehends in der ganzen Konstruktion und Verzierung gotischer Arbeit zeigt. Ägyptische und griechische Bauwerke stehen größtenteils durch ihre eigene Wucht und Masse, ein Stein untätig auf dem anderen ruhend; aber in den gotischen Gewölben und Maßwerken liegt eine Steifheit wie in den Knochen eines Gliedes oder den Fasern eines Baumes; eine elastische Spannung und Übertragung der Kraft von einem Teil zum andern, und zugleich auch ein bedachter Ausdruck hiervon in jeder sichtbaren Linie des Gebäudes. In gleicher Weise ist griechisches und ägyptisches Ornament entweder bloße Flächenverzierung, als ob der Vorderseite der Mauer ein Stempel aufgedrückt sei, oder seine Linien sind fließend, biegsam und üppig; in beiden Fällen liegt nicht der mindeste Ausdruck von Energie in den Formen des Ornamentes selbst. Aber das gotische Ornament ragt in stacheliger Selbständigkeit und frostiger Kraft vor, springt in Kriechblumen aus und gefriert zu Spitztürmchen; taucht hier als Ungeheuer auf, und sprosst dort als Blume, verschlingt sich zu einem Zweige, abwechselnd dornig, höckerig oder borstig, oder in jede Art von Verwicklung verzerrt; aber auch in seiner anmutigsten Form nie einen Augenblick kraftlos, immer lebensvoll; und wenn es je einmal irrt, stets nach der Seite der Schroffheit hin.

Die Gefühle oder Gewohnheiten des Künstlers, die seinem Werke diesen Charakter verleihen, sind komplizierter und verschiedenartiger, als die durch irgend welche andere bisher erwähnte bildhauerische Darstellung offenbarten. Da handelt es sich zuerst um die Gewohnheit, hart und schnell zu arbeiten; denn der durch die Kälte des Klimas angetriebene Fleiß der nordischen Volksstämme verleiht allem, was sie tun, einen Ausdruck starker Energie, im Gegensatz zu der Schlaffheit südlicher Volksstämme, soviel Feuer auch im Kern dieser Schlaffheit liegen mag, denn Lava selbst kann langsam fließen. Ferner ist die Gewohnheit vorhanden, sich an den Anzeichen von Kälte zu erfreuen, was man, wie ich glaube, niemals bei Bewohnern von Ländern südlich von den Alpen findet. Kälte ist für sie ein unvermeidliches Übel, das man ertragen und sobald als möglich vergessen muss. Aber der lange nordische Winter zwingt den Goten (ich meine den Engländer, Franzosen, Dänen oder Deutschen), wenn er überhaupt ein glückliches Leben führen will, die Quellen seines Glückes sowohl im schlechten wie im guten Wetter zu finden und den laublosen Wald ebenso zu genießen wie den schattigen. Das tun wir auch alle von ganzem Herzen; und haben vielleicht beinahe dieselbe Freude am weihnachtlichen Feuer wie am sommerlichen Sonnenschein und holen uns Kraft und Gesundheit auf den Eisfeldern des Winters, wie auf den blumigen Wiesen des Frühlings. So liegt eben für unsere Gefühle nichts Widersprechendes oder Schmerzliches in der steifen und erstarrten Form der durch die Kälte gebändigten Pflanzenwelt; und anstatt wie die südliche Skulptur nur die Weichheit des Laubwerkes darstellen zu wollen, das zu voller Üppigkeit von warmen Winden und glühenden Sonnenstrahlen liebkosend hervorgelockt ist, finden wir Vergnügen daran, uns in die rauhe, wunderliche und grämliche Belebung von Pflanzen zu versenken, die nur wenig Freundlichkeit von Himmel und Erde empfangen haben, denen aber Jahr für Jahr ihr bestes Streben durch Frost gelähmt, ihre strahlendsten Knospen in Schnee begraben und ihre stattlichsten Zweige durch Sturm gekappt werden.

Viele zarte Sympathien und Neigungen kommen zusammen, um den gotischen Geist bei dieser besonderen Wahl des Vorwurfs zu bestärken; und wenn wir diesen Einflüssen die Notwendigkeiten hinzufügen, die aus der Handhabung eines rauheren Materials hervorgehen, das den Künstler zwang, mehr nach Kraft des Ausdrucks zu streben, als nach Verfeinerung der Struktur oder Genauigkeit der Form, so gibt es klare und deutliche Gründe für manche Verschiedenheiten zwischen nördlicher und südlicher Auffassungsart; aber auch indirekte Gründe, die für das gotische Herz viel wichtiger sind, wenn sie auch keinen so unmittelbaren Einfluss auf den Entwurf haben. Stärke des Willens, Unabhängigkeit des Charakters, Festigkeit des Entschlusses, Auflehnung gegen ungehörigen Zwang, die allgemeine Neigung, persönliche Ansprüche gegen gesetzmäßige Machtvollkommenheit geltend zu machen, und der persönliche Kampf gegen das Geschick, dies alles hat zu allen Zeiten bei den nordischen Volksstämmen einen starken Gegensatz gebildet zu der schlaffen Ergebung, mit der die südlichen Völker ihre Gedanken der Tradition und ihre Vorsätze dem Verhängnis unterordnen, und es ist mehr oder weniger zu erkennen an den starren Linien, den kräftigen, abwechslungsreichen Massen und kühn vorspringenden und selbstständigen Formen des nordgotischen Ornaments; während die entgegengesetzten Gefühle ebenso erkennbar sind an den anmutigen, weich geschwungenen Wellenlinien und verschlungenen Bändern, zu denen die südliche Dekorierung stets aufgelegt ist in ihrer Neigung, ihre Unabhängigkeit zu verlieren, und sich mit der Oberfläche der Massen, auf denen sie angebracht ist, zu verschmelzen; und sie sowohl, wie diese Massen selbst, drücken oft die Hingabe ihrer Kraft an eine unvermeidliche Notwendigkeit, oder eine teilnahmlose Ruhe aus.

Es liegt Tugend im Maßhalten und Irrtum in der Übertreibung, sowohl bei diesen Charaktereigenschaften, wie bei den Stilen, die sie geschaffen haben; und das beste Bauwerk und die beste Gemütsstimmung sind die, welche beide vereinen. Dieser fünfte Trieb der gotischen Seele bedarf daher der größten Vorsicht bei seiner Befriedigung. Er ist ausgesprochener gotisch als irgend ein anderer; aber das beste gotische Bauwerk ist nicht das, welches am *meisten* gotisch ist. Es kann kaum zu offenherzig im Eingeständnis seiner Rauheit sein, kaum zu reich in seiner Veränderlichkeit, kaum zu getreu in seinem Naturalismus; aber es kann zu weit gehen in seiner Starrheit und wie der große puritanische Geist in seiner Übertreibung, sich entweder in Geringfügigkeit der Einteilung oder in Wunderlichkeit des Zwecks verlieren. Es tat dies wirklich in seiner späteren Epoche, aber es ist erfreulich, zu denken, dass zur Zeit seiner höchsten Würde gerade die Gemütsstimmung, die man für seine gegnerischste hielt, der protestantische Geist der Selbständigkeit und Forschung, in jeder seiner Linien zum Ausdruck kam. Glaube und Sehnsucht waren wohl in jedem christlichen Kirchenbauwerk vom ersten bis zum fünfzehnten Jahrhundert vorhanden; aber die moralischen Gewohnheiten, denen das heutige England die Art von Größe verdankt, die es besitzt, – die Gewohnheiten philosophischer Untersuchungen, richtigen Nachdenkens, häuslicher Zurückgezogenheit und Unabhängigkeit, ernsten Selbstvertrauens und aufrichtigen Suchens nach religiöser Wahrheit, – sie waren nur in den Formen aufzuspüren, die die deutliche Schöpfung gotischer Schulen waren, in dem geäderten Blattwerk und dornigen Schnitzwerk und der schattigen Nische, dem gestützten Pfeiler und der furchtlosen Höhe der feinen Fiale und des bekrönten Turmes, die wie eine zuversichtliche Frage zum Himmel hinaufgesandt sind.

Als letztes, weil unwesentlichstes Element dieser edlen Schule war das der *Überfülle* genannt, – die unüberlegte Spendung des Reichtums ihrer Arbeit. Es gibt allerdings viel Gotik, und zwar aus ihrer besten Epoche, in der dieses Element kaum aufzuspüren ist, und deren Wirkung fast ausschließlich von der Anmut einfacher Zeichnung und der Grazie unverwickelter Verhältnisse abhängt. Dennoch ist bei den allercharakteristischsten Bauwerken ein gewisser Teil ihres Effektes von der Anhäufung von Schmuckwerk abhängig; und viele von denen, die den größten Einfluss auf die Gemüter der Menschen ausüben, haben ihn nur durch diese Eigenschaft gewonnen. Und wenn es durch sorgfältiges Studium der Schule auch möglich ist, zu einer Geschmacksrichtung zu gelangen, die sich lieber mit ein paar vollendeten Linien begnügt, als mit einer ganzen, mit Schnitzwerk bedeckten Fassade, so ist das Gebäude, das nur einem solchen Geschmack entspricht, nicht als das beste zu betrachten. Denn da es, wie wir oben sahen, das allererste Erfordernis gotischer Baukunst ist, den rohesten, wie den verfeinertsten Gemütern sowohl die Mithilfe zu gestalten, wie an ihre Bewunderung zu appellieren, so ist die Pracht des Bauwerkes, so paradox die Bemerkung auch erscheinen mag, doch ein Teil seiner Bescheidenheit. Keine Baukunst ist so hochmütig wie die ganz einfache, die es verschmäht, sich an das Auge anders, als mit wenigen klaren und kraftvollen Linien zu wenden; und, indem sie unseren Blicken so wenig bietet, andeutet, dass alles, was sie bietet, vollkommen ist, und es

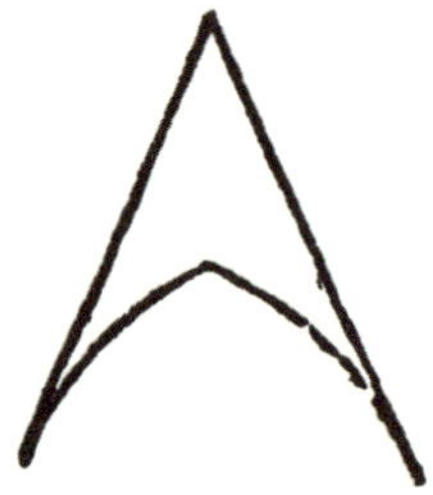

Fig. 6

verschmäht, durch die Fülle oder den Reiz ihrer Formen unsere Prüfung zu verwirren, oder uns in Entzücken zu täuschen. Jene Bescheidenheit, die das wahre Lebenselement der gotischen Schule ist, zeigt sich nicht nur in der Unvollkommenheit, sondern auch in der Anhäufung des Ornaments. Der untergeordnete Rang des Künstlers zeigt sich oft ebenso sehr in dem Reichtum, als in der Roheit seiner Arbeit; und wenn die Mitarbeit jeder Hand und die Sympathie jedes Herzens zugelassen werden sollen, dann müssen wir uns die Überfülle gefallen lassen, die das Misslingen des Schwachen verhüllt und den Blick des Gleichgültigen anzieht. Es vermischen sich aber in der gotischen Seele weit edlere Interessen mit der rohen Vorliebe für dekorative Aufhäufung; eine herrliche Begeisterung, die sich nie genug tun kann im Erstreben ihres Ideales, eine Selbstlosigkeit der Aufopferung, die lieber fruchtlose Arbeit vor dem Altar niederlegen, als träge auf dem Markt stehen möchte, und schließlich eine tiefe Sympathie mit der Fülle und Pracht des sinnlichen Universums, die aus dem Naturalismus entsteht, dessen Wirkung wir schon zu schildern versuchten. Der Bildhauer, der seine Vorbilder unter den Blättern des Waldes suchte, konnte sich nicht der lebhaften Empfindung erwehren, dass Zusammengesetztheit keinen Verlust von Anmut einzuschließen braucht, und Reichtum nicht den der Ruhe. Jede Stunde, die er mit dem Studium des genauen und abwechslungsreichen Werkes der Natur verbrachte, ließ ihm um so stärker die Dürftigkeit besten Menschenwerkes

Fig. 7

empfinden; so kann man sich nicht wundern, dass er beim Anblick ihrer verschwenderisch ausgestreuten, vollkommenen und herrlichen Schätze, für die weder Auffassung noch Berechnung hinreichen, auf den Gedanken kam, dass es ihm schlecht anstehen würde, mit seiner eigenen rohen Handfertigkeit zu geizen; und wo er im ganzen Weltall eine tadellose Schönheit auf endlose Flächen gestickter Felder und blühender Berge verschwendet sah, seine eigene, armselige und unvollkommene Arbeit den paar Steinen zu missgönnen, die er zu einem Wohnhaus oder einem Denkmal aufeinandergeschichtet hatte. Die Jahre seines Lebens verstrichen, bevor seine Aufgabe vollendet war; aber eine Generation folgte der anderen mit unermüdlicher Begeisterung, und die Fassade der Kathedrale verlor sich zuletzt im Wandteppich ihrer Maßwerke wie ein Felsen im Dickicht und Laubwerk des Frühlings.

Ich glaube, wir haben jetzt eine annähernd vollständige Übersicht der verschiedenen moralischen oder erfinderischen Elemente erlangt, die den inneren Geist gotischer Baukunst ausmachten. Nun müssen wir zweitens ihre äußere Form klarstellen. (…)

»Gotische Baukunst ist diejenige, welche den Spitzbogen für das eigentliche Dach anwendet und den Giebel für die Dachmaske.«

Schließen wir daher in unsere Erklärung sowohl den schmalsten Bogen wie die Maßwerkschranke oder das breiteste Dach ein, dann wird sie so ziemlich vollkommen sein. Denn alle gute Gotik ist tatsächlich nichts weiter, als die verschiedenartigste und jeden Maßstab umfassende Ausbildung der Gruppierung, die durch *den Spitzbogen für die untere tragende Linie* und durch den *Giebel für die obere beschützende Linie* gebildet wird. Von der kolossalen grauen schiefrigen Abdachung des Kathedralendaches an bis zu den leichten kronenartigen Spitzen, die die kleinste Nische ihres Portals schmücken, findet man bei allen dasselbe Gesetz und dasselbe Gepräge. Die Arten der Stützung und Verzierung sind unendlich abwechslungsreich, aber der wahre Charakter des Bauwerkes ist wie bei aller guten Gotik von den einfachen Linien des Giebels über dem Spitzbogen abhängig, Fig. 6, in endlos verschiedenen Anordnungen und Wiederholungen. Fig. 7 stellt drei charakteristische Beispiele der Behandlung dieser Gruppe dar; a, von einem Grabmal in Verona (1328); b, eines der Seitenportale von Abbeville; c, eine der höchsten Spitzen von der großen West-Fassade der Kathedrale von Rouen; die beiden letzteren, wie ich glaube, frühe Arbeit des fünfzehnten Jahrhunderts. Die Formen reiner englischer und franzö-

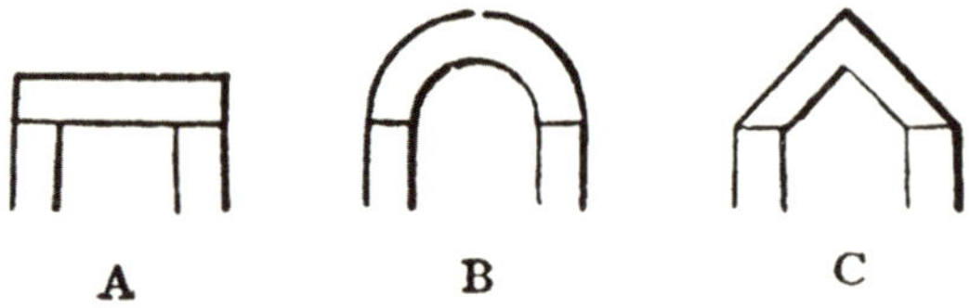

Fig. 8

sischer Frühgotik sind zu wohl bekannt, um einer Erwähnung zu bedürfen; der Grund, warum ich diese etwas seltenen Beispiele gewählt habe, wird sofort einleuchtend erscheinen.

Aber zuerst wollen wir sehen, ob wir nicht die Formen der übrigen großen Baustile der Welt im allgemeinen durch Beziehungen auf dieselben Linien beschreiben können, in die wir die Gotik zusammengefasst haben. Wir können dies leicht tun, wenn der Leser mir gestattet, zuerst an die wahre Natur des Spitzbogens zu erinnern. Es wurde gesagt, er könnte ein gebogener Giebel genannt werden, denn, genau gesprochen, kann ein »Bogen« nicht spitz sein. Der sogenannte Spitzbogen müsste immer als Giebel betrachtet werden, dessen Seiten gekrümmt sind, um sie gegen äußeren Druck widerstandsfähig zu machen. Wenn man ihn so auffasst, dann gibt es nur drei Arten, wie ein Raum zwischen Pfeilern überbrückt werden kann, – die durch A, B und C, Fig. 8 dargestellt sind; A der Oberbalken; B der Rundbogen; C der Giebel. Die Baumeister der ganzen Welt können niemals andere Arten erfinden, um einen Raum zu überbrücken, als diese drei; sie können die Krümmung des Bogens verändern, oder die Seiten des Giebels biegen oder unterbrechen, aber dies ist nur eine Abänderung oder Unterabteilung, keine Hinzufügung von Gattungsformen.

Es gibt also drei gute Baustile in der Welt, und kann nie mehr geben, und sie entsprechen diesen drei einfachen Arten, einen Raum zu überdachen, was das ursprüngliche Amt jeder Baukunst ist. Und diese drei Baustile sind um so *reiner*, je einfacher und unmittelbarer sie die Natur der Bedachung ausdrücken, auf die sie begründet sind. Sie haben viele interessante Abweichungen, je nach ihrem Maßstab, der Art ihrer Dekorierung und dem Charakter der Völker, von denen sie ausgeübt wurden, aber alle ihre Veränderungen sind schließlich auf die drei großen Rubriken zu beziehen – A. Griechisch: Architektur des Oberbalkens. B. Romanisch: Architektur des Rundbogens. C. Gotisch: Architektur des Giebels.

Die drei Bezeichnungen, griechisch, romanisch und gotisch sind allerdings ungenau, wenn man sie in diesem umfassenden Sinne anwendet, da sie nationale Beschränkungen einschließen; aber die drei Baustile können doch sehr wohl ihre Namen von den Völkern empfangen, die sie zur höchsten Vollendung brachten. Wir können daher ihre bestehenden Varietäten kurz aufführen.

A. Griechisch: Oberbalkenarchitektur. Die schlechteste von den dreien; und in Beziehung auf Steinbau immer in gewissem Maße barbarisch. Ihr einfachster Typus ist Stonehenge; ihr vollendetster das Parthenon; ihr edelster der Tempel von Karnak.

In den Händen der Ägypter ist er erhaben; in denen der Griechen rein; in denen der Römer prächtig; in denen der Renaissancebaumeister weichlich.

B. Romanisch: Rundbogenarchitektur. Vor der christlichen Zeit niemals völlig entwickelt. Sie zerfällt in zwei große Zweige, östliche und westliche oder byzantinische und lombardische; und sie verändert sich im Laufe der Zeit mit gewisser, gegenseitiger Unterstützung in arabische Gotik und teutonische Gotik. Ihr vollendetster lombardischer Typus ist der Dom von Pisa; ihr vollendetster byzantinischer (meiner Ansicht nach), San Marco in Venedig. Ihr höchster Ruhm besteht darin, dass sie keine Verderbnis erlebt.

Sie stirbt ab, indem sie einer anderen Baukunst das Leben gibt, die ebenso edel ist wie sie selbst.

C. Gotisch: Architektur des Giebels. Die Tochter der romanischen, und wie die romanische in zwei große Zweige geteilt, die westliche und östliche, oder reine Gotik und arabische Gotik. Diese letztere wird nur Gotik genannt, weil sie viele gotische Formen besitzt, Spitzbogen, Wölbungen usw., aber ihr Geist bleibt byzantinisch, ganz besonders in der Form der Dachmaske, von der wir, in Beziehung auf diese drei großen Familien, zunächst die typische Form festzustellen haben.

Denn man beachte wohl, die bisher erwähnten Unterschiede hängen von der Form der Steine ab, die zuerst von Pfeiler zu Pfeiler gelegt sind; d. h. von der einfachsten Art wirklicher Dächer. Fügt man diesen Linien die Verhältnisse der Dachmaske hinzu, so erhält man die vollkommene Grundform für jede Schule.

Bei der griechischen, westromanischen und westgotischen ist die Dachmaske der Giebel; bei der ostromanischen und ostgotischen ist es die Kuppel; aber ich habe die Bedachungen dieser beiden letzten Gruppen nicht studiert und werde nicht versuchen, sie in einer schematischen Form zu generalisieren. Aber die drei Gruppen können *in den Händen westlicher Erbauer* folgendermaßen einfach dargestellt werden: a, Fig. 9, griechisch;* b, westlich romanisch; c, westlich, oder echt gotisch.

Nun beachte man zuerst, dass das Verhältnis der Dachmaske zum wirklichen Dach beim griechischen Typus jenes Giebelfeld bildet, das dem Tempel seinen hervorragendsten Charakter ver-

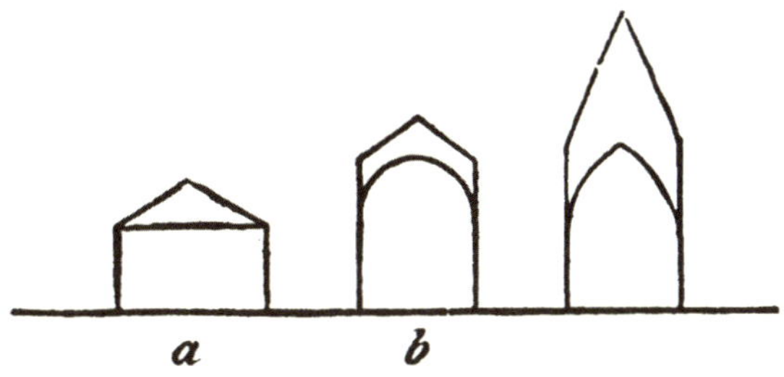

Fig. 9

leiht, und besonders zur Aufnahme bildhauerischer Verzierung geeignet ist. Das Verhältnis dieser Linien ist daher bei den griechischen Schulen gerade so wichtig, wie bei den gotischen.

Zweitens muss der Leser auf den Unterschied der Steilheit bei den romanischen und gotischen Giebeln achten. Dies ist weder ein unwichtiger, noch ein unbestimmter Unterschied. Der romanische Giebel geht nicht allmählich in die erhöhtere Form über; es liegt ein großer Abstand zwischen beiden, da der ganze Effekt aller südlichen Baukunst von der Anwendung des flachen Giebels abhängt, und der aller nordischen von der des spitzen. Ich brauche hier nicht den Unterschied zu betonen zwischen den Linien eines italienischen Dorfes, oder den flachen Bekrönungen der meisten italienischen Türme und den spitz zulaufenden Giebeln und Turmspitzen des Nordens, die ihre phantastischste Entwicklung, wie ich glaube, in Belgien erreichten; aber es mag gut sein, als Gesetz der Scheidung festzustellen, dass bei einem gotischen Giebel alle Ecken spitz sein *müssen* und bei einem romanischen die obere Ecke abgestumpft sein *muss*. Um dem Leser eine einfache praktische Regel zu geben, nehme man einen beliebigen Giebel, a oder b, Fig. 10, und schlage einen Halbkreis auf seiner Basis; wenn seine Spitze über den Halbkreis hinausragt, wie bei b, dann ist es ein gotischer Giebel; wenn sie darunter trifft, ein romanischer; aber die besten Formen jeder Gruppe sind die, welche ausgesprochen steil, oder ausgesprochen flach sind. Bei der Abbildung ist f ungefähr die

* Der Leser muss nicht annehmen, dass griechische Baukunst immer oder häufig flache Dächer hatte, weil ich ihren Oberbalken das richtige Dach nenne. Er muss bedenken, dass ich stets diese Ausdrücke von den ersten einfachen Anordnungen von Material beim Überbrücken eines Raumes benutze und von dem wirklichen Dach erst später rede. Im Falle der griechischen Tempel würde es nutzlos sein, ihre Konstruktion auf das wirkliche Dach zu beziehen, da viele hypäthral waren und überhaupt kein Dach hatten.

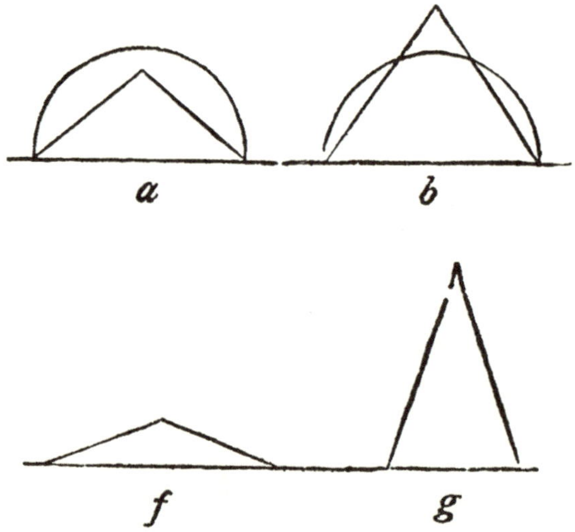

Fig. 10

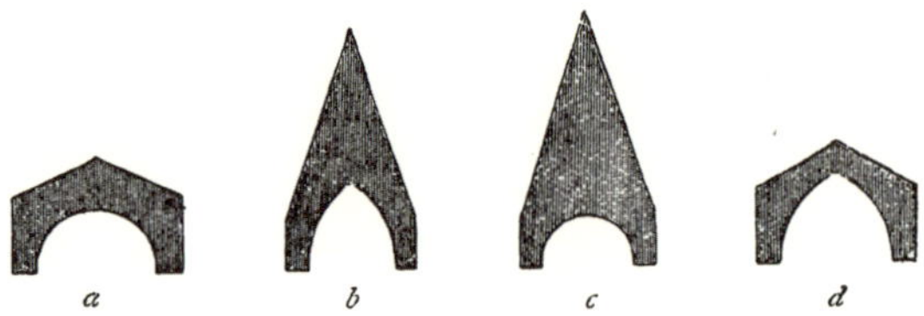

Fig. 11

durchschnittliche romanische Abschrägung, und g die gotische.

Aber obgleich wir bei der Abschrägung des Giebels keinen Übergang von einer Schule in die andere finden, so herrscht doch oft eine Verwirrung zwischen beiden Schulen in bezug auf die Verbindung des Giebels mit dem darunter befindlichen Bogen. Es ist eben festgestellt worden, dass der reine romanische Stil den runden Bogen unter dem flachen Giebel hat, a, Fig. 11, und der reine gotische Stil den spitzen Bogen unter dem hohen Giebel, b. Aber beim Übergang von einem Stil in den andern finden wir mitunter die Verhältnisse umgekehrt; den spitzen Bogen unter einem flachen Giebel, wie d, oder den runden Bogen unter einem hohen Giebel, wie c. Die Form d kommt an den Grabmälern von Verona vor, und c an den Türen von Venedig.

Hiermit haben wir das Verhältnis der Gotik zu den anderen Baustilen der Welt festgestellt, insofern es die Hauptlinien ihrer Konstruktion betrifft, aber es muss noch ein Wort unserer Erklärung ihrer Form hinzugefügt werden, in bezug auf einen Teil ihrer Verzierung, der aus dieser Konstruktion entspringt. Wir sahen, dass es die erste Bedingung ihrer Form ist, spitze Bogen zu haben. Hieraus folgt, dass bei vollendeter Gotik die Spitzbogen so kräftig wie möglich ausgeführt werden müssen.

Wenn nun der Leser auf das Kapitel *Das Bogenmauerwerk* zurückblickt, wird er das Mauerwerk des Spitzbogens ausführlich besprochen finden, mit der Schlussfolgerung, dass von allen denkbaren Formen des Spitzbogens (bei einer gewissen Schwere des Materials) die unter e, Fig. 12, dargestellte Gattungsform die stärkste ist. Der Leser kann in der Tat sofort sehen, dass die Schwäche des Spitzbogens in seinen Seiten liegt, und durch allmähliches Verstärken dieser Stellen jede Möglichkeit eines Bruches entfernt wird. Oder, was vielleicht noch einfacher ist: – Stellen wir uns einen aus Stein erbauten Giebel vor, wie bei a, auf den eine Last von außen in der Richtung des Pfeiles drückt; er würde offenbar leicht

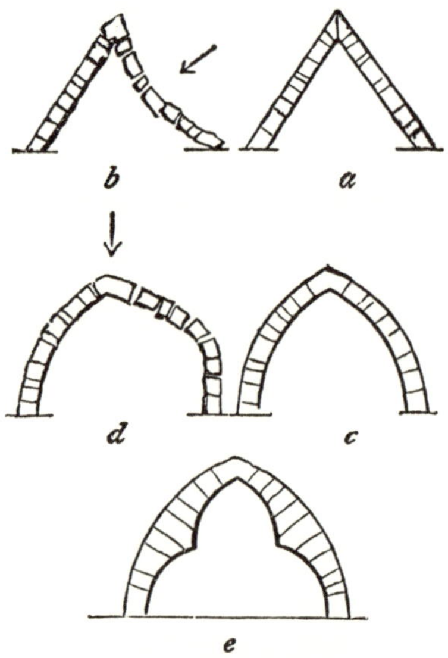

Fig. 12

zusammenbrechen, wie bei b. Um dies zu verhindern, machen wir einen Spitzbogen daraus wie bei c; nun kann er nicht nach innen fallen, aber bei einem Druck von oben nach außen ausbiegen, wie bei d. So bauen wir ihn schließlich wie bei e, und nun kann er weder ausbrechen noch einfallen.

Die so erhaltenen Bogenformen, mit einem, Nase genannten Vorsprung auf jeder Seite, müssen allezeit für den menschlichen Geist erfreulich sein, da sie für die größte Kraft und Dauerhaftigkeit bezeichnend sind, die mit einer gegebenen Menge von Material zu erlangen sind. Aber weder aus solchen Gründen, noch aus irgend einer Beziehung auf Konstruktionsgesetze wurde die Nase ursprünglich erfunden. Sie ist einfach das auf den Bogen angewandte große Ornamentierungssystem der Foliation (Nasenbesetzung, oder blattähnliche Verzierung), oder die Anwendung der Formen von Laubwerk, die eben als hauptsächliche Charakteristik des gotischen Naturalismus betont wurde. Diese Vorliebe für Blattwerk stand in ihrer Stärke in genauem Verhältnis zu der wachsenden Kraft des gotischen Geistes; in der südlichen Gotik liebt man besonders *weiches* Laubwerk; in der nordischen *dorniges*. Nehmen wir irgend eine illuminierte Handschrift aus der großen gotischen Zeit zur Hand, so finden wir jedes ihrer Blattornamente von einer dornigen Umrahmung in Gold oder Farbe umgeben; mitunter anscheinend getreulich kopiert, nach der stacheligen Entfaltung der Wurzel des Blattes bei der Distel, und mit Stengeln und Zweigen genau so fortlaufend, wie das Distelblatt an seinem eigenen Stengel entlang läuft, und mit scharfen Stacheln an den Spitzen, wie bei Fig. 13. Zu anderen Zeiten, und bei der meisten Arbeit des dreizehnten Jahrhunderts, nimmt der goldene Grund die Form von reinen und strengen Nasen (cusps) an, die mitunter die Blätter einschließen, mitunter die Schüsse der Zweige ausfüllen. Unmerklich gehen sie aus der ausgesprochen vegetabilischen Form (bei der sie die Dornen gerade so darstellen wie andere Teile der Zeichnung die Knospen, Blätter und Früchte) in die Nackenkämme, oder Flügel von Schlangen, Drachen und anderen Arabesken über, wie bei Fig. 14, und in reiche, phantastische Krümmungen. Bei allen ist aber das reine Nasensystem des Spitzbogens fortdauernd zu erkennen; nicht zufällig, sondern absichtlich angedeutet, verbindet es sich mit den eigentlich architektonischen Teilen des Gebäudes.

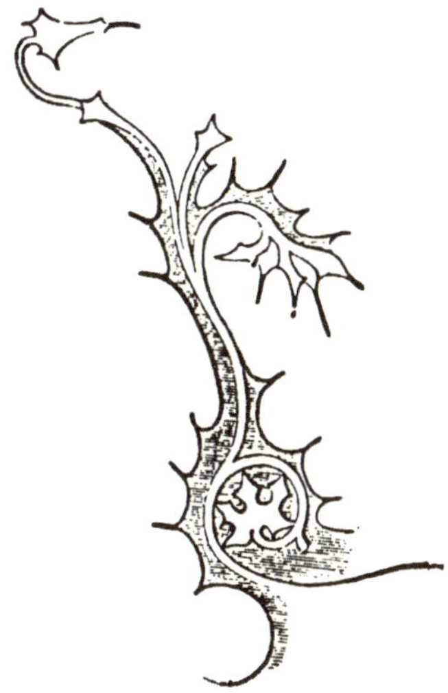
Fig. 13

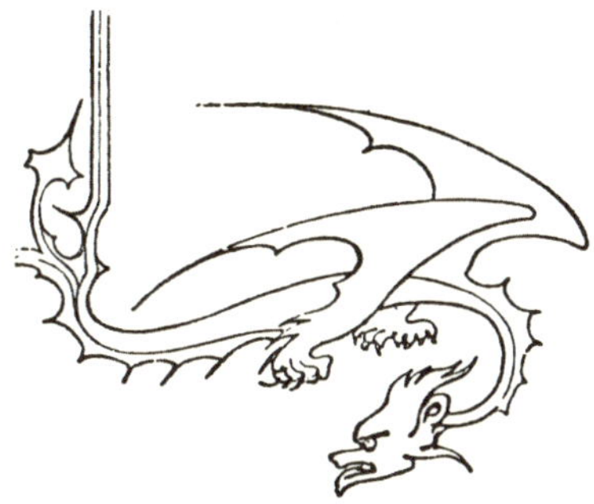
Fig. 14

Dieses System der sogenannten Nasenbesetzung (Foliation) ist sowohl in der einfachen Form des nasenbesetzten Bogens, wie in der komplizierten des Maßwerkes, aus dieser Liebe für das Laubwerk entstanden; nicht in der Absicht, dass der Bogen ein Blatt nachahmen sollte, sondern um ihm dieselben Charaktereigenschaften von Schönheit beizulegen, die der Künstler in dem Blatt entdeckt hatte. Man beachte den großen Unterschied zwischen diesen beiden Absichten. Der Gedanke, dass umfangreiches gotisches Bauwerk Vegetation nachahmen sollte, ist, wie oben erwähnt, den Tatsachen gegenüber unhaltbar. Aber der gotische Baukünstler bemerkte in den Blättern, die er für kleinere Verzierungen kopierte, eine besondere Schönheit, die aus gewissen charakteristischen Krümmungen des Umrisses und gewissen Methoden von Unterabteilung und Ausstrahlung der Struktur hervorging. In kleinem Maßstabe kopierte er bei seinen Skulpturen und Messbuchmalereien das Blatt oder den Dorn selbst; in großem Maßstabe nahm er ihre abstrakten Quellen der Schönheit von ihnen an und gab der Umrisslinie seiner Bogen dieselbe Art von Krümmungen und die gleichen Unterabteilungen, soweit es sich mit ihrer Kraft vertrug. Aber in keinem einzigen Falle deutete er die Ähnlichkeit mit Blattwerk durch Unregelmäßigkeit der Umrisslinie an, sondern hielt das Bauwerk völlig einfach, und, wie wir gesehen haben, so übereinstimmend mit den besten Grundsätzen der Maurerkunst, dass es bei den feinsten Entwürfen gotischer Bogen, die immer nur eine einzelne Nasenbesetzung haben (da der fünfblättrige Bogen übertrieben, wenn auch bei früher Arbeit oft sehr anmutig ist), tatsächlich unmöglich ist, ohne eine Prüfung des inneren Baues des Gebäudes, zu sagen, ob die Nasen um der Schönheit oder um der Stärke willen hinzugefügt sind. Und obgleich sie bei mittelalterlicher Architektur, wie ich glaube, zuerst entschieden aus bloßer Neigung für ihre malerische Form angewandt wurden, bin ich doch nicht sicher, ob ihre früheste Erfindung nicht mit der Konstruktion zusammenhing. (…)

Es ist jedoch klar, dass der organische Nutzen der Nasenbesetzung nur verhältnismäßig kleineren Bogen zu statten kommt. Wenn der Bogen sehr groß wird, dann müssen die Vorsprünge unter den Flanken zu gewichtig werden, um sicher zu sein. Die schwebende Steinlast könnte leicht abbrechen, und solche Bogen werden daher niemals mit schweren Nasenbesetzungen konstruiert, sondern durch die allgemeine Masse des Mauerwerks sicher gemacht; und wo ein weiterer Anschein von Stütze für nötig erachtet werden könnte (mitunter ein beträchtlicher Teil wirklicher Stütze), da wird er durch Hilfe von Maßwerk erzielt. Von dem, was ich über das Wesen des Maßwerks gesagt habe, brauche ich hier nur zu wiederholen, dass es mit dem Durchbohren des Steinmauerwerks von Türen und Fenstern begann, das zu Formen ausgehauen wurde, die von innen betrachtet wie Sterne und von außen wie Blätter erschienen. Der Name *Blatt* oder *feuille* wurde allgemein auf die einzelnen Lappen ihrer Extremitäten angewandt, und man empfand an ihnen dieselbe Freude, die wir an den dreiblättrigen, vierblättrigen oder anderen strahlenförmigen Blättern der Pflanzenwelt haben, zugleich mit der Erkenntnis streng geometrischer Ordnung und Symmetrie. Fig. 15 stellt einige der einfachsten Formen unverwirrt durch äußere Ornamente dar, und die besten Maßwerke sind nichts weiter als dichte Gruppen solcher For-

Fig. 15

men, durch Ornamente verbunden, die ihren Umrissen folgen. (…)

Nasenbesetzung ist nicht nur die auffallendste und eigentümlichste, sondern auch die leichteste Verzierungsmethode, die die gotische Baukunst besitzt; und obgleich sich in der Anordnung der Proportionen und Formen von Blättern die edelste Phantasie zu zeigen vermag, kann doch auch ein Baumeister ohne die geringste Einbildungskraft oder sonstiges Entwurfstalent einen gewissen Effekt bei der Masse seines Bauwerks hervorbringen, wenn er es nur mit törichter Nasenbesetzung (Foliation) bedeckt. Man füge eine beliebige Anzahl von Kreuz- und Querlinien aufs Geratewohl zusammen, wie bei Fig. 16, und fülle alle ihre Quadrate und Oblonge mit Vier- und Fünfblättern aus, dann erhält man sofort etwas, was die meisten Leute für sehr erfreuliche Gotik halten werden. Die denkbar flüchtigste Bekanntschaft mit bestehenden Formen ermöglicht es jedem Architekten, die Muster seiner Nasen-

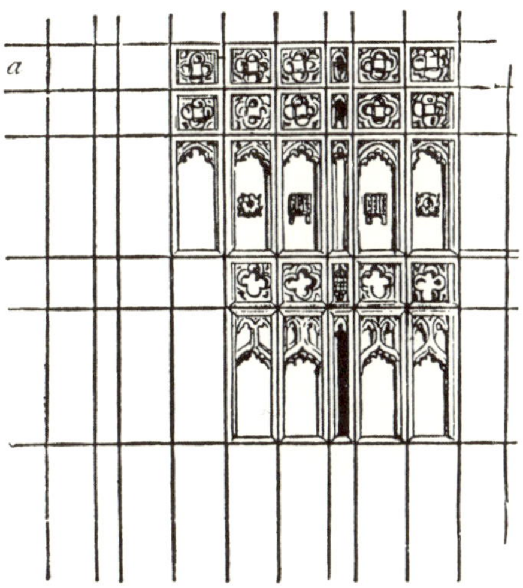

Fig. 16

besetzung mit derselben Leichtigkeit zu verändern, wie diejenigen eines Kaleidoskops, und ein Bauwerk hervorzubringen, das das heutige europäische Publikum großartig finden wird, obgleich vom Fundament bis zur Dachkappe auch nicht ein Schimmer von Erfindung oder irgend ein anderes geistiges Verdienst in dem ganzen Werk liegt. Aber pflanzliche Verzierung und die Anordnung von Ornamenten erfordern etwas Geschicklichkeit und Nachdenken, und wenn sie überhaupt erfreulich sein sollen, müssen sie richtig erfunden oder genau kopiert sein. Man kann sie nicht aufs Geratewohl zusammenbringen, wenn sie nicht ganz alltäglich wirken sollen, und obgleich, wie ich schon sagte, die edelste Phantasie bei der Anordnung von Maßwerk zum Ausdruck kommen kann, so ist doch viel mehr Spielraum für die Entfaltung ihrer Macht vorhanden, wenn diese Maßwerke mit Pflanzen – oder Tierornamenten verbunden sind, und es ist, a priori, anzunehmen, dass überall, wo wahre Erfindungskraft vorhanden ist, solches Ornament verschwenderisch angebracht wird.

Nun kann man die ganze Gotik in zwei umfangreiche Schulen einteilen, eine frühe und eine späte,* von denen die erstere, edle, erfinderische und fortschreitende Schule das Element der Nasenbesetzung nur mäßig anwendet, das der Pflanzen- und Figurenverzierung dagegen verschwenderisch; die letztere, unedle, erfindungsarme und niedergehende Schule wendet dagegen Nasenbesetzung im Übermaß an, Pflanzen – und Figurenverzierung dagegen in untergeordneter Weise. (…)

Ein paar Beispiele werden den Unterschied deutlich erklären. Fig. 2, Tafel 11, stellt die Hälfte einer achtblätterigen Öffnung von Salisbury dar. Hier ist das Element der Nasenbesetzung bei der größeren Anordnung der Sternenform angewandt, aber bei der Dekoration der Nasen ist es gänzlich verschwunden und das Ornament ist pflanzlich.

* Spät, und hauptsächlich auf nördliche Länder beschränkt, so dass die beiden Schulen einander entweder als frühe und späte Gotik oder (im vierzehnten Jahrhundert) als südliche und nördliche Gotik gegenübergestellt werden können.

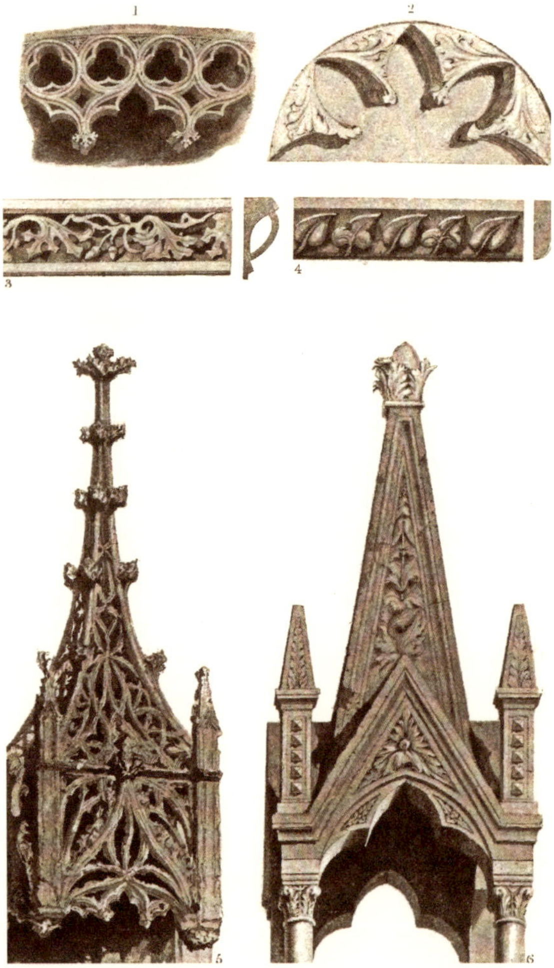

Tafel 11 Linear- und Flächen-Gotik
Mezzotinto, Sepiaton

Aber bei Fig. 1, die einen Teil der Umrahmung eines späteren Fensters der Kathedrale von Rouen darstellt, ist die Nasenbesetzung zuerst kühn um den Bogen fortgeführt, und dann jede seiner Nasen in andere Formen von Blattwerk geteilt. Die beiden größeren Baldachine von Nischen, Fig. 5 und 6, sind die Seitenansichten der beiden oberen Abbildungen gotischer Giebel von Fig. 7. Diese Beispiele wurden dort gewählt, um ebenfalls den Unterschied des Ornamentierungscharakters zu erklären, den wir hier besprechen; und wenn der Leser auf sie zurückblickt und ihre Behandlungsmethoden vergleicht, dann wird sich ihm dieser Unterschied sofort deutlich einprägen. Er wird bemerken, dass bei dem ersten das Element der Nasenbesetzung peinlich auf die Stützbogen des Giebels und der Seitennischen beschränkt ist, so dass auf jeder Seite des Monumentes nur drei nasenbesetzte Bogen zu erkennen sind. Die ganze übrige Verzierung besteht aus »Bossen-Skulptur«, die auf der breiten Marmorfläche angebracht ist. Auf der Spitze des Giebels befinden sich der Schild und der Hundekopf der Scaliger, mit seinen, nach beiden Seiten herausstehenden Drachenflügeln; darunter füllt ein wunderbar ausgehauener Eichbaum das mittlere Feld aus; unter ihm Abels Tod; Abel liegt auf der einen Seite auf dem Gesicht und auf der anderen steht Kain, voll Schrecken gen Himmel blickend; die Einfassung des Bogens ist aus verschiedenem Laubwerk gebildet, das mit dem Scaligerschilde abwechselt; und die Nasen sind je mit einer Blume und zwei breiten Blättern ausgefüllt. Das Ganze ist durch Farbe herrlich gehoben, da der Grund aus blassrotem veroneser Marmor besteht, und die Statuen und das Laubwerk aus weißem karrarischen Marmor.

Fig. 7b stellt die südliche Seitentür der Hauptkirche von Abbeville dar; die Kleinheit des Maßstabes zwang mich, die Linien der Maßwerke etwas schwerfälliger zu machen, als sie in Wirklichkeit sind; aber die Tür selbst ist eines der herrlichsten Probestücke von Flamboyant-Gotik, das es in der Welt gibt. Es ist interessant zu sehen, wie der Schild hier an der Spitze des Giebels angebracht ist, in genau derselben Art, wie bei dem oberen Beispiel, und zu dem gleichen Zweck, – nämlich, um das Auge beim Aufwärtsschauen zu fesseln und zu verhindern, dass es von der scharfen Spitze des Giebels verletzt werde, denn die umgekehrte Ecke des Schildes ist so energisch, dass sie ein vollkommenes Gegengewicht gegen das Aufwärtsstreben der großen zusammenlaufenden Linien bildet. Man wird jedoch bei genauer Prüfung dieses Beispiels finden, dass seine anderen Dekorierungen gänzlich verschieden von denen des Veroneser Grabmals sind. Hier hängt die Hauptwirkung von bloßen Vervielfältigungen gleicher Maßwerklinien ab, und Skulptur ist eigentlich nur in der sitzenden Statue der Mittelnische angebracht, und ehemals in Gruppen, die die schattigen Höhlungen unter den kleineren Nischen in der Archivolte füllten, aber während der Revolution herausgebrochen sind. Wenn wir uns jetzt der Tafel 11 zuwenden und die Häupter der beiden Seitennischen prüfen, die hier von jedem dieser Monumente in größerem Maßstabe dargestellt sind, dann wird uns der Kontrast noch deutlicher werden. Das von Abbeville (Fig. 5) hängt, trotzdem es viel Blattwerk von der krausen, nordischen Art mit Kreuzblumen und Krabben enthält, doch in seiner Hauptwirkung von den verschiedenen Mustern von Nasenbesetzung ab, mit denen seine Räume ausgefüllt sind; und es ist so vollständig durchbrochen, dass es kaum fester ist als ein Stück Spitze; während der Spitzturm von Verona seine Hauptwirkung einer breiten Masse von Schatten verdankt, die kühn zu dem Kleeblatt in seinem Stützbogen geformt ist; und es befindet sich kein weiteres Kleeblatt auf dieser Seite der Nische. Die ganze übrige Dekoration besteht aus Blattwerk, Mandeln oder Bossen; ihre steinerne Oberfläche ist undurchbrochen und ganz licht gehalten, und ihre Masse ist stark und fest genug, um noch ebensoviele weitere Jahrhunderte, wie bisher, unbeschädigt auf der offenen Straße von Verona zu stehen. Die Abbildungen 3 und 4 über jeder Nische zeigen, wie die gleichen Prinzipien bis in die kleinsten Einzelheiten bei beiden Bauwerken durchgeführt sind; 3 ist das Ornament, das den Giebel von Abbeville einfasst und 4 das gleiche bei dem von Verona; und wie in allen Fällen die Verschiedenheit ihrer Behandlung sich gleich bleibt, so zieht das eine das Auge durch breite Skulptur*flächen* an, das andere durch Verwicklungen von verschlungenen *Linien*, und ich werde zur Charakterisierung beider Schulen, wenn ich später Gelegenheit habe, mich auf sie zu beziehen, die eine als Flächen-Gotik und die andere als Linear-Gotik bezeichnen. (…)

Wir haben nun wohl eine genügend eingehende Kenntnis vom Geist wie von der Form gotischen Baustils gewonnen; aber es könnte dem Leser vielleicht nützlich sein, wenn ich ein paar einfache und praktische Regeln aufstellte, die in jedem Falle feststellen, ob ein Gebäude gute Gotik ist oder nicht; und wenn es nicht Gotik ist, ob sein Baustil von einer Art ist, die die Mühen einer sorgfältigen Prüfung voraussichtlich lohnen würde.

Erstens. Seht zu, ob das Dach sich als spitzer Giebel hoch über den Mauern erhebt. Wenn es dies nicht tut, so ist etwas daran nicht in Ordnung; das Gebäude ist keine ganz reine Gotik oder ist verändert worden.

Zweitens. Seht zu, ob die Hauptfenster und Türen Spitzbogen mit darüber befindlichen Giebeln haben. Wenn sie keinen Spitzbogen haben, ist das Gebäude keine Gotik; wenn sie keine Giebel darüber haben, ist es entweder nicht von reiner Gotik oder nicht ersten Ranges.

Wenn es indessen das steile Dach, den Spitzbogen und den Giebel vereint besitzt, dann ist es ziemlich sicher ein gotisches Bauwerk aus sehr guter Zeit.

Drittens. Seht zu, ob die Bogen Nasenbesetzung haben oder nasenbesetzte Öffnungen. Wenn das Gebäude den beiden ersten Bedingungen entspricht, dann ist es sicherlich an irgend einer Stelle nasenbesetzt; aber wenn dies nicht überall der Fall ist, so sind die nicht nasenbesetzten Stellen unvollkommen, ausgenommen, wenn es große Stützbogen sind oder kleine und spitze gruppierte Bogen, die selbst eine Art von Nasenbesetzung durch ihre eigene Vervielfältigung bilden, und durch Bildwerk und reiche Ornamente gehoben sind. So sind z. B. die oberen Fenster an der Ostseite der Westminster Abbey unvollkommen wegen mangels an Nasenbesetzung. Wenn aber überhaupt keine vorhanden ist, so ist das Gebäude entschieden unvollkommene Gotik.

Viertens. Wenn das Gebäude allen drei ersten Bedingungen entspricht, dann seht zu, ob seine Bogen, sowohl die der Fenster und Türen, wie die der untergeordneten Dekoration von wirklichen Säulen mit Basen und Kapitälen getragen werden. Wenn dies der Fall ist, dann ist das Gebäude sicherlich aus edelster gotischer Zeit. Es könnte ja doch vielleicht eine Nachahmung, eine schwache Kopie oder ein schlechtes Probestück eines edlen Stiles sein, aber wenn es allen diesen vier Bedingungen entspricht, dann ist seine Art doch sicherlich ersten Ranges.

Wenn seine Öffnungen keine Säulen und Kapitäle haben, dann seht zu, ob es glatte Öffnungen in den Wänden sind, von gesuchter Einfachheit und ohne Profile an den Seiten. Wenn dies der Fall ist, kann es noch immer edelste Gotik sein, die zu häuslichem oder militärischem Zwecke angewandt ist. Aber wenn die Seiten des Fensters profiliert, und doch keine Kapitäle am Anfang des Bogens angebracht sind, dann entstammt es entschieden einer untergeordneten Schule.

Dies ist alles, was notwendig ist, um festzustellen, ob ein Bauwerk von schönem gotischen Stil ist. Die folgenden Proben sind anzustellen, um herauszufinden, ob es gute Baukunst ist oder nicht; denn es kann sehr unechte Gotik sein, und doch sehr edle Baukunst; oder es kann sehr echte Gotik sein, und doch, wenn es eine Kopie ist, oder ursprünglich von einem unbekannten Erbauer errichtet, sehr schlechte Baukunst.

Wenn es einer der großen Farbenschulen angehört, wird seine Beurteilung ebenso kompliziert, und erfordert dieselbe Sorgfalt, wie die eines Musikstückes, und es können keine allgemeinen Regeln darüber aufgestellt werden; wenn dies aber nicht der Fall ist – dann seht zuerst zu, ob es von starken Männern errichtet ist; ob es die gewisse Rauheit und Breite und Nachlässigkeit aufweist, die stellenweise mit jener auserlesenen Zartheit verbunden ist, die stets das Handzeichen des weiten Blickes und der derben Kraft von Männern gewesen zu sein scheint, die *über* ihr Werk hinauszusehen vermögen, während sie daran arbeiten, und hier und da eine Art von Geringschätzung desselben verraten. Wenn das Bauwerk diesen Charakter trägt, dann spricht schon vieles zu seinen Gunsten; es müsste seltsam zugehen, wenn es sich nicht als ein edles erwiese. Wenn es ihn nicht besitzt, sondern durchgehends peinlich genau und akkurat ausgeführt ist, dann gehört es entweder der allerbesten oder der allerschlechtesten Schule an; der allerbesten, bei der der vortrefflichste Entwurf mit unermüdlicher und gewissenhafter Sorgfalt ausgeführt ist, wie bei der Gotik von Giotto; oder der allerschlechtesten, bei der der Mechanismus die Stelle des Entwurfs einnimmt. Es ist im allgemeinen eher anzunehmen, dass es zu der schlechtesten als zu der besten gehört; so dass sehr akkurate Ausführung schließlich für ein schlechtes Zeichen gehalten werden kann; und wenn an einem Gebäude nichts weiter bemerkenswert ist, als seine peinliche Genauigkeit, so kann es gleich mit Geringschätzung übergangen werden.

Zweitens, achte man darauf, ob es unregelmäßig ist, und seine verschiedenen Teile verschiedenen Zwecken angepasst sind, ohne dass sich jemand darum bekümmert, was aus ihnen wird, wenn sie nur ihre Arbeit verrichten. Wenn jeder Teil ganz genau zu dem andern passt, ist es sicherlich ein schlechtes Bauwerk; und je größer und auffallender die Unregelmäßigkeiten sind, um so mehr Aussicht ist dafür vorhanden, dass es ein gutes ist. So ist z. B. am Dogenpalast, der in Fig. 33 in rohem Holzschnitt abgebildet ist, der Grundgedanke streng symmetrisch; aber von den sechs Fenstern sind zwei niedriger als die übrigen; und wenn der Leser die Bogen der kleinen Arkade bis zu dem großen Balkon zählt, dann merkt er, dass dieser sich nicht im Mittelpunkte befindet, sondern um die ganze Breite eines Bogens weiter nach rechts hin angebracht ist. Wir können ganz sicher sein, dass das Bauwerk ein gutes ist, da nur ein Meister seines Faches gewagt haben würde, dies zu tun.

Drittens, beachte man, ob alle Maßwerke, Kapitäle und anderen Ornamente von beständig wechselnder Zeichnung sind. Wenn dies nicht der Fall ist, so ist das Bauwerk entschieden schlecht.

Schließlich, *lese* man die Skulptur. Als Vorbereitung hierzu muss man zuerst entdecken, ob sie überhaupt lesbar ist (und wenn dies der Fall ist, so ist sie auch mit ziemlicher Sicherheit des Lesens wert). Bei einem guten Bauwerk ist die Skulptur *stets* an solcher Stelle und in solchem Größenverhältnis angebracht, dass bei gewöhnlicher Entfernung, in der das Gebäude gesehen wird, das Bildwerk völlig verständlich und anziehend erscheint. Um dies zu erreichen, müssen die obersten Statuen zehn oder zwölf Fuß hoch sein und das obere Schmuckwerk kolossal, aber an Feinheit der Ausführung zunehmen, je weiter es herabsteigt bis zum Fundament, wo es oft so ausgearbeitet ist, wie für einen kostbaren Schrein in einem Königsgemache; aber der Beschauer bemerkt es nicht, dass die oberen Skulpturen kolossal sind. Er empfindet nur, dass er sie gut sehen und deutlich erkennen kann.

Und wenn dies festgestellt ist, möge er sich daran machen, sie selbst zu lesen. Von nun an muss die Kritik des Bauwerkes nach genau denselben Grundsätzen wie die eines Buches fortgeführt werden; und es muss von der Kenntnis, dem Gefühl, und nicht wenig auch von dem Fleiß und der Ausdauer des Lesers abhängen, ob er, selbst bei den besten Bauwerken, im stande ist, sie als groß zu erkennen, oder als erfreulich zu empfinden.

GOTISCHE PALÄSTE

Die Bauwerke, aus deren Überresten wir versucht haben, eine gewisse Vorstellung von Venedig während der byzantinischen Epoche zu gewinnen, tragen heutigestags kaum etwas zur Wirkung seiner Straßen bei. Es sind zu wenige, und sie sind zu entstellt, um den Blick anzuziehen oder die Gefühle zu beeinflussen. Der Reiz, den Venedig noch immer besitzt, und der es während der letzten fünfzig Jahre zum Lieblingsaufenthalt aller Maler pittoresker Vorwürfe gemacht hat, ist der Wirkung der Paläste zu verdanken, die der Epoche angehören, welche wir jetzt zu prüfen haben, untermischt mit denen der Renaissance.

Diese Wirkung ist auf zweierlei Weise hervorgebracht. Die Renaissance-Paläste sind an sich nicht malerischer als die Klubhäuser von Pall Mall; aber sie wirken entzückend durch den Kontrast, den ihre Strenge und Verfeinerung zu der reichen und rohen Verwirrung des Seelebens zu ihren Füßen bildet und ihr weißes festes Mauerwerk zu den grünen Wellen. Man entferne unter ihnen die orangefarbenen Segel der Fischerboote, das schwarze Gleiten der Gondeln, die beladenen Verdecke und rohen Schiffsmannschaften der Handelsbarken, und das Kräuseln des grünen Wassers an ihren Fundamenten, und die Renaissance-Paläste besitzen nicht mehr Interesse, als die von London oder Paris. Aber die gotischen Paläste sind an und für sich malerisch und üben eine selbständige Macht über uns aus. Meer und Himmel, und jedes andere Beiwerk könnte von ihnen entfernt werden, und sie würden dennoch schön und seltsam erscheinen. Sie sind nicht minder auffallend in den einsamsten Straßen von Padua und Vicenza (wo viele während der venezianischen Herrschaft über diese Städte erbaut wurden) als in den überfülltesten Verkehrsadern von Venedig selbst; und wenn sie in den Mittelpunkt von London transportiert werden könnten, dann würden sie selbst dort nicht ganz ihre Macht über die Gemüter einbüßen.

Der beste Beweis hierfür liegt in der fortdauernden Anziehungskraft aller Bilder, die, so jämmerlich sie auch ausgeführt sein mögen, das hauptsächlichste dieser gotischen Bauwerke, den Dogenpalast, zum Gegenstand haben. Trotz aller architektonischen Theorien und Lehren, findet man die Gemälde von diesem Gebäude immer entzückend; wir werden ihrer niemals müde, wenn sie auch oft eine harte Prüfung für uns sind; aber bei den Renaissance-Palästen sind wir nie einer solchen Prüfung ausgesetzt. Sie werden niemals einzeln oder als Hauptgegenstand dargestellt, und können es auch nicht. Das dem Dogenpalast auf der anderen Seite der Piazzetta gegenüberliegende Gebäude ist bei den Architekten berühmt, aber es ist unseren Augen nicht vertraut. Es wird nur zufällig als Vervollständigung, aber nicht als Gegenstand einer venezianischen Szene gemalt; und selbst die Renaissance-Arkaden des Markusplatzes werden, so oft man sie auch malt, immer wie eine bloße Promenade behandelt, die zu seiner byzantinischen Kirche

Palazzo Contarini-Fasan, 1841, Zeichnung/Aquarell
Bleistift, Wasserfarbe und Deckfarbe auf grauem Papier

und dem kolossalen Turme führt. Der Dogenpalast selbst verdankt seinen eigentümlichen, stets empfundenen Zauber nicht so sehr seiner bedeutenden Größe, im Vergleich mit anderen gotischen Bauwerken, oder seinem edleren Entwurf (denn er ist bisher niemals richtig gezeichnet worden), als vielmehr seiner verhältnismäßigen Isoliertheit. Die anderen gotischen Gebäude sind durch die fortwährende Gegenüberstellung der Renaissance-Paläste ebenso geschädigt worden, wie den letzteren dadurch genützt ist; sie strömen ihr eigenes Leben aus, indem sie es der Renaissancekälte einhauchen; aber der Dogenpalast steht verhältnismäßig allein und bringt in vollstem Maße die gotische Kraft zum Ausdruck.

Und es ist gerecht, dass er so angesehen wird, denn er ist der Ursprung fast alles übrigen. Er ist nicht die vollendetere und ausgeklügeltere Entwicklung eines nationalen Stiles, sondern die großartige und plötzliche Erfindung eines einzigen Mannes und bildete sofort einen nationalen Stil und wurde das Musterbild für die Nachahmung jedes Baukünstlers von Venedig für mehr als ein Jahrhundert. Es war mir immer als höchst merkwürdig erschienen, dass sich in keinem Teile der Stadt irgendwelche einleitende oder unvollkommene Typen von der Form des Dogenpalastes vorfinden sollten. Es war schwer zu glauben, dass ein so mächtiges Bauwerk nicht nur in Anordnung und Detail, sondern im ganzen Stil die Schöpfung eines einzelnen Mannes war; und doch hätten, wenn es anders gewesen wäre, irgendwelche frühen Beispiele ähnlicher Gotik existieren müssen. Es ist aber kein einziges vorhanden. Die zwischen dem endgültigen Aufhören des byzantinischen Stiles (um 1300) und der Herstellungszeit des Dogenpalastes (1320 bis 1350) erbauten Paläste sind alle von so bestimmt ausgesprochenem Charakter, dass ich zuerst beabsichtigte, dem Bericht über sie einen besonderen Abschnitt dieses Bandes zu widmen; und es besteht buchstäblich *keine* Übergangsform zwischen ihnen und der Vollendung des Dogenpalastes. Jedes gotische Gebäude in Venedig, das dem letzteren gleicht, ist eine Nachahmung desselben. Ich meine nicht, dass es in Venedig vor dem Dogenpalast keine Gotik gegeben habe, sondern dass die Art ihrer Anwendung auf häusliche Baukunst nicht festgesetzt war. Der wahre Ursprung des Dogenpalastes ist die Apsis von der Kirche der Frari. Die Maßwerke dieser Apsis sind, trotz der älteren und roheren Ausführung, fast dieselben in der Form, und genau dieselben in der Behandlung (besonders in der Anbringung der Löwenköpfe), wie die der großen Dogenarkade; und die Originalität des Baukünstlers vom Dogenpalast besteht darin, dass er diese Maßwerke, in höher entwickelter und vollendeterer Form, für bürgerliche Zwecke angewendet hat. In der Apsis der Kirche bilden sie schmale und hohe Fenster, etwas massiver als die der nordischen Gotik, aber in gleicher Weise angebracht. Es handelte sich also nur darum, diese Maßwerke den gebräuchlichen Formen häuslicher Bauwerke anzupassen. Die alten Paläste bestanden, wie wir gesehen haben, aus Arkaden, welche mit Marmor verkleidete Wände von mehr breiter als hoher Form trugen. Diese Form war für den Dogenpalast beibehalten worden; aber anstatt der von Säule zu Säule reichenden Rundbogen hatte man die Frari-Maßwerke, mit zwei wesentlichen Veränderungen, angebracht. Außer bedeutender Vergrößerung des Umfanges und der Stärke, so

Fig. 17 a, b

dass sie die aufliegende Last besser zu tragen vermöchten, war das Vierblatt, das sich bei den Frari-Fenstern über dem Bogen befindet, wie bei a Fig. 17, beim Dogenpalast zwischen den Bogen angebracht, wie bei b; der Hauptgrund für diese Veränderung bestand darin, dass die Tragkraft der Bogen, der jetzt die Last einer vierzig Fuß hohen Wand anvertraut war, auf diese Weise *zwischen* die Vierblätter traf anstatt unter sie und daher viel vorteilhafter verwandt wurde. Zweitens waren auch die Fugen des Mauerwerks verändert. Bei den Frari (und häufig auch bei S. Giovanni und Paolo) ist das Maßwerk aus zwei einfachen Kreuzbalken oder Steinplatten gebildet, die zu den erforderlichen Formen durchbrochen, und durch eine horizontale Fuge geschieden sind, die sich auf derselben Höhe mit der untersten Nase der Vierblätter befindet, wie man bei Fig. 17 a sehen kann. Aber bei dem Dogenpalast befindet sich die horizontale Fuge in der Mitte der Vierblätter und zwei weitere sind darunter im rechten Winkel zu dem fortlaufenden Profil angebracht, wie man bei Fig. 17 b sehen kann. Der Erbauer des Dogenpalastes führte diese Regel der Maurerkunst mit ernster Entschlossenheit durch. Bei den Maßwerken der großen oberen Fenster, wo die Nasen durchbrochen sind, wie bei dem Vierblatt, Fig. 18, ist die untere Nase teilweise massiv gelassen, wie bei a, nur damit die Fuge a b ihre richtige Stelle und Richtung haben möge.

Die Ermittelung der Entstehung der Maßwerke des Dogenpalastes aus denen der Frari, und seine Priorität vor allen anderen, ihm ähnlichen Gebäuden in Venedig, belohnte mich für einen ganzen Teil höchst uninteressanter Arbeit bei der Prüfung von Gesimsen und anderen untergeordneten Formen von gotischen Palästen, bei denen nur das innerliche Zeugnis ihrer Entstehungszeit zu entdecken war, da es keine historischen Erwähnungen über sie gab.

Wie eben festgestellt, ist die gotische Baukunst von Venedig also in zwei große Perioden

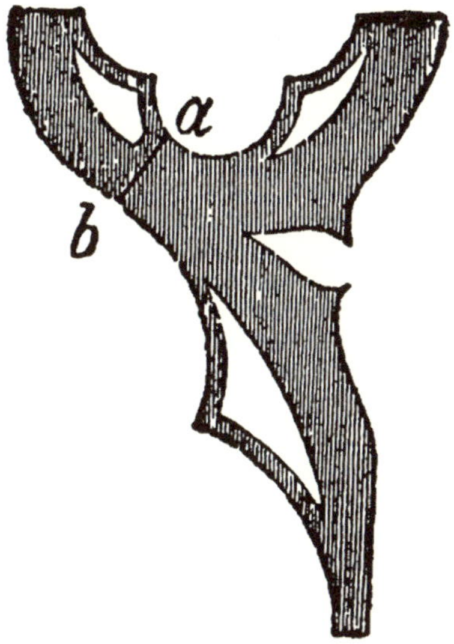

Fig. 18

geteilt; eine, in der trotzdem verschiedentliche regellose, gotische Hinneigungen auftauchen, doch kein beständiger Typus häuslicher Baukunst entwickelt war; und eine andere, in der eine ausgebildete und beständige Schule häuslicher Baukunst aus der direkten Nachahmung des großen Entwurfs des Dogenpalastes hervorging. Wir müssen uns mit jeder dieser beiden Perioden einzeln beschäftigen, von denen die erste oben schon öfter unter dem Namen der Übergangsperiode erwähnt wurde.

Wir werden nacheinander die allgemeine Form, die Fenster, Türen, Balkone und Brustwehre der gotischen Paläste betrachten, die zu jeder dieser Epochen gehören.

Zuerst, die allgemeine Form.

Wir haben gesehen, dass die Überreste der byzantinischen Paläste nur noch aus oberen und unteren Arkaden bestanden, welche Höfe umschlossen; denn die innere Einrichtung ist jetzt völlig verändert und ihre ursprüngliche Verfassung unaufspürbar. Die Eingänge zu diesen frühen Bauwerken bestehen größtenteils nur aus großen runden Bogen, den mittleren Gliedern ihrer fortlaufenden Arkaden; sie stellen uns keine deutlich geschiedenen Fenster und Türen dar.

Aber in der gotischen Periode findet ein großer Wechsel statt. Die langen Arkaden werden gleichsam in Stücke gebrochen und kristallisieren sich zu Mittel- und Seitenfenstern, und kleinen, in große Flächen von Backsteinmauern eingelassenen Bogentüren. Das Seegeschoss eines byzantinischen Palastes besteht aus sieben, neun oder mehr Bogen in einer fortlaufenden Reihe; aber das Seegeschoss eines gotischen Palastes besteht aus einer Tür und ein oder zwei Fenstern auf jeder Seite, wie bei einem modernen Hause. Das erste Stockwerk eines byzantinischen Palastes besteht aus etwa achtzehn oder zwanzig Bogen, die von einer Seite des Hauses bis zur anderen reichen; das erste Stockwerk eines gotischen Palastes besteht aus einem Fenster mit vier oder fünf Scheiben in der Mitte und ein oder zwei einzelnen Fenstern auf jeder Seite. Den Keim dieser gotischen Anordnung findet man jedoch schon in der byzantinischen, wo, wie wir gesehen haben, die fortlaufenden Arkaden stets aus einer Mittelgruppe und zwei Flügeln von kleineren Bogen bestanden. Die Mittelgruppe wird zur Tür oder zum Mittel-Fenster des gotischen Palastes, und die Flügel gehen in seine Seitenfenster über.

Aber der wesentlichste Unterschied bei der ganzen Anordnung ist die Einbuße der Einigkeit der Auffassung, die den byzantinischen Entwurf regelte. Wie fein das Gefühl für Abstufung war, das die Größenverhältnisse der frühen Paläste anordnete, haben wir schon gesehen; aber ich habe noch nicht erwähnt, dass die byzantinische Arbeit in ihrer Ornamentierung ebenso zentralisiert war, wie in ihren Proportionen. Nicht nur die Seitenkapitäle und Archivolten wurden verhältnismäßig einfach gehalten, während die mittleren Skulpturschmuck erhielten, sondern jedes Mittelstück der Skulptur – mochte es nun ein Kapitäl, ein eingelegter Kreis, oder ein Architrav sein – wurde stets vor den übrigen ausgezeichnet. Im Fondaco dei Turchi ist, z. B., das mittelste Kapitäl der oberen Arkade der Schlüssel zu der ganzen Gruppe, und ist größer und kunstvoller als alles übrige, und die Seitenkapitäle sind so geordnet, dass sie einander auf den entgegengesetzten Seiten entsprechen, wobei A für das mittelste gilt, F E B C A C B E F und eine plötzliche Unterbrechung des Systems ist nur bei einem einzigen Kapitäl am Ende der Reihe zugelassen.

Nun war noch lange, nachdem die byzantinischen Arkaden zu Fenstern zusammengezogen waren, dieses Zentralisations-System mehr oder weniger aufrecht erhalten; und bei allen frühen Gruppen von Fenstern mit fünf Scheiben ist das mittelste Kapitäl von den beiden stets übereinstimmenden an jeder Seite verschieden. Dies wird so streng durchgeführt, dass überall, wo die Kapitäle einer Fenstergruppe nicht in dieser Weise zentralisiert sind, sondern sich völlig ähneln, oder alle verschieden sind, so dass sie keine Übereinstimmung zeigen, dies der sichere Beweis von der verhältnismäßig späten Errichtung des Gebäudes ist, auch wenn kein anderer existieren sollte.

Bei jeder Fenstergruppe in Venedig, die ich prüfen konnte, und die in dieser Weise zentralisiert war, fand ich in ihren Gesimsen den Beweis, dass sie älter als der Dogenpalast war. Dieser Palast beseitigte die spitzfindige Proportion und Zentralisation des byzantinischen Stiles. Seine Bogen sind von gleicher Spannweite und seine Kapitäle alle verschieden und nicht gruppiert; einige sind allerdings größer als die übrigen, aber dies nicht um der Proportion willen, sondern zu besonderem Zweck, wenn eine größere Last zu tragen ist. Aber zu den verschiedenen Beweisen für die frühe Entstehungszeit der See-Fassade dieses Gebäudes kommt noch eine feine und zarte Konzession an das System der Zentralisation, welches es völlig abschloss. Die Kapitäle der oberen Arkade sind, wie ich sagte, alle verschieden, und zeigen keine beabsichtigte Übereinstimmung untereinander; aber das mittelste ist aus *reinem parischen Marmor*, während alle anderen aus istrischem Stein bestehen.

Die kühne Dekoration des Mittel-Fensters und des darüber befindlichen Balkons soll nur den Vorrang des Mittel-Fensters besonders hervorheben, was für die gotische Periode nicht minder charakteristisch war als für die byzantinische. In den Privat-Palästen werden die Mittelfenster bedeutsamer durch die Zahl ihrer Fenster; im Dogenpalast war eine solche Anordnung aus verschiedenen Gründen unstatthaft, und das Mittelfenster, das im Entwurf den beiden am östlichen Ende der Fassade durchaus untergeordnet erscheint, wurde dennoch zur Hauptfigur durch seinen edlen Baldachin und Balkon gemacht.

Dies sind die hauptsächlichen Unterschiede in bezug auf den allgemeinen Entwurf byzantinischer und gotischer Paläste, und die Einzelheiten der Behandlung der letzteren sind leicht festzustellen. Die Marmorbekleidungen werden nach und nach von den Wänden entfernt; und der kahle Backstein steht frei vor aller Augen da, in scharfem Kontrast zu den Marmorsäulen und Archivolten der Fenster, oder ist mit Freskomalereien auf Stuck bedeckt, wovon später mehr gesagt werden soll. Der Dogenpalast bildet, wie in jeder übrigen Hinsicht, genau den Mittelpunkt in diesem Wechsel. Er behält noch die Marmorbekleidung bei, aber anstatt in Tafeln angebracht zu sein, wie in byzantinischen Zeiten, sind bei ihm massive Marmorsteine oder Blöcke benutzt, von 11 ½ Zoll Länge und 6 Zoll Höhe.

Die Stockwerke der gotischen Paläste sind durch Rollschichten getrennt, die bedeutend kühner vorspringen als die der byzantinischen und viel reicher dekoriert sind; und während die Ecken der byzantinischen Paläste ganz scharf und rein sind, sind die der gotischen Paläste mit Auskehlungen versehen, die mit kleinen gewundenen Säulenschaften ausgefüllt sind, die unter dem Gesimse jedes Stockwerkes Kapitäle tragen.

Diese Kapitäle werden bei der allgemeinen Wirkung wenig beachtet, aber die Säulen sind von großer Wichtigkeit, da sie der Ecke einen Anschein von Festigkeit verleihen; was für Venedig besonders notwendig ist, da wegen der verschiedentlichen Windungen der Kanäle nicht nur viele Ecken an den Palästen vorkommen, sondern diese auch oft *scharf* sein müssen, weil jeder Zoll Grund und Boden kostbar ist. In anderen Städten kann sowohl der Anschein wie die Bürgschaft für Festigkeit stets durch die Anwendung von massiven Steinen erreicht werden, wie bei den burgartigen Palästen von Florenz; aber es muss in Venedig immer wünschenswert erschienen sein, so leicht wie möglich zu bauen, wegen der verhältnismäßigen Unsicherheit der Fundamente. Die alten Paläste waren, wie wir gesehen haben, wahre Musterbilder von Grazie und Leichtigkeit, und wenn die nachfolgende Gotik auch bedeutend massiver im Stil ihrer Einzelheiten war, so gestattete sie ihrer Konstruktion doch nie eine größere Gewichtigkeit, als für ihre Tragkraft unbedingt notwendig war. Daher macht jeder gotische Palast den Eindruck, als ob er mit einer minimalen Menge von Stein und Ziegeln soviel Zimmer, wie irgend möglich enthielte, und soviel Tragkraft, wie nur denkbar erreichte. Die Maßwerke der Fenster, die bei nordischer Gotik nur das *Glas* halten, stützen in Venedig das *Gebäude*; und die größere Gewichtigkeit der *Maßwerke* ist nur ein Anzeichen von der größeren Leichtigkeit der *Konstruktion*. Als daher die Renaissance-Architekten ihre Meinung über die Widerstandsfähigkeit des Dogenpalastes im Falle von Feuersgefahr äußern, sagt einer von ihnen, Christoforo Sorte, er hielte es durchaus nicht für löblich, dass der »Serenissimo Dominio« des venezianischen Senates »in einem Palaste leben müsse, der in die Luft gebaut sei«. Und Andrea della Valle sagt, die Wand des Salons sei um fünfzehn Zoll stärker als die Säulenschafte, und spränge innen um neun Zoll und nach außen um sechs Zoll vor, so dass sie über der Piazza *in der Luft zu stehen scheine*; und doch ist diese Wand so edel und fest zusammengefügt, dass Rusconi, obgleich er selbst ganz der Renaissance-Schule ergeben ist, erklärt, dass das Feuer, welches das ganze Innere des Palastes zerstörte, dieser Wand keinen größeren Schaden zugefügt habe, als der Stich einer Mücke einem Elefanten. »Troveremo che el danno che ha patito queste muraglie sarà conforme alla beccatura d'una mosca fatta ad un elefante.«

So war auch in allen anderen zu jener Zeit erbauten Palästen höchste Widerstandskraft mit einer Leichtigkeit der Form und einer Sparsamkeit an Material verknüpft, die es äußerst wünschenswert machte, dass das Auge durch jedes mögliche Hilfsmittel von der Festigkeit des Gebäudes überzeugt wurde, und diese gewundenen Pfeiler an den Ecken gehören nicht zu den unwichtigsten, der zu diesem Zwecke angewandten Mittel, denn sie scheinen die Wände zusammenzubinden, wie ein Seil eine Kiste zubindet. Im Dogenpalast, wo sie an der Ecke einer ununterbrochenen Mauer vierzig Fuß hoch hinauf geführt sind, hat man sie in nach oben kürzer werdende Teile durch Bänder oder Ringe abgeteilt, die mit dem Nagelkopf – oder Hundszahnornament besetzt, kräftig vorspringen, und der Säule beinahe den Anstrich eines Rohrhalmes geben; da ihre verjüngten Teile genau so angeordnet sind, wie es die Natur bei allen gegliederten Pflanzen tut. Auf der Höhe des Palastes breitet sie sich, wie der Kornhalm sich zur Ähre entfaltet, zu einer kleinen Nische mit spitzer Bedachung aus, die mit dem phantastischen Geländer die Wucht der massiven unteren Wand durch den Kontrast zugleich hebt und noch auffallender macht.

Der Dogenpalast steht mit diesen Nischen an den Ecken einzig da, denn in der übrigen Stadt findet man sie nur an Kirchen, aber einige sind vielleicht durch Restaurierungen entfernt worden, zugleich mit den Geländern, mit denen sie stets vereint waren.

Man kann sie entschieden nicht Zinnen nennen, und noch weniger mit Verteidigungserkern versehene Gesimse, wie sie die burgartigen Paläste des hohen Adels auf dem Festlande krönen; sondern es sind einfache Anwendungen der zierlichen, kronenartigen Ornamente, die die Wände der arabischen Moschee bekrönen. Und auch diese werden nicht einmal allgemein an den Hauptwänden der Paläste selbst angebracht. Sie kommen am Dogenpalast vor, an der Ca d'Oro und waren vor einigen Jahren auch noch am Fondaco dei Turchi; aber die Mehrzahl der gotischen Paläste hat das einfache Hundszahngesims unter dem vorspringenden Ziegeldach; und das reich verzierte Geländer ist nur auf den Mauern angebracht, welche Höfe oder Gärten umgeben und ohne solche Verzierung ganz ohne Interesse sein würden. Fig. 19 stellt unter b einen Teil eines solchen Geländers dar, welches den Hof eines Palastes in der Calle de Bagatin umgibt, zwischen S. G. Grisostomo und San Canzian; es besteht ganz aus Backstein und die Formen sind eigentümlich scharf und abwechslungsreich; die Höhe jedes einzelnen Spitztürmchens beträgt ungefähr vier Fuß und sie bekrönen eine Mauer von zwölf oder fünfzehn Fuß Höhe; ein Stück des Gesimses, das die Vierblätter umrahmt, stellt Fig. a vergrößert dar, zugleich mit der Spitze des kleinen, darunter befindlichen Bogens, den der gewöhnliche venezianer Kälberzahn umgibt, und einem zarten kleinen Fries mit Hundszahnornament, das die Seiten des Bogens trägt. Die Modellierung des Backsteins ist durchgehends im höchsten Grade scharf und schön. Das merkwürdigste hierbei ist die sorglose Art, mit der die gekrümmten Umrisse der Spitztürme in das einfache Backsteinmauerwerk hineingeschnitten sind, ohne die mindeste Rücksicht auf die Stellen der Zusammenfügungen. Die ungünstige Witterung nutzt natürlich die Mauersteine an den exponierten Stellen ab, und zackt den Umriss ein wenig aus; aber das Bauwerk steht doch offenbar seit

Fig. 19 a, b

dem vierzehnten Jahrhundert, ohne besonderen Schaden erlitten zu haben.

Dieses Geländer kann als allgemeiner Typus für das venezianische *Mauer*geländer der gotischen Periode aufgefasst werden, von denen einige weniger und andere viel reicher dekoriert sind. Das schönste von Venedig befindet sich in der kleinen Calle, die auf den Campo und Traghetto San Samuele führt; bei ihm sind zart in Stein ausgehauene allegorische Darstellungen in jedes Spitztürmchen eingelassen.

Die Geländer der Paläste selbst waren zierlicher und phantastischer und bestanden aus schmalen, lanzenartigen Marmorspitzsäulen, die zwischen den breiteren Spitztürmen angebracht waren, welche in solchen Fällen gewöhnlich die Form einer *fleur-de-lis* hatten. Das französische Wort gibt dem Leser die beste Vorstellung von dieser Form, obgleich er bedenken muss, dass diese Anwendung der Lilie für die Geländer nichts mit Frankreich zu tun hat, sondern nur die Fortführung des byzantinischen Systems pflanzlicher Ornamentierung ist, welches den Umriss der Lilie überall anbrachte; so dass ich es für richtig befunden habe, seine schönsten Kapitäle die *Lilien*kapitäle von San Marco zu nennen. Aber das mehr als gewöhnlich häufige Vorkommen dieser Blume auf den Zinnen des Dogenpalastes, bot den Anlass zu einer seltsamen politischen Schlussfolgerung, als im Jahre 1511 bei dem großen Erdbeben dieses Jahres ein Stück von einer dieser Zinnen herabstürzte. Sanuto bemerkt in seinem Tagebuche, dass »das Stück, welches herunterfiel, gerade das war, welches die Lilie trug«, und erwähnt verschiedentliche unheilvolle, auf dieses wichtige Omen begründete Vorahnungen von drohender Gefahr für die verabscheute französische Regierung. Da sich nun zufällig beim Dogenpalast gerade eine Fuge in den Spitztürmen an der Stelle befindet, die den Teil, »welcher die Lilie trägt«, von dem trennt, der an dem Gesims befestigt ist, so ist es kein Wunder, dass das Omen sich als trügerisch erwies.

Die Verzierungen des Geländers wurden vervollständigt durch vergoldete Metallkugeln an den äußersten Enden der Lilienblätter und der dazwischen liegenden Spitzsäulen, so dass sie im wahren Sinne des Wortes für die Wand ein silbernes, an den Spitzen mit Gold verziertes Diadem bildeten. Dieses Bild tritt noch deutlicher in der Ca d'Oro zutage durch abwechselnde Höhe der Spitztürmchen, deren höchstes sich im Mittelpunkt der Fassade befindet.

Wenige von diesen Dachgeländern sind noch übrig geblieben, sie sind natürlich der Teil des Gebäudes, der bei eintretender Baufälligkeit zuerst entfernt werden muss. Das des Dogenpalastes hat jedoch, trotz wahrscheinlich häufiger Restaurierungen, viel von der ursprünglichen Form behalten und ist außerordentlich schön, obgleich es, von unten gesehen, nicht den Eindruck macht, als ob es zum Schutz bestimmt sei. Es dient durch seine ausnehmende Leichtigkeit nur dazu, das durch die Breite der unteren Wand ermüdete Auge zu erfreuen; ist aber dennoch eine sehr gute Schutzwehr für jeden, der am Rande des Daches entlang geht. Der etwas unsichere Eindruck, den es macht, kommt von dem völligen Einzelstehen der Steinstücke, aus denen es besteht, welche, obgleich sie natürlich durch Eisen befestigt sind, aussehen, als ob sie auf dem Gesimse balancierten, wie die Pfeiler von Stonehenge. Ich habe aber nie gehört, dass etwas geringeres als ein Erdbeben sie erschüttert hätte; und wie wir gesehen haben, vermochte selbst das große Erdbeben von 1511, das die Zimmer der Ca d'Oro stark beschädigte und mehrere Statuen von San Marco herabwarf,* nur eine Lilie von der Stirn des Dogenpalastes zu rauben.

* Es ist ein merkwürdiger Beweis dafür, wie vollständig schon in so früher Zeit, wie zu Beginn des sechzehnten Jahrhunderts, die Venezianer die Gewohnheit verloren hatten, die religiöse Kunst ihrer alten Kirchen zu *verstehen*, dass Sanuto bei der Beschreibung dieser Beschädigung sagt: »vier von den marmornen *Königen* fielen von ihren Spitztürmen oberhalb der Fassade von der St. Marcuskirche herab;« und gleich darauf verbessert er seinen Irrtum und entschuldigt ihn folgendermaßen: »Es waren vier Heilige, St. Constantin, St. Demetrius, St. Georg und St. Theodor, lauter griechische Heilige. *Sie sehen wie Könige aus.*« Man beachte das unbeabsichtigte und daher große Lob, das dem alten Bildhauer gezollt wird.

Obgleich diese leichten und phantastischen Formen die allgemeinen bei den Geländern gewesen zu sein scheinen, die hauptsächlich zur Dekoration bestimmt waren, so gab es doch noch eine andere Art von Brustwehr, die ganz und gar für den Schutz von Leuten errichtet war, die auf den Dächern, oder den Galerien der Kirchen umhergingen, und von diesen festeren und einfacheren Schutzwehren stammen ganz direkt die *Balkone* ab, denen die gotischen Paläste einen großen Teil ihrer malerischen Wirkung verdanken. Ist doch der Balkon tatsächlich nichts weiter als ein Stück solchen Dachgeländers, das um ein vorragendes, von Konsolen getragenes Fensterbrett angeordnet ist, wie die mittlere Abbildung von Fig. 20 zeigt. Wir müssen daher diese schützenden Balustraden und die von ihnen abstammenden Balkone nacheinander prüfen.

Offenbar kann eine Balustrade mit ununterbrochenem Rande, auf dem der Arm ruhen kann, nur auf dreierlei Weise konstruiert werden. Sie muss entweder aus massivem Stein bestehen (1) und, wenn sie überhaupt dekoriert ist, einfache Flächenskulptur aufweisen, wie das oberste Beispiel von Fig. 20; oder zu einer Art von Maßwerk durchbrochen sein, wie bei dem zweiten (2); oder aus kleinen Pfeilern bestehen, die einen flachen Steinbalken tragen, wie bei dem dritten (3). Die letzte Art ist uns in krankhafter und geschwollener Form an den Balustraden unserer Brücken bekannt.

(1) Von diesen drei Arten ist das erste, das bei der Kanzel von Torcello und im Mittelschiff von S. Marco vorkommt, woher das oberste Abbild genommen ist, schön, da so reiche Skulptur darauf angebracht werden kann; aber es können auch Einwendungen dagegen laut werden, weil es erstens schwerfällig ist und zweitens unbequem bei der Benutzung. Es ist unbehaglich, sich über den Balkon zu lehnen, wenn der Fuß nicht manchmal unter dem Rande, auf dem der Arm ruht, vorgeschoben werden kann, d.h. zwi-

Fig. 20

Fig. 21

schen die Geländersäulen oder Maßwerke, was natürlich bei einer massiven Brüstung nicht angeht. Auch ist es angenehmer, teilweise durch die Öffnungen hinunterblicken zu können, als stets gezwungen zu sein, sich weit über den Rand hinauszulehnen. Die massive Brustwehr wurde in Venedig in späterer Zeit selten angewandt.

(2) Die mit Maßwerk versehene Brustwehr wurde hauptsächlich bei der nordischen Gotik benutzt, von der das obere Beispiel, in Casa Contarini Fasan, direkt abstammt. Sie ist, gut gezeichnet, die reichste und schönste aller Formen, und viele der besten Bauwerke in Frankreich und Deutschland verdanken ihr zum guten Teil ihre Wirkung; ihr einziger Fehler ist nur eine leichte Hinneigung zur Phantasterei. Sie wurde nie bedingungslos in Venedig angenommen, wo die Architekten sich unglücklicherweise den Renaissanceformen zugewendet hatten, ehe die Flamboyantbrustwehr im Norden zu voller Entwicklung gelangt war; aber im frühen Stadium der Renaissance wurde eine Art von durchbrochenem Geländer, auf den alten byzantinischen verschlungenen Maßwerken beruhend, angewandt; das heißt, die Steinplatte war hier und da mit Löchern durchbohrt, und dann auf der Oberfläche ein verschlungenes Muster um sie herum entworfen. Der Unterschied im System wird sofort begriffen werden, wenn man das oberste Beispiel von Fig. 21, das eine nordische Balustrade aus der Kathedrale von Abbeville darstellt, mit dem untersten aus einer Geheimkammer in Casa Foscari vergleicht. Man wird sehen, dass die venezianische viel einfacher und strenger und doch eigentümlich pikant ist, da sich die schwarzen Durchbohrungen scharf von der glatten, breiten

Oberfläche abheben. Obgleich sie der von Abbeville an Schönheit bedeutend nachsteht, hat sie doch den Vorzug vor ihr, dass sie sich entschiedener als Stein dokumentiert, während die andere mehr wie Spitze aussieht.

Die mittlere Abbildung ist eine Füllung vom Hauptbalkon des Dogenpalastes, und hier als genaue Übergangsform zwischen den nordischen und venezianischen Typen angeführt. Er wurde errichtet, als die deutschen gotischen Künstler beträchtlichen Einfluss auf die venezianischen ausübten, und es war eine gewisse Aussicht vorhanden, dass die nordische Brustwehr selbst eingeführt würde. Sie wurde auch wirklich, wie oben gezeigt, in der Casa Contarini Fasan angebracht, aber größtenteils von der byzantinischen Form, der untersten von Fig. 21 verdrängt und in Schach gehalten, bis diese Form selbst durch die gewöhnliche rohe Renaissance-Balustrade ersetzt wurde; ein schmerzlicher Verlust, denn die strenge, durchbrochene Form war einer ebenso endlosen Abwechslung fähig, wie die Phantasie unserer eigenen angelsächsischen Manuskript-Ornamentierung.

(3) Die Balustraden-Brustwehr. Lange bevor der Gedanke an Maßwerkverzierung im Geiste der venezianischen oder sonstigen Architekten aufgetaucht war, hatte man es natürlich schon für notwendig gefunden, Schutzvorrichtungen für Galerien, Dachkanten usw. zu beschaffen; und als natürlichste Form hierfür war eine horizontale Stange oder Handleiste erschienen, die von kurzen Säulenschaften oder Geländersäulen getragen wurde, wie bei Fig. 20. Dieser Form wurde natürlich vor allen andern der Vorzug gegeben, bei einer Baukunst, die griechisches und römisches Pfeilersystem allgemein bei den größeren Bauwerkmassen anwandte; die Brustwehr selbst wurde zu einer kleinen Reihe von Säulen, mit Kapitälen und Architraven; und ob die darauf gelegte Querstange einfach horizontal war und in Verbindung mit ihren Kapitälen stand, oder von nachgeahmten Rund- oder Spitzbogen getragen wurde, hing ganz von dem bei dem übrigen Bau angewandten System ab. Wo die großen Bogen rund waren, machte man auch die kleinen Balustradebogen rund; wo jene spitz waren, wurden diese es aus Sympathie ebenfalls.

Leider ist ja ein Balkon oder Geländer an einem bewohnten Hause der Teil des Bauwerks, der zuerst durch Baufälligkeit leidet, und für dessen Sicherheit am meisten gesorgt werden muss. Die Hauptpfeiler eines Gebäudes können jahrhundertelang unerschüttert durch die Last der darüber befindlichen Wand stehen, aber das Zement und die verschiedenen Zusammenfügungen der Balkone leiden entschieden unter dem unregelmäßigen Druck und Anstoß der auf ihnen lehnenden Personen; und während jede Art von Verfall an anderen Teilen des Gebäudes gestattet sein mag, wird der Balkon, sobald er gefährlich erscheint, sicherlich entfernt oder restauriert. Wenn der Leser dies bedenkt, wird er sich nicht wundern, dass unter allen Überresten von venezianischer häuslicher Baukunst aus dem elften, zwölften und dreizehnten Jahrhundert, kein einziges Exemplar der ursprünglichen Balkone erhalten geblieben ist. Der weiterhin erwähnte Palast an der Piazza des Rialto hat allerdings massive Steinplatten zwischen seinen Säulen, aber sie scheinen mir nicht sicher aus derselben Zeit zu stammen; und wenn sie es tun, so ist dies das einzige Beispiel, wo diese Schutzform an Gebäuden während dieser Übergangszeit angewandt ist, und es kann nicht daraus gefolgert werden, dass sie die allgemein herrschende war.

Man kann daher nur noch in den Kirchen von Torcello, Murano und in San Marco diese alten Formen von Schutzgeländern sehen. (…) In späteren Zeiten kehren die Rundbogen zurück; dann die verschlungene byzantinische Form, und schließlich, wie oben erwähnt, die gewöhnliche englische oder klassische Balustrade, von der man jedoch herrliche Musterbilder von an-

Tafel 12 Die Ordnungen venezianischer Bogen, Radierung

mutsvoller und abwechslungsreicher Zeichnung in den Hintergründen von Paolo Veronese findet. Ich würde sehr gern dieses Thema erschöpfend behandeln, aber es ist unmöglich zu machen, ohne Venedig zu verlassen; denn die erste Stadt Italiens, in bezug auf die unmittelbare Wirkung des Balkons, ist Verona; und wenn wir uns erst einmal in die weichen Schatten seiner einsamen Straßen verlören, wo die hängenden Blütenzweige wie Brunnen durch die durchbrochenen Maßwerke des Marmors strömen, dann ist schwer zu sagen, wie bald wir wieder im Stande sein würden, an unsere augenblickliche Arbeit zurückzukehren. Bevor wir jedoch die Besprechung des Balkons ganz aufgeben, muss ich einen Augenblick auf die eigentümliche Behandlung des Eisens hinweisen, aus dem er häufig auf dem Festlande von Italien hergestellt wird – aber niemals in Venedig. Das Eisen ist stets geschmiedet, und nicht gegossen; es wird zuerst in dünne Blättchen gehämmert und dann in zwei oder drei Zoll breite Streifen oder Bänder geschnitten, die in verschiedenartige Krümmungen gebogen werden, um die Seiten des Balkons zu bilden, oder zu wirklichem Laubwerk, frei und schwebend, wie in der Natur, mit dem er dann reich verziert wird. Eine endlose Abwechslung der Zeichnung und eine grenzenlose Fülle und Leichtigkeit der Form kann der Künstler aus dem so behandelten Eisen hervorbringen; und es ist beinahe ebenso unmöglich für so behandelte Metallarbeit, einen ärmlichen oder unedlen Effekt hervorzubringen, wie für gegossene Metallarbeit, dies nicht zu tun.

Wir haben zunächst die Teile der gotischen Paläste zu prüfen, bei denen die Übergänge ihrer Baukunst am deutlichsten aufzuspüren sind; nämlich die Bogen der Fenster und Türen.

Wiederholentlich ist schon festgestellt worden, dass der gotische Stil sich vollständig auf dem Festlande gebildet hatte, während die Byzantiner noch ihren Einfluss auf Venedig besaßen; und die Geschichte der frühen venezianischen Gotik ist daher nicht die Geschichte einer Schule, die neue Formen annimmt, unabhängig von äußerem Einfluss, sondern es ist die Geschichte vom Kampfe des byzantinischen Stils mit einem zeitgenössischen, der ebenso vollendet organisiert war wie er selbst, und bei weitem energischer. Dieser Kampf zeigt sich teils in dem allmählichen Übergang der byzantinischen Baukunst zu anderen Formen und teils durch vereinzelte Beispiele echter Gotik, die gewissermaßen bei dem Streit zu Gefangenen gemacht waren; oder besser gesagt, von den feindlichen Streitkräften umgarnt, ihren Platz behaupteten, bis ihre Freunde ihnen zu Hilfe kamen. Wir wollen zuerst die Stufen des allmählichen Überganges verfolgen, und dann einen kurzen Bericht über die verschiedenen Avantgarden und verlorenen Posten der gotischen Angriffsmacht erstatten.

Die oberste schattierte Reihe von sechs Fensterformen, auf Tafel 12, gibt einen flüchtigen Überblick von den Veränderungen dieser Form an venezianischen Palästen, vom elften bis zum fünfzehnten Jahrhundert. Fig. 1 ist byzantinisch, aus dem elften und zwölften Jahrhundert; Fig. 2 und 3 Übergangsformen aus dem dreizehnten und dem Beginn des vierzehnten; Fig. 4 und 5 rein gotisch, aus dem dreizehnten, vierzehnten und dem Beginn des fünfzehnten; und Fig. 6 spätgotisch, aus dem fünfzehnten Jahrhundert, und ausgezeichnet durch die hinzugefügte Kreuzblume. Fig. 4 ist die langlebigste von allen diesen Formen; sie kommt zuerst im dreizehnten Jahrhundert vor, und man findet sie, nur mit Veränderungen an den Zieraten, auch noch um die Mitte des fünfzehnten.

Ich werde sie die sechs Ordnungen von venezianischen Fenstern nennen, und wenn ich von einem Fenster vierter, zweiter oder sechster Ordnung rede, so braucht der Leser nur auf die oberen Zahlen der Tafel 12 Bezug zu nehmen.

Die Reihe darunter zeigt die hauptsächlichen Formen, die man von verschiedenen Ordnungen in jeder Periode findet; mit Ausnahme von 1 b und 1 c, und den beiden unteren Reihen, von 6 a bis 7 e, die Typen von venezianischen Türen sind.

Wir werden nun ohne Schwierigkeit den Übergang verfolgen können und beginnen mit der ersten Ordnung 1 und 1 a in der zweiten Reihe. Der hufeisenförmige Bogen 1 b ist der gewöhnlich damit verbundene Türsturz, und die anderen drei aus derselben Reihe kommen ausschließlich in San Marco vor; 1 c ist im Mittelschiff angewandt, um seinen großen Seiten-Arkaden einen größeren Anschein von Leichtigkeit zu verleihen. Der Beschauer hält sie zuerst für rundbogig, aber es fällt ihm eine eigentümliche Grazie und Biegsamkeit der Kurven auf, die er sich nicht erklären kann, bis er zu den Galerien hinaufsteigt, von wo aus die wahre Form des Bogens zu erkennen ist. Die beiden anderen, – 1 d, von der Tür des südlichen Transepts, und 1 c, von der der Schatzkammer, – sind genügende Darstellungen einer Gruppe von phantastischen Formen, die von den Arabern abstammen, und deren herrliche Dekoration eine der bedeutsamsten Eigentümlichkeiten von San Marco ist. Ihre Form ist allerdings nur statthaft, um der Phantasie einen größeren Spielraum in den Kurven dieser Dekoration zu verschaffen. Der Leser kann sofort sehen, dass sie als Mauerwerk oder Stützbogen schwach oder unbrauchbar sind, und daher niemals bei einem Bauwerk angewandt werden können dessen Hauptzweck Würde der Konstruktion ist. Aber gerade, weil die Konstruktion *nicht* der Hauptzweck bei San Marco ist, und weil es keine schwere Lasten zu tragen und viel Schönes an Marmor und Skulptur darzubieten hat, so sind sie hier statthaft. Natürlich sind sie, wie das ganze übrige Gebäude, von Backstein errichtet und mit Marmor verkleidet und ihr inneres Mauerwerk, das sehr gut ausgeführt sein muss, ist daher nicht erkennbar. Sie haben sich, wie zu erwarten war, ein wenig gesackt und infolge davon hat jeder von ihnen, mit Ausnahme des senkrechten Bogens der Schatzkammer, einen kleinen Riss durch den Marmor der Seiten.

Wenn jedoch die venezianischen Baukünstler auch die arabischen Bogenformen benutzten, wo Anmut des Ornaments ihr einziger Zweck war, so sahen sie doch ein, dass solche Anordnungen für gewöhnliche Arbeit ganz ungeeignet waren; und ich glaube, es gibt kein einziges Beispiel davon in Venedig, dass sie sie jemals an einem Wohnhause während der wirklich byzantinischen Pe-

Fig. 22

riode benutzt hätten. Aber sobald der gotische Einfluss sich fühlbar zu machen begann, und der Spitzbogen sich bei ihnen durchsetzte, bestand ihr erstes Zugeständnis an diesen Angriff darin, dass sie dem runden Bogen die Form 3a (Tafel 12) vorzogen. Die Spitze des gotischen Bogens drängte sich gleichsam durch das Kopfende des Halbkreises, den sie bald absetzen sollte.

Fig. 22 stellt die Tür und zwei von den Seitenfenstern eines Hauses im Corte del Remer, gegenüber dem Canal Grande im Kirchspiel der Apostoli dar. Es ist bemerkenswert durch den Haupteingang im ersten Stockwerk, wohin eine steile Treppe führt, die von reinen *Spitz*bogen, in Backsteinbau, getragen wird. Ich weiß nicht, ob diese Bogen aus derselben Zeit stammen wie das Gebäude, obgleich es immer einen derartigen Zugang gehabt haben muss. Alles übrige daran ist byzantinisch, ausgenommen die reichen Skulpturen an seiner Archivolte, welche in Tierkämpfen, unter der inneren Laibung, ein Auftauchen gotischen Feuers und gotischer Energie verraten. Das Ornament ihrer Plinthe hat ein gotisches Profil und die Fenster sind spitz, nicht mit einer umgekehrten Kurve, sondern als reiner gerader Giebel, was einen merkwürdigen Gegensatz zu der zarten Biegung der Marmorstücke bildet, die für die Bekleidung der Schultern jedes Bogens zurechtgeschnitten sind. Wie man auf der Abbildung sieht, befindet sich auf jeder Seite der Tür ein Doppelfenster, das in der Mitte durch ein korbartiges byzantinisches Kapitäl getragen wird. Die Marmorbekleidung der Backstein-Archivolte, sowohl an den Fenstern wie an der Tür, ist genau dieselbe wie an den echten byzantinischen Palästen.

Aber da diese Bogen in Backstein ausgeführt, selbst in kleinem Maßstabe schwach sind, so folgte dem Auftreten der scharfen Spitze in der Umrisslinie sehr bald ein entsprechender Wechsel der Bauart; und anstatt den Bogen aus Backstein zu errichten und mit Marmor zu bekleiden, bildeten ihn die Baumeister aus drei Stücken behauenen Steins, die wie bei Fig. 23 in die Wand ein-

Fig. 24 a, b

gefügt wurden. Zuerst allerdings nicht in dieser vollendeten Form. Das Bemühen, die Anmut des umgekehrten Bogens mit der Kraft des runden zu vereinbaren, endete zuerst in Formen, wie sie unter a, Fig. 24, dargestellt sind, das ein Fenster aus der Calle del Pistor wiedergibt, nahe bei der Kirche der Apostoli; ein höchst interessantes und vollendetes Beispiel. Man beachte, wie hier der runde Bogen noch beibehalten ist, um die ganze schwere Arbeit zu tun, und der verkehrt steigende Karnies sich oben seinem Vergnügen hingibt, aus einer bloßen Kette von Backsteinen bestehend, die zu der erforderlichen Kurve geformt sind. Diese Form, in Steinarbeit übertragen, bildet ein Fenster der zweiten Ordnung (b, Fig. 24, oder 2 auf Tafel 12); eine vollkommen starke und brauchbare Form, die von großer Wichtigkeit beim Übergangsbaustil von Venedig ist.

Fig. 24 b stellt eine der frühesten und einfachsten Formen des Fensters zweiter Ordnung dar (in einer Doppelgruppe, gerade wie die Backstein-Übergangsform a) von einem sehr wichtigen Bruchstück eines zerstörten Hauses in der Salizzada San Lio, dicht bei der Merceria. Es hängt mit einem schönen Backstein-Spitzbogen, von unbestreitbar zeitgenössischer Arbeit (aus dem Ende des dreizehnten Jahrhunderts) zusammen, und man sieht an der größeren Entwicklung der Ornamente, dass es aus späterer Zeit stammt als das vorherige Beispiel a. Das Archivoltenprofil ist allerdings das einfachere von beiden, da es nicht den sichtbaren Gurtbogen hat, wie bei dem Backstein-Exemplar; aber die anderen Formen sind bedeutend entwickelter. Fig. 25, 1 zeigt die Bogenprofile, 2 die Kapitälprofile, 3 die Grundplinthenprofile der beiden Fenster, a und b.

Aber das Fenster zweiter Ordnung gelangte bald zu edlerer Entwicklung. Zugleich einfach, zierlich und stark wurde es in die ganze damalige Baukunst aufgenommen, und es gibt kaum eine Straße in Venedig, die nicht verschiedentliche bedeutsame Überreste von Palästen aufweist, wo diese Fensterform in vielen Stockwerken und zahlreichen Gruppen angebracht ist. Der umfangreichste und vollendetste befindet sich am Canal Grande, im Kirchspiel der Apostoli, nahe dem Rialto; er ist mit reichen byzantinischen Dekorationen zwischen den Fenstern des ersten Stockwerkes bedeckt; aber nicht ganz charakte-

Fig. 23

Tafel 13 Fenster der zweiten Ordnung, Radierung

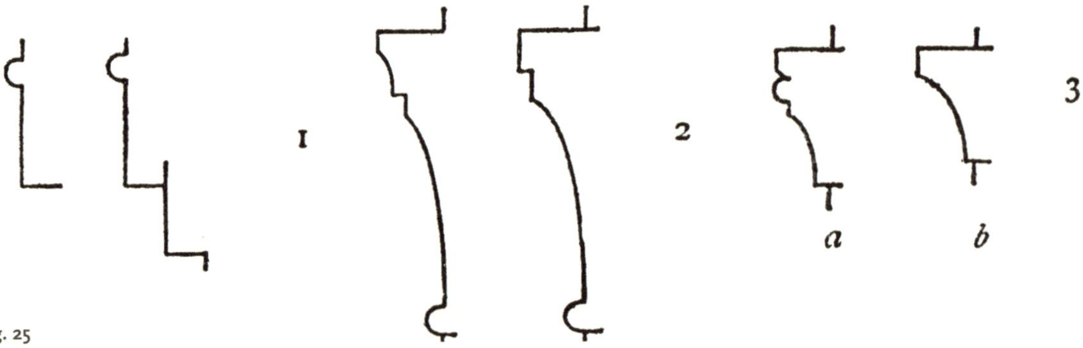

Fig. 25

ristisch für die Übergangszeit, da er noch den Kälberzahn bei den BogenZieraten besitzt, während die Übergangshäuser alle die einfache Rolle haben. Von dem völlig eingeführten Stil befindet sich eines der umfangreichsten und vollendetsten Beispiele in einem Hofe der Calle di Rimedio, nahe beim Ponte dell' Angelo, am Markusplatz. Ein anderes blickt auf einen viereckigen kleinen Garten hinaus, einen der wenigen im Mittelpunkte von Venedig sichtbaren, dicht bei dem Corte Salviati (den jeder Fremdenführer als den bezeichnet, von dem aus Bianca Cappello entfloh). Aber der interessanteste für den Fremden ist im ganzen doch der auf Tafel 13 abgebildete.

Ohne diese Fensterreihe würde die kleine Piazza S. S. Apostoli eine der wenigst malerischen von Venedig sein; für diejenigen aber, die sie zu Fuß besuchen, wird sie geographisch interessant durch die außerordentliche Verwirrung der von ihr zum Rialto führenden Gässchen. In Venedig ist die Wasserstraße gewöhnlich der nächste Weg, und der Landweg der weitere; aber in diesem Falle erscheint der Unterschied der Entfernung völlig unerklärlich. Zwanzig oder dreißig Ruderschläge bringen eine Gondel vom Rialto bis zur Brücke S. S. Apostoli; aber der törichte Fußgänger, der den weißen Marmor-Leitfaden zu seinen Füßen nicht beachtet hat, kann sich glücklich schätzen, wenn er nach einem viertelstündigen Wandern an den Häusern hinter dem Fondaco de' Tedeschi vorbei, sich einigermaßen in der Nachbarschaft des gesuchten Punktes befindet. Wenn er aber viel Geduld hat, und recht bescheiden dem Marmor-Leitfaden folgt, dann gelangt er endlich über eine steile Brücke auf die offene Piazza hinaus, die im Herbst sehr freundlich erscheint durch einen ständigen Markt von Granatäpfeln, purpurnen Kürbissen und riesigen schwarzen Feigen; während der Kanal am äußersten Ende halb gesperrt ist durch Frachtboote, mit riesigen Körben von Trauben beladen, die so schwarz wie Holzkohle, und von ihren eigenen Blättern bedeckt sind.

Sieht man auf die andere Seite des Kanals zurück, so erblickt man die beiden, auf Tafel 13 abgebildeten Fenster, die mit der unter ihnen befindlichen Spitzbogenarkade die einzigen Überreste des Palastes sind, der einst dem unglücklichen Dogen Marino Faliero gehörte.

Der Balkon ist natürlich modern, und die Fensterreihe entschieden ausgedehnter gewesen und ehemals an der linken Seite ebenso wie an der rechten durch einen Pfeiler abgeschlossen; aber die Schlussbogen sind zugemauert worden. Was übrig geblieben, genügt übrigens, mit den ausgehauenen Vögeln und Drachen, um dem Leser eine deutliche Anschauung von dem Fenster zweiter Ordnung in seiner vollendeten Form zu geben.

Das Vordringen des gotischen Geistes wurde während einiger Jahre durch diesen Kompromiss zwischen dem Rundbogen und Spitzbogen auf-

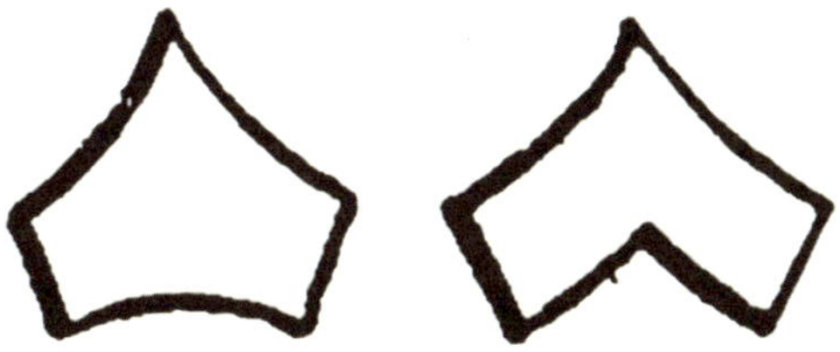

Fig. 26 a, b

gehalten. Schließlich wurde aber der Waffenstillstand infolge der Entdeckung gebrochen, dass der Schlusstein seine Pflicht ebensowohl bei der Form b wie bei der Form a, Fig. 26, erfüllen könnte, und die Einsetzung von b am Kopfende des Bogens verschafft uns das Fenster dritter Ordnung, 3 b, 3 d und 3 e auf Tafel 12. Die Formen 3 a und 3 c kommen nur ausnahmsweise vor, die erste, wie wir gesehen haben, im Corte del Remer und in einem anderen Palaste am Canal Grande, nahe bei der Kirche von San Eustachio; die zweite, soviel ich weiß, nur an einem Hause auf dem Canna-Reggio, das der richtigen gotischen Zeit angehört. Die anderen drei Beispiele, 3 b, 3 d, 3 e sind im allgemeinen für die dritte Ordnung charakteristisch; man wird bemerken, dass sie nicht nur in den Profilen verschieden sind, sondern auch in der Seitenabschrägung, und dieser letztere Unterschied ist bei weitem der bedeutsamste. Denn in der Form 3 b liegt kaum ein echt gotischer Ausdruck; es ist noch der reine byzantinische Bogen mit einer aufwärts hindurchgetriebenen Spitze; aber im Augenblick, wo die Seiten sich abschrägen, wie bei 3 d, ist der gotische Charakter entschieden und die ganze Schule der Baukunst verändert.

Diese Abschrägung der Seiten kommt zuerst in so schwachem Maße vor, dass man sie kaum bemerkt, und nimmt allmählich zu, bis beim Erreichen der Form 3 e, am Schlusse des dreizehnten Jahrhunderts, das Fenster für einen Übergang zur fünften Ordnung vollkommen vorbereitet ist.

Die vollendetsten Beispiele der dritten Ordnung in Venedig sind die Fenster des zerstörten Palastes von Marco Querini, dem Schwiegervater von Bajamonte Tiepolo. Aus Anlass seiner Verschwörung gegen die Regierung sollte dieser Palast im Jahre 1310 dem Boden gleich gemacht werden; aber er wurde nur teilweise zerstört und später als Gemeindeschlachthaus benutzt. Die Venezianer haben jetzt einen Geflügelmarkt aus dem unteren Stockwerk gemacht (da das Schlachthaus in eine Vorstadt verlegt wurde) und ein Gefängnis aus dem oberen trotzdem es eines der bedeutendsten und interessantesten Denkmäler der Stadt ist und besonders wertvoll, da es uns ein sicheres Datum für die zentrale Form dieser sehr seltenen Übergangsfenster angibt. Denn da der Palast dem Schwiegervater von Bajamonte gehörte, und der letztere alt genug war, um die Führerschaft bei einem politischen Aufruhr im Jahre 1280, der Jahreszahl der Thronbesteigung des Dogen Pietro Gradenigo, zu übernehmen, so sind wir sicher, dass der Palast nicht später als um die Mitte des dreizehnten Jahrhunderts erbaut sein kann. Ein anderes, weniger fein ausgeführtes Beispiel, das aber durch die Abwechslung seiner Kapitäle fast noch interessanter ist, befindet sich noch auf der kleinen Piazza, die auf der St. Marcus-Seite des Canal Grande auf den Rialto hinausführt. Das Haus steht der Brücke gegenüber, und sein zweites Stockwerk ist im dreizehnten Jahrhundert über einem noch älteren byzantinischen Gesims errichtet, das von einem anderen zerstörten Gebäude übrig geblieben, oder vielleicht in die Mauern des ersten Stockwerks eingelassen ist. Die Fenster des zweiten Stockwerks sind von reiner dritter Ordnung; vier davon sind hier (Fig. 27) abgebildet mit ihrem Seitenpfeiler, und die Kapitäle tragen in beständiger Abwechslung eine Blume oder ein Blatt zwischen ihren Voluten.

Fig. 27

Ein weiteres, höchst bedeutendes Beispiel befindet sich im unteren Stockwerk der Casa Sagredo, am Canal Grande; es ist bemerkenswert durch die frühe aufrechte Form (3b, Tafel 12) mit einem etwas späten Profil. Noch viele andere kommen bei den Trümmerstücken der Straßen vor; aber die auffallendsten, die ich in Venedig fand, sind die vom Domkapitel der Frari, in dem der Doge Francesco Dandolo ungefähr 1339 begraben wurde, und die von der Seite des Dogenpalastes selbst, die vollständig mit denen der Frari übereinstimmen, und daher von unschätzbarem Werte für die Zeitbestimmung des Palastes sind. Von diesen später mehr.

Gleichzeitig mit diesen Fenstern zweiter und dritter Ordnung findet man die der vierten (4a und 4b von Tafel 12) zuerst paarweise und mit einfachen Profilen, genau wie die der zweiten Ordnung, aber viel seltener; siehe die Abbildung von der Salizzada San Liò (Fig. 28); dann werden ihre Profile immer reicher, wie man an 4c und 4d auf Tafel 12 sehen kann, und sie vereinigen sich mit den Fenstern fünfter Ordnung aus der vollendeten gotischen Periode. Es gibt kaum einen Palast in Venedig ohne irgend ein frühes oder spätes Exemplar dieser Fenster vierter Ordnung; aber Tafel 14 stellt eine ihrer reichsten Gruppen aus dem Ende des dreizehnten Jahrhunderts dar, von einem Hause am Canal Grande, beinahe gegenüber der Kirche der Scalzi. Ich habe sie von der Seite gezeichnet, damit man die große Tiefe der Bogen sehen kann, und das deutliche Abheben der Säulenschafte von den dahinter befindlichen Fensterscheiben. Die letzteren sowie der Balkon, sind verhältnismäßig modern; aber wenn bei den alten Fenstern Glas angewandt war, so war es ohne Zweifel in derselben Tiefe hinter den Säulen eingesetzt. Die völlige Veränderung der inneren Einrichtung aller venezianischen Häuser durch moderne Arbeit hat mich jedoch an jeder Nachforschung verhindert, wie etwa die alte Verglasung im Innern der Fenster befestigt war.

Das Fenster vierter Ordnung findet man in kostbarer Ausstattung und Schönheit in Verona, sowohl aus den spätesten, wie aus den frühesten gotischen Zeiten, in denen es häufiger als jede andere Form vorkam. In großem Maßstabe findet es sich an dem alten Palaste der Skaliger und in überreicher Fülle in den Straßen der Stadt. Die Reihenfolge 4a bis 4e, Tafel 12, zeigt seine gewöhnlichsten Formen und Veränderungen der Bogenlinie. 4a und 4b sind die frühen venezianischen Formen; 4c, eine spätere Form, findet man allgemein in Venedig; 4d, die beste und pikanteste Form, was ihrem phantastischen und kühnen Nasenvorsprung zu verdanken ist, ist Venedig und Verona gemeinsam; 4e ist früh veronesisch.

Tafel 14 Fenster der vierten Ordnung, Radierung

Fig. 28

Fig. 29

Der Leser sieht sofort, wenn er auf die fünfte Reihe von Tafel 12 herabblickt, dass die Fenster fünfter Ordnung nichts weiter sind als eine Zusammenstellung der dritten und vierten. Durch diese Vereinigung werden sie zu der größten Annäherung an eine vollendete gotische Form, die sehr charakteristisch für Venedig ist; und wir wollen daher auf der Schwelle dieses letzten Wechsels einen Augenblick innehalten, um rückblickend diese Bruchstücke reineren Spitzbogenstils zusammenzufassen, die oben als die verlorenen Posten des gotischen Angriffs bezeichnet wurden.

Den kleinen Campiello San Rocco betritt man durch einen niederen Portikus hinter der Kirche der Frari. Zurückblickend sieht man die oberen Maßwerke der herrlichen Apsis über den unregelmäßigen Dächern und Schornsteinen des kleinen Platzes emporragen; und unser heimgegangener Prout* war imstande, den ganzen Vorwurf in ein höchst malerisches Bild zu bringen, durch das glückliche Vorhandensein von vier zierlichen Kleeblattfenstern an einem der rechts gelegenen Häuser. Diese Dreiblätter gehören zu den ältesten Leistungen gotischer Kunst in Venedig. Ich habe in Fig. 29 eine flüchtige Skizze davon gegeben. Sie sind ganz aus Backstein gebaut, mit Ausnahme des mittleren Säulenschaftes und Kapitäls, die aus istrischem Steine sind. Ihre Konstruktion ist die denkbar einfachste; die Dreiblätter sind aus den ausstrahlenden Backsteinen ausgeschnitten, die den Spitzbogen bilden, und die Leiste, oder obere Grenze dieses Spitzbogens ist durch ein Rollglied bezeichnet, das aus gegossenen Ziegelsteinen von ungefähr einem Fuß Länge gebildet ist, die am unteren Ende abgeschliffen sind, so dass sie in einem zusammentreffen, wie bei Fig. 30. Das Kapital der Säule ist eine der frühesten Übergangsformen, man achte darauf, wie eigentümlich, selbst bei dieser untergeordneten Gelegenheit, das oben in bezug auf die byzantinischen Paläste erklärte große Gesetz der Zentralisation befolgt ist. Da ist eine Mittelsäule, ein Pfeiler an jeder Seite, und dann die Wand. Der Pfeiler hat als Kapitäl einen viereckigen flachen Backstein, der ein wenig vorsteht und am Rande in die Form des ersten Typus aller Gesimse gebracht ist; (…) und die Säulen und Pfeiler stehen alle ohne irgend welche hinzugefügte Basen, auf einer vorstehenden Plinthe, mit demselben einfachen Profil. Diese Fenster sind sehr verunstaltet worden; aber ich zweifle nicht

* Samuel Prout, 1783–1852, englischer Maler, Zeichner und Lithograf

Tafel 15 Fenster der frühen gotischen Paläste, Radierung

1

2

3

4

5

6

7

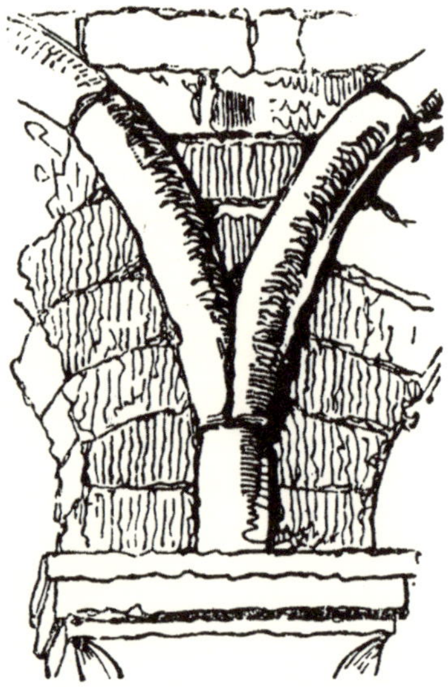

Fig. 30

im mindesten, dass ihre Plinthen noch die ursprünglichen sind; und die ganze Gruppe ist eine der allerwertvollsten von Venedig, da sie zeigt, wie die bescheidensten Häuser in jenen edlen Zeiten das System der größeren Paläste befolgten, so gut sie es mit ihrem rohen Material vermochten. Es kommt nicht häufig vor, dass wir Wohnhäuser der niederen Klassen aus dem dreizehnten Jahrhundert noch erhalten finden.

In den beiden oberen Reihen der Tafel 15 habe ich einige der zartesten und vollendetsten Beispiele gotischer Arbeit aus dieser Zeit zusammengestellt. Von diesen ist Fig. 4 der äußeren Arkade von San Fermo in Verona entnommen, um an ihr die Baukunst des Festlandes zu zeigen, der alle diese venezianischen Typen entlehnt waren. Dieser Bogen ist wie die übrige Arkade aus schönem Stein, mit einem Bande von eingelegten roten Ziegeln errichtet, das ganze mit einer so vollendeten Genauigkeit gemeißelt und zusammengesetzt, dass alle venezianische Arbeit im Vergleich damit plump erscheint. Überall in den Straßen Veronas sieht man Bogen und Fenster aus dem dreizehnten Jahrhundert, die in dieser Art aus Ziegeln und Stein errichtet sind; mitunter wechseln die Ziegel mit den Steinen des Bogens ab, wie bei dem vollendeten Beispiel auf Tafel 16, das dort anderen Beispielen von Archivolten-Verzierung vorgezogen wurde, weil es einen vollkommenen Typus der Meisterschule lieferte, von der die venezianische Gotik abstammte.

Der Bogen von San Fermo, Fig. 4, Tafel 15, stimmt jedoch in seiner völligen Einfachheit genauer mit den kleinen Fenstern aus dem Campiello San Rocco überein; und mit Fig. 5 von Tafel 15, von einem sehr alten Hause im Corte del Forno bei Santa Marina (ganz aus Backstein); während die oberen Beispiele, 1 und 2, die Anwendung des flachen, aber reich verzierten Architravs zeigen. Diese Fenster (Fig. 1 und 2, Tafel 15) sind aus einer engen Gasse, in einem Teil von Venedig, nahe dem Arsenal, der jetzt ausschließlich von den niederen Klassen bewohnt wird*, sie sind ganz aus Backstein errichtet, mit herrlichen Ornamenten, die nicht gegossen, sondern aus *dem Ton mit der Hand geformt sind*, so dass kein Stück des Bogens dem andern gleich ist; während die Pfeiler und Säulen wie gewöhnlich aus Stein sind.

Nun möchte ich einen Augenblick innehalten, um etwas zu verzeichnen, was man eigentlich als hinlänglich bekannt in England voraussetzen müsste, – und doch könnte ich kaum etwas berühren, was weniger beachtet wird, – nämlich die richtige Benutzung von Ziegeln. Unsere guten Tonfelder wurden uns nicht bloß gegeben, um längliche Stücke von gleicher Größe daraus zu bilden. Sie wurden uns gegeben, damit wir mit ihnen wirken sollten, und damit Männer, die keinen Meißel zu führen verstehen, einen gewissen Ausdruck menschlichen Gedankens daraus zu-

* Wenn der Leser sie auffinden möchte (und sie sind des Suchens wert), dann rudere er von der Fondamenta S. Biagio den Rio della Tona entlang; und schaue auf der rechten Seite nach einem niedrigen Hause aus, mit Fenstern wie auf Fig. 31. Er trete durch die Tür des in der Mitte des Hauses liegenden Portikus, dann wird er sich in einer kleinen Gasse befinden, mit den in Frage stehenden Fenstern zu beiden Selten.

Tafel 16 Archivolten-Dekoration in Verona
Mezzotinto, koloriert

recht kneten könnten. Bei der alten Baukunst der Tondistrikte in Italien findet man jede erdenkliche Anwendung des Materials durch Beispiele erläutert; von den rohesten und brüchigsten Arten an, die bei der Masse des Gebäudes verwandt wurden, bis zu Mauersteinen für Bogen und Plinthen, die in die vollendetsten Krümmungen geformt, und fast jede Größe, Stärke und Härte aufweisen; und modellierte Ziegel mit so feiner Blumenverzierung und Maßwerk, wie erhabene Muster auf Porzellan. Und wie viele der schönsten Kunstwerke der italienischen Bildhauer in Porzellan ausgeführt wurden, so sind viele der besten Gedanken ihrer Baukünstler in Ton ausgedrückt oder in dem weicheren Material der Terrakotta; und wenn dies so in Italien ist, wo es keine einzige Stadt gibt, von deren Türmen wir nicht die blaue Umrisslinie der Alpen oder Apenninen, dieser immerwährenden Steinbrüche von Granit oder Marmor gewahren können, wie viel mehr müsste es inmitten der Felder Englands der Fall sein! Ich glaube, die beste Akademie für seine Architekten müsste für ein halbes Jahrhundert die Ziegelei sein; denn sie können fest versichert sein, so lange sie nicht mit Ton umzugehen wissen, werden sie niemals Marmor zu benutzen verstehen.

Und nun bemerke man, wenn wir auf Tafel 15 von Fig. 2 zu Fig. 3, und von Fig. 5 zu Fig. 6 kommen, eine höchst interessante Übergangsstufe. Wie wir den Rundbogen eine Konzession an den gotischen machen sahen durch die an seinem Scheitelpunkte hervorkommende Spitze, so kommt hier der gotische ein wenig der Form entgegen, die der Rundbogen angenommen hatte, und ändert leicht seinen Umriss. Auf Fig. 1 Seite 88 habe ich in richtigem Maßverhältnis eine dieser winzigen Konzessionen des Spitzbogens dargestellt, die in Verona durch eines der reinsten gotischen Denkmäler der Welt, aus bloßer Höflichkeit den venezianischen Formen zugestanden wurde; und hier auf Tafel 15 das kleine Fenster, Fig. 6, ist ein gleiches Beispiel in Venedig selbst, vom Campo Santa Maria Mater Domini, bei dem die umgekehrte Kurve am oberen Ende des Spitzbogens nur gerade erkennbar ist und nichts weiter. Die anderen Beispiele, Fig. 3 und 7, das erste von einem kleinen, aber sehr edlen Hause in der Merceria, und das zweite von einem einzelstehenden Palaste in Murano, zeigen fortgeschrittenere Formen der umgekehrten Kurve, die, trotzdem sie noch den breit dekorierten Architrav der früheren Beispiele anwenden, in allen anderen Beziehungen für den Übergang zu dem einfachen Fenster der fünften Ordnung vorbereitet sind.

Das nächste Beispiel, das oberste der drei unteren Reihen von Tafel 15, zeigt diese Ordnung in ihrer frühen Reinheit, verbunden mit Zwischendekorationen gleich denen der Byzantiner, von einem Palaste nahe dem Arsenal, der einstmals der Familie Erizzo gehörte. Die Ornamente scheinen wirklich von griechischer Arbeit zu sein (ausgenommen vielleicht die beiden Vögel über dem Mittelbogen, die kühner und freier behandelt sind), und wurden in die gotischen Fassaden eingefügt; sie zeigen jedoch die frühe Herstellungszeit des Ganzen durch die Art ihrer Einfügung, die genau der bei byzantinischen Palästen angewandten entspricht, und durch die Bedeckung der Zwischenstellen mit Marmortafeln, die jedoch anstatt über die ganze Wand gelegt zu sein, jetzt auf die Räume zwischen und über den Fenstern beschränkt bleiben und von einen Kälberzahnrand eingefasst sind.

Bei dem unter diesem befindlichen Beispiel ist die byzantinische Ornamentierung verschwunden und man erblickt das Fenster fünfter Ordnung, wie es während der frühgotischen Periode allgemein angewandt wurde. Solche Arkaden kommen beständig vor; die abgebildete stammt von einem kleinen Palast am Canal Grande, der Casa Foscari beinahe gegenüber. Ein Punkt daran verdient besondere Erwähnung, der größere Umfang des Seitenfensters im Vergleich mit den übrigen; ein Umstand, der bei zahlreichen Fenstergruppierungen aus dieser Zeit vorkommt und für den ich nie eine Erklärung gefunden habe.

Beide Abbildungen sind sehr sorgfältig hergestellt, und die oberste gibt dem Leser eine ganz getreue Anschauung von der allgemeinen Wirkung der byzantinischen Skulpturen und von dem verschiedenfarbigen Alabaster, zwischen dem sie eingesetzt, sowie von der Art wie diese Stücke an der richtigen Stelle zusammengefügt sind. Dieser Übergang von der stickereiartigen und silberigen Pracht dieses Baustils, bei dem sich byzantinische Ornamentierung mit der gotischen Bogenform verband, zu der Einfachheit der reinen gotischen Arkade, wie ihn die untere Abbildung zeigt, ist eine der wunderbarsten Erscheinungen in der Geschichte der venezianischen Kunst. Wenn er plötzlich und in einer früheren Periode eingetreten wäre, dann hätte er teilweise auf den Hass gegen die Griechen, infolge des Verrats von Manuel Comnenus, und des verhängnisvollen Krieges, der daraus entstand, zurückgeführt werden können; aber der Wechsel trat allmählich und erst in viel späterer Zeit ein. Ich hatte gehofft, etwas eingehende Forschungen über die häuslichen Gewohnheiten der Venezianer vor und nach der Lösung ihrer freundschaftlichen Beziehungen zu Konstantinopel anstellen zu können, aber andere dringendere Arbeiten haben mich daran verhindert, und so muss ich mich damit begnügen, dem Leser die Reihenfolge der Baustile klar zu legen und die nebensächlichen Fragen der Forschung Anderer zu überlassen. Ich führe nur noch die eine sichere Tatsache an, dass *alles Größte, was es in der christlichen Kunst gibt, seine Wurzel im dreizehnten Jahrhundert hat.*

Auch ist die Gemütsstimmung des Jahrhunderts hinfort das Herzblut aller männlichen Arbeit in Europa; und ich glaube, eines ihrer charakteristischsten Kennzeichen war auch anderswo, wie in Florenz, eine eigentümliche Einfachheit des häuslichen Lebens:

Ich sah vom schlichten Ledergurt umfangen
Bellincion Berti noch und sah sein Weib
Vom Spiegel gehn mit ungeschminkten
Wangen.

Ich sah ein unverbrämtes Wams am Leib
Des Nerli und des Vecchio – und den Frauen
War Spill' und Rocken froher Zeitvertreib.

Die wach' und emsig an der Wiege, lullt'
In jener Sprach' ihr Kindlein ein, die jeden,
Der Vater ist, entzückt in Süß' und Huld.

Die, ziehend aus dem Rocken glatte Fäden,
Letzt' ihrer Kinder Kreis von Römertat,
*Von Troja, Fiesole mit klugen Reden.**

Tatsächlich findet man in Venedig, vom Beginn des dreizehnten Jahrhunderts an, eine eigentümliche Zunahme von Einfachheit bei jeder architektonischen Verzierung; die reichen byzantinischen Kapitäle machen einem reinen und strengen Typus Platz; und die reichen Skulpturen verschwinden von den Wänden, an denen nur die Marmorbekleidung zurückbleibt. Eines der interessantesten Beispiele aus dieser Übergangszeit ist ein Palast in San Severo, unmittelbar hinter der Casa Zorzi. Letztere ist ein völlig wertloses Renaissancegebäude, das aber den venezianischen Ciceroni bekannt ist. Wenn der Reisende aber danach fragt und die Fondamenta San Severo ein wenig weiter entlang fährt, dann erblickt er an der anderen Seite des Kanals einen Palast, den die Fremdenführer niemals beachten, der aber einzig in Vendig dasteht durch die Pracht des purpurn geäderten Alabasters, mit dem er verziert war, und die kräftige Einfachheit des Laubwerks seiner Kapitäle. Außer diesen besitzt er keine Skulpturen und ihr Effekt hängt völlig von der Farbe ab. Grüne Serpentinscheiben sind auf dem purpurnen Alabastergrunde eingelegt, und die Pfeiler sind abwechselnd von rotem Marmor mit weißen Kapitälen, und von weißem Marmor mit roten Kapitälen. Seine Fenster scheinen zur dritten Ordnung zu gehören; und die Rückseite des Palastes, auf einem kleinen, sehr malerischen Hofe, zeigt eine Gruppe von Fenstern, die vielleicht die herrlichsten Exemplare dieser Ordnung in Venedig sind. Aber die Fenster der Fassade sind wahrscheinlich von der fünften Ordnung gewesen, und ihre Nasen sind abgeschlagen worden.

Als die gotische Richtung entschieden die Oberhand gewann, entstand bei den venezianischen Baukünstlern offenbar die Frage, wie die Räume zwischen den Bogen, die durch das Aufgeben der byzantinischen Skulptur jetzt kahl blieben, in Übereinstimmung mit den Grundsätzen der neuen Schule verziert werden könnten. Zwei sehr wichtige Beispiele von den in dieser Zeit gemachten Experimenten sind erhalten geblieben; eines am Ponte del Forner, bei San Cassano, ein edles Haus, bei dem die Zwickel der Fenster mit den Attributen der in tiefer Reliefarbeit hergestellten vier Evangelisten ausgefüllt sind und die Ränder der Bogen mit ihren ausgespannten Flügeln berühren. Das andere ist jetzt als Palast Cicogna bekannt, nahe der Kirche San Sebastiano, im Stadtviertel des »Erzengels Raphael«, wie die Leute es zu nennen pflegen; und bei ihm ist ein großer Teil der Wand über den Fenstern von einem verwickelten aber rohen Maßwerke von verschlungenen Vierblättern bedeckt. Von beiden Palästen wollte ich Abbildungen in meinem Foliowerk bringen, aber ich werde

* Dante, »Paradies«, 15. Gesang

Tafel 17 und 17 a
Fenster der fünften Ordnung, Radierungen

mir die Mühe sparen können durch die Veröffentlichung der schönen, kürzlich in Venedig von beiden hergestellten Fotografien; und es ist nicht nötig, sie hier abzubilden, da sie in der venezianischen Baukunst einzig dastehen, mit Ausnahme einer unbedeutenden Nachahmung des ersten in einer kleinen Seitenstraße, nahe beim Campo Santa Maria Formosa. Die Frage wegen der Verzierungsart des Raumes zwischen den Bogen war plötzlich und unwiderruflich durch den Erbauer des Dogenpalastes entschieden worden, der, wie wir sahen, seine erste Idee den Maßwerken der Frari entnahm. Indem er diese Maßwerke seinen eigenen Zwecken entsprechend anordnete, entwarf er die große Arkade (die unterste von den dreien auf Tafel 15), die fortan das feststehende Vorbild für jedes bedeutende Bauwerk in Venedig wurde. Die nach diesem Muster errichteten Paläste, von denen die meisten erst aus dem Anfange des fünfzehnten Jahrhunderts stammen, gehören jedoch eigentlich der Renaissancezeit an, und das wenige, was wir über sie zu sagen haben, kann klarer in Verbindung mit anderen, für jene Periode charakteristischen Tatsachen festgestellt werden.

Da die Beispiele auf Tafel 15 notwendigerweise auf die oberen Teile der Fenster beschränkt sind, habe ich auf den Tafeln 17 und 17 a* Beispiele von Fenstern fünfter Ordnung gebracht, von der frühesten sowohl wie von der voll entwickelten Form, in ganzer Vollständigkeit, von der Basis bis zum Schlusstein. Das erste Abbild ist eine schöne Gruppe von einem kleinen Hause,

* Diese Tafeln sind nicht von mir gezeichnet. Sie sind von Mr. Armytage mit großer Geschicklichkeit nach zwei Daguerrotypen gestochen.

das jetzt nur von armen Leuten bewohnt wird, im Campiello della Strope, nahe bei der Kirche San Giacomo de Lorio. Es ist bemerkenswert durch seine außerordentliche Reinheit der Kurve und stammt aus sehr früher Zeit, da die Verzierungen einfacher als gewöhnlich sind. Das zweite Abbild stammt aus dem zweiten Stockwerk eines Palastes der Familie Priuli, in der Nähe von San Lorenzo und zeigt eine Form, auf die sich unsere Aufmerksamkeit bisher nicht gerichtet hat, nämlich den Durchbruch der Nase, von der nur ein silberner Steinfaden übrig bleibt, der sich von der Dunkelheit des Fensters abhebt. Ich brauche nicht zu sagen, dass unter diesen Umständen die Nase aufhört, irgend einen konstruktiven Nutzen zu haben, und sie wirkt nur noch dekorativ, aber häufig außerordentlich schön. Im allgemeinen ist die Beschaffenheit der Nase ein brauchbarer Prüfstein für die Zeitbestimmung, im Vergleich mit anderen Punkten; je fester sie ist, um so älter ist sie; aber die massive Form wird mit der durchbrochenen oft bis zum Beginn des vierzehnten Jahrhunderts vereint gefunden. Beim Dogenpalast haben die unteren oder stützenden Maßwerke die massive Nase, und die oberen Maßwerke der Fenster, die nur dekorativ sind, die durchbrochene, und beide bringen herrliche Wirkung hervor.

Die kleineren Balkone zwischen den großen Säulen auf Tafel 17a sind originell und charakteristisch; aber nicht der Seitenbalkon des einzelnen Fensters, der restauriert ist.

Ob Edelmann oder Kaufmann, oder, wie es häufig in Venedig vorkam, beides vereint, scheint jeder Venezianer in jener Zeit seinen Palast oder sein Wohnhaus nach demselben Vorbild errichtet zu haben. Ganz unabhängig von der Bedeutsamkeit oder den Größenverhältnissen des Gebäudes waren die Formen und die Verzierungsarten aller Teile überall gleich; nicht sklavisch, sondern brüderlich gleich; nicht mit der Gleichheit von Münzen, die in derselben Form geprägt sind, sondern mit der Ähnlichkeit von Gliedern einer Familie. Kein Überrest jener Zeit ist erhalten, bei dem die Fenster, seien es wenige oder viele, eine Gruppe von drei oder eine Arkade von dreißig, nicht den edlen nasenbesetzten Bogen der fünften Ordnung haben. Und wir müssen sie heutigestags noch besonders beachten, weil diese fein ausgeführten und reich verzierten Formen bei den Wohngebäuden eines Volkes angewandt wurden, das ebenso arbeitsam, praktisch, tüchtig und verständig war, wie wir selbst; und sie wurden zu einer Zeit errichtet, als dieses Volk mit Schwierigkeiten und Veränderungen kämpfte, die seine Existenz beinahe stündlich bedrohten. Und ferner sind sie interessant, weil sie auch bei modernen Wohnhäusern anwendbar sind. Die Verfeinerung des häuslichen Lebens scheint in Venedig von früh an sehr vorgeschritten gewesen zu sein, und die Überreste seiner gotischen Paläste sind noch heute die herrlichsten Wohnsitze der Stadt und haben äußerlich keinen Wechsel durchgemacht, während die inneren Veränderungen, die Armut und Renaissancegeschmack im Kampfe mit dem Zahn der Zeit hervorgebracht haben, sicherlich mehr zum Schaden als zum Vorteil gedient haben. So kann sich der Reisende in Venedig und den benachbarten Städten, Vicenza, Padua und Verona durch eigenen Augenschein überzeugen, welche Einwirkung die Wiederbelebung der gotischen Baukunst auf das Behagen und den Luxus des täglichen Lebens hervorbringen würde. Er kann noch in der weichen Sommerluft auf dem marmornen Balkon stehen und fühlen, wie warm seine glatte Oberfläche noch vom Mittag her ist, wenn er sich in der Abenddämmerung darauf lehnt; er kann den kräftigen Schwung der wohlerhaltenen Maßwerke sich von der tiefen Klarheit des Sternenhimmels abheben sehen, und beobachten, wie die phantastischen Schatten der büschelförmigen Bogen im Mondlicht auf dem gewürfelten Boden kürzer werden; oder er kann die Fensterflügel, die in ihren un-

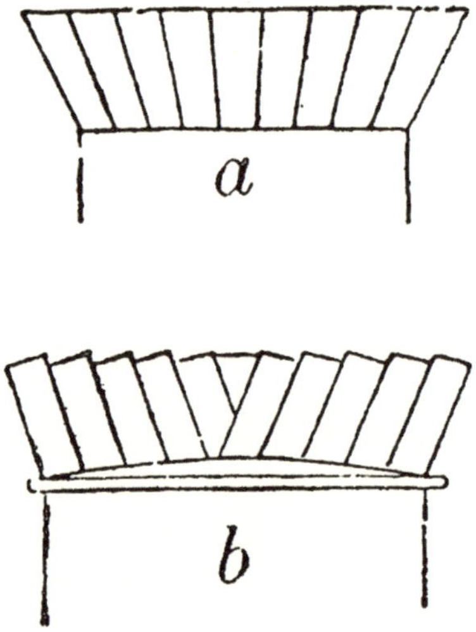

Fig. 31

erschütterten Pfosten befestigt sind, vor Winterstürmen schließen, die ein englisches Haus bis in die Grundfesten erzittern lassen würden, und in beiden Fällen ihren Einfluss auf sein tägliches häusliches Behagen mit dem der viereckigen Öffnungen seiner englischen Wand vergleichen.

Und wenn er mehr erfreuliches an den gotischen Fenstern findet, so kann er auch ganz sicher sein, dass mehr zuverlässiges daran ist. Es ist nicht nur die schönste, sondern auch die beste und kräftigste Bauart. Ich spreche jetzt nicht von der besonderen Form der venezianischen Gotik, sondern von der allgemeinen Kraft des Spitzbogens im Gegensatz zu der des flachen Oberbalkens am viereckigen Fenster; und ich plädiere für die Einführung der gotischen Form in unsere häusliche Baukunst nicht nur weil sie schön ist, sondern weil sie die einzige Form zuverlässiger, fester, dauerhafter und ehrlicher Bauart ist für solches Material, wie wir es täglich zur Hand haben. Durch Steigerung von Größe und Kosten ist es möglich, in jedem Stile etwas zu bauen, was Jahrhunderte überdauert; aber nur in der Gotik ist es möglich, einem Bauwerk Sicherheit und Würde zu verleihen, das mit unvollkommenen Mitteln und Materialien errichtet wird. Ich bin überzeugt, dass die Zeit kommen wird, wo das englische Volk einsieht, wie töricht es ist, geringwertig und unsicher zu bauen. Es ist ein allgemeiner Brauch bei den Architekten, gegen deren Praxis meine Schriften bisher gerichtet waren, sie nur theoretisch und phantastisch zu nennen. Ich antworte darauf, dass auch nicht ein einziger Grundsatz weder in den »Sieben Leuchtern« noch hier verfochten ist, der nicht auf der einfachsten, strengsten Wahrheit und der leichtesten Ausführbarkeit beruhte; und dass Gebäude, wie ich sie errichtet haben möchte, unerschüttert tausend Jahre lang stehen könnten, während die von gegnerischen Architekten errichteten nicht hundertundfünfzig Jahre stehen werden, ja sie stehen mitunter keine Stunde. Es vergeht kaum eine Woche ohne eine, durch die niedrigen Prinzipien moderner Baukunst herbeigeführte Katastrophe; ein nicht unterwölbter Fußboden, der die taumelnde Menge durch die zackigen Risse seiner wurmstichigen Balken stürzen lässt; eine fundamentlose Brücke, die von der ersten Welle einer Sommerflut fortgeschwemmt wird; eine schwammige Mauer von beginnender Fäulnis, die ein Gewitterschauer mit ihren Arbeitern zu einem Haufen von Schlamm und Tod durchweicht. Hiervon hören wir Tag für Tag, und doch deuten diese Vorfälle nur den tausendsten Teil des Unheils an. Ein wie großer Teil des Nationaleinkommens aufgeopfert wird durch schlechtes Bauen, beständiges Reparieren und Niederreißen von elenden Gebäuden, ist unberechenbar. Und die Last der Strafe wird noch gar nicht gefühlt; unsere Kinder werden sie erst nach etwa fünfzig Jahren empfinden, wenn die billige Arbeit und Akkordarbeit, und Stuck- und Gipsarbeit und schlechte Eisenarbeit, und alle die anderen Hilfsmittel moderner Konkurrenz, Eitelkeit und Unehrlichkeit sich als das zeigen, was sie sind.

Allerdings werden Unehrlichkeit und falsche Sparsamkeit auch in gotischem Stile nicht sicherer bauen als in irgend einem anderen; aber von allen Formen, die hastig und aus schlechtem Material zusammengefügt werden können, ist das gewöhnliche viereckige Fenster die schlimmste; und sein wagerechter Sturz von Backsteinmauerwerk (a, Fig. 31) ist die schwächste Art, einen Raum zu bedecken. Bei den hastig aufgeführten Gerippen moderner Häuser kann man allerdings häufig noch eine schlimmere Art von Zusammensetzung der Mauersteine sehen, wie bei b, wo sie durch ein Stück Latte gestützt werden bis der Mörtel trocknet. Aber selbst wenn er auf das sorgfältigste gearbeitet, und jeder Mauerstein in die Form eines Voussoirs zugespitzt und genau eingefügt ist, habe ich gesehen, wie ein solcher Fenstersturz nachgab, und ein breiter Spalt durch das obere Mauerwerk riss, als es kaum zwei Jahre errichtet war; während der Spitzbogen der veroneser Gotik, ebenfalls aus Backsteinen errichtet, an jeder Straßenecke der Stadt vorkommt, unberührt seit dem dreizehnten Jahrhundert und ohne einen einzigen Riss oder Spalt.

Auch ist der so häufig gegen den Spitzbogen erhobene Einwand, dass er eine zweckdienliche Anbringung von modernen Fensterrahmen und Scheiben nicht gestattet, durchaus unzutreffend. Es ist nicht die kleinste Notwendigkeit vorhanden, dass wegen des spitzen Bogens auch die Öffnung so zu sein braucht. Die Aufgabe des Bogens besteht darin, das Gebäude darüber zu tragen; ist dies mit Sicherheit geschehen, dann kann das spitze Kopfende desselben ganz nach unserem Belieben ausgefüllt werden. In den besten Kathedralentüren ist es immer durch einen Schild von festem Stein ausgefüllt; in vielen frühen Fenstern besten gotischen Stils ist es in gleicher Weise ausgefüllt und die eingeführte Steintafel wird zu einem Felde reichster Dekoration. Es ist auch nicht der geringste Grund vorhanden, warum schmale Spitzbogenfenster, in kühnen Gruppen angebracht und jeder Spitzbogen mit einem skulpturierten Giebelfeld ausgefüllt, nicht ebensoviel Licht hereinlassen sollten, und in ebenso bequemer Weise, wie die mit den luxuriösesten Scheiben versehenen viereckigen Fenster unserer Backsteinhäuser. Gebt den Fenstergruppen kühn gegiebelte Baldachine; bedeckt die Giebel mit Bildwerk und Farbe; und statt des unedlen und beinahe unbrauchbaren griechischen Portikus, der Regen und Wind freien Eintritt gewährt, errichtet das steil gewölbte und vollkommen geschützte gotische Portal; und auf allen diesen reichen Dekorationsfeldern lasst den gewöhnlichen Arbeiter aushauen, was ihm gefällt, und so gut er es vermag, dann werden wir eine Schule häuslicher Baukunst im neunzehnten Jahrhundert haben, für die uns unsere Kinder dankbar sein werden und stolz auf uns bis ins dreißigste Jahrhundert. (...)

Dies sind die Hauptsachen, die von den äußeren Formen und Details der gotischen Paläste zu merken sind; von ihren inneren Einrichtungen ist weniges unverändert geblieben. Die Torwege, die wir betrachtet, führten fast allgemein bei den älteren Palästen in einen langen inneren Hof, um den herum der Palast erbaut war, und in dessen erstes Stockwerk eine herrliche äußere Treppe führte, die von vier oder fünf, stufenweise in Höhe und Spannweite zunehmenden Spitzbogen getragen wurde, – ein Wechsel in der Größe, der, soviel ich mich erinnere, Venedig eigentümlich war, und augenscheinlich eine Folge der gewohnheitsmäßigen Zulassung von Bogen verschiedener Größe bei den byzantinischen Fassaden. Diese Treppen haben herrlich geschnitzte Geländer, gleich denen der äußeren Balkone, mit Löwen oder grotesken Köpfen auf den Ecken, und wirklichen vorspringenden Balkonen an ihren Podesten. Inmitten des Hofes befindet sich stets ein Marmorbrunnen; und diese Brunnen liefern einige der herrlichsten Exemplare venezianischer Bildhauerkunst. Mir ist nur ein einziger aus der byzantinischen Epoche übrig gebliebener bekannt; er ist achteckig und wie die reichsten un-

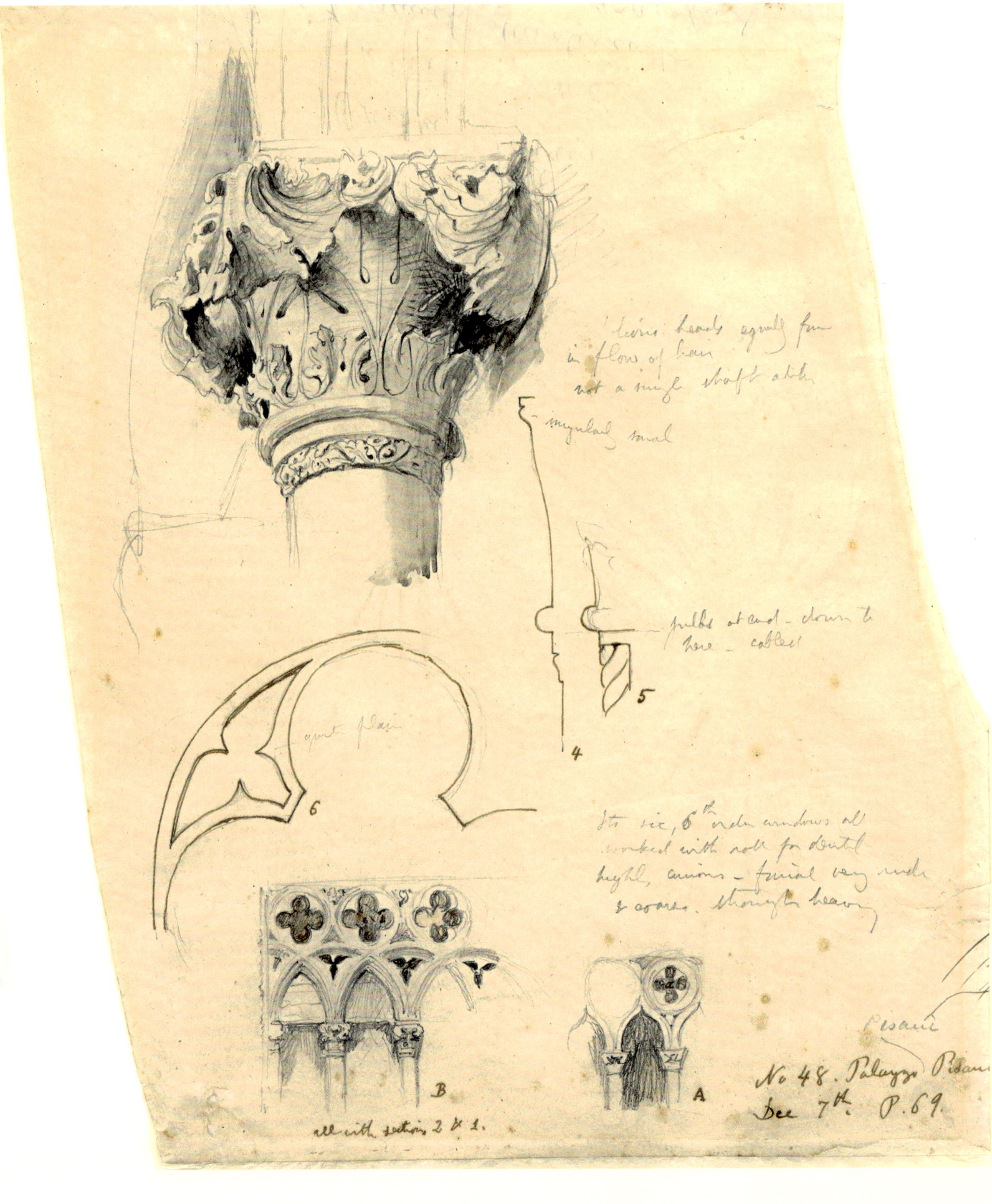

Lions heads equally fine in flow of hair
not a single shaft alike
4
5
6
B
A
all with sections 2 & 1.
Pisani
No 48. Palazzo Pisani
Dec 7th. P. 69.

serer normännischen Brunnen behandelt; aber die gotischen Brunnen jeder Epoche, vom dreizehnten Jahrhundert an, sind unzählbar und von großer Schönheit, obgleich ihre Form wenig abwechselt. Sie sind beinahe stets wie kolossale Kapitäle von Pfeilern behandelt, mit Laubwerk an den Ecken und dem Wappenschild der Familie an den Seiten.

Die inneren Räume bestehen immer aus einer prächtigen Halle im ersten Stockwerk, mitunter auch im zweiten, die sich durch die ganze Tiefe des Hauses erstreckt und von vorn durch die Hauptgruppe seiner Fenster erhellt wird, während sich auf beiden Seiten kleinere Gemächer anschließen. Die Decken zeigen, wo sie unberührt geblieben sind, kühn horizontale Strahlen, die reich geschnitzt und vergoldet sind; aber wenige von ihnen stammen noch aus der gotischen Zeit, da die venezianischen Innenräume fast alle von den Renaissance-Architekten umgewandelt sind. Diesen Wandel haben wir jedoch ausnahmsweise nicht zu beklagen, da die Wände und Decken bei dieser Veränderung mit den edelsten Werken von Veronese, Tizian und Tintoretto bedeckt wurden, und nicht nur die inneren Wände allein, sondern, wie schon erwähnt, häufig auch die äußeren. (...) Es bleibt uns daher augenblicklich nur noch übrig, einen Rückblick auf die Geschichte zu werfen, und das Zeitalter, sowie die wichtigsten Konstruktionseigentümlichkeiten des Bauwerkes festzustellen, welches das ganze System der gotischen Baukunst von Venedig zugleich vollendet und verkörpert, – *der Dogenpalast.*

Studien zum Palazzo Pisani Moretta, 1849
Zeichnung, Tinte und Bleistift

DER DOGENPALAST

Im Anfang des vorigen Kapitels war bemerkt worden, dass die gotische Kunst in Venedig durch den Bau des Dogenpalastes in zwei verschiedene Perioden geteilt war; und dass bei allen Privatgebäuden, die ein halbes Jahrhundert lang nach seiner Vollendung errichtet wurden, ihre charakteristischen und effektvollsten Teile mehr oder weniger genau nach ihm kopiert waren. Tatsächlich war der Dogenpalast das Hauptwerk Venedigs zu jener Zeit, für den es viele Jahre lang seine höchste Phantasie aufgewandt, seine besten Architekten bei seinem Mauerwerk und seine besten Maler bei seiner Dekoration beschäftigt hatte, und wir müssen es als bemerkenswertes Zeugnis für den Einfluss auffassen, den es auf die Gemüter derjenigen ausübte, die es entstehen sahen, dass, während in anderen Städten Italiens sich jeder Palast und jede Kirche in origineller und täglich gewagterer Form erhob, die Erhabenheit dieses einzelnen Gebäudes imstande war, die gotische Phantasie in ihrem vollen Lauf aufzuhalten; dass es die Ruhelosigkeit der Neuerungssucht sofort stillte und den Kräften, die sie geschaffen hatten untersagte, sich nach neuen Richtungen hin anzustrengen oder zu versuchen, ein anziehenderes Bild heraufzubeschwören.

Der Leser wird kaum glauben, dass, während die baukünstlerische Erfindungskraft der Venezianer sich so, dem Narciss gleichend, in Selbstbetrachtung verlor, die verschiedenen Berichte über den Fortgang des so bewunderten und geliebten Gebäudes so verwirrt sind, dass es häufig zweifelhaft bleibt, auf welchen Teil des Bauwerkes sie sich beziehen; und dass tatsächlich in heutiger Zeit zwischen den besten venezianischen Altertumsforschern ein Streit darüber besteht, ob die Hauptfassade des Palastes aus dem vierzehnten oder fünfzehnten Jahrhundert stammt. Diese Frage muss natürlich entschieden werden, ehe wir irgend welche Schlüsse aus dem Stil des Werkes ziehen können, und sie kann nicht entschieden werden ohne eine sorgfältige Prüfung der ganzen Geschichte des Palastes und aller auf ihn bezüglichen Dokumente. Ich hoffe, man wird diese Prüfung nicht langweilig finden, – fruchtlos wird sie gewiss nicht sein, und uns manche für den venezianischen Charakter eigentümliche, erläuternde Tatsachen vorführen.

Bevor der Leser jedoch mit irgend einer Prüfung der Geschichte dieses Gebäudes beginnen kann, muss er erst gründlich vertraut sein mit der Anordnung und der Bezeichnung seiner hauptsächlichen Teile, wie er gegenwärtig besteht; sonst kann er nicht einen Satz aus den Dokumenten verstehen, die sich auf ihn beziehen. Ich muss tun, was ich kann, um ihm mit Hilfe eines rohen Planes und aus der Vogelperspektive die nötigen topografischen Kenntnisse zu verschaffen.

Palazzo Ducale, Südwestecke (Feigenbaum-Ecke mit Darstellung des Südenfalls), österreichische Soldaten im Vordergrund
Daguerreotypie

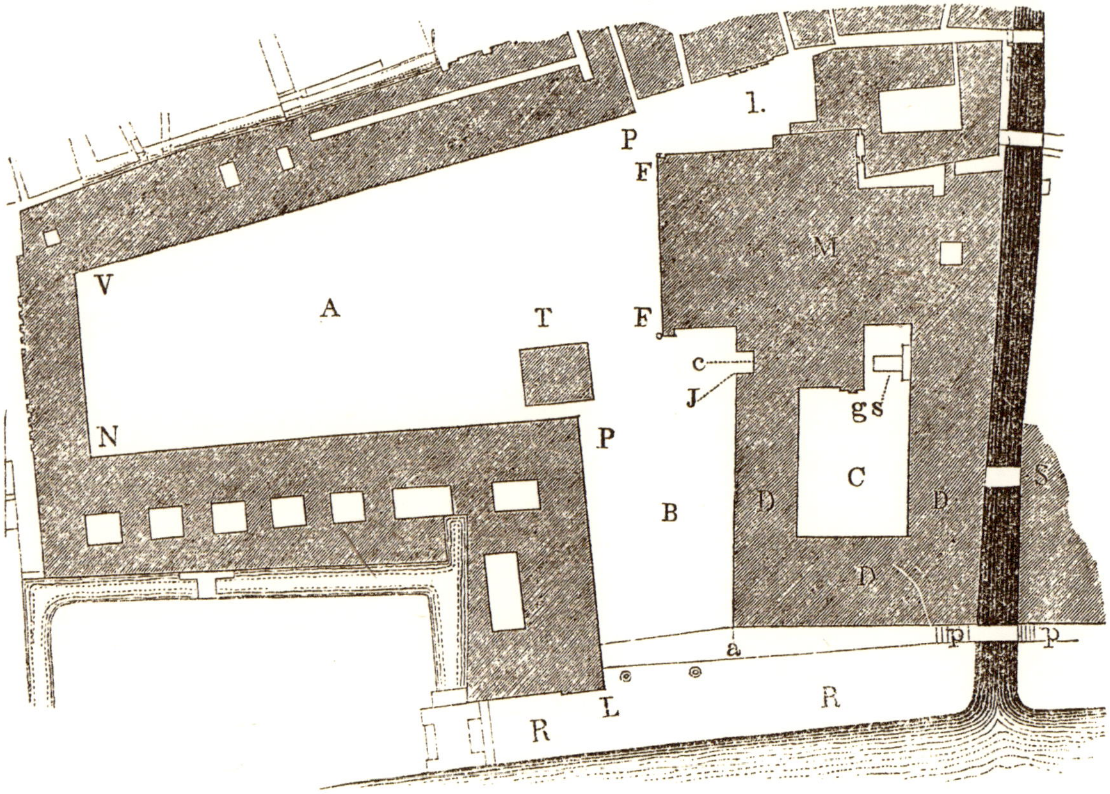

Fig. 32 Grundriss der Gebäude am Markusplatz

A. Markusplatz.
B. Piazzetta.
P. V. Alte Prokurazien.
P. N. Neue Prokurazien.
P. L. Alte Bibliothek.
I. Piazzetta de' Leoni.
T. Glockenturm von S. Marco.
F. F. Große Fassade der St. Markuskirche.
M. San Marco.

DDD. Dogenpalast.
C. Hof des Dogenpalastes.
c. Porta della Carta.
p. p. Ponte della Paglia. (Strohbrücke)
S. Ponte de' Sospiri. (Seufzerbrücke)
R. R. Riva de' Schiavoni.
g. s. Scala dei Giganti.
J. Urteilsecke.
a. Feigenbaumecke.

Fig. 32 ist ein roher Grundriss der Gebäude am Markusplatz; und die folgenden Hinweisungen werden ihre Stellungen zu einander klar stellen. (Er ist so verbunden mit dem Dogenpalast, dass die Trennung auf dem Plan nur angegeben werden könnte, wenn man alle Mauern markierte, was das ganze verwirrt haben würde)

Wie der Leser bemerken wird, ist der Dogenpalast gewissermaßen in der Form eines hohlen Quadrats angelegt, mit der einen Seite nach der Piazzetta und der anderen nach einem Kai hin, welcher die Riva de' Schiavoni genannt wird; die dritte geht nach dem düsteren Kanal hinaus, der der »Rio del Palazzo« heißt, und die vierte stößt an die Kirche San Marco.

Von dieser vierten Seite ist daher nichts zu sehen. Von den drei anderen werden wir beständig zu reden haben, und sie entsprechend die »Piazzetta-Fassade«, die »Seefassade« und die »Rio-Fassade« nennen. Dieser Rio oder Kanal wird von den Fremden gewöhnlich mit großem Respekt, ja selbst mit Grauen betrachtet, weil er unter der Seufzerbrücke dahinfließt. Er ist jedoch eine der Hauptverkehrsadern der Stadt; und Brücke und Kanal werden von einem Venezianer ungefähr ebenso betrachtet wie Fleet-Street und Temple Bar von einem Londoner – wenigstens zurzeit als Temple Bar gelegentlich mit Menschenköpfen dekoriert wurde. Beide Bauwerke gleichen sich ganz genau in der Form.

Wir müssen nun eine ungefähre Vorstellung von dem Aussehen und der Einteilung des Palastes selbst zu gewinnen suchen; aber seine Anordnung wird leichter verständlich erscheinen, wenn wir annehmen, uns etwa hundertundfünfzig Fuß über der vor ihm liegenden Lagune zu befinden, so dass wir einen Überblick über die Seefassade und die Rio-Fassade (letztere in sehr steiler Perspektive) gewinnen, und in den inneren Hof hineinsehen können. Fig. 33 stellt einen solchen Überblick in ganz roher Weise dar, wobei alle Einzelheiten auf den Dächern fortgelassen sind, um Verwirrung zu vermeiden. Bei dieser Abbildung haben wir nur zu merken, dass von den beiden Brücken über den schwarzen Kanal, die man rechts erblickt, die obere die Seufzerbrücke ist; die untere die Ponte della Paglia, die reguläre Verkehrsader von Kai zu Kai, die wahrscheinlich Strohbrücke genannt wird, weil die Boote, die Stroh vom Festlande brachten, es an dieser Stelle zu verkaufen pflegten. Die Ecke des Palastes, die sich oberhalb dieser Brücke durch das Zusammentreffen der Seefassade und Rio-Fassade bildet, wird stets die Weinstockecke genannt werden, weil sie mit einem Bildwerk dekoriert ist, das Noahs Trunkenheit darstellt. Die gegenüberliegende Ecke wird die Feigenbaumecke genannt, weil sie mit einem Bildwerk vom Sündenfall dekoriert ist. Die lange und schmale Ausdehnung des Gebäudes, dessen Dach man perspektivisch hinter dieser Ecke erblickt, ist der Teil des Palastes, der nach der Piazzetta hinaus liegt; und die Ecke unter dem linken der beiden Spitztürmchen, mit denen er abschließt, wird, aus einem demnächst zu erklärenden Grunde, die Urteilsecke genannt. Innerhalb des durch das Gebäude gebildeten Quadrats sieht man den inneren Hof (mit einem seiner Brunnen), durch kleine und phantastische Gebäude aus der Re-

Fig. 33 Isometrie des Dogenpalastes

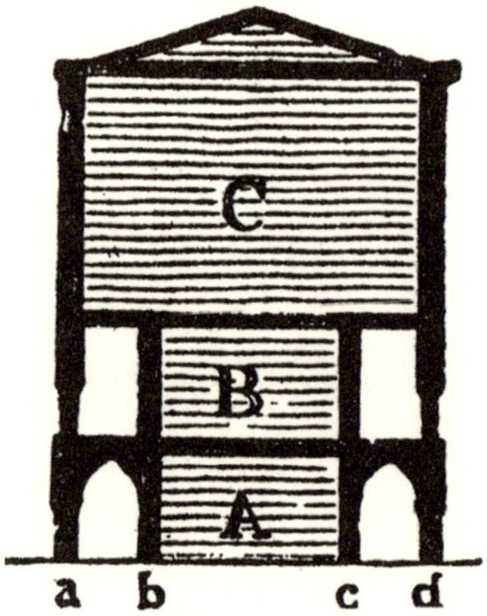

Fig. 34

naissancezeit abgeschlossen, die sich der Scala dei Giganti (Riesentreppe) gegenüber befinden, deren äußerstes Ende man auf der linken Seite schräg herabkommen sieht.

Die große Fassade, dem Beschauer gegenüber, blickt nach Süden. Daher können die beiden Maßwerkfenster, die niedriger als die übrigen sind und rechts vom Beschauer liegen, als die »Östlichen Fenster« bezeichnet werden. Es gibt noch zwei ebensolche, mit Maßwerk ausgefüllte, die nach dem schmalen Kanal zwischen der Ponte della Paglia und der Seufzerbrücke hinausgehen; diese können wir füglich die »Kanalfenster« nennen. Dem Leser wird eine senkrechte Linie auf dieser dunklen Seite des Palastes auffallen, welche die näherliegende und einfachere Wand von einem langen vierstöckigen Ende reichen Bauwerks trennt. Dieses entferntere Stück ist völlige Renaissance, das Ende ist nicht angegeben, weil ich keine genaue Skizze von den kleinen Gebäuden und Brücken jenseits desselben besitze, und weil wir bei unserer gegenwärtigen Prüfung durchaus nichts mit diesem Teile des Gebäudes zu tun haben. Die nähere unverzierte Wand ist ein Teil des älteren Palastes, aber sehr entstellt durch Anbringung gewöhnlicher Fenster, Ausbesserungen des Mauerwerks, usw.

Man wird bemerken, dass die Hauptfassade aus einer glatten Wandmasse besteht, die von zwei, übereinander befindlichen Säulenreihen getragen wird. Die Art, wie diese das ganze Gebäude stützen, ist am leichtesten durch den rohen Durchschnitt, Fig. 34, zu verstehen, der ungefähr von der Mitte der Seefassade aus direkt durch den Palast bis auf den inneren Hof geht. Hier sind a und d die äußeren Säulenreihen, sowohl innerhalb des Hofes, wie an der Fassade, welche die Hauptwände tragen; b und c sind feste, mehrfach durch Pfeiler verstärkte Mauern. A, B, C sind die drei Stockwerke des inneren Palastes.

Wie der Leser sieht, kann es kaum einen einfacheren Plan geben, und wenn die inneren Flure und Wände der Stockwerke A, B entfernt würden, so bliebe die Form einer Basilika übrig, – zwei hohe, von Säulenreihen getragene Wände, die ein niedriger Giebel überdachte.

Die Stockwerke A, B sind ganz modernisiert und in verworrene Reihen kleiner Gemächer geteilt, bei denen die Überbleibsel alten Mauerwerks unentzifferbar sind; ausgenommen durch Forschungen, zu denen ich weder Zeit noch Gelegenheit hatte, da in den meisten Fällen erst der moderne Putz hätte entfernt werden müssen. Mit den Unterabteilungen dieses Stockwerks werde ich den Leser daher nicht behelligen, aber die des großen oberen Stockwerks, C, sind von hoher Wichtigkeit.

Bei der Abbildung aus der Vogelperspektive, Fig. 33, wird man bemerken, dass die beiden Fenster auf der rechten Seite niedriger sind als die übrigen vier der Fassade. In dieser Anordnung zeigt sich eines der merkwürdigsten Beispiele von der gewagten Aufopferung der Symmetrie zugunsten der Zweckdienlichkeit, die im vorherigen Kapitel als eines der edelsten Charakterzeichen der gotischen Schulen erwähnt wurde.

Der Teil des Palastes, in dem die beiden niedrigeren Fenster vorkommen, wurde, wie wir finden werden, zuerst erbaut und in vier Stockwerke eingeteilt, um die notwendige Zahl von Gemächern zu erlangen. Aus Gründen, die wir sofort klar legen werden, stellte sich zu Anfang des vierzehnten Jahrhunderts die Notwendigkeit heraus, noch ein großes und prächtiges Gemach für die Zusammenkünfte des Senats zu schaffen. Dieser Saal wurde an der Seite des älteren Gebäudes hinzugefügt; aber da nur ein Raum nötig war, brauchte man den angefügten Teil nicht in zwei Stockwerke zu teilen. Die ganze Höhe wurde dem einzelnen Raum gegeben und stand auch in voller Harmonie mit seiner enormen Länge und Breite. Nun war es die Frage, ob die Fenster in gleicher Höhe mit den beiden anderen oder über ihnen angebracht werden sollten.

Die Decke des neuen Gemaches sollte mit Malereien der ersten Meister von Venedig geschmückt werden, und es war daher von großer Wichtigkeit, das Licht möglichst nahe der prächtigen Decke einzulassen und zugleich den Charakter der Beleuchtung des Ratssaales doch hell zu gestalten. Es war daher vorteilhafter, das Licht in einfachen Massen eindringen zu lassen, als in vielen gebrochenen Strömen. Ein moderner Baukünstler würde, entsetzt über den Gedanken, die äußere Symmetrie zu stören, sowohl die Gemälde wie den Frieden der Ratsversammlung geopfert haben. Er würde die größeren Fenster in gleiche Höhe mit den anderen beiden gestellt und über ihnen kleinere Fenster angebracht haben wie die des oberen Stockwerkes in dem älteren Gebäude, als ob das obere Stockwerk an der Fassade entlang fortgeführt wäre. Aber der alte Venezianer dachte zuerst an die Ehrung der Gemälde und an die Bequemlichkeit des Senats und dann erst an seinen eigenen Ruhm. Ohne Zögern erhob er die großen Fenster zu ihrer richtigen Stellung in bezug auf den inneren Raum des Zimmers, und ließ die äußere Erscheinung für sich selbst sorgen. Und ich glaube, das ganze große Gebäude gewinnt eher an Effekt durch die hierdurch erreichte Abwechslung in den Räumen oberhalb und unterhalb der Fenster.

Auf der Scheidewand zwischen dem zweiten und dritten Fenster, die dem Ostende des großen Ratssaales gegenüberliegt, ist das Paradies von Tintoretto gemalt, und diese Wand wird daher hiernach die »Wand des Paradieses« genannt werden.

Beinahe in der Mitte der Seefassade, zwischen dem ersten und zweiten Fenster des großen Ratssaales, befindet sich ein bis auf den Boden reichendes großes Fenster, das auf einen Balkon hinausführt, der ein Hauptschmuck des Palastes ist, und in Zukunft der »Seebalkon« genannt werden soll.

Die Fassade an der Piazzetta ist der Seefassade beinahe gleich, wurde aber zum größten Teil im fünfzehnten Jahrhundert erbaut, als die Leute gelernt hatten, auf Symmetrie zu achten. Ihre Seitenfenster befinden sich alle in gleicher Höhe. Zwei erhellen das Westende des großen Ratssaales, eines ein kleines Gemach, das einstmals die Quarantia Civil Nuova genannt wurde; die übrigen drei sowie das mittlere, mit einem Balkon wie der nach der See hinaus, erhellten einen anderen großen Raum, die sogenannte Sala del Scrutinio, oder »Untersuchungssaal«, der sich bis zum äußersten Ende des Palastes, über der Porta della Carta erstreckt.

Der Leser ist nun mit der Topografie des bestehenden Gebäudes genügend bekannt, um den Berichten seiner Geschichte folgen zu können.

Wie wir oben gesehen haben, gab es drei Hauptstile venezianischer Baukunst; byzantinischen, gotischen und Renaissance.

Der Dogenpalast, das große Kunstwerk Venedigs, wurde nacheinander in den drei Stilarten erbaut. Es gab einen byzantinischen Dogenpalast, einen gotischen Dogenpalast und einen Renaissance-Dogenpalast. Der zweite verdrängte den ersten ganz und gar; ein paar Steine (und diese noch kaum) sind alles, was davon übrig geblieben ist. Aber der dritte verdrängte den zweiten nur teilweise, und das bestehende Gebäude ist durch die Verbindung beider entstanden.

Wir werden die Geschichte von jedem der Reihenfolge nach durchnehmen. Erstens: *Der byzantinische Palast*.

Im Todesjahre Karls des Großen, 813, beschlossen die Venezianer, die Rialto-Insel zum Sitze der Regierung und zur Hauptstadt ihres Staates zu machen. Ihr Doge, Angelo oder Agnello Participazio, traf sofort energische Maßnahmen zur Vergrößerung der kleinen Gruppe von Gebäuden, die den Kernpunkt des zukünftigen Venedigs bilden sollten. Er stellte Personen an, die das Aufwerfen von Sanddämmen beaufsichtigen sollten, um sichere Fundamente zu bilden und hölzerne Brücken über die Kanäle zu bauen. Für den Gottesdienst baute er die Kirche von San Marco; und auf der Stelle, wo heute der Dogenpalast steht, oder nahe dabei, errichtete er einen Palast für die Verwaltung der Regierung.

Die Geschichte des Dogenpalastes beginnt daher mit der Geburt von Venedig, und dem, was heutigestags noch von ihm übrig bleibt, ist die letzte Repräsentation seiner Macht anvertraut.

Von der genauen Stellung und Form dieses Palastes von Participazio steht weniges fest. Sansovino sagt, er sei nahe der Ponte della Paglia erbaut gewesen und dementsprechend am Canal Grande*, nach San Giorgio zu; d. h. an der Stelle, die heute die Seefassade einnimmt; aber dies war nur das damals im Volke verbreitete Gerücht. Wir wissen dagegen bestimmt, dass er ungefähr auf der Stelle des jetzigen Palastes stand und eine bedeutsame Fassade nach der Piazzetta zu hatte, mit der, wie wir weiterhin sehen werden, der jetzige Palast einstmals verbunden war. Wir wissen auch aus dem Bericht von Sangornino über den Besuch Kaiser Ottos des Großen beim Dogen Pietro Orseolo II., dass es ein großes Gebäude von einer gewissen Pracht war. Der Chronist sagt, »dass der Kaiser aufmerksam alle Schönheiten des Palastes betrachtete«; und die venezianischen Geschichtsschreiber drücken ihren Stolz darüber aus, dass das Gebäude der Betrachtung eines Kaisers würdig befunden wurde. Dies geschah um die Zeit, als der beim Aufstand unter Candiano IV. stark durch Feuer beschädigte Palast durch Orseolo selbst wieder hergestellt und reich ausgeschmückt war, von dem Sangornino sagt, dass er auch die Kapelle des Dogenpalastes (S. Marco) mit Zieraten von Marmor und Gold geschmückt habe. Es kann nicht der mindeste Zweifel darüber herrschen, dass der Palast zu jener Zeit den anderen byzantinischen Gebäuden der Stadt glich und ihnen seinen Stempel aufdrückte, wie z. B. dem Fondaco dei Turchi, usw., deren Überbleibsel schon beschrieben sind; und dass er wie diese mit Bildwerk bedeckt und reich mit Gold und Farbe geschmückt war.

Im Jahre 1106 wurde er zum zweitenmale durch Feuer beschädigt, aber vor 1116 schon wieder hergestellt, wo er den Besuch eines zweiten Kaisers, Heinrich V. (von Deutschland), erhielt und von neuem durch kaiserliches Lob geehrt wurde. Zwischen 1173 und dem Ende des Jahrhunderts scheint er wieder ausgebessert und bedeutend vergrößert zu sein durch den Dogen Sebastian Ziani. Sansovino sagt, dieser Doge hätte ihn nicht nur erneuert, sondern »nach jeder Richtung hin vergrößert«. Nach dieser Vergrößerung scheint der Palast hundert Jahre lang unberührt geblieben zu sein, bis anfangs des vierzehnten Jahrhunderts die Arbeiten des gotischen Palastes begannen. Da nun das alte byzantinische Gebäude, zurzeit als diese Arbeiten zuerst

* Was ich die See nenne, wurde von den Venezianern der Canal Grande genannt, ebenso wie die große Wasserstraße der Stadt; aber ich ziehe es vor, »die See« zu sagen, um einen Unterschied zwischen jener Straße und dem breiten Wasser vor dem Dogenpalast zu machen, das sich, nur von der Insel San Giorgio unterbrochen, meilenweit nach Süden hin erstreckt und mehr als zwei engl. Meilen bis zur Grenze des Lido. Es war der tiefere Kanal, gerade vor dem Dogenpalast, der die Fortsetzung der großen Wasserstraße selbst bildete, den die Venezianer als »der Canal Grande« bezeichneten.

Palazzo Ducale mit der Ponte della Paglia, 1849–1852
Daguerreotypie

daran eingriffen, die Form besaß, die Ziani ihm gegeben hatte, werde ich es fernerhin stets als den Ziani-Palast bezeichnen; und dies um so mehr, weil der einzige Chronist, dessen Worte mit voller Klarheit einen Teil dieses Palastes noch im Jahre 1422 erwähnen, ihn als von Ziani erbaut bezeichnet. Der alte »Palast, von dem die Hälfte noch übrig geblieben ist, wurde, wie wir ihn noch jetzt sehen, von Sebastian Ziani erbaut«.*

Soviel also über den byzantinischen Palast.

Zweitens: *Der gotische Palast*. Der Leser erinnert sich gewiss, dass der bedeutsame Wechsel in der venezianischen Regierung, der die aristokratische Macht befestigte, um das Jahr 1297 unter dem Dogen Pietro Gradenigo eintrat, den Sansovino folgendermaßen charakterisiert: – »Ein entschlossener und kluger Mann, von unbezwinglicher Entschiedenheit und großer Beredtsamkeit, der sozusagen die Fundamente der Einigkeit für diese Republik legte durch die bewunderungswürdigen Einrichtungen, die er bei der Regierung traf«.

Wir können jetzt mit gewisser Berechtigung an ihrer Bewunderungswürdigkeit zweifeln, aber ihre Bedeutsamkeit und der energische Wille und die Klugheit des Dogen sind unbestreitbar. Venedig stand im Zenit seiner Kraft, und der Heldenmut seiner Bürger betätigte sich an allen Enden der Welt. Die Zulassung der festen Einsetzung der aristokratischen Regierung war von seiten des Volkes ein Zeichen des Respekts vor den Familien, die hauptsächlich dazu beigetragen hatten, das Gemeinwesen auf eine solche Höhe des Wohlstandes zu bringen.

Das Serrar del Consiglio setzte die Zahl der Senatsmitglieder in gewissen Grenzen fest, und verlieh ihnen eine größere Würde, als sie je vorher besessen hatten. Naturgemäß brachte die Veränderung im Charakter der Versammlung auch einen gewissen Wechsel in der Größe, der Einrichtung und Ausschmückung des Gemaches mit sich, in dem ihre Sitzungen stattfanden.

Demgemäß finden wir bei Sansovino erwähnt, dass im Jahre 1301 ein anderer Saal am Rio des Palastes, *unter dem Dogen Gradenigo* begonnen und 1309 vollendet wurde, *in welchem Jahre die erste Sitzung des Großen Rates darin stattfand*. Der gotische Dogenpalast von Venedig wurde daher im ersten Jahre des vierzehnten Jahrhunderts begonnen; und wie der byzantinische Palast seine Begründung gleichzeitig mit der des Staates hatte, so hatte der gotische Palast die seine gleichzeitig mit der der aristokratischen Macht. Als Hauptrepräsentant der venezianischen Schule der Baukunst ist der Dogenpalast das Parthenon von Venedig und Gradenigo sein Perikles.

Mit einer Vorsicht, die häufig bei venezianischen Geschichtsschreibern vorkommt, wenn sie Ereignisse erwähnen, die mit dem Serrar del Consiglio zusammenhängen, gibt Sansovino keinen besonderen Grund für das Erfordernis des neuen Saales an; aber die Sivos-Chronik drückt sich etwas deutlicher aus. »Im Jahre 1301 wurde beschlossen, einen großen Saal für die Versammlung des Großen Rates zu errichten, und es wurde das Gemach erbaut, das *jetzt* die Sala del Scrutinio genannt wird«. *Jetzt* bedeutet hier die Zeit, in der die Sivos-Chronik geschrieben wurde; der Saal ist längst zerstört und seinen Namen hat ein anderes Gemach auf der entgegengesetzten Seite des Palastes erhalten. Ich möchte aber, dass der Leser sich die Jahreszahl 1301 als Anfang einer großen architektonischen Epoche merkt, in welcher zuerst die Energie der aristokratischen Regierung und des gotischen Stils bei den Arbeiten für den Dogenpalast zur Anwendung kam. Die damals begonnenen Arbeiten wurden fast ohne Unterbrechung während der ganzen Periode des Wohlstandes von Venedig fortgesetzt. Wir werden sehen, wie die neuen Bauten Stück für

* Chronik von Pietro Dolfino, Cod. Ven., S. 47. Diese Chronik wird von Sansovino als sehr genau und bestimmt bezeichnet. – Sansovino, Venezia descritta, S. 593. – Sie schließt im Jahre 1422.

Stück den Ziani-Palast zerstörten und seine Stelle einnahmen; und als der Ziani-Palast zerstört war, fraßen sie sich selbst auf; denn sie wurden rund um das Karree fortgeführt, bis sie im sechzehnten Jahrhundert den Punkt erreichten, wo sie im vierzehnten angefangen waren, und setzten die verfolgte Bahn noch eine Strecke über die Verbindungsstelle hinaus fort; wobei sie ihren eigenen Anfang zerstörten oder verbargen, wie die Schlange, die als Bild der Ewigkeit ihren Schwanz in ihrem Rachen verbirgt.

Wir können daher das äußerste Ende nicht *sehen*, in dem der Giftzahn und die Kraft des ganzen Geschöpfes lag, – nämlich das von dem Dogen Gradenigo erbaute Gemach; aber der Leser muss diesen Beginn und den Zeitpunkt desselben sorgfältig im Gedächtnis behalten. Der Körper der Schlange wird bald sichtbar für uns werden.

Das Gradenigo-Gemach lag irgendwo an der Rio-Fassade, hinter der jetzigen Stelle der Seufzerbrücke; d. h. etwa an der Stelle, die auf dem Dach der Abbildung durch punktierte Linien bezeichnet ist; man weiß nicht, ob hoch oder niedrig, aber wahrscheinlich in einem ersten Stockwerk. Da die große Fassade des Ziani-Palastes, wie oben erwähnt, an der Piazzetta lag, so lag dieses Gemach so weit zurück und aus dem Wege wie möglich, und Verborgenheit und Sicherheit waren offenbar die zuerst dabei in Betracht gezogenen Punkte.

Aber der neuernannte Senat bedurfte neben dem Ratssaal noch weiterer Anbauten an den alten Palast. Ein kurzer, aber sehr bedeutungsvoller Satz ist Sansovinos Bericht über den Bau jenes Saales hinzugefügt. »In seiner Nähe lagen die Cancellaria und die *Gheba* oder *Gabbia*, späterhin der kleine Turm genannt.«

Gabbia bedeutet einen »Käfig«; und es ist keine Frage, dass zu jener Zeit gewisse Räume im oberen Teile des Palastes und an der Rio-Fassade hinzugefügt wurden, die als Gefängnisse dienten. Ob noch irgend ein Stück des alten Torresella übrig geblieben, ist eine zweifelhafte Frage; aber die obersten Räume des Palastes, im vierten Stockwerk, wurden noch bis Anfang des siebzehnten Jahrhunderts als Gefängnisse benutzt.* Ich mache den Leser besonders darauf aufmerksam, dass ein eigener Turm oder eine Reihe von Räumen zu diesem Zwecke erbaut waren, weil ich die Regierung von den Anschuldigungen reinigen möchte, die beständig von unwissenden oder parteiischen Geschichtsschreibern gegen sie erhoben wurden, wegen maßloser Grausamkeit gegen die Gefangenen. Die allgemein erzählten Geschichten von den »Bleidächern« des Dogenpalastes sind völlig erdichtet. Anstatt, wie gewöhnlich berichtet wird, kleine Öfen unter den Bleidächern des Palastes zu sein, waren es behagliche Zimmer mit guten flachen Lärchenholzdächern und ordentlich ventiliert.** Als nun das neue Gemach und die Gefängnisse erbaut waren, hielt der Große Rat im Jahre 1309 seine erste Sitzung in dem abgelegenen Gemach am Rio.

Man achte wohl auf den bedeutungsvollen Fortgang der Ereignisse. Kaum war die Regierung eingesetzt, da wurde sie schon durch die Verschwörung der Tiepolos im Jahre 1310 gestört. Infolge dieser Verschwörung wurde der Rat der Zehn geschaffen, ebenfalls unter dem Dogen Gradenigo, der, nachdem er sein Werk vollendet und die Aristokratie Venedigs mit dieser furchtbaren Macht ausgerüstet hatte, im Jahre 1312, wie einige behaupten, an Gift starb. Ihm folgte der Doge Marino Giorgio, der nur ein Jahr

* »Daneben befand sich die Cancellaria und die Gheba oder Gabbia, späterhin Torresella genannt.« – S. 324. Man sieht einen kleinen viereckigen Turm über der Weinstockecke auf der, vom Jahre 1500 datierten und Albrecht Dürer zugeschriebenen Ansicht von Venedig. Er scheint etwa 25 Fuß im Quadrat groß zu sein, und ist höchst wahrscheinlich der fragliche Torresella.

** Bettio, Brief S. 23. »Die davon schrieben, ohne sie gesehen zu haben, schilderten sie als mit Blei bedeckt; aber die, welche sie gesehen haben, wissen, dass sich zwischen ihren flachen Holzdächern und dem abgeschrägten Bleidach des Palastes ein Zwischenraum von fünf Metern an der kürzesten Stelle und von neun an der längsten befindet.«

lang herrschte, und dem die gedeihliche Regierung von Giovanni Soranzo folgte. Es werden keine Anbauten an den Dogenpalast unter seiner Herrschaft erwähnt; aber auf ihn folgte jener Francesco Dandolo, von dessen Grabmal im Kreuzgang der Salute die Skulpturen noch heutigestags mit denen des Dogenpalastes verglichen werden können. Von ihm heißt es in der Savina-Chronik: »Dieser Doge ließ auch das große Tor am Eingang des Palastes erbauen, über dem seine kniende Statue, mit dem Gonfalone (Banner) in der Hand, zu Füßen des Löwen von St. Markus angebracht ist.«

Wie es scheint, hielt der Senat, nachdem der Ratssaal und die Gefängnisse fertiggestellt waren, es für erforderlich, eine prächtigere Eingangstür als die des alten Ziani-Palastes für den Eintritt der Magnifizenzen anzubringen. Von dieser Tür ist zweimal in den glücklicherweise aufbewahrten staatlichen Rechenschaftsberichten, wie folgt, die Rede:

»1335, 1. Juni. Wir, Andrea Dandolo und Marco Loredano, Prokuratoren von S. Marco, haben dem Steinhauer Martin und seinen Gesellen bezahlt (…) für einen Stein, aus dem der über dem Tor des Palastes angebrachte Löwe gemacht ist.«

»1344, 4. November. Wir haben fünfunddreißig Golddukaten bezahlt für die Anfertigung von Blattgold, um den Löwen zu vergolden, der sich über der Tür der Palasttreppe befindet.«

Die Stelle dieser Tür wird aber bestritten und ist auch belanglos für den Leser, da sie längst verschwunden und durch die Porta della Carta ersetzt ist.

Bevor sie jedoch vollendet war, hatte sich Gelegenheit für neue Verbesserungen geboten. Der Senat fand die neue Ratskammer zu klein, und ungefähr dreißig Jahre nach ihrer Fertigstellung fing man an, zu überlegen, wo eine größere und prächtigere errichtet werden könnte. Die Regierung war nun gründlich befestigt und man fühlte wahrscheinlich, dass eine gewisse Knauserigkeit sowohl in der abgelegenen Lage, wie in der ungenügenden Größe der Ratskammer am Rio lag. Der erste bestimmte Bericht über ihr Vorgehen in dieser Angelegenheit findet sich in der Caroldo-Chronik. Hiernach scheint am 28. Dezember 1340 eine eingesetzte Kommission über diese wichtige Angelegenheit vor dem Großen Rat Bericht erstattet zu haben, und der Beschluss gefasst zu sein, einen neuen Ratssaal am Canal Grande zu erbauen.

Der damals begonnene Saal ist der noch jetzt bestehende, und seine Errichtung schließt den Bau alles Besten und Schönsten am gegenwärtigen Dogenpalast ein, da die prächtigen Arkaden der unteren Stockwerke ausschließlich zur Stützung dieser Sala del Gran Consiglio vorbereitet wurden.

Wenn ich sage, dass er noch jetzt besteht, so meine ich damit nicht, dass er keine Veränderungen erlitten hat; wir werden später sehen, dass er wiederholentlich ausgebessert und Teile der Wände neu errichtet wurden; aber er befindet sich noch an derselben Stelle und in der ursprünglichen Form; und ein einziger Blick auf die Stellung, die seine Fenster auf Fig. 33 einnehmen, zeigt dem Leser sofort, dass alles, was man von der Seefassade wissen kann, aus den Protokollen gesammelt werden muss, die sich auf diesen großen Ratssaal beziehen.

Cadorin führt zwei sehr wichtige an, auf die wir zurückkommen werden, und die während des Fortgangs des Baues 1342 und 1344 aufgenommen wurden; dann eines von 1349, das den Beschluss enthält, dass die Arbeiten am Dogenpalast, die während der Pest unterbrochen waren, wieder aufgenommen werden sollten; und schließlich eines von 1362, das davon spricht, dass der Ratssaal wegen Vernachlässigung in »großen Verfall« geraten sei und unverzüglich wiederhergestellt werden solle.

Die Unterbrechung war nicht nur durch die Pest, sondern auch durch die Verschwörung des

Faliero und den gewaltsamen Tod des Baumeisters veranlasst worden. Der Bau wurde 1362 wieder aufgenommen und während der folgenden drei Jahre vollendet, wenigstens so weit, dass Guariento sein Paradies auf die Wände malen konnte; so dass das Gebäude zu dieser Zeit jedenfalls unter Dach gewesen sein muss. Seine Ausschmückung und innere Einrichtung brauchte lange Zeit zu ihrer Vollendung; die Deckengemälde wurden erst um 1400 ausgeführt. Sie stellten den Sternenhimmel dar, da dieser, wie Sansovino sagt, das Wappenbild des Dogen Steno war. Fast alle Decken und Wölbungen wurden zu jener Zeit in Venedig mit Sternen bedeckt, ohne Beziehung auf Wappenzeichen; aber Steno beansprucht unter dem edlen Titel Stellifer, einen bedeutsamen Anteil an der Vollendung des Saales, in einer auf zwei viereckigen Tafeln befindlichen Inschrift, die jetzt in den Wänden auf beiden Seiten des großen Fensters auf der Seeseite eingelassen sind: »MILLE QUADRINGENTI CURREBANT QUATUOR ANNI HOC OPUS ILLUSTRIS MICHAEL DUX STELLIFER AUXIT.«

Tatsächlich haben wir auch diesem Dogen den schönen Balkon jenes Fensters zu verdanken, obgleich die darüber befindliche Arbeit teilweise neueren Datums ist; die Tafeln, welche diese wichtige Inschrift trugen, scheinen herausgenommen und in das neuere Mauerwerk wieder eingelassen zu sein. Die Arbeit dieser Schlussverzierungen nahm eine Gesamtzeit von sechzig Jahren in Anspruch. Der Große Rat tagte 1423 zum erstenmale in dem vollendeten Saal. In diesem Jahre war der gotische Dogenpalast von Venedig fertiggestellt. Es hatte zu seiner Errichtung der energischen Anstrengungen jener ganzen Periode bedurft, die ich oben als die Zentrale des venezianischen Lebens geschildert habe.

Drittens. *Der Renaissance-Palast*. Ich muss ein paar Schritte rückwärts tun, um sicher zu sein, dass der Leser sich völlig klar über den Stand des Palastes im Jahre 1423 ist. Die Zusatz- und Erneuerungsarbeiten waren nun, mit Unterbrechungen während eines Zeitraumes von hundertunddreiundzwanzig Jahren vor sich gegangen. Mindestens drei Generationen hatten sich daran gewöhnt, das stufenweise Fortschreiten der Form des Dogenpalastes zu immer stattlicherem Ebenmaß zu beobachten, und die Bildwerke und Malereien, mit denen er geschmückt war, – voll des Lebens, der Geschicklichkeit und der Hoffnung des vierzehnten Jahrhunderts, – mit den rohen byzantinischen Bildhauerarbeiten am Palaste des Dogen Ziani zu vergleichen. Der eben beendete herrliche Bau, dessen Kern der neue Ratssaal bildete, war jetzt allgemein in Venedig als der »Palazzo Nuovo« bekannt; und das alte byzantinische Gebäude, dessen Verfall noch mehr zu Tage trat durch den Kontrast mit den schönen Steinen des neben ihm errichteten Gebäudes, hieß natürlich der »Palazzo Vecchio«. Dieser Teil nahm indessen noch immer die Hauptstelle in Venedig ein. Der neue Ratssaal war an der Seite nach der See zu angelegt; aber dort befand sich damals noch nicht der breite Kai, die Riva dei Schiavoni, die jetzt die Seefassade ebenso bedeutsam macht, wie die an der Piazzetta gelegene. Zwischen den Säulen und dem Wasser war nur ein schmaler Weg; und der *alte* Ziani-Palast wandte noch immer der Piazzetta seine Vorderseite zu, und störte durch seine Baufälligkeit die Pracht des Platzes, auf dem die vornehmen Leute täglich zusammenkamen. Jede hinzukommende Schönheit des neuen Palastes machte das Missverhältnis zwischen ihm und dem Nachbargebäude peinlicher; und so entstand bei allen Leuten der unbestimmte Gedanke von der Notwendigkeit, den alten Palast niederzureißen und die Piazzetta-Fassade mit derselben Pracht wie die Seefassade herzustellen. Aber solche umfassende Renovierung war durchaus nicht von dem Senat beabsichtigt, als zuerst der Plan für den neuen Ratssaal gemacht wurde. Zuerst

Palazzo Ducale mit der Ponte della Paglia, 1852
Im Hintergrund rechts erkennt man die Seufzerbrücke.
Zeichnung/Aquarell, Bleistift und Wasserfarbe
auf weißem Papier

sollte ein einzelnes Zimmer angefügt werden, dann ein Torweg, dann ein größerer Saal; aber alles wurde nur als notwendiger Anbau an den Palast betrachtet, und sollte durchaus nicht den vollständigen Umbau des alten Gebäudes einschließen. Die Erschöpfung des Schatzes und die Schatten am politischen Horizont ließen es mehr als unklug erscheinen, sich auf so große Ausgaben einzulassen, wie sie ein solcher Plan mit sich brachte, und der Senat, der sich selbst nicht traute und sich vor der Schwäche seines eigenen Enthusiasmus zu schützen wünschte, erließ ein Gesetz, das dem Bemühen eines Menschen glich, der sich vor einer großen Versuchung fürchtet, und seine Gedanken von dem gefährlichen Punkte abzulenken sucht. Dieses Gesetz bestimmte nicht nur, dass der alte Palast nicht umgebaut werden sollte, sondern dass niemand den Umbau *vorschlagen* dürfe. Der Wunsch, dies zu tun, war so stark, dass an eine unparteiische Debatte nicht zu denken war, und der Senat wusste sehr wohl, dass die Stellung eines solchen Antrages gleichbedeutend mit seiner Annahme war.

Das rechtskräftig gemachte Gesetz, das sie gegen ihre eigene Schwäche schützen sollte, verbot jedermann bei Strafe von tausend Dukaten, von einem Umbau des Palastes zu sprechen. Aber sie hatten ihre eigene Begeisterung zu niedrig eingeschätzt; es gab einen Mann unter ihnen, den der Verlust von tausend Dukaten nicht davon zurückzuhalten vermochte, das vorzuschlagen, was er zum Wohle des Staates für notwendig hielt.

Eine gewisse Entschuldigung für die Stellung seines Antrages bot ihm eine im Jahre 1419 vorgekommene Feuersbrunst, die sowohl die Kirche von San Marco wie einen Teil des alten Palastes an der Piazzettaseite beschädigt hatte. Was darauf folgte, werde ich mit den Worten Sanutos berichten.*

»Darauf gingen sie mit allem Fleiße und aller Sorgfalt daran, zuerst das Haus Gottes auszubessern und kostbar zu schmücken; aber im Hause des Fürsten gingen die Dinge langsamer vorwärts, *denn es gefiel dem Dogen* nicht, es in derselben Form wiederherzustellen, die es früher besaß;* und sie konnten es nicht ganz neu in besserer Form errichten, wegen der großen Sparsamkeit dieser alten Senatoren; denn es war durch Gesetze, bei Strafe von tausend Dukaten verboten, den Vorschlag zu machen, den *alten* Palast niederzureißen und ihn prächtiger und kostbarer wieder aufzubauen. Aber der hochherzige Doge, dem vor allen Dingen das Ansehen der Stadt am Herzen lag, ließ die tausend Dukaten in die Senatskammer bringen, und machte alsdann den Vorschlag, den Palast neu zu erbauen, indem er sagte: »da das kürzlich stattgehabte Feuer einen großen Teil der Dogenwohnung, nicht nur seinen eigenen Privatpalast, sondern auch alle Räume für Staatsgeschäfte zerstört habe, so könne dieser Anlass als eine Ermahnung Gottes aufgefasst werden, den Palast stattlicher herzurichten und mehr der Größe entsprechend, die durch Gottes Gnade ihre Staaten erreicht hätten. Auch sei sein Beweggrund bei diesem Antrage weder Ehrgeiz noch selbstsüchtiges Interesse; denn was den Ehrgeiz beträfe, so hätten sie wohl während seines ganzen Lebens gesehen, dass er weder in der Stadt noch in auswärtigen Angelegenheiten jemals etwas aus Ehrgeiz getan hätte. Er hätte im Gegenteil stets die Gerechtigkeit bei allen seinen Handlungen vorangestellt und dann den Vorteil des Staates und die Ehre des venezianischen Namens. Was nun sein Privatinteresse beträfe, so würde er, wenn nicht das Unglück mit dem Feuer gekommen wäre, niemals daran gedacht haben, irgend etwas in dem Palaste kostbarer oder kunstvoller herstellen zu lassen; wie er auch in den vielen Jahren, die er darin gelebt, niemals danach getrachtet habe, et-

* Cronaca Sanudo.

* Tomaso Mocenigo.

was zu verändern, sondern immer damit zufrieden gewesen wäre, wie es seine Vorgänger ihm hinterlassen hätten. Auch wisse er sehr wohl, dass wenn sie jetzt auf sein Bitten hin den Bau anfingen, Gott ihn, der schon sehr alt und von mancher Mühsal gebrochen sei, in ein besseres Leben rufen würde, bevor die Mauern sich ein Stück über dem Erdboden erhöben. Sie möchten daher einsehen, dass er ihnen nicht riete, dieses Gebäude um seiner eigenen Bequemlichkeit willen zu errichten, sondern nur zur Ehre der Stadt und ihres Fürstentums; und dass nicht er, sondern seine Nachfolger den Nutzen davon haben würden.« Dann sagte er noch, dass er, »um, wie er es stets getan, die Gesetze zu erfüllen, (...) die tausend Dukaten mitgebracht habe, die als Strafe für die Stellung eines solchen Antrages festgesetzt seien, damit er offen vor allen Leuten bestätigen könne, dass er nicht seinen eigenen Vorteil suche, sondern die Würde des Staates.« Wie Sanuto weiter erzählt, wagte es kein einziger, sich den Wünschen des Dogen zu widersetzen; und die tausend Dukaten wurden einstimmig für die Kosten des Bauwerks bestimmt. »Und sie machten sich mit großem Eifer an die Arbeit; und der Palast wurde in der Form und Bauart begonnen, wie man ihn noch heute erblickt. Aber Mocenigo hatte richtig prophezeit, sein Leben endete bald darauf und er sah nicht nur das vollendete Werk nicht, sondern kaum den ersten Anfang desselben.«

Ein oder zwei Ausdrücke in den obigen Auszügen könnten, wenn sie allein ständen, den Leser auf den Gedanken bringen, dass man den ganzen Palast niedergerissen und neu aufgebaut habe. Wir müssen jedoch bedenken, dass um diese Zeit der neue Ratssaal, an dem man hundert Jahre lang gebaut hatte, tatsächlich noch unvollendet war und dass noch keine Ratssitzungen darin stattgefunden hatten; und es war gerade so wahrscheinlich, dass der Doge vorschlagen würde, ihn zu zerstören und neu zu erbauen, wie es in diesem Jahre 1853 sein würde, dass irgend jemand in unserem Unterhause vorschlagen könnte, die neuen Parlamentsgebäude unter der Bezeichnung des »alten Palastes« niederzureißen und wieder zu erbauen.

Die Art wie Sanuto sich ausdrückt, wird uns sofort ganz natürlich erscheinen, wenn wir daran denken, dass der »Dogenpalast«, nach Ansicht der alten Venezianer, aus vier verschiedenen Gebäuden bestand. Es befanden sich in ihm der Palast, die Staatsgefängnisse, das Senatshaus und die Bureaus für Staatsangelegenheiten; es war, mit anderen Worten, Buckingham Palace, der Tower in alten Zeiten, Ober- und Unterhaus und Downing Street, alles vereint; und von jedem dieser vier Teile konnte ohne eine Bezugnahme auf einen anderen gesprochen werden. »Der Palazzo« war die Residenz des Dogen, die zugleich mit den meisten Räumen für Staatsgeschäfte Mocenigo vorschlug niederzureißen und neu zu erbauen, und die auch tatsächlich niedergerissen und neu erbaut wurde. Aber der neue Ratssaal, der die ganze Fassade nach der See hin einnahm, wurde weder von ihm noch von Sanuto als notwendig verbunden mit der Residenz des Dogen betrachtet.

Ich sagte, der neue Ratssaal sei zurzeit, als Mocenigo seinen Antrag stellte, noch nicht benutzt gewesen. Im Jahre 1422 wurde der Beschluss gefasst, den Palast neu zu erbauen; Mocenigo starb im folgenden Jahre, und Francesco Foscari wurde in seinem Zimmer gewählt. Der Große Rats-Saal wurde zum erstenmale an dem Tage benutzt, als Foscari als Doge in den Senat kam, – am 3. April 1423, nach der Caroldo-Chronik; oder am 23., was wahrscheinlich richtig ist, nach einem anonymen MS., Nr. 60, im Correr-Museum; – und im folgenden Jahre, am 27. März wurde der erste Hammerschlag gegen den alten Ziani-Palast getan.

Dieser erste Hammerschlag war der erste Akt der Periode der »Renaissance«. Es war das Grabgeläut der Baukunst von Venedig, – und von Venedig selbst.

Die Hauptepoche seines Lebens war vorüber; der Verfall hatte schon begonnen; ich gab als Zeitpunkt seines Anfangs den Tod von Mocenigo an. Es war noch kein Jahr her seit der große Doge vor Gottes Richterstuhl gerufen war, seine stets aufrichtige Vaterlandsliebe hatte in diesem Falle geirrt; in seinem Eifer für die Ehren des künftigen Venedigs hatte er vergessen, was dem Venedig der vergangenen Zeit gebührte. Tausende von Palästen hätten auf seinen Inseln erbaut werden können, aber keiner konnte die Stelle dessen einnehmen, oder die Erinnerung an ihn wachrufen, der zuerst auf seinem einsamen Gestade erbaut wurde. Er fiel; und als ob er der Talisman ihres Glückes gewesen wäre, ist die Stadt nie wieder zu voller Blüte gelangt.

Ich habe nicht die Absicht, in ihren verwickelten Details die Arbeiten zu verfolgen, die unter Foscari begonnen und unter den folgenden Dogen fortgeführt wurden, bis der Palast seine gegenwärtige Form erhielt; denn ich habe in diesem Werk, außer bei gelegentlicher Anführung, nichts mit der Baukunst des fünfzehnten Jahrhunderts zu tun; aber folgendes sind die Haupttatsachen. Der Palast des Ziani war abgerissen und die noch bestehende Fassade an der Piazzetta so erbaut, dass sie den Bau des Großen Rats-Saales fortsetzte und ihm in den meisten Einzelheiten glich. Sie war von der See bis an die Urteilsecke zurückgeführt worden; darüber hinaus befindet sich die Porta della Carta, die 1439 begonnen und in zwei Jahren unter dem Dogen Foscari vollendet wurde; die damit zusammenhängenden inneren Bauten wurden von dem Dogen Christofero Moro (dem Othello von Shakespeare) 1462 hinzugefügt.

Ein Blick auf die Abbildung wird den Leser überzeugen, dass wir jetzt die Runde um den Palast gemacht haben und dass der neue Bau von 1462 sich dicht neben dem ersten Stück des gotischen Palastes, dem neuen Ratssaal von 1301 befand. Einige Überreste des Ziani-Palastes waren vielleicht noch zwischen den beiden äußersten Enden des gotischen Palastes geblieben; oder die letzten Steine desselben mochten, was wahrscheinlicher ist, nach dem Feuer von 1419 weggerissen, und durch neue Gemächer für den Dogen ersetzt sein. Aber sämtliche alte oder neue Gebäude, die zurzeit der Fertigstellung der Porta della Carta an dieser Stelle standen, wurden durch ein anderes großes Feuer im Jahre 1479 zerstört, zugleich mit einem so großen Teil des Palastes am Rio, dass es, obgleich der Saal von Gradenigo, der damals als die Sala de' Pregadi bekannt war, nicht zerstört wurde, doch notwendig erschien, die ganzen Fassaden dieses Teiles des Palastes hinter der Seufzerbrücke, sowohl nach dem Hof wie nach dem Kanal zu erneuern. Dieses Werk war den besten Renaissance-Architekten zu Ende des fünfzehnten und zu Anfang des sechzehnten Jahrhunderts anvertraut; Antonio Ricci führte die Scala dei Giganti aus, und als er sich mit einer großen Summe staatlichen Geldes aus dem Staube machte, trat Pietro Lombardo an seine Stelle. Der ganze Bau muss um die Mitte des sechzehnten Jahrhunderts vollendet worden sein. Die Architekten des Palastes, die allmählich und vom Feuer geleitet, rund um das Quadrat vordrangen, waren über den Punkt hinausgelangt, von dem sie ausgegangen waren; und der Bau von 1560 war mit dem Bau von 1301 bis 1340 an dem Punkte vereinigt, der durch die hervorstechende senkrechte Linie an der Rio-Fassade auf Fig. 33. bezeichnet ist.

Aber der Palast sollte nicht lange in dieser vollendeten Form bleiben. Ein neues furchtbares Feuer, gewöhnlich das große Feuer genannt, brach 1574 aus und zerstörte die innere Einrichtung und alle die kostbaren Gemälde des Großen Rats-Saales und aller oberen Räume der Seefassade, so dass das Gebäude als bloßes Gerippe stehen geblieben war, erschüttert und versengt von den Flammen. Es wurde im Großen Rat debattiert, ob die Ruine nicht abgerissen und ein ganz neuer Palast an ihrer Stelle erbaut werden sollte. Alle bedeutenden Architekten von Venedig wurden um ihre Meinung befragt, wegen der Festigkeit der Mauern oder der Möglichkeit, sie so wie sie waren wiederherzustellen. Diese schriftlich abgegebenen Ansichten sind aufbewahrt und vom Abbé Cadorin in dem schon oft erwähnten Werke veröffentlicht worden, und sie bilden eine der wichtigsten Gruppen der mit dem Dogenpalaste zusammenhängenden Dokumente.

Ich kann nicht umhin, ein etwas kindliches Vergnügen an der zufälligen Ähnlichkeit meines eigenen Namens mit dem des Baumeisters zu empfinden, der sich zuerst zugunsten des alten Bauwerkes aussprach, Giovanni Rusconi. Andere, besonders Palladio, wünschten den alten Palast niederzureißen und ihre eigenen Entwürfe auszuführen; aber die besten Architekten Venedigs, und, was ihm unsterbliche Ehre macht, hauptsächlich Francesco Sansovino, stimmten energisch für das gotische Gebäude und trugen den Sieg davon. Es wurde erfolgreich wiederhergestellt und Tintoretto malte sein edelstes Bild auf die Wand, an der das Paradies von Guariento von den Flammen zerstört worden war.

Die zu dieser Zeit notwendig gewordenen Ausbesserungen waren jedoch umfangreich und greifen in mancher Hinsicht störend in die frühere Arbeit des Palastes ein. Dennoch bestand die einzige wichtige Veränderung seiner Form in der Verlegung der früher im oberen Teile des Palastes befindlich gewesenen Gefängnisse nach der anderen Seite des Rio, und in der Erbauung der sie mit dem Palaste verbindenden Seufzerbrücke durch Antonio da Ponte. Die Vollendung dieser Arbeit gab dem ganzen Gebäude seine jetzige Form, mit Ausnahme von Veränderungen an Türen, Scheidewänden und Treppen in den inneren Räumen, und von solchen Barbareien und Verunstaltungen, wie sie während der letzten fünfzig Jahre fast jedes einigermaßen bedeutsame Gebäude in Italien durchgemacht hat. (...)

Bei einem Rückblick auf die Abbildung am Anfang dieses Kapitels wird der Leser bemerken, dass, wegen der beinahe quadratischen Grundrissform des Gebäudes, seinen Ecken eine besondere Wichtigkeit und Auszeichnung verliehen war, die es notwendig machte, sie durch Bildwerk zu verschönern und zu mildern. (...) Man muss auch erwähnen, dass dieses Prinzip speziell gotisch ist und teils aus der Notwendigkeit entspringt, die Seiten riesiger Gebäude, die aus unvollkommenem Material errichtet sind, durch Strebepfeiler oder Spitztürme zu verstärken; teils aus den Bedingungen gotischer Kriegsführung, die gewöhnlich einen Turm an jeder Ecke verlangten; teils aus der natürlichen Abneigung gegen die dürftige Wirkung von Gebäuden mit großen Wandflächen, deren Ecken ganz ohne Abwechslung blieben. Der Dogenpalast macht mit seiner Anerkennung dieses Prinzips ein deutlicher ausgesprochenes Zugeständnis an den gotischen Geist, als irgend ein früheres Bauwerk von Venedig. Bis zu seiner Errichtung war eine Ecke niemals anders dekoriert gewesen als durch einen schmalen geriefelten Pfeiler von rotem Marmor, und die Bildhauerarbeit war stets wie bei griechischer und römischer Arbeit für die glatten Flächen des Gebäudes vorbehalten worden. (...)

Der Dogenpalast nimmt jedoch das Prinzip in seiner ganzen Vollständigkeit an und verlegt die Hauptverzierung auf seine Ecken. Das Mittelfenster, das prächtig und hervorragend auf der Abbildung erscheint, war, wie wir gesehen haben, in der Renaissancezeit unter dem Dogen Steno völlig restauriert worden, so dass wir keine Spuren von seiner früheren Behandlung besitzen, und das Hauptinteresse des älteren Palastes konzentriert sich auf die Skulptur der Ecken, die in folgender Weise angeordnet ist. Die Pfeiler der beiden stützenden Arkaden sind an den Ecken bedeutend verstärkt und ihre Kapitäle breiter, höher und reicher verziert worden; über jedem Kapitäl ist an der Ecke der Wand ein Bildwerk angebracht, das in der unteren Arkade aus zwei oder mehreren Figuren in Lebensgröße besteht; in der oberen dagegen aus einem einzelnen Engel, der eine Rolle hält. (...) Und so bildet sich eine ununterbrochene Dekorationslinie vom Fundament der Ecke bis zu ihrem Gipfelpunkt.

Eine Ecke des Palastes traf, wie schon erwähnt, mit den unregelmäßigen Außengebäuden von San Marco zusammen und war nicht zu sehen. Es blieben daher zur Ausschmückung nur die drei Ecken übrig, die schon früher als die Weinstockecke, die Feigenbaumecke und die Urteilsecke bezeichnet sind; und bei diesen finden wir, nach der eben erklärten Anordnung – Erstens: Drei große stützende Kapitäle (untere Arkade). Zweitens: Drei Figurenbildwerke über ihnen (untere Arkade). Drittens: Drei kleinere stützende Kapitäle (obere Arkade). Viertens: Drei Engel über ihnen (obere Arkade). Fünftens: Drei gewundene Säulenschäfte mit Nischen.

Ich werde die stützenden Kapitäle weiterhin in der Reihenfolge mit den anderen der Arkade beschreiben; denn der Hauptpunkt, auf den die Aufmerksamkeit des Lesers zu richten ist, besteht in der Wahl des Gegenstandes für die darüber befindlichen großen Figurenbildwerke. Diese sind sozusagen die Ecksteine des Gebäudes und in ihnen dürfen wir erwarten, die wichtigsten Zeugnisse für die Empfindung, wie auch für die Geschicklichkeit des Erbauers zu finden. Wenn er uns etwas zu sagen hat über den Zweck, für den er den Palast erbaute, so muss es sicherlich hier gesagt sein; wenn es eine Lehre gab, die er hauptsächlich denen beizubringen wünschte, für die er ihn errichtete, dann muss sie hier sicherlich eingeprägt sein; und wenn es ein Gefühl gab, das sie selbst in dem Hauptgebäude ihrer Stadt ausgedrückt zu sehen wünschten, dann ist dies die Stelle, an der wir sicher sein können, es deutlich lesbar niedergeschrieben zu finden.

Nun gehören die beiden ersten Ecken, die des Weinstocks und des Feigenbaums, zu dem alten oder echt gotischen Palaste; die dritte dagegen zu der Renaissance-Nachahmung desselben. Daher redet in den ersten beiden Ecken der gotische Geist zu uns, und in der dritten der Geist der Renaissance. (...)

Mögen hier die beiden Geister für sich selbst sprechen.

Das erste Hauptbildwerk des gotischen Palastes befindet sich an der sogenannten Feigenbaumecke:
Sein Gegenstand ist der *Sündenfall*.
Das zweite Bildwerk befindet sich an der Weinstockecke:
Sein Gegenstand ist *Noahs Trunkenheit*.
Das Renaissance-Bildwerk befindet sich an der Urteilsecke:
Sein Gegenstand ist das *Urteil Salomos*.

Man kann unmöglich die Bedeutung dieser einzigen Tatsache zu stark betonen, oder sie mit zu großem Staunen betrachten. Es ist förmlich, als ob der Palast zu verschiedenartigen Epochen erbaut, und bis auf den heutigen Tag unbeschädigt erhalten sei, zu dem einzigen Zwecke, uns den Unterschied im Charakter beider Schulen klar zu machen.

Ich habe das Bildwerk an der Feigenbaumecke das Hauptbildwerk genannt, weil es sich an der Hauptbiegung des Palastes befindet, wo dieser sich der Piazzetta zuwendet (denn die Fassade an der Piazzetta war, wie wir oben gesehen haben, die bedeutendere in alten Zeiten). Das große Kapitäl, das diese Feigenbaumecke trägt, ist auch bei weitem vollendeter, als das des Pfeilers unter der Weinstockecke, und zeigt den Vorrang, den der Baumeister dem ersteren zuwies. Es ist unmöglich zu sagen, welches zuerst gemacht wurde, aber das des Feigenbaumes ist etwas roher ausgeführt und steifer in der Zeichnung der Fi-

Tafel 18
Laubwerk von der Weinstock-Ecke
Radierung

guren, so dass ich annehmen möchte, es sei zuerst fertiggestellt.

Bei beiden Gegenständen, dem Sündenfall und Noahs Trunkenheit, war der Baum, der den dekorativsten Teil der Skulptur bildet, – in dem einen Falle der Feigenbaum, im anderen der Weinstock, – ein notwendiges Attribut. Sein Stamm bildet bei beiden Bildwerken die wirkliche äußere Ecke des Palastes; kühn aus dem dahinter befindlichen Steinwerk herausgehauen, breitet er seine Zweige über den Figuren aus, so dass er jede Seite der Ecke, mehrere Fuß breit, mit seinem dichten Laubwerk einhüllt. Es gibt nichts meisterhafteres oder herrlicheres, als den Schwung des Laubwerks an dem Feigenbaum; die breiten Blätter umschließen die knospende Frucht und schirmen unter ihrem Schatten Vögel von zierlichster Form und zartem Gefieder. Die Zweige sind jedoch so stark und die zu Laubwerk ausgehauenen Steinmassen so groß, dass das Bildwerk trotz der tiefen Unterhöhlung fast unbeschädigt geblieben ist. Nicht so bei der Weinstockecke, wo dic natürliche Zartheit des Weinblattes und der Ranke den Bildhauer zu größerer Anstrengung verlockte, so dass er die Grenzen seiner Kunst überschritt und die oberen Zweige so zierlich ausschnitt, dass die Hälfte davon im Laufe der Zeit abgebrochen ist. (Tafel 18) Was übrig blieb, ist jedoch so anziehend in seiner außerordentlichen Feinheit, dass ich es für die beifolgende Abbildung lieber gewählt habe, als die edleren Formen des Feigenbaumes, die in größerem Maßstabe wiedergegeben werden müssten. Wenn auch die halbe Schönheit der Skulptur durch das Abbrechen ihres mittleren Hauptteils zerstört ist, so ist doch noch genug übrig geblieben in der Verteilung der verschieden gekrümmten Blätter und der Anbringung von Vögeln auf den schlankeren Zweigen, um uns von der Begabung des Zeichners zu überzeugen. Ich habe schon einmal auf diese Tafel 18 hingewiesen, als bemerkenswertes Beispiel von gotischem Realismus; und es ist wirklich beinahe unmöglich, die Nachahmung der Natur weiter zu treiben, als es hier in den Fasern der marmornen Zweige und der sorgfältigen Vollendung der Ranken geschehen ist. Man achte besonders auf die knorrigen Stellen an dem zierlichen Zweige, der am höchsten hinaufreicht. Und doch kann man nur die Hälfte der vollendeten Arbeit auf der Tafel 18 sehen; denn an verschiedenen Stellen hat der Bildhauer die unteren Seiten der Blätter kühn ans Licht gedreht, und buchstäblich jede Rippe und Ader erhaben darauf ausgehauen; nicht nur die Hauptrippen, die die Lappen des Blattes zusammenhalten und in der Natur tatsächlich hervortreten, sondern auch die unregelmäßigen und schlängelnden Adern, die die

Die Feigenbaum-Ecke des Dogenpalastes, 1869
Mezzotinto, Sepiaton

häutigen Gewebe zwischen sich in Karos teilen, und die der Bildhauer ebenfalls erhaben wie die anderen dargestellt hat, um dem Weinblatt seine besondere würfelige Wirkung auf das Auge zu verleihen.

Wie es bei früher Skulptur stets der Fall sein muss, sind die Figuren weit mittelmäßiger als das Laubwerk; sie sind jedoch in vielen Beziehungen so kunstvoll, dass ich schwer zu der Überzeugung kam, dass sie wirklich in der ersten Hälfte des vierzehnten Jahrhunderts gearbeitet seien. Glücklicherweise befindet sich eine Datumsangabe auf einem Denkmal in der Kirche von San Simeon Grande, das die liegende Statue des Heiligen trägt, die in jeder Hinsicht von bedeutend feinerer Arbeit als die Figuren am Dogenpalaste ist und ihnen doch so gleicht, dass ohne Frage der Kopf Noahs von dem Bildhauer des Palastes im Wettbewerb mit dem der Statue von S. Simeon hergestellt ist. (…) Dieses Denkmal trägt das Datum 1317, und sein Bildhauer war mit Recht stolz darauf; er verzeichnet seinen Namen wie folgt: »CELAVIT MARCUS OPUS HOC INSIGNE ROMANIS, LAUDIBUS NON PARCUS EST SUA DIGNA MANUS.«

Noahs Kopf am Dogenpalast, der augenscheinlich im Wettbewerb mit dieser Statue gearbeitet ist, hat dieselbe Fülle von wallendem Haar und Bart, aber in kleineren und festeren Locken; und die Adern an Brust und Armen sind schärfer gezeichnet, da der Bildhauer offenbar mehr Übung mit den scharfen und feinen Linien der Vegetation, als mit denen der Figur hatte. So missglückte es ihm auch, was bei einem Künstler dieser frühen Periode sehr merkwürdig ist, den Vorgang deutlich zu machen, denn Bedauern und Erstaunen sind so gleichmäßig in den Zügen aller drei Brüder ausgedrückt, dass es unmöglich ist zu sagen, wer Ham sein soll. Zwei von den Köpfen der Brüder sind auf der Tafel zu sehen, die dritte Figur hängt nicht mit der übrigen Gruppe zusammen, sondern ist etwa zwölf Fuß davon entfernt an der anderen Seite des Bogens angebracht, der aus dem Eck-Kapitäl entspringt.

Als weiteren Beweis für die Zeitbestimmung der Gruppe beachte man, dass bei den Gestalten aller drei Jünglinge die Füße nur mit einer Binde bekleidet sind, die kreuzweise um den Knöchel und unteren Teil des Beines gewickelt ist; eine Bekleidungsart, die man fast bei jedem Figurenbildwerk in Venedig vom Jahre 1300 bis 1380 findet und von der der Reisende ein Beispiel an den Basreliefs am Grabmal des Dogen Andrea Dandolo in San Marco findet, der 1354 starb.

Die Figuren von Adam und Eva auf beiden Seiten des Feigenbaumes sind noch steifer als die von Noah und seinen Söhnen, aber sie sind für ihren architektonischen Zweck besser geeig-

Palazzo Ducale
Südostecke mit der Darstellung von
Noahs Trunkenheit (Detail), 1849–1852
Daguerreotypie

net; und der Baumstamm, mit dem darum gewundenen eckigen Körper der Schlange, ist als Schlussgruppe in den Linien edler behandelt als der des Weinstocks.

Der Renaissancebildhauer des salomonischen Urteils hat den Feigenbaum dieser Ecke beinahe genau kopiert, indem er seinen Stamm zwischen dem Henker und der Mutter anbrachte, die sich vorwärts beugt, um seine Hand zurückzuhalten. Aber trotzdem die ganze Gruppe viel freier in der Zeichnung ist als die des alten Palastes, und in vieler Hinsicht auch an sich ganz vortrefflich, so dass sie dem oberflächlichen Beschauer viel mehr ins Auge fällt als die anderen, so ist ihre Arbeit doch von unermesslich untergeordneterem Geiste beseelt. Die Blätter des Baumes haben, trotzdem sie geflissentlich viel abwechselnder gestaltet sind als die des Feigenbaumes, von denen sie teilweise kopiert sind, doch nichts von Naturwahrheit; sie sitzen schlecht an den Zweigen, haben stumpfe Ränder und ihre Krümmungen sind nicht die von wachsendem Laubwerk, sondern von faltigem Zeug.

Über diesen drei Bildwerken sind in der oberen Arkade die Statuen der Erzengel Raphael, Michael und Gabriel angebracht; ihre Stellungen kann man sich deutlich machen an der untersten Abbildung auf Tafel 15, wo rechts die des Raphael über der Weinstockecke zu sehen ist. Eine winzige Figur des Tobias folgt ihm zu seinen Füßen, und er trägt in der Hand eine Rolle mit folgender Inschrift:

EFICE Q̄
SOFRE
TŪR AFA
EL REVE
RENDE
QUIETŪ

d. h. Effice (quaeso?) fretum, Raphael reverende, quietum.* Die Inschrift auf der vom Engel Michael getragenen Rolle vermochte ich nicht zu entziffern; und Gabriel, die bei weitem schönste Figur aus dem Renaissanceteil des Palastes, trägt nur die Lilie der Verkündigung in der Hand.

Dies sind die Gegenstände der Hauptskulpturen, die die Ecken des Palastes schmücken; sie sind bemerkenswert durch den einfachen Ausdruck zweier Gefühle, des Bewusstseins menschlicher Schwäche und der Zuversicht auf göttlichen Schirm und Schutz, da dies natürlich der Hauptzweck für die Anbringung der Engelsgestalten war; und, wie ich mir denke, noch besonders durch die Art ausgedrückt werden sollte, wie die kleine Figur des Tobias den Schritten Raphaels folgt, nur den Saum seines Gewandes berührend. Wir haben nun zunächst den Zyklus von Theologie und Naturgeschichte zu prüfen, den der alte Bildhauer in den großen Reihenfolgen von Kapitälen verkörperte, die die untere Arkade des Palastes tragen, und welche, da sie sich nicht viel mehr als acht Fuß über dem Auge des Beschauers befinden, wie die Seiten eines Buches von denen gelesen werden konnten (ich meine die edelsten Leute von Venedig), die sich täglich im Schatten dieser großen Arkade bei ihrer ersten Morgenunterhaltung trafen.

Die hauptsächlichen Skulpturen der Kapitäle bestehen aus Personifizierungen der Tugenden und Laster; den beliebtesten Gegenständen der dekorativen Kunst jener Zeit in allen Städten Italiens. (…)

Die interessantesten Reihenfolgen der in italienischer Kunst dargestellten Tugenden sind

* »Oh, verehrungswerter Raphael, mache du den Golf ruhig, wir flehen dich an.« Das besondere Amt des Engels Raphael ist es, nach der Tradition, die schädlichen Einflüsse böser Geister zu hindern. Er wird öfter dargestellt, wie er die Galle des von Tobias gefangenen Fisches trägt; und es erinnerte mich an den seltsamen Aberglauben der Venezianer in bezug auf das Sturmerregen von bösen Geistern, das in der wohlbekannten Erzählung vom Fischer und dem Ringe von St. Markus verkörpert ist.

wohl die von Simon Memmi in der Spanischen Kapelle in Florenz, von Ambrogio di Lorenzo im Palazzo Pubblico zu Pisa, von Orcagna in Or San Michele in Florenz, von Giotto in Padua und Assisi; in Mosaik an der Hauptkuppel von San Marco und in Bildwerk an den Pfeilern des Dogenpalastes. Die beiden ersten Reihenfolgen sind von Lord Lindsay sorgfältig beschrieben; aber zu kompliziert, um sie mit den einfacheren des Dogenpalastes zu vergleichen; die vier anderen stimmen natürlich darin überein, dass sie die Kardinal- oder evangelischen Tugenden zuerst bringen; ihre Verschiedenheit bei der Anordnung der übrigen wird am besten verstanden werden, wenn man sie in paralleler Ordnung zusammenstellt.

San Marco: Beständigkeit. Bescheidenheit. Keuschheit. Geduld. Barmherzigkeit. Enthaltsamkeit. Frömmigkeit. Güte. Demut.

Orcagna: Standhaftigkeit. Jungfreulichkeit. Geduld. Frömmigkeit. Demut. Gehorsam. Fügsamkeit. Behutsamkeit.

Giotto: Keuschheit. Demut. Gehorsam. Armut.

Dogenpalast: Beständigkeit. Bescheidenheit. Keuschheit. Geduld. Enthaltsamkeit? Demut. Gehorsam. Ehrlichkeit. Großmut. Heiterkeit.

Es ist merkwürdig, dass wir in keiner dieser Listen *Ehrlichkeit* oder *Fleiß* als Tugend aufgeführt finden, ausgenommen in der venezianischen, wo der letztere in Heiterkeit einbegriffen ist, und ihm nicht nur »Accidia« oder Trägheit gegenübergestellt ist, sondern eine ganze Reihe von acht Skulpturen auf einem anderen Kapitäl, die, wie ich glaube, die Versuchungen zur Faulheit darstellen sollen; während verschiedene andere Kapitäle, wie wir gleich sehen werden, der Darstellung der tätigen Gewerbe gewidmet sind. Der Fleiß nimmt bei nordischer Kunst und nordischer Moral eine sehr hervorragende Stelle ein. In französischen Manuskripten habe ich die Tugenden auf folgende sieben herabgesetzt gesehen: Barmherzigkeit, Keuschheit, Geduld, Enthaltsamkeit, Demut, Großmut und Fleiß; und wenn wir Ehrlichkeit (oder Wahrhaftigkeit) hinzufügten, könnte wohl kaum eine weisere oder kürzere Liste zusammengestellt werden.

Es ist schon erwähnt worden dass es im ganzen sechsunddreißig große Säulen sind, die das untere Stockwerk tragen; und diese müssen von rechts nach links gezählt werden, weil dann die älteren von ihnen zuerst kommen. Bei dieser Anordnung wird die erste, die keine Säule, sondern ein Pilaster ist, zur Stütze der Weinstockecke; die achtzehnte wird die große Säule der Feigenbaumecke und die sechsunddreißigste die der Urteilsecke.

Alle ihre Kapitäle, mit Ausnahme des ersten, sind achteckig und mit sechzehn Blättern verziert, die bei jedem Kapitäl verschiedentlich ausgeschmückt, aber in gleicher Weise angeordnet sind; acht von ihnen steigen an den Ecken empor und bilden dort Schnörkel; die anderen acht sind zwischen ihnen an den Seiten angebracht und steigen bis zur Hälfte der Kapitälsglocke herauf, von wo sie sich nach vorwärts neigen und die aus ihrer Üppigkeit emporsteigenden Gruppen oder einzelnen Figuren sehen lassen, die wir zu prüfen haben. In einigen Fällen sind die mittleren oder unteren Blätter auf acht Laubreiser beschränkt, und die Wirkung des Kapitäls hängt von der kühnen Stellung der Figuren ab. In bezug auf die Figuren auf den achteckigen Kapitälen, werde ich die Außenseite an der See oder an der Piazzetta die erste Seite nennen, und rund herum von links nach rechts zählen, so dass die vierte Seite natürlich die innerste ist. Da jedoch die ersten fünf Bogen nach dem großen Feuer eingemauert wurden, sind nur drei Seiten der Kapitäle sichtbar geblieben, die wir als Vorderseite, Ost- und Westseite von jedem beschreiben können. (...)

Siebentes Kapitäl. Das erste vollständige der Reihe; da der erste offene Bogen der unteren Arkade zwischen ihm und dem sechsten liegt. Mit ihm beginnen die Darstellungen der Tugenden.

Erste Seite. – Largitas, oder Freigebigkeit; stets unterschieden von der höherstehenden Barmherzigkeit. Eine männliche Gestalt, den Schoß voller Geld, das er mit der Hand ausstreut. Die Münzen sind flach, rund und glatt, ohne irgend ein Abzeichen. Die obere Inschrift lautet »LARGITAS ME ONORAT«.

Bei der Kopie dieser Gestalt auf dem fünfundzwanzigsten Kapitäl hält sie, anstatt das Gold mit offener Hand auszustreuen, einen Teller oder ein Präsentierbrett, das angebracht ist, um die direkte Nachahmung zu verbergen. Die in dieser Weise bei den Renaissancepfeilern angebrachten Veränderungen sind immer Schädigungen.

Diese Tugend ist der richtige Gegensatz von Geiz; obgleich sie in den Systemen von Orcagna oder Giotto nicht vorkommt, sondern in der Barmherzigkeit einbegriffen ist. Sie war eine Haupttugend bei Aristoteles und den anderen Klassikern.

Zweite Seite. Beständigkeit; nicht sehr charakteristisch. Ein bewaffneter Mann mit einem Schwert in der Hand, auf dem die Inschrift steht »CONSTANTIA SUM, NIL TIMENS«.

Diese Tugend ist eine von den Formen der Standhaftigkeit, und Giotto stellt daher als das der Standhaftigkeit entgegengesetzte Laster die »Unbeständigkeit« in Gestalt einer Frau in losen Gewändern dar, die von einer rollenden Erdkugel herabfällt. (...)

Dritte Seite. Zwietracht; sie hält ihren Finger in die Höhe, bedarf aber der Inschrift über sich, um uns ihre Bedeutung klar zu machen, »DISCORDIA SUM, DISCORDANS«. Bei der Renaissancekopie ist sie eine sanfte nonnenartige Gestalt mit einem Schleier. (...)

Vierte Seite. Geduld. Eine weibliche Figur, sehr ausdrucksvoll und lieblich, von einer Kapuze umhüllt, die rechte Hand auf die Brust gelegt, und die Inschrift tragend »PATIENTIA MANET MECUM«.

Sie ist eine der Haupttugenden in allen christlichen Systemen. (...)

Fünfte Seite. Verzweiflung. Eine weibliche Gestalt stößt sich einen Dolch in die Kehle und rauft ihr langes Haar, das zwischen dem Laubwerk des Kapitäls bis zu ihren Knien herabwallt. Eine der schönsten Figuren der ganzen Reihenfolge; die Inschrift lautet »DESPERACIO MÔS (mortis?) CRUDELIS«. Bei der Renaissancekopie ist sie gänzlich ausdruckslos und scheint, anstatt ihr Haar zu raufen, es auf beiden Seiten in lange Locken abzuteilen.

Dieses Laster ist der richtige Gegensatz von Hoffnung. Giotto hat sie als eine Frau dargestellt, die sich erhängt, und ein Teufel kommt, um ihre Seele zu holen. (...)

Sechste Seite. Gehorsam. Mit gekreuzten Armen, sanft, aber roh und gewöhnlich, blickt sie auf einen kleinen Hund, der bettelnd auf den Hinterbeinen steht und ein Halsband trägt. Die Inschrift lautet »OBEDIENTI××«; der übrige Satz ist sehr entstellt, und sieht ungefähr wie folgt aus 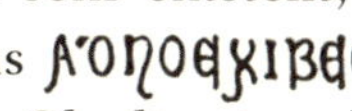. Ich vermute, es sollte heißen »Obedientiam domino exhibeo.«

Diese Tugend ist natürlich eine hervorragende bei mönchischen Systemen; Giotto hat sie in Assisi als einen schwarz gekleideten Engel dargestellt, der einen Finger seiner linken Hand auf den Mund legt und einem vor ihm knieenden Franziskaner Mönch das Joch über den Kopf zieht.* (...)

Siebente Seite. Treulosigkeit. Ein Mann mit einem Turban, der ein kleines Bild in der Hand hält, oder das Bild eines Kindes. Von der Inschrift ist nichts als »INFIDELITATE×××« üb-

* Lord Lindsay, Bd. II, S. 226.

rig geblieben und ein paar Buchstaben, »ILI, CERO«.

Giotto hat die Treulosigkeit in sehr edler Weise als eine helmtragende Frau symbolisiert, deren breitrandiger Helm ihre Augen vor dem Lichte schützt. Sie ist mit schweren Gewändern bekleidet und steht unsicher, als ob sie fallen könnte, und *eine Schnur um ihren Hals bindet sie an ein Bild*, das sie in der Hand trägt, während Flammen zu ihren Füßen auflodern. (...)

Achte Seite. Bescheidenheit; sie trägt einen Krug. (Bei der Renaissancekopie eine Vase, wie eine Kaffeekanne.) Die Inschrift lautet »MODESTIA ROBŨOBTINDO«.

Ich finde diese Tugend bei keiner andern italienischen Reihenfolge außer jener in Venedig.

Zwölftes Kapitäl. Dies ist sehr interessant gewesen, aber arg verunstaltet, da vier seiner Figuren ganz abgebrochen sind und der Charakter von zwei anderen gänzlich unentzifferbar ist. Glücklicherweise ist das dreiunddreißigste Kapitäl der Renaissancereihe nach ihm kopiert und aus diesem können wir die verlorenen Figuren feststellen.

Erste Seite. Trübsal. Ein Mann mit abgezehrtem Gesicht scheint ein Kind anzuflehn, das die Hände über der Brust gekreuzt hat. Auf seiner eigenen Brust befindet sich eine Schnalle in der Form eines gespaltenen Herzens. Die Inschrift lautet »MISERIA«.

Die Bedeutung dieser Gestalt ist nicht ganz klar, da sie durchaus nicht als Laster behandelt ist; die Betrübnis scheint eine wirkliche zu sein und der eines armen Vaters zu gleichen, der um ein Kind trauert. Dennoch scheint sie hier als direkter Gegensatz zu der Tugend des Frohsinns aufgestellt zu sein, die ihr zunächst folgt; aber wie ich glaube, mehr in der Absicht, das menschliche Leben zu erläutern, als den Charakter des Lasters, das Dante in den Höllenkreis gebracht hat. (...)

Man muss jedoch beachten, dass bei der Renaissancekopie die Figur nicht als Miseria, sondern als Misericordia bezeichnet ist. Die Zusammenziehung ist eine sehr einfache, da Misericordia in alten Manuskripten stets als *»Mia«* geschrieben wurde. Wenn diese Lesart richtig ist, dann ist die Figur hier eher als Gefährtin des Frohsinns dargestellt, anstatt als ihr Gegensatz; wenn nicht beabsichtigt war, den Begriff von Barmherzigkeit und Mitleid mit dem des heiligen Kummers zu vereinigen.

Zweite Seite. Frohsinn. Eine Frau mit langwallendem Haar und mit Rosen bekränzt spielt ein Tamburin und hat singend die Lippen geöffnet – Inschrift »ALACRITAS«. (...)

Bei der Renaissancekopie lautet die Inschrift »ALACHRITAS CHANIT MECUM«. Man beachte, wie die Kehllaute des voll und reich entwickelten venezianischen Dialektes jetzt das Lateinische beeinflussen, das bei früheren Kapitälen frei davon ist.

Dritte Seite. Zerstört; aber durch die Renaissancekopie sehen wir, dass es Stultitia, Torheit war; sie ist hier einfach als ein *reitender* Mann dargestellt, ein Bildwerk, das wert ist von den Engländern in Betracht gezogen zu werden, die ihre Pferde nach Venedig mitbringen. Giotto gibt der Stultitia eine Feder, eine Mütze und einen Knüttel. In alten Manuskripten ißt er immer mit der einen Hand und schlägt mit der andern; in späteren hat er eine Kappe mit Schellen oder mit einem Hahnenkamm.

Vierte Seite. Zerstört, bis auf ein Buch, das es mit der »Himmlischen Keuschheit« der Renaissancekopie identifiziert, die dort als eine Frau dargestellt ist, welche auf ein Buch deutet (wobei das Klosterleben vielleicht in Verbindung mit literarischen Bestrebungen gebracht ist). (...)

Fünfte Seite. Hier ist nur eine Rolle übrig geblieben; aber bei der Kopie finden wir, dass es Ehrlichkeit oder Wahrheit gewesen ist. Die

Inschrift lautet »HONESTATEM DILIGO«. Es ist sehr merkwürdig, dass wir unter allen christlichen Systemen der Tugenden, die wir geprüft haben, diese eine nur in Venedig gefunden haben. (…)

Sechste Seite. Falschheit. Eine alte Frau, auf eine Krücke gelehnt; und bei der Kopie die Inschrift tragend »FALSITAS IN ME SEMPER EST«. (…)

Siebente Seite. Ungerechtigkeit. Eine gerüstete Gestalt, die eine Hellebarde trägt; ebenso bei der Kopie. Die von Giotto benutzte Gestalt, die den besonderen Zweck hatte, ungerechte Regierung darzustellen, ist am Tor eines, zwischen Felsen im Walde gelegenen, zinnenbesetzten Schlosses abgebildet, während verschiedene Gewalttaten zu seinen Füßen geschehen. (…)

Achte Seite. Ein Mann mit einem Dolch sieht verachtungsvoll auf ein Kind herab, das ihm den Rücken zudreht. Ich verstehe diese Figur nicht. Bei der Kopie trägt sie die Inschrift »ASTINECIA (Abstinentia?) OPITIMA«(?). (…)

Wir sind jetzt zum *achtzehnten Kapitäl* gelangt, dem interessantesten und schönsten des ganzen Palastes. Es stellt die Planeten, die Sonne und den Mond in jenen Einteilungen des Zodiakus dar, die den Astrologen als ihre »Häuser« bekannt sind; und deutet vielleicht durch die Stellung, die sie erhalten haben, die Zeit des Jahres an, in der dieser große Eckstein gelegt wurde. Die oberen Inschriften haben aus altmodischen lateinischen Versen bestanden, sind aber nur noch aus Bruchstücken zu entziffern, und dies um so schwieriger, weil das rostige Eisenband, das den Abakus zusammenhält, beinahe alle obern Teile des Steins abgebrochen hat und mit ihnen die Abkürzungszeichen, die von großer Wichtigkeit sind. Ich bringe hier die Bruchstücke, die ich entziffern konnte; zuerst, wie die Buchstaben wirklich stehen (wobei ich die zweifelhaften mit einem Fragezeichen einklammere), und dann, wie ich sie lesen würde.

Es muss vorausgeschickt werden, dass in moderner Astrologie die Häuser der Planeten folgendermaßen angeordnet sind:

Das Haus der Sonne ist Löwe.

Das Haus des Mondes ist Krebs.

Das Haus des Mars ist Widder und Skorpion.

Das Haus der Venus ist Stier und Wage.

Das Haus des Merkur ist Zwillinge und Jungfrau.

Das Haus des Jupiter ist Schütze und Fische.

Das Haus des Saturn ist Steinbock.

Das Haus des Herschel (Uranus) ist Wassermann.

Da Herschels Planet den alten Astrologen natürlich unbekannt war, so haben wir nur die anderen sechs Planeten mit der Sonne, und der Wassermann ist dem Saturn als Haus angewiesen. Den Steinbock konnte ich überhaupt nicht finden, aber sein Zeichen kann abgebrochen sein, da das ganze Kapitäl schrecklich verunstaltet ist. Die achte Seite, die jetzt der Herschelsche Planet einnehmen würde, enthält ein Bildwerk von der Schöpfung des Menschen; es ist die auffallendste Seite, die diagonal über der Ecke angebrachte; oder nach unserm Zählungssystem, von dem ich nicht abgehen werde, die achte.

Die erste Seite, d. h. die nach der See zu, nimmt der Wassermann, als das Haus des Saturn ein. Er ist als sitzende, schön drapierte Figur dargestellt und gießt aus einer Amphore einen Wasserstrom über die Blätter des Kapitäls. Seine Inschrift lautet:

»ET SATURNE DOMUS (ECLOCERUNT?) IS 7 BRE«.

Zweite Seite. Jupiter, in seinen Häusern Schütze und Fische, ist thronend dargestellt mit einem Obergewand, das in strahlenförmigen Falten um seinen Hals geordnet ist und auf die Brust herabfällt, geschmückt mit kleinen hängenden dreiblättrigen Knäufen oder Buckeln. Er trägt die herunterhängende Mütze und lange Handschuhe; aber die Falten um seinen Hals, die die Strah-

Palazzo Ducale, 18. Kapitell mit den Tierkreiszeichen, 1849–1852
Jupiter ist mit seinen Häusern Schütze und Fische dargestellt.
Daguerreotypie

len des Sternes darstellen sollen, sind das charakteristischste Abzeichen der Figur. Er hebt das Zepter in seiner linken Hand über dem Schützen, der als der Centaur Chiron dargestellt ist, in der Rechten hält er zwei Thunfische. Etwas rauhes, wie ein dritter Fisch, ist unter ihnen abgebrochen; was um so leichter geschehen konnte, weil dieser Teil der Gruppe ganz unterhöhlt ist und die beiden Fische sich hellschimmernd von dem tiefen Dunkel unterhalb des Laubwerks abheben. Die Inschrift lautet:

»INDE JOVI' DONA PISES SIMUL ATQS CIRONA«. Oder »Inde Jovis dona Pisces simul atque Chirona«.

Domus muss, wie ich meine, vor Jovis gedacht sein:

»Dann gibt oder regiert das Haus des Jupiters die Fische und Chiron.«

Dritte Seite. Mars in seinen Häusern Widder und Skorpion. Er ist als ein sehr hässlicher Ritter im Kettenpanzer, seitwärts auf dem Widder reitend dargestellt, dessen Hörner abgebrochen sind; in der linken Hand hält er einen großen Skorpion, dessen Schwanz ebenfalls abgebrochen ist, zum großen Schaden der ganzen Gruppe, denn er scheint sich bis zum Eckblatt herüber geringelt und eine glänzend helle Linie gebildet zu haben, wie der Fisch in Jupiters Hand. Der Ritter trägt einen Schild, auf dem Feuer und Wasser bildhauerisch dargestellt ist, und hat an seiner Lanze ein Banner mit dem Worte »DEFEROSUM«, das mir eine Zeitlang viel Kopfzerbrechen machte. Ich glaube, es müsste gelesen werden »De ferro sum«; was in gut venezianischem Latein heißen würde »ich bin von Eisen«.

Vierte Seite. Die Sonne in ihrem Hause Löwe. Sie ist unter der Gestalt des Apollo dargestellt, der auf dem Löwen sitzt, mit Strahlen, die aus seinem Haupte hervorschießen und mit der Weltkugel in der Hand. Inschrift:

»TU ES DOMU' SOLIS QUO×(?) SIGNE LEONI«.

Ich glaube, der erste Satz heißt »Tunc est Domus solis«; aber nach dem »quo« ist ein Buchstabe abgebrochen und ich verstehe nicht welchen Casus von *signum* »signe« bedeutet.

Fünfte Seite. Venus in ihren Häusern Stier und Wage. Die schönste Figur der Reihenfolge. Sie sitzt auf dem Stier, der mit tiefer Wamme dargestellt und besser ausgehauen ist als die meisten anderen Tiere; sie hält einen Spiegel in der rechten Hand und die Wagschale in der linken. Ihre Brust ist sehr edel und zart unter ihrer Gewandung angedeutet, die herrlichen Faltenwurf zeigt. Was von der Inschrift übrig ist, lautet:

»LIBRA CUM TAURO DOMUS ××× PURIOR AUR×«.

Sechste Seite. Merkur, eine hängende Kappe tragend und mit einem Buche in der Hand dargestellt; er wird von drei Kindern in gebeugter Stellung gestützt, welche seine Häuser, Zwillinge und Jungfrau darstellen. Aber ich verstehe die Inschrift nicht, trotzdem sie ungewöhnlich lesbar ist:

»OCCUPAT ERIGONE STIBONS GEMINUQS LACONE«.

Siebente Seite. Der Mond in seinem Hause Krebs. Die nach der Piazzetta zugewandte Seite ist die malerischste der Reihenfolge. Der Mond ist als eine Frau in einem Boot auf der See dargestellt, die den Halbmond in der rechten Hand hoch hält und mit der linken einen Krebs aus den Wellen an der Seite des Kahns emporzieht. Wie ich glaube, wurde der Mond in ägyptischer Bildhauerkunst in einem Kahn dargestellt, aber ich glaube nicht, dass der Venezianer dies wusste und dass er nur die eigentümliche Lieblichkeit des Mondlichtes über den Lagunen wiedergeben wollte. Ob dies beabsichtigt war, als man den Planeten in das Boot setzte, mag fraglich sein, aber sicherlich sollte der Gedanke durch das Gewand der Figur ausgedrückt werden. Denn alle Gewandungen der anderen Gestalten dieses Kapitäls, wie überhaupt an der ganzen Fassade, sind in strenge aber volle Falten geordnet und zeigen wenig von den darunter befindlichen Formen; aber das Gewand des Mondes rieselt bis auf die Füße herab, so dass es genau an das Zittern des Mondscheins auf den Wellen erinnert. Dieser schöne Gedanke ist höchst charakteristisch für die Tiefsinnigkeit der alten Bildhauer; fünfhundert Leute kann man ausfindig machen, welche die Gewandung als solche viel besser ausgehauen haben könnten, an Stelle des einen, der Falten mit dieser Absicht angeordnet hätte. Inschrift:

»LUNE CANCER DOMU T. PBET IORBE SIGNORU«.

Achte Seite. Gott erschafft den Menschen. Er ist als eine thronende Figur dargestellt, mit einem Heiligenschein um das Haupt, und legt seine linke Hand auf den Kopf eines nackten Jünglings, während er ihn mit der rechten hält. Die Inschrift machte mir lange Zeit große Mühe; aber mit Ausnahme des verlorenen r und m von »formavit« und eines nicht verunstalteten, aber für mich ganz unleserlichen Buchstabens vor dem Worte Eva, in der Form einer 7, habe ich das übrige klar gestellt:

»DELIMO DSADA DECO STAFO××AVIT 7 EVA«. Oder »De limo Dominus Adam, de costa fo(rm) avit Evam«.

»Aus dem Staube machte der Herr Adam, und aus der Rippe Eva.«

Ich denke mir daher, dass dieses ganze Kapitäl – das hauptsächlichste des alten Palastes – die Bedeutung haben sollte zuerst von der Erschaffung der Planeten zum Dienst der Menschen auf der Erde; zweitens von der völligen Unterwerfung der Geschicke der Menschen unter den Willen Gottes, wie sie schon zur Zeit, als die Erde und die Sterne gemacht wurden, bestimmt und in der Tat im Buch der Gestirne selbst niedergeschrieben wurden.

So ausgelegt stimmten die Lehrsätze der Astrologie nicht nur mit dem geistlichsten und demütigsten Christentum überein, sondern waren sogar eine kräftige Unterstützung desselben.

In bezug auf die Ausarbeitung und Gruppierung seines Laubwerks ist dieses Kapitäl überhaupt das schönste, das ich in Europa kenne. Der Bildhauer hat seine ganze Kraft daran gesetzt. Ich habe alle seine Figuren und zwei seiner Blätter selbst gezeichnet und beabsichtige in meinem Foliowerk Abbildungen in großem Format davon zu bringen.

Neunzehntes Kapitäl. Dies ist natürlich das zweite, wenn man von der See, an der Piazzettaseite aus zählt, und das man von der Feigenbaumecke das erste nennt.

Es ist als Beweisstück in bezug auf Daten das wichtigste Kapitäl am ganzen Palast. Große Mühe ist dabei angewandt worden und an einzelnen Teilen des Schmuck- und Beiwerkes der Figuren ist mit besonderer Bedeutsamkeit ein Stückchen farbigen Marmors eingelegt; denn das Kapitäl stellt die Kunst der Skulptur und der Architektur dar, und das Einlegen der farbigen Steine (die viel zu klein sind, um in der Entfernung zu wirken und die sich auch nur bei diesem einzigen Kapitäl vorfinden) ist nur der Ausdruck des Architekten von der Wichtigkeit dieser Kunst des Einlegens und von dem allgemeinen Werte der Farbe bei seiner eigenen Kunst.

Erste Seite. »St. Simplicius«, wie die Inschrift lautet. Eine Figur arbeitet mit einem spitzen Meißel an einem kleinen länglichen Block von grünem Serpentin, etwa vier Zoll lang und ein Zoll breit, der in das Kapitäl eingelegt ist.

Zweite Seite. Eine gekrönte Figur, die das Bild eines Kindes auf einer kleinen Statue aushaut, mit einem Hintergrund von rotem Marmor. Die Figur ist ein ausgezeichnetes Bildwerk und der Typus des Kopfes gleicht sehr dem Ham oder Japhet an der Weinstockecke. Die Inschrift ist vernichtet.

Dritte Seite. Ein alter Mann, ohne Krone, aber mit lockigem Haar, bei der Arbeit an einer kleinen Säule mit farbigem Kapitäl und einem kleinen Säulenschaft von dunkelrotem Marmor mit blassroten Flecken. (…) Diese eine Figur würde ohne irgend einen weiteren Beweis genügen, die Zeitbestimmung dieser Seite des Palastes unter allen Umständen nicht später als die erste Hälfte des vierzehnten Jahrhunderts festzusetzen. (…)

Vierte Seite. Eine gekrönte Figur; aber der Gegenstand, an dem sie arbeitete, ist abgebrochen und ebenso die ganze Inschrift, ausgenommen »ST. E(N?)AS«.

Fünfte Seite. Ein Mann mit einem Turban und einem scharfen Meißel, der an einer Art von Täfelung oder Nische arbeitet, deren Rückwand aus rotem Marmor besteht.

Sechste Seite. Eine gekrönte Figur mit Hammer und Meißel, *mit einer kleinen Reihe von Fenstern fünfter Ordnung* beschäftigt, bei denen Rosen anstatt kreisförmiger Ornamente zwischen den Zwickeln angebracht sind, und ein prächtiges Gesims mit einem Bande von purpurnem Marmor sich darüber befindet. Dieses Bildwerk verschafft uns die Zeitbestimmung des Fensters fünfter Ordnung, da es zeigt, dass es zu Anfang des vierzehnten Jahrhunderts allgemein benutzt wurde.

Es befinden sich auch fünf Bogen an dem Block, an dem der Bildhauer arbeitet, was das häufige Vorkommen der Zahl fünf bei den damaligen Fenstergruppen andeutet.

Siebente Seite. Eine Figur, die an einem Pfeiler mit lombardischem Kapitäl aus dem dreizehnten Jahrhundert arbeitet; der Säulenschaft von dunkelrotem, geflecktem Marmor.

Achte Seite. Eine Figur mit prächtiger, offener Krone, an einer zierlichen liegenden Statue arbeitend, deren Kopf auf einem Kissen ruht, das mit reichem Karomuster bedeckt ist; das ganze wird von einem Block dunkelroten Marmors getragen. Inschrift abgebrochen, mit Ausnahme von »ST. SYM. (Symmachus?) TU××ANV«. Es scheinen daher im ganzen fünf Heilige gewesen zu sein, von denen zwei Päpste waren, wenn Simplicius der Papst dieses Namens ist (drei an der Vorderseite, zwei an der vierten und sechsten Seite), die mit den drei unbekrönten, mit ihrer Arbeit beschäftigten Bildhauern abwechseln. (…)

Zwanzigstes Kapitäl. Es ist mit Tierköpfen verziert, und in bezug auf die breite Massigkeit der Wirkung das schönste der ganzen Reihenfolge. (…) Trotz der Strenge seines Entwurfs ist es jedoch mit großer Sorgfalt im einzelnen gearbeitet, und der ornamentale Wert der zierlichen Ziselierung an dem zarten Gefieder der Vögel und den Bienen an der Honigwabe im Maule des Bären kann im Gegensatz zu der großen Einfachheit seiner allgemeinen Form nicht genug bewundert werden. Es liegt auch mehr Grazie, Leben und Abwechslung in dem Laubwerk an jeder seiner Seiten und unter den Köpfen, als bei irgend einem anderen Kapitäl der Reihenfolge, obgleich die frühe Art der Arbeit durch beträchtliche Härte und Kälte in den größeren Köpfen zutage tritt. Ein gotischer Künstler des Nordens, der besser Bescheid wusste mit Bären und Wölfen, als es auf dem St. Markusplatze möglich war, würde diesen Köpfen mehr Leben verliehen haben, aber er hätte sie nicht geschickter ausarbeiten können.

Erste Seite. Ein Löwe mit einer Hirschkeule im Rachen. Die Leser, welche die Foliotafel besitzen, mögen die eigentümliche Art beachten, wie das Ohr ringförmig ausgehauen ist und am Rande ausgezackt oder gefurcht; eine altfränkische Behandlungsart, die man am Dogenpalaste an den Löwenköpfen aus dem vierzehnten Jahrhundert findet. Sobald wir zur Renaissancearbeit gelangen, sind die Löwenohren glatt. Die Inschrift lautet einfach »LEO«.

Zweite Seite. Ein Wolf mit einem toten Vogel im Maul, dessen Körper wunderbar natürlich die

Schlaffheit des Todes darstellt. Jede Feder ist mit einem Mittelkiel und ausstrahlenden Fäserchen ausgearbeitet. Inschrift »LUPUS«.

Dritte Seite. Ein Fuchs, der einem solchen durchaus nicht ähnlich sieht, mit einem toten Hahn im Maul, dessen Kamm und herabhängender Hals wunderbar entworfen sind, so dass sie über das große Eckblatt des Kapitäls fallen, während sein Schweif auf der anderen Seite herabhängt, und die geraden langen Federn herrlich ausgehauen sind. Inschrift »(VULP?) IS«.

Vierte Seite. Völlig abgebrochen.

Fünfte Seite. »APER«. Mit tüchtigen Fangzähnen, einen Maiskolben im Maul; ich nehme an, dass es Mais ist, obgleich es wie ein Tannenzapfen geformt ist.

Sechste Seite. »CHANIS«. Mit einem Knochen, sehr schlecht ausgehauen; und eine kahlköpfige Hundeart, mit hässlichen Schlappohren.

Siebente Seite. »MUSCIPULUS«. Mit einer Ratte (?) im Maul.

Achte Seite. »URSUS«. Mit einer von großen Bienen bedeckten Honigwabe. (…)

Sechsunddreißigstes Kapitäl. Dies ist das letzte von der Piazzettafassade, das vollendet ausgearbeitete unter der Urteilsecke. Sein Laubwerk ist von dem des achtzehnten an der entgegengesetzten Seite kopiert, mit dem sichtlichen Bemühen des Renaissancebildhauers, es zu verfeinern, wodurch es nur etwas an Wahrheit und Kraft eingebüßt hat. Dieses Kapitäl wird jedoch immer auf den ersten Blick für das schönste der ganzen Reihenfolge gehalten werden, und es ist in der Tat sehr edel; seine Figurengruppen sind mit großer Sorgfalt erdacht, sehr anmutig und viel gefälliger als die der früheren Arbeit, obgleich viel weniger wirkliche Kraft in ihnen liegt; und sein Laubwerk wird nur durch das der herrlichen Feigenbaumecke übertroffen. Es stellt an der ersten, oder Frontseite die thronende Gerechtigkeit auf zwei Löwen sitzend dar; und auf den sieben anderen Seiten Beispiele von Handlungen der Gerechtigkeit oder guter Regierung, oder Gestalten von Gesetzgebern, in folgender Ordnung:

Zweite Seite. Aristoteles, mit zwei Schülern, Gesetze gebend. Inschrift:

»ARISTOT×× CHE DIE LEGE«.

Aristoteles, der Gesetze gibt.

Dritte Seite. Ich habe meine Notiz über diese Seite verlegt. Selvatico und Lazari nannten es »Isidore«?*

Vierte Seite. Solon mit seinen Schülern. Inschrift:

»SALO UNO DEI SETE SAVI DI GRECIA CHE DIE LEGE«. Solon, einer der sieben Weisen Griechenlands, der Gesetze gibt.

Man beachte nebenbei wie der reine venezianische Dialekt bei diesem Kapitäl anstatt des Lateins bei den älteren benutzt ist. Einer der sitzenden Schüler bei diesem Bildwerk ist hervorragend schön durch den Schwung seiner wallenden Gewandung.

Fünfte Seite. Scipios Keuschheit. Inschrift:

»ISIPIONE A CHASTITA CH××× E LA FIA (e la figlia) ××ARE«.

Ein Krieger mit Federbarett stellt ein kniendes Mädchen dem sitzenden Scipio vor, der sich in Nachdenken versunken abwendet.

Sechste Seite. Numa Pompilius, Kirchen erbauend. Inschrift:

»NUMA POMPILIO IMPERADOR EDIFICHADOR DI TEMPI E CHIESE«.

Numa, mit einer Art von Hut, über dem sich eine Krone befindet, weist einen Krieger in römischer Rüstung an (man beachte dies in bezug auf den Kontrast mit der Rüstung der früheren Kapitäle). Sie zeigen auf einen Turm von drei, mit Maßwerk ausgefüllten Stockwerken.

Siebente Seite. Moses, das Gesetz empfangend. Inschrift:

»QUANDO MOSE RECEVE LA LEGE I SUL MONTE«.

* Können sie den Isipione von der fünften Seite für das Wort »Isidore« gehalten haben?

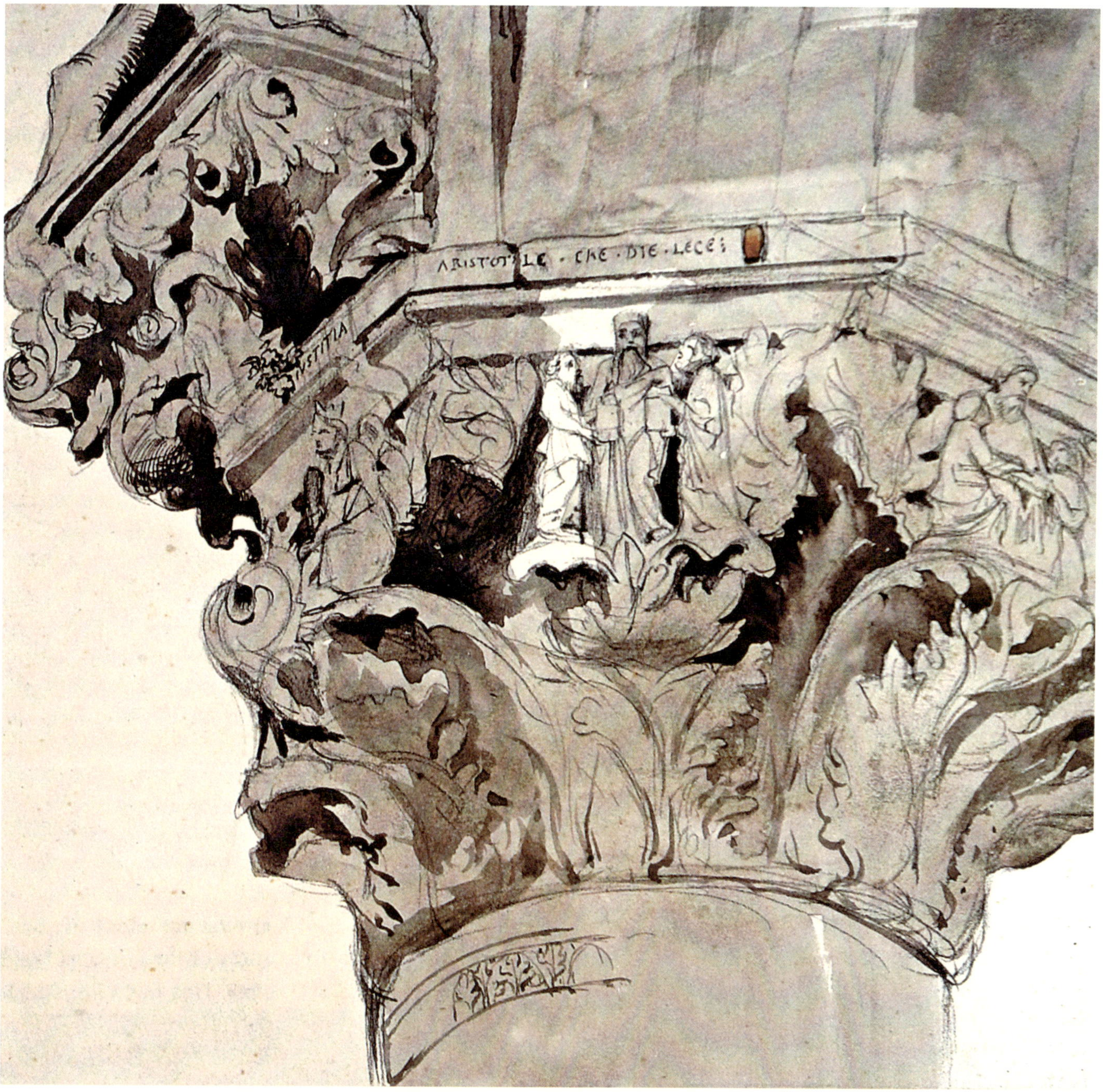

Studie des 36. Kapitells am Palazzo Ducale, 1849–1852
Die hier im Zentrum dargestellte zweite Seite des Kapitells zeigt Aristoteles mit zwei Schülern, die Gesetze erhalten.
Zeichnung, Bleistift, Tinte und Lavur auf weißem Papier

Moses kniet auf einem Felsen, aus dem ein wunderschöner Phantasiebaum entspringt, mit Büscheln von drei Beeren inmitten dreier Blätter, die scharf und zierlich sind, wie feine nordische Gotik. Die Halbfigur der Gottheit kommt aus dem Abakus heraus und ihr ausgestreckter Arm trifft mit dem ebenfalls ausgestreckten Arm des Moses zusammen, während sich die Steintafeln dazwischen befinden.

Achte Seite. Trajan, der Witwe Gerechtigkeit widerfahren lassend. Inschrift:

»TRAJANO IMPERADOR CHE FA JUSTITIA A LA VEDOVA«.

Er reitet kühn mit flatterndem Mantel, während die Witwe vor seinem Pferde kniet.

Der Leser wird bemerken, dass dieses Kapitäl von besonderem Interesse ist wegen seiner Beziehung zu der viel bestrittenen Frage nach dem Wesen der späteren Regierung von Venedig. Es ist die Bestätigung von dem Glauben jener Regierung, dass nur Gerechtigkeit das Fundament ihrer Dauerhaftigkeit sein konnte, wie diese Steine der Gerechtigkeit und des Urteils die Fundamente ihrer Gerichtssäle sind. Dieses Glaubensbekenntnis kann auf zweierlei Weise ausgelegt werden. Die meisten modernen Geschichtsforscher würden es in Gemeinschaft mit der beständigen Bezugnahme auf die Prinzipien der Justiz in der politischen und richterlichen Sprache jener Zeit nichts anderes als einen Mantel für abgefeimte Gewalttätigkeit und Schuld nennen; und es wäre leicht zu beweisen, dass es in Myriaden von Fällen nichts anderes gewesen ist. Aber im großen und ganzen halte ich den Ausdruck des Gefühls doch für echt. (…) Ich bin daher überzeugt, dass diese vornehmen Venezianer des fünfzehnten Jahrhunderts im großen und ganzen den Wunsch hegten, allen Leuten Recht und Gerechtigkeit widerfahren zu lassen; aber da das ganze moralische System um diese Zeit durch die Lehre der römischen Kirche untergraben worden war, hatte sich der Begriff der Gerechtigkeit von dem der Wahrheit getrennt, und Verstellung im Interesse des Staates den Anstrich von Pflicht angenommen. Wir täten vielleicht gut, etwas sorgfältig zu bedenken, in welcher Art unsere eigene Regierung geführt wird, und welcher Unterschied gelegentlich zwischen parlamentarischer und privater Moral besteht, bevor wir die Venezianer in dieser Hinsicht unbarmherzig verurteilen. (…) Und wenn wir schließlich mit kritischer Genauigkeit prüfen, auf welches Zeugnis unsere gegenwärtigen Eindrücke von venezianischer Regierung begründet sind, dann werden wir erstens entdecken, dass zwei Drittel von den Überlieferungen ihrer Grausamkeiten romantische Fabeln sind; zweitens, dass die Verbrechen, die ihr nachgewiesen werden können von denen, die die anderen italienischen Regierungen begangen haben, nur darin abweichen, dass sie weniger leichtfertig geschahen und aus tieferer Überzeugtheit von ihrer politischen Zweckmäßigkeit; und schließlich, dass die endgültige Erniedrigung der venezianischen Macht scheinbar nicht so sehr den Prinzipien ihrer Regierung zu verdanken war, als der Tatsache, dass man sie im Strudel der Vergnügungen vergessen hatte.

Wir haben nun die Teile des Palastes geprüft, die das Hauptzeugnis von der Gemütsstimmung seiner Erbauer ablegen. Die Kapitäle der oberen Arkade sind von außerordentlich verschiedenem Charakter; ihr Muster ist wie bei der unteren Reihenfolge von acht Blättern gebildet, die an den Ecken als Schnecken vorspringen und an den Seiten Figuren tragen; aber diese Figuren haben keine Inschriften, und obgleich sie augenscheinlich nicht ohne Bedeutung sind, können sie doch nicht ohne größere Kenntnis von antikem Symbolismus erklärt werden, als ich besitze. Viele von den Kapitälen an der Seeseite scheinen restauriert und rohe Kopien der alten zu sein; andere, augenscheinlich originale, sind etwas nachlässig ausgearbeitet; aber diejenigen, welche echt sind und sorgfältig behandelt, sind

Tafel 19
Laubwerk der venezianischen Kapitelle
Mezzotinto

in der Komposition schöner als irgend eines an der unteren Arkade, mit Ausnahme des achtzehnten. Der Reisende müsste in den Korridor hinaufsteigen und sehr eingehend die Reihenfolge der Kapitäle prüfen, die sich an der Piazzettaseite von der Feigenbaumecke bis zu dem Pfeiler hinziehen, der die Scheidewand des Großen Rats-Saales trägt. Als Beispiele anmutiger Komposition an massigen Kapitälen, die für schweren Dienst und Wirkung in der Entfernung berechnet sind, gehören sie zum Schönsten, was ich in gotischer Kunst kenne. Das über dem Feigenbaum ist bemerkenswert wegen seiner Bildwerke der vier Winde, von denen jeder auf der Seite der betreffenden Windrichtung befindlich ist. Levante, der Ostwind, eine Figur mit Strahlen rund um das Haupt, um zu zeigen, dass es immer klares Wetter ist, wenn dieser Wind weht, hebt die Sonne aus dem Meer; Hotro, der Südwind, trägt eine Krone und hält die Sonne in der rechten Hand; Ponente, der Westwind, taucht die Sonne in das Meer; und Tramontana, der Nordwind, blickt zu dem Nordstern empor. (…)

Der Leser, der nicht selbst das Gebäude an Ort und Stelle prüfen kann, mag erstaunt sein über die Bestimmtheit, mit der der Verbindungspunkt festzustellen ist; aber ein flüchtiger Blick auf die unterste Reihenfolge von Blattwerk auf Tafel 19 wird ihm die Gründe klarlegen, auf denen die obige Feststellung beruht. Fig. 12 ist ein Büschel Blätter vom Kapitäl der vier Winde; frühe Arbeit aus edelster Zeit. Fig. 13 ist ein Blatt von dem großen Renaissancekapitäl an der Urteilsecke, dem älteren Laubwerk nachgeahmt. Fig. 14 ein Blatt von einem der Renaissancekapitäle der oberen Arkade, die alle in der Manier jener Zeit ausgeführt sind. Man wird einsehen, dass kein großer Scharfsinn dazu gehört, den Unterschied zwischen dieser Zeichnung und der von Fig. 12 und Fig. 14 herauszufinden.

Es ist sehr möglich, dass Fig. 14 dem Leser zuerst am besten gefällt. Die ganze Plumpheit und Roheit des Gefühls, die die Arbeit von Fig. 14 verrät, ist in diesem kleinen Maßstabe verschwunden und alle die auserlesenen Feinheiten der breiten Massen von Fig. 12 sind verloren gegangen. Kein geringerer als Albrecht Dürer hätte sie überhaupt in Linienmanier wiedergeben können, und ich gebe es daher zunächst auf, irgend einen wichtigeren Teil von der frühen Skulptur des Dogenpalastes abzubilden; aber in wenigen Monaten werden Abgüsse von vielen seiner Teile den Bewohnern von London zugänglich sein, so dass sie selbst ihren vollendeten, reinen und

Zwickel-Dekoration des Dogen-Palastes
Mezzotinto, Sepiaton

ungezwungenen Naturalismus beurteilen können; die Frische, Elastizität und Weichheit ihres Laubwerks, vereint mit der edelsten Symmetrie und strenger Zurückhaltung, – nirgends Vergeudung, Extravaganz oder Schwäche. Ihre Zeichnung ist immer streng architektonisch; da ist nichts von der Wildnis und Überfülle natürlicher Vegetation vorhanden, aber die ganze Kraft und Ungebundenheit und die spielende Bewegung der atmenden Blätter, sowie die Wellenform ihrer Oberflächen, die vom Sommerwinde gekräuselt wurden, wie der Meeressand von den Wogen.

Diese frühe Bildhauerkunst des Dogenpalastes stellt daher den stolzesten Höhepunkt gotischer Arbeit in Venedig dar, d.h. etwa das Jahr 1350. Nach dieser Zeit tritt gänzlicher Verfall ein. (…)

Und wie wir im Schatten dieser niederhängenden Blätter von dem großen gotischen Geiste Abschied nehmen, so können wir auch hier unsere Prüfung der Einzelheiten des Dogenpalastes beschließen. (…)

Dies ist aber im Innern nicht der Fall. Jede Spur der früheren Dekorationsarten ist hier natürlich durch die Feuersbrünste zerstört, und die strenge und fromme Arbeit von Guariento und Bellini ist durch die Zügellosigkeit Tintorettos und die Üppigkeit Veroneses ersetzt worden. Aber in diesem Falle war trotz der großen Charakterverschiedenheit die Kunst der Erneuerung in geistiger Hinsicht doch wenigstens ebenso groß wie die verloren gegangene; und wenn die Hallen des Dogenpalastes auch nicht mehr den Charakter der Männer widerspiegeln, von denen sie errichtet wurden, so ist jede von ihnen doch immer noch ein kolossaler Schatzkasten von unermesslichem Werte; ein Schatz, dessen Sicherheit bis jetzt darauf beruhte, dass er verachtet wurde, und der im gegenwärtigen Augenblick Stück für Stück und für immer zerstört wird. (…)

Ich überlasse diese Tatsachen den europäischen Förderern der schönen Künste zur Erwägung. Zwanzig Jahre später wird man sie einsehen und bedauern; augenblicklich weiß ich wohl, dass es wenig nützt davon zu reden, höchstens um zu erklären, warum es gegenwärtig unmöglich ist festzustellen, was für Bilder im Innern des Dogenpalastes *sind* und *waren*. Ich kann nur sagen, dass im Winter von 1851 das »Paradies« von Tintoretto noch verhältnismäßig unbeschädigt war, und dass die Camera di Collegio, ihr Vorzimmer und die Sala de' Pregadi voll von Gemälden von Veronese und Tintoretto waren, die ihre Wände so kostbar machten wie ebensoviel Königreiche; so kostbar in der Tat, und so voller Majestät, dass ich mitunter abends, wenn ich am Lido entlang ging, von wo man die große Alpenkette, mit silbernen Wolken bekrönt, über der Fassade des Dogenpalastes aufragen sieht, fast die gleiche Ehrfurcht beim Anblick des Gebäudes wie bei dem der Berge empfand, und wohl glauben konnte, dass Gott ein größeres Werk getan, indem er dem beschränkten Staube den mächtigen Geist einblies, durch welchen seine stolzen Mauern errichtet und seine flammenden Inschriften niedergeschrieben wurden, als indem er die granitnen Felsen höher emporhob als die Wolken des Himmels, und sie mit ihrem verschiedenartigen Mantel von purpurnen Blüten und schattigen Tannen umhüllte.

»… suchen wir die einfache Wahrheit
zu verstehen, die auf jede
menschliche Arbeit anzuwenden ist,
dass, wenn es gute Arbeit ist,
sie nicht eine Kopie sein darf,
oder nach Regeln gemacht,
sondern ein neu und göttlich erdachtes Ding.
Fünf Ordnungen! Es gibt keine Seitenkapelle
in irgend einer gotischen Kathedrale,
die nicht fünfzig Ordnungen enthält …«

JOHN RUSKIN

a
d
b
e
f

FRÜHE RENAISSANCE

Ich hoffe, der Leser ist durch die vorhergehenden Kapitel instand gesetzt worden, sich eine Vorstellung von der Pracht der Straßen von Venedig im dreizehnten und vierzehnten Jahrhundert zu machen. Dennoch war es durch alle diese Pracht nicht besonders ausgezeichnet vor den anderen Städten des Mittelalters. Seine frühen Gebäude sind durch die Umfassung seiner Wogen bis in unsere Zeit erhalten geblieben, während unaufhörliche Zerstörungen den Ruhm der Schwesterstädte vernichtet haben. Aber die Überreste, die man noch an ihren einsamen Plätzen und in den Winkeln ihrer Straßen findet, sind weit davon entfernt, den venezianischen Bauwerken nachzustehen, sondern häufig noch reicher und vollendeter in Erfindung und Ausführung, und von noch üppigerer Schönheit. Und obgleich im Norden von Europa die Zivilisation weniger vorgeschritten war, und die Kenntnis der Künste sich mehr auf die geistlichen Orden beschränkte, so dass in bezug auf häusliche Baukunst die Periode der Vollendung dort viel später als in Italien, und bis zur Mitte des fünfzehnten Jahrhunderts reichend angenommen werden muss, so waren doch in jeder Stadt, die einen gewissen Standpunkt der Zivilisation erreicht hatte, die Straßen mit gleicher Pracht ausgestattet, und der Stil wich nur je nach dem erreichbaren Material und dem Naturell der Bevölkerung voneinander ab. So kenne ich keine einzige reiche und bedeutende Stadt des Mittelalters, in der nicht noch Spuren des Beweises vorhanden sind, dass zur Zeit ihres höchsten Wohlstandes und ihrer größten Machtentfaltung die Straßen mit reicher Skulptur geschmückt waren, und selbst (obgleich sich hierin Venedig immer vor allen auszeichnete) von Gold und Farben schimmerten. Und nun möge der Leser, – der sich eine so lebhafte und wahre Vorstellung, wie er imstande ist, entweder von einer Gruppe venezianischer Paläste des vierzehnten Jahrhunderts gebildet hat, oder, wenn ihm dies lieber ist, von einer der noch phantastischeren und reicheren Straßenszenen von Rouen, Antwerpen, Köln oder Nürnberg, – mit diesem Bilde vor Augen sich in irgend eine große Hauptstraße begeben, die in allgemeiner und charakteristischer Weise die moderne häusliche Baukunst darstellt. Möge er z. B. in London die Harleystreet, Bakerstreet oder Gowerstreet einmal auf- und abwandeln, und dann, bald sein Erinnerungsbild und bald dieses vor seinen Augen befindliche betrachtend, sich überlegen (denn dies wird der Gegenstand unserer folgenden und letzten Prüfung sein), welche Gründe es wohl gewesen sind, die eine so große Veränderung im Sinnen und Trachten von Europa hervorgebracht haben.

Renaissance-Baukunst ist die Schule, die die menschlichen Erfindungs- und Konstruktionsbegabungen vom Canal Grande bis nach Gowerstreet geleitet hat; von der Marmorsäule und dem Spitzbogen, dem verschlungenen Blattwerk und der glühenden weichen Harmonie von Gold und Azurblau, zu der viereckigen Aushöhlung in der

Gesims-Dekorationen, Mezzotinto, Sepiaton

Backsteinmauer. Wir haben die Gründe und Stufenfolgen dieses Wechsels zu betrachten, und wie wir vorher das Wesen der Gotik zu erforschen hatten, so haben wir hier das Wesen der Renaissance zu prüfen.

Obgleich die Renaissance-Baukunst bei den verschiedenen Völkern sehr verschiedene Formen annimmt, kann sie doch unter drei Rubriken betrachtet werden: – frühe Renaissance, die aus den ersten, bei den gotischen Schulen eingeführten Entstellungen besteht; zentrale oder römische Renaissance, die der vollendet ausgebildete Stil ist; und groteske Renaissance, die die Entstellung der Renaissance selbst ist.

Um nun der Gegenpartei volle Gerechtigkeit widerfahren zu lassen, wollen wir das abstrakte *Wesen* der Schule nur in Beziehung auf ihre besten oder zentralen Beispiele betrachten. Die Gebäudeformen, die gewöhnlich als *frühe* Renaissance bezeichnet werden, sind in vielen Fällen nur die Übertreibungen und Entstellungen der erschlafften Gotik, für deren Fehler der klassische Grundgedanke durchaus nicht verantwortlich ist. Obgleich diese entnervten und verfälschten Formen beinahe sogleich vom klassischen Einfluss durchdrungen wurden, wäre es doch ganz unbillig, diesem Einfluss die volle Erniedrigung der früheren Schulen zur Last zu legen, die die Kraft ihres Systems schon verloren hatten, bevor sie von der Pest befallen wurden.

Die Art der Erniedrigung aller Kunstschulen ist, soweit sie natürlich ist, in allen Zeitaltern die gleiche; Üppigkeit der Verzierung, Verfeinerung der Ausführung und eitle Spitzfindigkeiten der Phantasie an Stelle von klarem Gedanken und fester Handführung; und ich beabsichtige keineswegs, den Leser lange am gotischen Krankenlager aufzuhalten, denn es ist weniger unsere Aufgabe, das zerstörende Fieber in den Zügen des sterbenden Königs zu beobachten, als den Charakter jenes Hasael zu zeichnen, der das Tuch in Wasser tauchte und über sein Gesicht legte. Dennoch ist es sowohl zur Vervollständigung unserer Anschauung von der Baukunst Venedigs, wie zu unserm Verständnis von der Art, wie die zentrale Renaissance ihre Weltherrschaft erlangte, notwendig, dass wir einen flüchtigen Blick auf die hauptsächlichsten Formen werfen, zu denen die venezianische Gotik sich zuerst erniedrigte. Es sind zwei an der Zahl: zuerst die Entstellung der Gotik selbst, und dann eine teilweise Rückkehr zu byzantinischen Formen. Denn der venezianische Geist, der die Gotik bis zu einem Punkte getrieben hatte, wo sie ihn nicht mehr befriedigte, versuchte umzukehren und verfiel zuerst auf byzantinische Typen, und ging dann durch sie auf die ersten römischen über. Aber bei dieser Umkehr auf den alten Weg fand er nicht seine verlorene Tatkraft wieder. Wohl kehrt er an die Orte zurück, die er einst im Morgenlicht durchschritt, aber er betritt sie jetzt mit müden Gliedern, und im düsteren Schatten des Abends.

Es ist eben gesagt worden, dass die beiden Hauptgründe für die natürliche Abnahme jeder Schule übertriebene Üppigkeit und übertriebene Verfeinerung sind. Die korrumpierte Gotik von Venedig liefert uns ein sehr merkwürdiges Beispiel von der einen und die korrumpierte byzantinische von der anderen. Wir werden sie der Reihe nach prüfen.

Nun bedenke man zuerst, dass ich mit *Üppigkeit* des Ornaments nicht *Menge* des Ornaments meine. Bei der besten Gotik der Welt ist kaum ein Zoll Stein ohne Bildhauerarbeit gelassen. Aber ich meine jenen übertriebenen Charakter des Ornaments selbst, der zeigt, dass es erschöpften Kräften übertragen war; eine Heftigkeit und Roheit der Krümmung, eine Tiefe des Schattens und Süßigkeit der Linienführung, die augenscheinlich aus der Unfähigkeit hervorgehen, die wahre Schönheit keuscher Form und beherrschter Kraft zu empfinden. Ich kenne keine Zeichnungsform, die bei flüchtigem Blick so leicht zu erkennen ist wie diese übertriebene Süßigkeit; und doch kommt es mir vor, als ob heutigestags nichts so wenig begriffen wird, wie der wesentliche Unterschied zwischen Keuschheit und Extravaganz, sowohl in Farbe, wie in Schatten oder Linien. Wir sprechen oberflächlich und ungenau von »überladenem« Ornament, mit dem dunklen Gefühl, dass in der sichtbaren Form etwas liegt, was mit Unmäßigkeit in moralischen Gewohnheiten übereinstimmt. Wir dringen aber durchaus nicht tiefer in die Eigentümlichkeit ein, die uns verletzt, und noch viel weniger begreifen wir die äußerst wichtige Lehre, die zweifellos durch die Allgemeinheit dieses ornamentalen Gesetzes ausgedrückt werden sollte.

Die sicherste Bürgschaft für höchste Schönheit bei jedem sichtbaren Werk ist daher, mit einem Worte gesagt, genau dieselbe, welche auch die Bürgschaft für das Verhalten der Seele ist, – Mäßigkeit im weitesten Sinne; die Mäßigkeit, die wir auf einem Throne mit der Gerechtigkeit unter den vier Kardinaltugenden sitzen sahen, und ohne welche es keine einzige Tugend gibt, die uns nicht in verzweifelten Irrtum führen kann. Man beachte nun: Mäßigkeit im edleren Sinne bedeutet nicht eine unterdrückte und unvollkommene Tatkraft; sie bedeutet nicht ein Nachlassen in guten Dingen, wie im Lieben oder Glauben; sondern sie bedeutet die Kraft, die die höchste Energie beherrscht und verhindert, sich in anderer Weise zu betätigen als ihr zukommt. Und bei Dingen, wo leicht Übertreibung eintreten kann, bedeutet sie nicht einen unvollständigen Genuss derselben, sondern die Regelung ihres Maßes, so dass der Genuss ein um so größerer sei. So bedeutet z. B. bei unserem vorliegenden Gegenstande Mäßigkeit in der Farbe nicht eine unvollkommene oder trübe Freude an der Farbe, sondern sie bedeutet die Beherrschung der Farbe, die den denkbar größten Genuss aus allen Schattierungen hervorbringt. Ein schlechter Kolorist *liebt* schöne Farben nicht mehr als ein guter Kolorist, nein, nicht halb so sehr. Aber er frönt bis zum Übermaß in ihnen, wendet sie in großen Mengen und ungemildert an; und dann gibt es auch ein Naturgesetz, das ebenso allgemein ist wie das der Schwerkraft, dass er nämlich nicht imstande ist, sie so zu genießen, als ob er sie in geringerer Menge angewandt hätte. Sein Auge ist ermüdet und übersättigt, und blau und rot haben kein Leben mehr in sich. Er versucht sie noch blauer und röter zu malen, aber es ist umsonst; das ganze blau ist grau geworden, und wird immer grauer, je mehr er hinzufügt; und sein ganzes rot ist braun geworden und wird immer dürrer und herbstlicher, je mehr er es vertieft. Aber der große Maler ist von strenger Mäßigkeit bei seinem Werk; er liebt die lebhafte Farbe von ganzem Herzen, aber lange Zeit hindurch gestattet er sich nichts dergleichen, sondern wendet nur schlichtes braun und mattes grau an und ähnliche Farben, die keine erkennbare Schönheit an sich haben, aber diese werden durch seine Anwendung lieblich, und nachdem er ihr ganzes Leben und ihre ganze Kraft zum Ausdruck gebracht hat, und die höchste Freude an ihnen empfindet – gestattet er sich, vorsichtig, und als Krone des Werkes und Vollendung seiner Harmonie, ein gelegentliches hochrot und azurblau anzubringen: und die ganze Leinwand glüht und flammt.

Was nun die Bogenlinie betrifft, die die Grundbedingung für die Schönheit jeder Form ist, so liebt sie der schlechte Zeichner durchaus nicht mehr als der große; aber er frönt darin, bis sein Auge gesättigt ist, und kann nicht genug davon bekommen, um sein erschöpftes Gefühl für Anmut zu befriedigen. Aber der große und gemäßigte Zeichner gestattet sich keine heftigen Krümmungen; er arbeitet mit Linien, bei denen die Biegung schon lange besteht, ehe sie bemerkt wird. Er betont diese gemilderten Krümmungen auf das äußerste, und stellt ihnen strengere Linien gegenüber, um sie in ihrer vollen Weichheit herauszuheben; und erst zum Schluss gestattet

Tafel 20
Mäßigkeit und Unmäßigkeit in der Ornamentierung
Radierung

er sich eine energische Biegung: und das ganze Werk ist sofort voller Leben und Anmut. (…)

Fig. 1 auf Tafel 20 ist ein Stück Ornament aus einem normännisch-französischen Manuskript des dreizehnten Jahrhunderts, und Fig. 2 aus einem italienischen des fünfzehnten. Man beachte bei dem ersten die strenge Mäßigkeit der Krümmung, die stufenweise vereinigten, *beinahe geraden* Linien, von denen doch keine ganz gerade ist, aus denen das Hauptglied besteht, und im Gegensatz dazu die kühnen aber einfachen Abzweigungen der Blätter, und die edle Schneckenform, aus der es entspringt, während diese wieder durch die scharfen Dreiblätter und dornigen Nasen kontrastiert werden. Und man beachte, wie viele Hilfsquellen in dem ganzen vorhanden sind; wie leicht es gewesen wäre, die Krümmungen handgreiflicher und das Blattwerk reicher zu machen, und wie die edle Hand sich selbst Einhalt gebot, und sich versagte, auch nur eine Welle der Bewegung noch zu gestatten.

Dann betrachte man das zweite Beispiel, bei dem, während dieselbe Idee fortwährend wiederholt wird, Anregung und Interesse durch heftige und fortwährende Krümmungen gesucht werden, die gänzlich unbeherrscht sind und sich in wirrer Zügellosigkeit hin und her wälzen. Man vergleiche sorgfältig den Charakter der einzelnen Linien bei beiden Beispielen, und sei überzeugt, dass überall, wo sich diese überflüssige und ausschweifende Krümmungsart in der Ornamentierung zeigt, sie ein Zeichen von erschöpfter Energie und mangelnder Erfindungskraft ist. Man verwechsle sie nicht mit Fülle oder Reichtum. Reichtum braucht nicht Zügellosigkeit zu sein; ein gotisches Gesims kann einen halben Fuß tief in Dornen und Blättern vergraben, und doch in jeder Linie keusch sein; und ein spätes Renaissance-Gesims kann gänzlich kahl und armselig sein, und dennoch in jeder Linie die Anlage zur Ausschweifung verraten.

Tafel 19, die eigentlich nur zur Erläuterung der Merkmale von Kapitälen bestimmt war, wird besonders interessant, wenn man sie in bezug auf die gegenwärtig vorliegenden Gesichtspunkte betrachtet. Die vier Blätter in der oberen Reihe sind byzantinisch; die beiden mittleren Reihen sind Übergangsstil, mit Ausnahme von Fig. 11, die ausgebildete Gotik ist; Fig. 12 ist vollendete Gotik aus allerbester Zeit (Dogenpalast, ältester Teil); Fig. 13 ist Gotik im Beginn der Abnahme; Fig. 14 Renaissance-Gotik in völliger Korrumpierung.

Man beachte zuerst, wie der gotische Naturalismus stufenweise aus der byzantinischen Strenge hervorgeht; wie aus der scharfen, harten Herkömmlichkeit der oberen Reihe die Blätter sich nach und nach zu freierer und biegsamerer Lebenswahrheit entfalten, bis wir in Fig. 12 das vollkommen lebendige Blatt vor uns haben, als ob es eben taufrisch abgepflückt sei. Bei den beiden letzten Beispielen und zum Teil auch bei Fig. 11 beachte man, wie die Formen, die an Lebenswahrheit nicht mehr zunehmen können, an Üppigkeit und Weichlichkeit zunehmen, oder eigentlich dazu herabsinken, je nachdem die Kraft der Schule erlischt.

Zweitens beachte man, dass die byzantinischen und gotischen Schulen, wie sehr sie auch in Lebendigkeit voneinander abweichen, sich doch in der *Mäßigung* gleichen, obgleich die gotische Mäßigung die edlere ist, weil sie mit völliger Lebenswahrheit verbunden ist. Man beachte, wie streng und fein die Krümmungen bei allen Blättern von Fig. 1 bis Fig. 12 sind, mit einziger Ausnahme von Fig. 11; und betrachte besonders die Festigkeit und Kraft, die durch die enge Annäherung an die gerade Linie in den Seitenrippen des Blattes von Fig. 12 erreicht ist. Je länger das Auge auf diesen gemäßigten Krümmungen ruht, je mehr Freude wird es daran empfinden, aber schließlich wird es sicher durch die weichliche Übertreibung des letzten Beispiels ermüdet werden.

Schließlich beachte man – und dies ist sehr wichtig – wie ein und derselbe Charakter eines Kunstwerkes ein Zeichen von total verschiedenen Gemütsstimmungen sein kann, und daher in einem Falle etwas Schlechtes und im andern etwas Gutes zu bedeuten hat. Die Beispiele, Fig. 3 und Fig. 12, sind beide gleich rein in den Linien; aber das eine ist aufs äußerste in Unterabteilungen getrennt, während das andere aufs äußerste breit in der Form ist, und beide sind schön. Der byzantinische Geist ergötzte sich an der Zartheit der Unterabteilung, die die Natur im Farnblatt oder Petersilienblatt zeigt, und dies tat auch oft der gotische Geist mit seiner Freude an Eiche, Dorn und Distel. Aber der Erbauer des Dogenpalastes wandte große Breite der Form bei seinem Blattwerk an, um mit der breiten Oberfläche seiner mächtigen Wand zu harmonieren, und er ergötzte sich an dieser Breite, wie die Natur sich an der ausgedehnten Frische des Malvenblattes oder der Seerose erfreut. Sowohl die Breite wie die Unterabteilung sind in ihrer Art edel, wenn sie von einem gesunden Geiste betrachtet oder ersonnen werden, und beide werden unedel, wenn sie von einem erschöpften und übersättigten Geiste erdacht werden. Die Unterabteilung bei Fig. 13 ist im Vergleich mit dem Typus Fig. 12, den es eigentlich veredeln sollte, das Kennzeichen eines Geistes, der nicht gerade die Verwicklung liebte, aber doch kein Gefallen an Einfachheit finden konnte; der nicht Kraft genug besaß, um die breiten Massen der früheren Blätter zu genießen, sondern sie müßig in Stücke schnitt, wie ein Kind in seiner Langeweile ein Buch zerreißt, das es nicht lesen kann. Dagegen werden wir bei anderen Beispielen von Kunstwerken aus der gleichen Periode beständig eine ungesunde Breite und Schwerfälligkeit finden, die aus einem Geiste hervorgehen, der keine Neigung mehr für Verfeinerung und Präzision hat, und keine Freude an zarten Formen, sondern alle Dinge plump, schwerfällig und leblos macht, wobei zugleich der Sinn für die Elastizität und Sprungkraft der natürlichen Krümmungen verloren geht. Es ist, als ob die Seele des Mannes, selbst von der Wurzel seiner Gesundheit gelöst, die Erkenntnis des Lebens in den ihn umgebenden Dingen eingebüßt hätte, und nicht mehr das Schwanken der starken Äste, voller Muskelkraft und Blutumlauf, von dem schlaffen Biegen eines zerrissenen Strickes zu unterscheiden vermöchte; und ebensowenig die Krümmung des Blattrandes, durch das lebendige Wachstum in tiefe

Falten gepresst, von der zerknitterten Zusammenziehung seines Verwelkens.* So gibt es in der Moral eine Achtsamkeit auf Kleinigkeiten, die aus Liebe und Gewissenhaftigkeit entstammt und sehr heilig ist; und eine Achtsamkeit auf Kleinigkeiten, die aus Eitelkeit und Leichtfertigkeit entstammt und äußerst niedrig ist. Und so gibt es auch eine Ernsthaftigkeit, die von Nachdenken herstammt und sehr edel ist; und eine Ernsthaftigkeit, die aus Langeweile und aus Unfähigkeit des Genießens stammt und sehr niedrig ist. Nun findet man unter den verschiedenen Formen, die die spätere Gotik von Venedig annahm, ein oder zwei Beispiele, die unter anderen Verhältnissen keine Zeichen von Niedergang gewesen sein würden, die aber in der eigentümlichen Art, wie sie hier vorkommen, die verhängnisvolle Mattigkeit des Verfalles andeuten. Von allen diesen Formen sind die auffallendsten die Krabben und Kreuzblumen.

Man findet keine einzige Krabbe oder Kreuzblume auf irgendeinem Teile des Dogenpalastes, der im vierzehnten Jahrhundert erbaut ist; und obgleich sie auf zeitgenössischen und einigen viel früheren Gebäuden vorkommen, deuten sie immer vereinzelte Beispiele von nicht eigentlich venezianischen Schulen an, oder sind Kennzeichen beginnenden Verfalles.

Der Grund hiervon ist, dass die Kreuzblume eigentlich der Zierat der Giebelbaukunst ist; sie ist die Unterordnung der geringfügigeren Formen des Gebäudes unter den Geist seiner Türme, seines Dachfirstes und seiner Spitztürmchen. Venezianisches Bauwerk ist nicht gegiebelt, sondern hat horizontale Dächer und niedrige Stockwerke; die Kreuzblume ist daher eine Form, die seinem Geiste widerspricht, und wurde nur aus Sucht nach krankhafter Anregung angewandt, was ein unfehlbares Anzeichen von Verfall ist. Wo sie früher vorkommt, ist es auf Überresten von wirklicher Giebelbaukunst, wie z. B. am Portal der Carmini.

Im Verhältnis zu der Unrechtmäßigkeit ihrer Einführung stand die Extravaganz der Form, in der sie auftrat, die mitunter ein Büschel am oberen Ende der Eselsrückenfenster bildete, das halb so hoch war wie der Bogen selbst und bei den reichsten Beispielen aus einer menschlichen Figur bestand, die zur Hälfte aus einer Schale von Blattwerk hervorragte, wie z. B. in dem kleinen Bogengang des Campo San Zaccaria während die Krabben, die an der Seite des Bogens sitzen, nicht so streng mit seinem Gleichgewicht und seiner Symmetrie zusammenhängen, und sich daher noch größere Freiheiten als die Kreuzblumen zu gestatten scheinen, und sich in den zügellosesten Verdrehungen hin und her schlingen. Fig. 4 auf Tafel 20 ist der Umriss einer solchen, in Stein gehauen, aus der späteren Gotik von San Marco; Fig. 3 eine Kriechblume von schöner veroneser Gotik, um den Leser instand zu setzen, den Renaissancecharakter besser durch Vergleich mit den darüber befindlichen Beispielen von Krümmungen zu unterscheiden, die Manuskripten entnommen sind. Mit dieser Ausschweifung an den äußeren Verzierungen des Bogens noch nicht zufrieden, mischt sich die Kreuzblume auch in seine Maßwerke ein. Die vermehrte Verwicklung, die bei diesen einen natürlichen Vorgang in der Entwicklung der Gotik bedeutet, würde noch nichts geschadet haben, aber sie sind durch die Bereicherung der Kreuzblume an der Spitze der Nase entstellt worden – d. h. in Venedig entstellt, denn in Verona erscheint die Kreuzblume in der Form einer fleur-de-lis schon viel früher an der Spitze der Nase mit herrlicher Wirkung; und in unserer besten nordischen Gotik ist sie oft wunderschön an dieser Stelle angewandt, wie an dem Fenster von

* Ein sehr merkwürdiges Beispiel hiervon findet man in den modernen Nachahmungen der gotischen Kapitelle der Ca d'Oro, die bei ihren Restaurierungen angebracht wurden. Die alten Kapitelle sehen wie Blätterbüschel aus, die modernen wie geknetete Teigmassen mit Löchern darin.

Salisbury, Tafel 11 Fig. 2. Aber in Venedig widersprach eine solche Behandlung gänzlich dem strengen Geist der alten Maßwerke; und die Anbringung einer blättrigen Kreuzblume am äußersten Vorsprung der Nasen an der Tür von San Stefano, im Gegensatz zu der einfachen Kugel, die diejenigen des Dogenpalastes abschließt, ist ein unverkennbares Anzeichen einer Hinneigung zum Verfall.

In gleicher Weise sind auch die Bereicherung und Verwicklung der Pfostengesimse, die in anderen Schulen in den gesündesten Perioden stattfanden und stattfinden durften, in Venedig Zeichen von Verfall, wegen der völligen Unvereinbarkeit solcher Ornamente mit der alten Vorliebe für den einzelnen viereckigen Pfosten und die Archivolte.

Der Zeitpunkt, an dem diese entstellte Form der Gotik zuerst den Sieg über die frühe Einfachheit der venezianischen Formen davontrug, kann sofort festgestellt werden, wenn wir uns einen Augenblick auf den Stufen des Chors in der Kirche San Giovanni e Paolo aufhalten. Beim Eintritt erblicken wir links das Grabmal des Dogen Marco Cornaro, der 1367 starb. Es ist reiche, voll entwickelte Gotik, mit Krabben und Kreuzblumen, aber noch nicht zu Extravaganz ausgeartet. Gegenüber befindet sich das Grabmal des Dogen Andrea Morosini, der 1382 starb. Seine Gotik ist üppig und übermäßig ausgearbeitet, die Kriechblumen vorspringend und überladen, und die riesige Kreuzblume stellt eine Statue von St. Michael dar. Es gibt keine Entschuldigung für die Altertumsforscher, die mit diesem Grabmal vor Augen die strenge Architektur des Dogenpalastes einem späteren Zeitpunkt zuweisen konnten; denn hier ist jeder einzelne Renaissancefehler in voller Entwicklung vorhanden, wenn auch nicht in so hohem Grade, dass die Schönheit der gotischen Formen völlig zerstört wäre. In der Porta della Carta, 1423, erreicht die Verderbtheit ihren Höhepunkt.

Gegen diese entartete Gotik rückten nun die Renaissancearmeen vor, und ihr erster Angriff bestand in der Erlangung allgemeiner Vervollkommnung. Zum ersten Male seit der Zerstörung von Rom hatte die Welt in den Werken der größten Künstler des fünfzehnten Jahrhunderts – in den Gemälden von Ghirlandajo, Masaccio, Francia, Perugino, Pinturicchio und Bellini, in den Skulpturen von Mino da Fiesole, Ghiberti und Verrocchio – eine Vollendung der Ausführung und eine Fülle von Wissen gesehen, die alle vorherige Kunst in den Schatten drängte. Da nun die Vollendung in den Werken dieser Männer mit allem vereint war, was es großes in jenen früheren Zeiten gegeben hatte, so war der Enthusiasmus wohl berechtigt, mit dem die Leistungen derselben betrachtet wurden. Aber als diese Vollendung einmal in die Erscheinung getreten war, wurde sie nun auch überall beansprucht; die Welt begnügte sich nicht länger mit minder ausgezeichneter Ausführung oder weniger geschultem Wissen. Man verlangte als erstes bei jedem Werk, dass es in vollendeter und kundiger Weise ausgeführt werde; und die Leute vergaßen ganz, dass man etwas Wertloses künstlerisch vollenden, und etwas Nutzloses wissen kann. Indem sie gebieterisch höchste Geschicklichkeit der Hand verlangten, vergaßen sie allmählich auf Zartheit des Gefühls zu achten; und indem sie gebieterisch Genauigkeit des Wissens verlangten, vergaßen sie allmählich nach Originalität der Gedanken zu fragen. Gedanke und Gefühl, die sie verachteten, verließen sie, und es blieb ihnen nur übrig, sich an ihrem geringen Wissen und ihrer zierlichen Fingerfertigkeit zu erfreuen. Dies ist die Geschichte vom ersten Angriff der Renaissance auf die gotischen Schulen und von ihren raschen Erfolgen, die bei der Baukunst verhängnisvoller waren, als bei irgendeiner anderen Kunst, weil hier der Anspruch auf Vollendung weniger berechtigt ist und schwerer mit den Fähigkeiten des Arbeiters zu vereinbaren; denn er ist der völlige Gegensatz zu jener Roheit und Einfalt, von denen, wie wir vorher gesehen, zum großen Teile die Würde der älteren Schule abhängt. Aber insoweit die Neuerungen auf einigen der schönsten Vorbilder der Kunst begründet waren, und von Männern geleitet wurden, die zu den größten der Welt gehören, und da die Gotik, in die sie eingriffen, verderbt und wertlos war, so hatte das erste Auftauchen der Renaissancebewegung den Anschein eines gesunden Umschwungs. Eine neue Tatkraft trat an die Stelle der Abgespanntheit und Langeweile, die den gotischen Geist befallen hatten. Vorzüglicher Geschmack und Verfeinerung, von umfassender Kenntnis unterstützt, lieferten die ersten Vorbilder der neuen Schule; und über ganz Italien verbreitete sich der jetzt als Cinquecento bekannte Stil, der in Bildhauerei und Malerei, wie schon erwähnt, die edelsten Meister hervorbrachte, die die Welt jemals sah, mit Michelangelo, Rafael und Leonardo an der Spitze. Bei der Baukunst glückte es nicht in gleicher Weise, weil, wie wir oben gesehen haben, hierin eine Vollkommenheit nicht möglich ist, und es glückte um so weniger, als es sonst wohl der Fall gewesen wäre, weil die klassische Begeisterung die besten Vorbilder architektonischer Form zerstört hatte.

Denn man muss hier sehr sorgfältig unterscheiden, dass das Renaissanceprinzip in seinem Verlangen nach allgemeiner Vervollkommnung völlig unterschieden ist von dem Renaissanceprinzip in seinem Verlangen nach klassischen und römischen *Formen* der Vollkommenheit. Wenn mir der Raum gestattete, diesen Gegenstand nach Wunsch zu erörtern, so würde ich zuerst festzustellen suchen, welchen Verlauf wohl die europäische Kunst genommen haben würde, wenn keine Manuskripte klassischer Autoren wieder aufgefunden, und keine Überbleibsel klassischer Baukunst im fünfzehnten Jahrhundert vorhanden gewesen wären; so dass die praktische Vollkommenheit, auf die die Anstrengungen aller großen Männer seit fünfhundert Jahren gerichtet waren, und die nun endlich erreicht war, sich in ihrer eigenen natürlichen und richtigen Form hätte entwickeln dürfen, verbunden mit der Bauart früherer Schulen. Diese Verfeinerung und Vollendung hatte in der Tat ihre eigenen Gefahren, und die Geschichte des späteren Italiens, mit seinem Herabsinken in Lüste und Verderbnis, würde wahrscheinlich die gleiche gewesen sein, ob es wieder reines Latein zu schreiben gelernt hatte oder nicht. Die Forschung nach der wahrscheinlichen Ursache der Entnervung, die naturgemäß der höchsten Anspannung seiner Tatkräfte folgen musste, ist jedoch eine gänzlich verschiedene von der Forschung nach der eigentümlichen Form, die dieser Entnervung durch sein klassisches Studium gegeben war; und ich bedaure es ganz besonders, dass ich diese beiden Gegenstände nicht einzeln behandeln kann; ich muss mich damit begnügen, sie um des Auseinanderhaltens willen dem Geist des Lesers einzuprägen.

Der plötzliche Enthusiasmus für klassische Literatur, der während des fünfzehnten Jahrhunderts von Stunde zu Stunde zunahm, hatte in bezug auf Architektur die Wirkung, das ganze System gotischer Kunst zu beseitigen. Der Spitzbogen, die schattige Wölbung, die Bündelsäule, der zum Himmel aufragende Spitzturm, alles wurde ausgekehrt und keine andere Bauart zugelassen, als die des einfachen Kreuzbalkens von Pfeiler zu Pfeiler über dem Rundbogen, mit viereckigen oder runden Säulen und einem flachgiebligen Dach und Giebelfeld; zwei edle Formen, die glücklicherweise in Rom existiert hatten, waren jedoch aus diesem Grunde gestattet, die Kuppel und das Tonnengewölbe.

Alle diese Veränderungen der Form waren ungünstig, und es ist beinahe unmöglich, der gelegentlich herrlichen Ornamentierung des fünfzehnten Jahrhunderts Gerechtigkeit widerfahren zu lassen, weil sie auf Gebäuden von kalten und dürftigen römischen Umrissen angebracht sind. Es gibt, so viel ich weiß, nur ein gotisches Gebäude in Europa, den Dom von Florenz, bei dem das Ornament, trotzdem es aus einer viel früheren Schule stammt, doch so wunderbar durchgeführt ist, dass wir uns vorstellen können, welche Wirkung die vollendete Kunstfertigkeit der Renaissance, von Männern wie Verrocchio und Ghiberti ausgeübt, hervorgebracht haben würde, wenn sie auf der prachtvollen Grundform gotischen Bauwerks angewandt wäre. Dies ist die Frage, die wir, wie ich im folgenden Kapitel näher ausführen werde, in moderner Zeit praktisch zu lösen bemüht sein sollten.

Die Veränderungen der Form waren jedoch noch das kleinste Unheil, das die Renaissancegrundsätze anrichteten. Wie ich schon sagte, war der Hauptfehler in den ersten Stadien das ungesunde Verlangen nach *Vollkommenheit* um jeden Preis. Ich hoffe, im Kapitel über das Wesen der Gotik ist dem Leser genügend klar gemacht worden, dass Vollkommenheit von dem durchschnittlichen Arbeiter nicht anders zu erlangen ist, als auf Kosten seines ganzen Lebens, seines Denkens und seiner Tatkraft. Und das Europa der Renaissance fand dies keinen zu hohen Preis für vollendete Handgeschicklichkeit. Männer wie Verrocchio und Ghiberti waren weder jeden Tag, noch an jedem Orte zu finden, und wenn man von dem gewöhnlichen Arbeiter gleiche Kenntnis und Ausführung verlangte, so musste man ihn zu ihrem Kopisten machen. Ihre Kraft war groß genug, um Wissen mit Erfindung, Methode mit Gefühl, und Vollendung mit Leidenschaft zu vereinigen; aber bei ihnen war die Erfindung und die Leidenschaft vorherrschend, während Europa nur die Methode und die Vollendung sah. Dies war den Leuten etwas Neues, und sie betrieben es mit Hintansetzung alles übrigen. »Dies müssen wir von nun an bei aller Arbeit haben«, riefen sie aus, und es wurde ihnen gehorcht. Der untergeordnete Arbeiter erlangte Methode und Vollendung und verlor dafür seine Seele.

Man verstehe mich aber nicht falsch, wenn ich im allgemeinen von dem verderblichen Geist der Renaissance rede. Der Leser mag alles durchsehen, was ich im Leben geschrieben habe, und er wird kein anderes Wort als das der tiefsten Verehrung für jene mächtigen Männer darin finden, die den undurchdringlichen Panzer der Renaissance anzulegen vermochten, ohne dass ihre lebendigen Glieder durch ihn belästigt wurden,* – Leonardo und Michelangelo, Ghirlandajo und Masaccio, Tizian und Tintoretto. Aber ich spreche von der Renaissance als von einer verderblichen Zeit, weil sie, wenn diese Männer feurig zum Kampf gingen, ihre Rüstung für ihre Kraft hielt, und ungesäumt jeden Gelbschnabel mit dem schweren Panzer belastete, für den es genügt hätte, wenn er mit drei selbst gewählten glatten Bachkieseln ausgezogen wäre.

Dies ist es, was der Leser sich immer ins Gedächtnis rufen muss, wenn er Kunstwerke des Cinquecento betrachtet. Wenn sie ein wirklich großer Mann geschaffen hat, dessen Leben und Kraft nicht zu unterdrücken waren, und der sich die ganze Kunstfertigkeit seiner Zeit zunutze zu machen wusste, dann gibt es nichts Herrlicheres. Ich glaube z. B. nicht, dass ein erhabeneres Bildwerk in der Welt existiert, als die Reiterstatue des Bartolomeo Colleone von Verrocchio, von der hoffentlich noch vor Abdruck dieser Worte ein Abguss in England vorhanden sein wird. Aber wenn Cinquecento-Arbeit von jenen geringeren Leuten gemacht wird, die in gotischen Zeiten, wenn auch in roher Form, Mittel und Wege gefunden hätten, um das, was sie innerlich empfanden, zum Ausdruck zu bringen, dann ist sie völlig unbelebt – eine niedrige und hilflose Kopie vollendeterer Vorbilder; oder eine bloße Anhäu-

* Und selbst diese Männer vermochten ihn nicht ganz ohne Schaden zu tragen, wie wir im nächsten Kapitel sehen werden.

fung technischer Geschicklichkeit, um deren Erlangung willen der Arbeiter alle anderen in ihm liegenden Begabungen aufgeopfert hat.

Es liegt daher natürlich eine unendliche Stufenfolge in der Kunst jener Periode, von der Sixtinischen Kapelle an bis zu moderner Zimmerdekoration herab; aber da der Arbeiter bei der Baukunst von untergeordneterer Art sein muss, wird man meistens finden, dass die Cinquecento-Malerei und höhere religiöse Skulptur edel ist, während die Cinquecento-Architektur mit ihrem untergeordneten Bildwerk gewöhnlich schlecht ist, trotzdem sie mitunter Formen annimmt, bei denen vollendete Verfeinerung beinahe für den Mangel an Kraft entschädigt.

Dies ist besonders bei jenem zweiten Zweige der Renaissance der Fall, der, wie oben bemerkt, in Venedig auf byzantinische Urbilder gepfropft wurde. Sobald der klassische Enthusiasmus die Verbannung der gotischen Formen verlangte, kehrte natürlich der venezianische Geist mit Vorliebe zu den byzantinischen Vorbildern zurück, bei denen die Rundbogen und einfachen Säulen, die das neue Gesetz verlangte, unter einer Form auftraten, die durch den Gebrauch ihrer Vorfahren geheiligt war. Demzufolge wurde bei der ersten Schule der Baukunst die unter der neuen Herrschaft entstand, die Methode eingelegter Marmorarbeit, sowie die gewöhnlichen Formen von Säule und Bogen von den Bauwerken des zwölften Jahrhunderts angenommen und mit den höchsten Verfeinerungen moderner Kunstfertigkeit angewandt. Sowohl in Verona wie in Venedig ist hieraus eine hervorragend schöne Baukunst entstanden. In Verona ist sie allerdings weniger byzantinisch, besitzt aber einen dieser Stadt ganz eigentümlichen Charakter von Zartheit und Pracht. In Venedig ist sie strenger, aber doch mit Bildwerk geschmückt, das an Feinheit der Form und Zierlichkeit der kleinsten Einzelheiten nicht seinesgleichen hat, und das besonders glänzend und schön durch die Anbringung jener eingelegten Kreise von farbigem Marmor, Serpentin und Porphyr gemacht wurde, welche Philippe de Commynes bei seinem ersten Betreten der Stadt so sehr auffielen. Die beiden kunstvollsten Gebäude dieses Stils in Venedig sind die kleine Kirche der Miracoli und die Scuola di San Marco, neben der Kirche San Giovanni e Paolo. Das edelste Beispiel ist die Rio-Fassade des Dogenpalastes. Casa Dario und Casa Manzoni am Canal Grande sind herrliche Beispiele der Schule in ihrer Anwendung auf häusliche Architektur, und auf dem Ende des Kanals zwischen Casa Foscari und dem Rialto befinden sich mehrere Paläste, von denen Casa Contarini (genannt »delle Figure«) der hervorragendste ist. Sie gehören alle zu derselben Gruppe, obgleich sie etwas später entstanden sind, und sich durch die Vereinigung der byzantinischen Farbenprinzipien mit den strengsten Linien des römischen Giebelfeldes auszeichnen, das nach und nach den Rundbogen absetzte. Die Sorgfalt der Meißelung und die Zartheit der Proportion im Ornament und in den Hauptlinien dieser Paläste kann nicht genug gerühmt werden, und ich glaube, der gewöhnliche Reisende in Venedig beachtet sie eher zu wenig als zu viel. Aber trotzdem ich ihn bitten möchte, mit seiner Gondel so lange vor jedem zu halten, bis er jede Linie betrachtet hat, möchte ich ihn doch auch aufmerksam machen, höchst sorgfältig die eigentümliche Schwäche und den Mangel an Seele in der Auffassung ihres Ornaments zu beachten, die deutlich zeigen, dass sie einer Periode des Niederganges angehören, ebenso die abgeschmackte Anbringung ihrer bunten Marmorstücke, die, anstatt einfach in das Mauerwerk eingefügt zu sein, in schmale runde oder längliche Rahmen von Bildhauerarbeit gefasst und wie Spiegel oder Bilder, scheinbar an Bändern hängend, an der Wand befestigt sind. Bei den runden Tafeln sind gewöhnlich ein paar Flügel angebracht, als ob sie die Bänder und Knoten von ihrer Last erleichtern sollten, und die ganze

Reihe ist am oberen Ende des Gebäudes unter dem Kinn eines kleinen Cherubs befestigt, der an die Fassade genagelt ist wie ein Raubvogel an ein Scheunentor.

Vor allem beachte er aber in der Casa Contarini delle Figure ein höchst seltsames Vorkommnis, das gleich der Wahl der Gegenstände an den drei Ecken des Dogenpalastes eigens zugelassen scheint, um uns in einer einzigen Lektion die wahre Natur des Stils zu lehren, bei dem sie vorkommt. In den Zwischenräumen der Fenster des ersten Stockwerkes sind gewisse Schilder und Fackeln in Trophäenform an den Stämmen zweier Bäume angebracht, deren Zweige abgeschnitten sind, und nur ein oder zwei ihrer verwelkten Blätter sind, kaum sichtbar, aber zart ausgehauen, hier und da unter den Ansatzstellen der abgetrennten Zweige übrig gelassen.

Es scheint fast, als ob der Arbeiter uns ein Bild des erlöschenden Naturalismus der gotischen Schule zurücklassen wollte. Der Herbst kam, die Blätter wurden abgeworfen – und das Auge auf die äußersten Spitzen der zarten Zweige gelenkt. *Die Renaissancefröste kamen und alles ging zugrunde*.

Das Farbenspiel dieses Herbstes der frühen Renaissance ist auch das letzte, das in der Baukunst auftaucht. Der darauffolgende Winter war ebenso farblos wie kalt; und obgleich die venezianischen Maler lange gegen seinen Einfluss ankämpften, trug die Erstarrung der Architektur doch endlich den Sieg über sie davon, und die Außenseiten der späteren Paläste wurden alle aus kahlem Stein errichtet. (…)

Aber, so fragt der Leser, was soll mit Leuten gemacht werden, die nichts anderes zu tun fähig sind? Wir können nicht wissen, ob sie nicht zu allem übrigen befähigt sind, und was wir mit ihnen anfangen sollen, will ich versuchen, im nächsten Kapitel zu sagen; hier nur noch ein weiteres Wort über die höheren Grundgedanken, die bei der Ausübung dieser Tätigkeit maßgebend sind, und von denen wir zu denen der Zweckmäßigkeit herabgestiegen sind. Ich bin überzeugt, dass eines Tages die Sprache der Sinnbilder mehr bei uns gelesen und verstanden werden wird, als seit Jahrhunderten; und wenn diese Sprache, die besser ist als Latein und Griechisch, wieder bei uns anerkannt sein wird, dann werden wir uns erinnern, dass, wie die anderen sichtbaren Elemente des Weltalls – Luft, Wasser und Flamme – in ihren reinen Kräften die lebenspendenden, reinigenden und heiligenden Einflüsse der Gottheit auf Ihre Geschöpfe kund tun, so auch die Erde, in ihrer Reinheit, Ihre Ewigkeit und Ihre *Wahrheit* verkündet. Ich habe oben die historische Sprache der Steine betont; lasst uns nicht diese, ihre theologische Sprache vergessen; und wie wir nicht unabsichtlich die reinen Wasser beflecken möchten, wenn sie in ihrem klaren Glanz aus den Felsen hervorströmen, oder die Bergwinde zu verpestender Stockung aufhalten, oder die Sonnenstrahlen mit künstlichem und fruchtlosem Licht verhöhnen möchten; so wollen wir auch durch unsere niedrigen und nutzlosen Falschheiten nicht die kristallene Kraft und brennende Farbe der Erde ersetzen, von der wir geboren wurden und zu der wir wieder zurückkehren müssen; der Erde, die, gleich unsern eigenen Körpern wohl in ihrer Erniedrigung Staub ist, aber voller Glanz, wenn Gottes Hand ihre Atome zusammenfasst; und die für immer durch Ihn geheiligt wurde als das Symbol nicht nur Seiner Liebe, sondern auch Seiner Wahrheit, als Er dem Hohenpriester befahl, die Namen der Kinder Israel auf den klaren Steinen des Brustschildes zu tragen.

Casa Rezzonico am Canal Grande, 1846–1852
Daguerreotypie

RÖMISCHE RENAISSANCE

Von allen Gebäuden in Venedig, die aus späterer Zeit stammen als die letzten Hinzufügungen des Dogenpalastes, ist ohne Frage das edelste dasjenige, welches sein Besitzer vor wenigen Jahren niederreißen lassen wollte, und das die österreichische Regierung rettete, und – da die Regierungsbeamten keine andere Verwendung dafür hatten – zum Postgebäude machte, obgleich die Gondoliere es immer noch mit dem alten Namen als Casa Grimani bezeichnen. Es besteht aus drei Stockwerken von korinthischer Säulenordnung, zugleich einfach, zart und erhaben, aber von so kolossalen Verhältnissen, dass die rechts und links stehenden dreistöckigen Paläste nur bis zu dem Gesimse reichen, das das erste Stockwerk abschließt. Man bemerkt jedoch nicht gleich, dass es so groß ist, und nur, wenn wir es künstlich unseren Blicken verborgen hielten und die plötzliche Verkürzung der ganzen Ausdehnung des Canal Grande, den es beherrscht, vor uns sehen, merken wir, dass es die Majestät der Casa Grimani ist, die dem Rialto selbst, sowie der ganzen Gruppe von benachbarten Gebäuden den größten Teil ihres ergreifenden Eindrucks verleiht. Auch ist die Vollendung der Einzelheiten nicht minder bemerkenswert als die Großartigkeit des Maßstabes. Hier ist keine falsche Linie vorhanden, keine fehlerhafte Proportion an der ganzen edlen Fassade; und die außerordentliche Feinheit der Meißelung verleiht den riesigen Steinblöcken, aus deren vollendeter Vereinigung diese Fassade besteht, einen Anstrich von Leichtigkeit. Die Verzierung ist knapp aber zart behandelt; das erste Stockwerk nur dadurch einfacher als die übrigen, dass es Pfeiler anstatt Säulen hat, aber alle mit korinthischen Kapitälen, voll reichen Blattwerks und zierlich kanneliert; die übrigen Wände flach und glatt, ihre Gesimse schmal und wenig erhaben, so dass die vortretenden Säulenschäfte wie Beryllkristalle erscheinen, die einen Quarzfelsen durchziehen.

Dieser Palast ist der Haupttypus in Venedig, und einer der besten in ganz Europa, von der Zentralbaukunst der Renaissanceschulen; jener sorgfältig erdachten und vollendet ausgeführten Baukunst, der diese Schulen ihren Hauptanspruch auf unsere Hochachtung verdanken, und die vorbildlich wurde für die meisten bedeutenden Werke, die in der Folgezeit von zivilisierten Völkern errichtet wurden. Ich habe sie die römische Renaissance genannt, weil sie, sowohl in ihrem Prinzip des Aufbaus (Superimposition), wie auch im Stil ihres Ornaments auf der Architektur des klassischen Roms zu ihrer besten Zeit begründet ist. Die Wiederbelebung der lateinischen Literatur führte ihre Annahme herbei und gab ihrer Form die Richtung; und das bedeutendste Beispiel, das hiervon existiert, ist die moderne römische Basilika von Sankt Peter. Bei ihrer Renaissance oder Wiedergeburt hatte sie weder mit griechischen, gotischen, noch byzantinischen Formen Ähnlichkeit, ausgenommen, dass sie den Rundbogen, die Wölbung und die

Kuppel beibehielt; in der Behandlung aller Einzelheiten war sie ausschließlich lateinisch; denn die letzten Verbindungsglieder mit mittelalterlicher Überlieferung waren durch ihre Baukünstler in ihrer Begeisterung für klassische Kunst abgebrochen worden, und die Formen wahrer griechischer oder athenischer Kunst ihnen noch unbekannt. Das Studium dieser edlen griechischen Formen hat in unserer heutigen Zeit verschiedentliche Veränderungen der Renaissance herbeigeführt; aber die Grundbedingungen, die am anwendbarsten für die Zwecke des modernen Lebens gefunden werden, sind noch immer römisch, und der ganze Stil kann daher am passendsten als »römische Renaissance« bezeichnet werden.

Und dieser Stil, in seiner Reinheit und Vollendung, – wie ihn Bauwerke wie Casa Grimani in Venedig (von San Micheli erbaut), das Rathaus in Vicenza (von Palladio), Sankt Peter in Rom (von Michelangelo), St. Paul's und Whitehall in London (von Wren und Inigo Jones) aufweisen, – ist der wahre Widersacher der gotischen Schule. Die mittelmäßigen oder entarteten Ausführungen desselben werden, obgleich sie zahllos in Europa vorhanden sind, nicht mehr von Architekten bewundert oder zum Gegenstande ihrer Studien gemacht; aber die vollendete Arbeit dieser zentralen Schule ist in den meisten Fällen noch das Vorbild, das dem Studierenden des neunzehnten Jahrhunderts als Gegensatz zu jenen gotischen, romanischen oder byzantinischen Formen vorgeführt wird, die lange für barbarisch gehalten wurden, und von den meisten führenden Leuten der heutigen Zeit noch so angesehen werden. Dass sie im Gegenteile höchst edel und schön sind, und dass die widersacherische Renaissance zum größten Teile unwürdig ist, und keine Bewunderung verdient, wie große Vollendung sie in gewisser Art auch besitzen mag, war meine Hauptabsicht zu zeigen, als ich zuerst an die Arbeit dieses Werkes ging. Es ist schon versucht worden, dem Leser die verschiedenen Elemente vorzuführen, die im Wesen der Gotik vereint sind, um ihn instand zu setzen, nicht nur die Schönheit der Formen zu beurteilen, die dieses System schon hervorgebracht hat, sondern auch seine künftige Anwendbarkeit für die Erfordernisse der Menschheit, und seine grenzenlose Macht über ihre Herzen. Ich möchte nun versuchen, dem Leser in gleicher Weise das Wesen der Renaissance vorzuführen, und ihn auf diese Weise befähigen, die beiden Stile im selben Lichte zu betrachten, und vom selben erweiterten Gesichtspunkt aus ihre Beziehungen zur geistigen Bildung des Menschen, und ihre Befähigungen für seinen Dienst zu vergleichen.

Es wird nicht notwendig sein, eine ausführliche Prüfung der äußeren Form vorzunehmen. Sie benutzt sowohl für die Bedachung von Tür- und Fensteröffnungen, wie für das eigentliche Dach den niedrigen Giebel oder Rundbogen, weicht aber darin von der romanischen Arbeit ab, dass sie dem horizontalen Oberbalken oder Architrav über dem Bogen große Wichtigkeit beilegt; auch wendet sie die ganze Kraft der Hauptsäulen dazu an, diesen horizontalen Balken zu tragen, und macht dadurch den Bogen zu einem untergeordneten, wenn nicht gar überflüssigen Gliede. Aber es ist nicht die äußere Form dieser Baukunst, gegen die ich ankämpfen möchte. Ihre Fehler sind auch bei vielen edelsten Formen früher Bauwerke vorhanden und hätten durch die Vortrefflichkeit des innewohnenden Geistes aufgewogen werden können. Aber ihr moralisches Wesen ist verderbt, und es ist daher unsere Hauptaufgabe, dieses zu erforschen und klar zu stellen.

Die moralischen oder unmoralischen Elemente, die sich vereint haben, um den Geist der zentralen Renaissance-Baukunst zu bilden, sind meiner Ansicht nach hauptsächlich zwei, – Stolz und Treulosigkeit; aber der Stolz löst sich in drei Hauptzweige auf, – Stolz auf Wissen, Stolz auf Rang und Würde, und Stolz auf System; und so sind es vier getrennte geistige Grundzüge, die wir der Reihe nach prüfen müssen.

I. *Stolz auf Wissen*. Es würde nachsichtiger, aber auch verwirrender gewesen sein, wenn wir unserer Liste noch ein Element hinzugefügt hätten, nämlich die *Liebe* zur Wissenschaft; aber die Liebe ist im Stolz mit einbegriffen, und gewöhnlich ein so untergeordnetes Element, dass sie nicht die gleiche Namensbezeichnung verdient. Aber ob sie aus Stolz oder aus Liebe betrieben wird (wir werden sogleich sehen, wie weit beides hierbei mitwirkt), so ist doch das erste charakteristische Zeichen der zentralen Renaissanceschule die Einführung genauer Wissenschaft in ihre ganze Arbeit, so weit sie solche Wissenschaft besitzt, und ihre sichtliche Überzeugung, dass solche Wissenschaft für die Vorzüglichkeit ihrer Arbeit notwendig, und das erste ist, was darin zum Ausdruck kommen muss. So sind alle ihre eingeführten Formen, bis auf die untergeordneten Ornamente herab, auf das sorgfältigste erdacht; die Anatomie aller Tierkörper ist gründlich studiert und kunstvoll dargestellt, und die ganze Ausführung von höchster technischer Vollendung. Linear- und Luftperspektive, vollkommene Zeichnung, und genaue Verteilung von Licht und Schatten bei der Malerei, und richtige Anatomie bei jeder Darstellung menschlicher Form in Malerei und Bildwerk, sind die ersten Erfordernisse bei allen Werken dieser Schule.

Betrachtete man dies alles nun im mildesten Lichte als aus wirklicher Liebe zur Wahrheit und nicht aus Eitelkeit hervorgegangen, dann würde natürlich alles vortrefflich und bewunderungswürdig gewesen sein, wenn es nämlich als Unterstützung der Kunst und nicht als ihr innerstes Wesen angesehen worden wäre. Aber der große Fehler der Renaissanceschulen lag darin, dass sie Wissenschaft und Kunst für ein und dasselbe hielten, und glaubten, jeder Fortschritt in der einen führe notwendig zur Vervollkommnung der anderen. In Wirklichkeit sind sie aber nicht nur verschieden, sondern einander so entgegengesetzt, dass der Fortschritt in der einen, bei neunundneunzig Fällen von hundert einen Rückschritt in der anderen bedeutet. Dies ist der Punkt, auf den ich augenblicklich die Aufmerksamkeit des Lesers besonders richten möchte.

Wissenschaft und Kunst unterscheiden sich gemeinhin durch die Art ihrer Betätigungen; die eine als wissende, die andere als wechselnde, hervorbringende, schaffende. Aber es liegt noch ein bedeutender Unterschied in der Natur der Dinge, mit denen sie zu tun haben. Die Wissenschaft beschäftigt sich ausschließlich mit den Dingen an sich, und die Kunst ausschließlich mit den Dingen, insofern sie des Menschen Sinne und Seele berühren.* Ihr Werk ist es, die Erscheinungen der Dinge wiederzugeben, und die natürlichen Eindrücke zu vertiefen, die sie auf lebende Geschöpfe hervorbringen. Das Werk der Wissenschaft ist es, Tatsachen an die Stelle von Erscheinungen, und Erklärungen an die Stelle von Eindrücken zu setzen. Man beachte, dass beide gleichmäßig mit Wahrheit zu tun haben; die eine mit der Wahrheit des Anscheins, die andere mit der des Wesens. Die Kunst stellt die Dinge nicht falsch dar, sondern so wahr, wie sie den Menschen erscheinen. Die Wissenschaft erforscht die Beziehungen der Dinge zu einander, die Kunst jedoch nur ihre Beziehungen zum Menschen, und sie sucht bei allem, was ihr anheimgegeben ist, gebieterisch nur das eine, – was dieses Ding für das menschliche Auge und das menschliche Herz bedeutet, was es den Menschen zu sagen hat, und was es für sie werden kann; ein Forschungsgebiet, das gerade um soviel

* Oder kürzer ausgedrückt, die Wissenschaft hat mit Tatsachen zu tun, die Kunst mit Erscheinungen. Der Wissenschaft nützen Erscheinungen nur, wenn sie zu Tatsachen führen; und der Kunst nützen Tatsachen nur, wenn sie zu Erscheinungen führen. Ich benutze das Wort »Kunst« hier nur in bezug auf die schönen Künste; für die untergeordneteren Künste mechanischer Produktion würde ich das Wort »Fabrikation« beibehalten.

größer ist, als das der Wissenschaft, als die Seele größer ist als die sinnliche Welt.

Nehmen wir ein einziges Beispiel. Die Wissenschaft lehrt uns, dass die Sonne fünfundneunzig Millionen Meilen von uns entfernt und dreimal größer ist als die Erde;* dass wir und alle Planeten sie umkreisen; und dass sie sich in 25 Tagen, 14 Stunden und 4 Minuten um ihre eigene Achse dreht. Hiermit hat die Kunst nicht das geringste zu tun. Sie braucht von solchen Dingen nichts zu wissen. Ihr liegt nur daran zu wissen: dass Gott am Himmel eine Hütte für die Sonne gemacht hat, »und dieselbige gehet heraus wie ein Bräutigam aus seiner Kammer, und freuet sich wie ein Held zu laufen den Weg. Sie gehet auf an einem Ende des Himmels, und läuft um bis wieder an dasselbe Ende; und bleibt nichts vor ihrer Hitze verborgen.«

Wenn dies die Art von Wahrheit ist, mit der die Kunst ausschließlich zu tun hat, wie kann solche Wahrheit ermittelt und vermehrt werden? Augenscheinlich einzig und allein durch Erkenntnis und Gefühl. Niemals weder durch Beweisgründe noch Urteilssprüche. Nichts darf zwischen die Natur und den Blick des Künstlers treten; nichts zwischen Gott und die Seele des Künstlers. Weder Berechnung noch Gerede, noch die weisesten Aussprüche dürfen zwischen das Weltall und das Zeugnis treten, das die Kunst von seiner sichtbaren Natur ablegt. Der ganze Wert dieses Zeugnisses beruht darauf, dass es von *Augen*zeugen abgelegt wird; die ganze Echtheit, Annehmbarkeit und Herrschaft desselben beruhen auf der persönlichen Versicherung des Mannes, der es ausspricht. Sein ganzer Triumph beruht auf der Glaubwürdigkeit des einen vorangestellten Wortes »Vidi«.

Die ganze Aufgabe des Künstlers in dieser Welt besteht darin, ein sehendes und fühlendes Geschöpf zu sein; ein Werkzeug von solcher Zartheit und Empfindsamkeit, dass kein Schatten, kein Farbenton, kein noch so momentaner und flüchtiger Eindruck der sichtbaren Dinge um ihn her, und nichts von den Anregungen, die sie in seinem Geiste hervorzurufen fähig sind, unverzeichnet bleiben, oder aus dem Buch der Erinnerung entschwinden soll. Es ist nicht seine Sache, zu denken, zu urteilen, zu folgern oder zu wissen. Sein Platz ist weder im Studierzimmer, noch im Gerichtshof, noch in der Bibliothek. Die sind für andere Leute da, und für andere Arbeit. Er mag ja so nebenbei nachdenken, oder hier und da etwas erörtern, wenn er nichts besseres zu tun hat, und solche Bruchstücke des Wissens verstehen, wie er sie, ohne sich zu bücken, aufsammeln, oder ohne Mühe erreichen kann; aber um keines dieser Dinge darf er sich ernstlich bekümmern. Die Arbeit seines Lebens ist nur eine zweifache, sehen und fühlen.

Ja, wird mir aber der Leser einwerfen, eine der großen Nutzanwendungen des Wissens besteht doch darin, die Augen zu öffnen; Dinge erkennbar zu machen, die man nie gesehen haben würde, wenn man sie nicht zuerst gekannt hätte.

So ist es aber nicht. Dies konnte nur von Leuten gesagt oder geglaubt werden, die nicht wissen, was die Auffassungsgabe eines Künstlers im Vergleich mit derjenigen anderer Leute ist. Es gibt keinen großen Maler, oder sonstigen großen Künstler, der nicht mit dem flüchtigsten Blick mehr sieht, als er mit der Arbeit von tausend Stunden lernen kann.

Gott hat jeden Mann für sein Werk fähig gemacht; Er hat dem Manne, den Er für einen Gelehrten bestimmt, die nachdenkenden, logischen, schlussfolgernden Anlagen gegeben; und dem Manne, den Er für einen Künstler bestimmt, die auffassenden, sensitiven und festhaltenden Anlagen verliehen. Und keiner dieser Männer ist enfernt imstande, des anderen Arbeit zu tun, ja auch nur die Art zu begreifen, in der sie getan wird. Der Gelehrte hat kein Verständnis für

* Vor dreißig Jahren geschrieben – Notiz, 1886

die Anschauung, und der Maler ebensowenig für den tatsächlichen Vorgang; aber vor allem hat der Gelehrte keinen Begriff von der kolossalen Gewalt, die in des wahren Malers Anschauung und in seinem Empfindungsvermögen liegt.

Die geologische Gesellschaft ist nach fünfzig Jahre langer Arbeit erst jetzt zu der Feststellung jener Tatsachen über Bergformen gelangt, die Turner schon als Knabe, vor fünfzig Jahren erschaute und mit wenigen Strichen eines Tuschpinsels darstellte. Die Kenntnis aller Gesetze des Planetensystems und jeder Kurve der Wurfbewegung würde niemals den Mann der Wissenschaft befähigen, einen Wasserfall oder eine Welle zu zeichnen, und alle Mitglieder des königlichen Instituts für Wundärzte könnten mit vereinten Kräften die natürliche Bewegung eines in kräftiger Tätigkeit befindlichen menschlichen Körpers, nicht in diesem Augenblicke so sehen oder darstellen können, wie der Sohn eines armen Färbers es vor zweihundert Jahren tat.*

Aber, wird man weiter einwerfen, wenn man auch dem Maler diese besondere Begabung zugesteht, so wird er doch immer mehr sehen, je mehr er weiß, und je mehr Kenntnis er erwirbt, um so besser ist es für ihn. Nein, auch das ist nicht der Fall. Es ist allerdings wahr, dass ab und zu ein Stück Kenntnis das Auge befähigen kann, eine Wahrheit zu entdecken, die ihm sonst entgangen sein könnte, wie z. B. bei der Betrachtung eines Sonnenaufgangs, die Kenntnis der wahren Natur des Himmelskörpers den Maler veranlassen kann, die Entfernung zwischen den Wolkenstreifen und dem flammenden Sonnenball, der langsam hinter ihnen in den unendlichen Himmelsraum emporsteigt, tiefer zu empfinden und vollendeter zum Ausdruck zu bringen. Aber wenn die Wissenschaft in dieser Weise auch für *eine* sichtbare Wahrheit die Augen öffnet, so versiegelt sie sie dagegen für tausend andere; d. h. wenn das Wissen den Geist gerade in dem Augenblicke beherrscht und seine ganze Beobachtungskraft in Anspruch nimmt, wo Anschauungsarbeit getan werden muss, dann zieht sich der Geist nach innen zurück und richtet sich auf die bekannte Tatsache, vergisst aber die vorübergehenden sichtbaren; und ein *Augenblick* solcher Vergesslichkeit lässt den Maler mehr verlieren, als er durch tagelanges Nachdenken gewinnen kann. Dies ist weder eine neue noch merkwürdige Behauptung. Jedermann, der an sorgfältiges Nachdenken irgend welcher Art gewöhnt ist, weiß, dass der natürliche Vorgang dabei ist, die Augen vor der äußeren Welt zu verschließen. Während er tief nachdenkt, sieht und hört er nicht, mag auch von Natur sein Seh- und Empfindungsvermögen noch so stark sein. Dem heiligen Bernhard, der seine Gefährten eines Abends, nachdem er den ganzen Tag am Genfer See gewandert war, fragte, wo dieser wäre, fehlte es wahrscheinlich nicht an Eindrucksfähigkeit, aber er war vorherrschend ein Denker und kein Beobachter. Und dieses Beispiel ist nur ein etwas auffallendes von der Wirkung, die das Wissen in jedem Falle, wo es zum Gegenstande des Nachdenkens wird, auf das Empfindungsvermögen hervorbringt. Es muss ein ärmliches und lebloses Wissen sein, wenn es keine Neigung verrät, sich vorzudrängen, und Stoff zum Nachdenken zu bieten, trotz der Aufeinanderfolge von äußeren Gegenständen. Es gehorcht dieser Aufeinanderfolge nicht. Das erste, was ihm vorkommt, bietet ihm genug Nahrung für seine Tagesarbeit; seiner Gewohnheit und Pflicht nach, wirft er das übrige beiseite und klammert sich an das eine fest. Das erste, was ein denkender und unterrichteter Mann im Laufe des Tages erblickt, gibt er nicht leicht wieder auf. Es ist nicht seine Art etwas aufzugeben, ohne wenn möglich bis auf den Grund der Sache gelangt zu sein. Aber der Künstler ist verpflichtet, alle Dinge mit dem breiten, weißen, leuchtenden Betrachtungsfelde der

* Tintoretto

Seele aufzufassen, und nicht nur nach einem zu greifen. Wenn z. B. der denkende und wissende Mann einen Sonnenaufgang beobachtet, so sieht er etwas in der Färbung eines Strahles, oder in der Veränderung einer Wolke, was ihm neu ist, und dies führt ihn sogleich in ein Labyrinth optischer und pneumatischer Gesetze, so dass er den ganzen Morgen keine Wolken oder Strahlen mehr sieht. Aber der Maler muss alle Strahlen und Farben, die vorkommen, erfassen und richtig sehen, in ihren realen Beziehungen und ihrer Aufeinanderfolge; er muss daher alles, was sonst noch seinen Geist beschäftigen könnte, für den Augenblick gänzlich beiseite lassen. Der nachdenkende Mann ist in die Ferne geschweift, um zu suchen; aber der beobachtende Mann muss still sitzen und sein Herz auftun, um zu empfangen. Der nachdenkende Mann schärft sich zu einem zweischneidigen Schwert, mit dem er etwas zu durchdringen hat; der beobachtende streckt sich zu einem viereckigen Bogen Papier aus, mit dem er etwas zu erfassen hat. Und die ganze Breite und Größe, zu der er sich ausdehnen, und die ganze weiße Leere, zu der er sich bleichen kann, genügen noch nicht, das aufzunehmen, was Gott ihm zu geben hat.

Aber, wird man empört fragen, ist denn etwa ein ganz unwissender und gedankenloser Mann am besten geeignet, ein Künstler zu sein? Nein, durchaus nicht. Wissen ist gut für ihn, so lange er es gänzlich und sklavisch seinem eigenen göttlichen Werk untertan halten, und es unter die Füße treten, und aus dem Wege räumen kann, sobald es anfängt ihn zu umgarnen.

Und in dieser Hinsicht besteht eben ein enormer Unterschied zwischen Wissen und Bildung. Ein Künstler braucht kein *gelehrter* Mann zu sein; aller Wahrscheinlichkeit nach würde es ein Nachteil für ihn sein, einer zu werden; aber er muss, wenn irgend möglich, stets ein *gebildeter* Mann sein, d. h. er muss ein Verständnis von seiner eigenen Brauchbarkeit und seinen Pflichten in dieser Welt haben, und daher von der allgemeinen Natur der geschehenen und bestehenden Dinge dieser Welt; und er muss sich selbst so geschult haben, oder geschult worden sein, dass er die Fähigkeiten oder Kenntnisse, die er besitzt, auf die beste Art zu verwerten weiß. Der Geist eines gebildeten Mannes ist größer als das Wissen, das er besitzt; er gleicht der Himmelswölbung, die die unter ihr lebende und blühende Erde umfasst; aber der Geist eines ungebildeten und dabei gelehrten Mannes ist wie ein Gummiband, dem ein ewiger Trieb der Zusammenziehung inne wohnt, und das Papiere zusammenhält, die es nicht öffnen kann, während es andere verhindert, sie zu öffnen.

Die Hälfte unserer Künstler geht durch den Mangel an Erziehung und durch den Besitz von Kenntnissen zugrunde; die besten, die ich kennen lernte, waren gebildet aber ungelehrt. Das Ideal eines Künstlers ist indessen nicht, dass er ungelehrt sei, sondern er muss in den besten Büchern Bescheid wissen und hochgebildet sein, sowohl von Herzen wie von Betragen. Er muss, mit einem Worte, für die beste Gesellschaft passen, *sich aber von ihr zurückhalten.**

Es gibt allerdings einige Arten von Kenntnissen, mit denen ein Künstler gründlich ausgerüstet sein sollte; vor allem diejenigen, die ihn zur Darstellung befähigen; denn diese Kenntnis erleichtert seinen Geist, anstatt ihn zu beschweren, und gestattet ihm, seine Zwecke zu erreichen, ohne sich allzusehr um die Hilfsmittel zu bemühen. Das ganze Geheimnis der Handhabung und Ausführung müsste dem Maler von Kind auf vertraut sein. Er müsste die Herstellung aller Far-

* Die Gesellschaft hat immer einen verderblichen Einfluss auf einen Künstler; erstens wegen ihrer Sympathie für seine unbedeutendsten Talente, zweitens wegen ihres entmutigenden Mangels an Verständnis für seine größten, und drittens wegen ihrer nutzlosen Inanspruchnahme seiner Zeit und seiner Gedanken. Natürlich muss ein Maler, der Menschen malt, sich unter Menschen aufhalten, aber er sollte es als Beobachter tun und nicht als Gesellschafter.

ben und sonstigen Materialien kennen, und alle seine Farben selbst in einem eigenen kleinen Laboratorium zubereiten. Wenn er seine chemischen Kenntnisse auf diesen einen Gegenstand beschränkt, dann würde die praktische Ausübung derselben, verbunden mit zufälligen Entdeckungen von besseren Farben oder besseren Bereitungsmethoden, eine unendliche Auffrischung für seinen Geist bilden; ein untergeordneteres Interesse, dem er sich zuwenden könnte, wenn er abgespannt von unerfreulicher Arbeit, oder erschöpft von fiebrischer Erfindungstätigkeit wäre, und die doch nie störend in seine höhere Tätigkeit eingreifen würde. Selbst ein beträchtliches Maß von Handarbeit, wie kräftiges Farbenreiben und Leinwandaufspannen würde vorteilhaft sein; obgleich diese Art von Arbeit zum größten Teil von Schülern gemacht werden sollte. Denn es ist eine der Hauptbedingungen vollendeter Kenntnis dieser Dinge, dass jeder große Meister eine gewisse Anzahl von Schülern besitzt, denen er so früh als möglich alle Kenntnisse von Material und Hilfsmitteln lehrt, die er selbst besitzt; so dass sie zur Zeit, wenn sie etwa fünfzehn Jahre alt sind, alles wissen, was er selbst in dieser Art versteht; d. h. alles, was die Welt der Künstler weiß, und seine eigenen Entdeckungen dazu, so dass sie sich um Methoden nicht mehr zu bekümmern brauchen. Die Kenntnis seiner besonderen Methoden soll ja nicht ganz auf ihn und seine Schüler beschränkt bleiben, aber in gewissem Grade muss es der Fall sein; da nur die, welche ihn täglich bei der Arbeit sehen, die kleinen und zahlreichen Eigentümlichkeiten seines Verfahrens verstehen können. Sie können nicht jedermann wörtlich erklärt werden, und dies ist auch gar nicht nötig; man verberge sie nur vor niemand, dem daran liegt, sie zu sehen, und natürlich kennen seine Schüler sie am besten. Aber alles, was von dieser Art Dingen veröffentlicht werden kann, sollte rasch geschehen, und jeder Künstler seine Entdeckung dem allgemeinen Schatz einverleiben, und die ganze Künstlerzunft sollte sich um dieses Fach der Wissenschaft so ernstlich bekümmern, dass es keine ungelösten Fragen mehr über irgend welches bekannte Material oder Methode gäbe. Es muss eine ganz feststehende und unbestreitbare Tatsache sein, welches das beste Weiß oder Braun ist, die beste Leinwand und der haltbarste Firnis, und man muss die kürzeste und vollkommenste Ausführungsmethode kennen, die zurzeit Geltung hat, und wenn jemand eine bessere entdeckt, so muss er sie sofort bekannt machen. Und alle müssen sich Mühe geben, sich weder mit Theorien noch mit Gründen zu befassen, sondern einfach erfahrungsmäßig arbeiten, denn sie brauchen durchaus nicht zu wissen, ob das Licht sich in Strahlen oder Wellen bewegt, oder ob die blauen Strahlen des Spektrums sich langsamer oder schneller als die übrigen bewegen; für sie genügt es zu wissen, wie viele Minuten oder Sekunden ein gewisses Pulver erhitzt werden muss, um das strahlendste Blau hervorzubringen.

Nun besteht die auserlesenste Abgeschmacktheit des ganzen Renaissance-Systems gerade darin, dass, während es den Künstler mit allen Arten von Kenntnissen beschwert hat, die ihm nichts nützen, dieses eine wertvolle und notwendige Wissen völlig verloren gegangen ist. Ich glaube, man könnte in diesem Augenblick keine einzige Frage in bezug auf Farbstoffe und Methoden aufstellen, bei deren Beantwortung die Zunft der lebenden Künstler übereinstimmen würde. Die Künstler verbringen ihre Lebenszeit mit fruchtlosen Experimenten, fruchtlos, weil sie nicht von Erfahrung geleitet und ihre Resultate nicht mitgeteilt werden. Jedermann hat seine eigenen Methoden, die er als ungenügend erkennt, und doch sorglich vor seinen Mitarbeitern verbirgt; jeder Maler hat sein eigenes Material, auf das sich der Künstler selten verlassen kann; und trotz des majestätischen Fortschritts der chemischen Wissenschaft, ist die erfahrungsmäßige Wissenschaft des Künstlers zugrunde gegangen, und die Tage, welche uns zu höherer Vervollkommnung führen mussten, sind mit Mutmaßungen oder mit Bedauern über verloren gegangenes Verfahren vergangen, während die sogenannten dunklen Zeiten, die nicht mehr Kenntnisse von Chemie hatten, als heutzutage ein Kräutersammler auf dem Dorf, solche Methoden entdeckten und täglich zur Ausübung brachten, dass ihre Werke noch heute das unerreichbare Vorbild aller derer sind, die sie betrachten.

Und doch hat auch diese, für den Maler gefahrloseste und gewissermaßen notwendige Wissenschaft, ihre Versuchungen und kann zum Missbrauch führen. Denn die einfachsten Hilfsmittel genügen einem großen Manne stets; und wenn er nur ein paar gewöhnliche Farben erlangt hat, von denen er sicher ist, dass sie sich halten, und eine weiße Fläche, die nicht nachdunkelt oder verwittert, dann ist er Meister über die Welt und seine Mitmenschen. Aber in unserer Zeit scheint es, als ob wir Beispiele von den verschiedentlichsten Irrtümern liefern möchten, denn während wir uns die Überlieferungen entschlüpfen ließen, von den einfachsten Methoden, einfache Dinge zu machen, die für jede Kunst und jedes Zeitalter genügt hätten, denken wir uns jetzt phantastische Moden aus, phantastische Dinge zu machen, – neue Mischungen und Manipulationen von Metall und Porzellan, und Leder und Papier, und alle nur denkbaren Arten von falschen Substanzen und billiger Arbeit, zu unserer eigenen unendlich vergrößerten Verwirrung. Von Tag zu Tag verschließen wir die Augen immer mehr vor der großen, unveränderlichen und unumgänglichen Wahrheit, dass es nur eine Trefflichkeit in der Kunst gibt, und dass diese weder von dem Chemiker bereitet, noch von dem Kaufmann verhandelt werden kann, denn sie entstammt nur einer seltenen menschlichen Hand und einer seltenen menschlichen Seele.

Innerhalb ihrer gebührenden Grenzen ist dies jedoch eine Wissenschaft, die der Künstler treiben mag, und in noch engeren Grenzen auch noch eine andere, nämlich die Wissenschaft von den Erscheinungen der Dinge, wie sie von seinen Mitmenschen festgestellt und aufgezeichnet sind. Denn kein Tag vergeht, ohne dass wir von andern auf eine sichtbare Tatsache aufmerksam gemacht werden, die wir ohne sie nicht bemerkt hätten; und die Zusammenstellung und Verallgemeinerung von Tatsachen haben im Laufe der Zeitalter die Wissenschaften von Licht und Schatten, von Linear- und Luftperspektive gebildet; so dass der Künstler jetzt sogleich in den Besitz gewisser Wahrheiten in bezug auf die Erscheinungen der Dinge gelangt, die er, so erklärt, in wenigen Tagen verstehen und sich zu eigen machen kann, die er aber ohne Hilfe wahrscheinlich nie im Leben entdeckt haben würde. – Man kann jedoch nicht sagen, dass die Zeit, die, wie uns die Kunstgeschichte zeigt, zur Entdeckung und Systematisierung einer solchen Wahrheit gebraucht wurde, auch der Maßstab für die dazu *notwendige* Zeit war. Der ausgedehnte Zeitraum, der zwischen der frühesten und der vollkommenen Entwicklung der Wissenschaft des Lichtes verstrich (wenn ich sie so bezeichnen darf), wurde nicht mit der tatsächlichen Bemühung verbracht, ihre Gesetze festzustellen, sondern mit *der Erlangung der Fähigkeit, diese Bemühung zu machen*. Es waren nicht fünf Jahrhunderte nötig, um die Erscheinung natürlicher Gegenstände herauszufinden; aber es waren fünf Jahrhunderte nötig, um den Leuten die Neigung einzuflößen, sie darzustellen. Ein Künstler des zwölften Jahrhunderts wünschte durchaus nicht, die Natur darzustellen. Seine Arbeit war symbolisch und ornamental. Wenn sie nur verständlich und anmutig war, an Naturähnlichkeit lag ihm nichts. So hatte ein alter Maler, der den Heiligenschein um den Kopf eines Heiligen durch eine polierte Platte echten Goldes darstellte, durchaus nicht die Absicht, einen Lichteffekt nachzuahmen. Er wollte dem Beschauer nur sagen, dass die so verzierte Gestalt ein Heiliger sei, und eine strahlende Wirkung durch den goldenen Kreis hervorbringen. Es kümmerte ihn gar nicht, wie Licht eigentlich aussah. Sobald es jedoch seine Absicht wurde, den Anschein von Licht darzustellen, brauchte er nicht lange, um die für seinen Zweck nötigen natürlichen Vorgänge zu entdecken.

Aber wenn man dies auch zugibt, so ist es doch wahr, dass die jetzt bekannten Zusammenstellungen von sichtbaren Naturerscheinungen viel größer sind, als irgend ein Mensch imstande wäre, selbst einzusammeln, und dass es gut für ihn ist, damit bekannt gemacht zu werden, immer vorausgesetzt, dass er sie ihrem wahren Werte nach aufnimmt, und sich nicht von ihnen irre leiten lässt. Ich sage, nach ihrem wahren Werte, und das ist ein sehr geringer. Die ganze Belehrung, die Menschen durch die aufgehäufte Erfahrung anderer erhalten, hat keinen anderen Nutzen, als dass sie sie befähigt, selbst rascher und genauer zu sehen. Das persönliche Sehen wird in keiner Weise durch sie ersetzt. Nichts Gutes kann in der Kunst geleistet werden außer durch Anschauung. Wissenschaftliche Grundsätze und Erfahrungen sind Unterstützungen für das Auge wie etwa ein Mikroskop; und sie nützen gerade ebenso viel *ohne* das Auge. Keine Wissenschaft der Perspektive oder von sonst etwas, befähigt uns, die einfachste Linie richtig zu zeichnen, wenn wir sie nicht sehen und fühlen. Die Wissenschaft ist bald mit ihrem Latein zu Ende. Alle Lehrer der Perspektive in ganz Europa könnten durch Perspektive allein nicht die Krümmung eines Seestrandes zeichnen, ja nicht einmal den Umriss eines Wassertümpels auf dem Sande nachziehen. Das Auge und die Hand können es allein tun. Alle jemals niedergeschriebenen Gesetze von Luftperspektive erklären mir nicht, wie scharf sich in diesem Augenblick die Tannen auf dem Hügelgipfel vom Himmel abheben. Sobald ich sie sehe, weiß ich es und freue mich daran, aber nicht vorher. Ich kann die Gesetze atmosphärischer Abstufung achtzig Jahre lang studieren, und doch nicht imstande sein, auch nur einen Ziegelofen in seinem eigenen Rauch zu zeichnen, wenn ich ihn nicht ansehe, und zwar in ganz bescheidener und unwissenschaftlicher Weise, zufrieden damit, alles zu sehen, was der Rauch, als mein Meister, bereit ist, mir zu zeigen.

Denn jede Kenntnis des Menschen muss in dem Augenblick, wo er der Natur gegenüber tritt, geringschätzig betrachtet, und ihr weder Vertrauen noch Hochachtung gezollt werden. Wenn sie ihm helfen kann, gut; aber wenn sie sich in widersprechender Laune auch nur im geringsten in Widerspruch zu seiner Anschauung setzt, oder zu Vergleichen herausfordert, dann lasse man sie gleich fallen. Auch ist die Sklavin minder geeignet zu viel auf sich zu nehmen, wenn sie nicht zu einem hohen Preise gekauft ist. Alle Kenntnis, die ein Künstler unserer Tage braucht, erlangt er fast ungesucht; wenn er weit danach ausschauen muss, kann er sicher sein, dass er sie nicht braucht. Prout wurde Prout, ohne eine einzige Regel über Perspektive zu kennen, und die ganze Perspektive der Enzyklopädie wird uns niemals einen zweiten Prout schaffen.

Ferner beachte man auch, dass Kenntnis nicht nur recht häufig unnötig, sondern oft auch *unzuverlässig* ist. Sie ist ungenau und täuscht uns, wo das Auge untrüglich gewesen sein würde. Man nehme als einziges Beispiel die Kenntnis von der Luftperspektive, auf die die Modernen so stolz sind und sehe, wie häufig sie uns in verschiedener Weise trügt. Erstens durch die Überhebung in ihr, die oft verhindert, dass wir an Arbeiten Freude finden, die Gedanken an höhere und bessere Dinge enthalten als an Nebel-Effekte. Vor einigen Tagen zeigte ich einen schönen Kupferstich von Albrecht Dürers »St. Hubertus« einem modernen Kupferstecher, der bisher weder diesen noch irgend ein anderes Werk von Dürer gesehen hatte. Er blickte ihn eine Minute lang geringschätzig an, und wandte sich mit den Worten ab: »Ah, ich sehe, der Mann verstand nicht viel von Luftperspektive!« Das ganze herrliche Werk und der Gedankenreichtum des großen Meisters, die üppige Landschaft, die lebendige Vegetation, die großartige Wahrheit der Linienführung, waren tote Buchstaben für ihn, weil man ihn zufällig einen besondern Zweig der Wissenschaft gelehrt hatte, den Dürer verachtete.

Aber nicht nur in ihrer Überhebung, sondern auch in ihrer Ungenauigkeit täuscht uns diese Wissenschaft. Luftperspektive, wie sie der moderne Künstler darstellt, ist bei neun Fällen unter zehn eine grobe und lächerliche Übertreibung, was in einem Moment zu beweisen ist. Die Einwirkung der Luft auf die Veränderung des Tones und der Tiefe von Farben steht natürlich in genauem Verhältnis zu der Luftmasse, die sich zwischen dem Beschauer und dem Gegenstand befindet. Sie ist schon bei den ersten Yards nicht gewaltig und nimmt dann stufenweise ab, ist aber für jeden Fuß breit dazwischentretende Luft gleich. Nun sind an einem klaren Tage und unter einem hellen Himmelsstrich, wie man sie gewöhnlich bei einem Gemälde von schöner Farbengebung voraussetzt, die Gegenstände in einer Entfernung von zehn Meilen völlig sichtbar, mit allem Licht und Schatten, und ihren Abstufungen. Man nehme nun den denkbar mattesten Ton eines Schattens oder einer Farbe und den denkbar kräftigsten und bestimmtesten und setze sie neben einander. Der Abstand zwischen ihnen ist größer als der wirkliche Unterschied (denn man kann Gegenstände oft in viel weiterer Entfernung als zehn Meilen noch klar erkennen; ich habe den Mont Blanc bei 120 gesehen); aber nehmen wir aus Höflichkeit für die Lehrmeister der Luftperspektive an, dass es der wirkliche Unterschied sei. Nehmen wir dann, ebenfalls aus Höflichkeit für sie, die Meile etwas kürzer an, als sie wirklich ist, oder als 5.000 Fuß, dann finden wir, dass dieser Unterschied zwischen den Farbtönen durch 50.000 Fuß Luft hervorgebracht wird. Zehn Fuß Luft bringen also den 5.000ten Teil dieses Unterschiedes hervor. Möge der Leser die beiden äußersten Angaben sorgfältig zu einander abstufen. Dann teile er diesen abgestuften Schatten oder Farbe in 5.000 aufeinander folgende Teile, und der Unterschied zwischen einem und dem andern, ist der genaue Umfang der Luftperspektive zwischen einem Gegenstande und einem, zehn Fuß hinter ihm liegenden, bei klarem Wetter.

Nun standen in Millais' »Der Hugenotte« die Figuren etwa drei Fuß von der hinter ihnen befindlichen Wand ab; und die weise Welt der Kritiker, die an dem Gemälde keinen weiteren Fehler

* Ich beabsichtigte, an dieser Stelle eine besondere Betrachtung über die anatomische Wissenschaft anzubringen, von der ich glaube, dass sie einen großen Teil Schuld an dem Niedergang der modernen Kunst trägt; aber es ist mir ein Schriftsteller zuvorgekommen, der den Gegenstand besser zu behandeln weiß. Ich habe nur einen flüchtigen Blick auf sein Buch geworfen, und in dem Geist desselben liegt etwas, was mir nicht gefällt, und Teile davon sind entschieden unrichtig; aber in bezug auf Anatomie scheint es mir die Streitfrage endgültig zu erledigen, um so mehr, da es von einem Meister der Wissenschaft geschrieben ist. Ich führe zwei Stellen an, und muss den Leser auf die Fortsetzung verweisen:

»*Die Männer der Wissenschaft von vierzig Jahrhunderten* haben es nicht fertig gebracht, die organischen Elemente, die die Sinnbilder von Jugend und Schönheit sind, und die Zerstörung und den Verfall, den diese durch Zeit und Alter erleiden, so genau, schön und künstlerisch zu beschreiben, wie Homer es tat. Sie alle verstand Homer besser und schilderte sie getreuer, als die Leute der Wissenschaft von vierzig Jahrhunderten.«

»Bevor ich an diese Frage herantrete, erlaube ich mir, ein paar Bemerkungen über die prähistorische Periode von Griechenland zu machen; jene Ära, die fast alle großen Männer hervorgebracht zu haben scheint.«

»Wenn ich aufmerksam die Statuen betrachte, die mir zur Verfügung stehen, so finde ich nicht die leiseste Begründung für die Behauptung, dass ihre Bildhauer den menschlichen Körper seziert haben, und wohlvertraut mit der menschlichen Anatomie gewesen sein müssen. Sie hatten, gleich Homer, das Geheimnis der Natur entdeckt und verwandten ihre ganze Aufmerksamkeit auf das Äußere. Die Außenseite erkannten und studierten sie auf das Gründlichste. – Die *lebendige* und die *tote Außenseite*. Vor allem aber vermieden sie es, das tote und sezierte Innere durch finden konnte, erklärte, ihre Augen seien verletzt durch den Mangel an Luftperspektive, die, wenn sie genau dargestellt wäre (was sie meiner Ansicht nach auch war) den 10/3 5000ten, oder weniger als den 15000ten Teil der Tiefe einer gegebenen Farbe betragen musste.

Es würde interessant sein, ein Gemälde zu sehen, das die Kritiker nach diesem wissenschaftlichen Grundsatz gemalt hätten. Die gewöhnlich dargestellte Luftperspektive ist ganz konventionell und lächerlich, ein bloßes Bemühen von Seiten des vermeintlich wohl unterrichteten, in Wirklichkeit aber unwissenden Künstlers, Entfernungen durch Nebel auszudrücken, die er durch Zeichnung nicht wiederzugeben vermag.

Es ist merkwürdig, dass die kritische Welt ebenso verletzt wird durch das wirkliche *Vorhandensein* von Luftperspektive, bei Entfernungen von fünfzig Meilen und mit der ausgesprochenen Absicht, Nebel darzustellen, in Turners Werken, wie durch das wirkliche *Fehlen* von Luftperspektive, bei einer Entfernung von drei Fuß und bei klarem Wetter, in denen von Millais.

»Ja aber«, wird der Leser antworten, »diese Art von Irrtum kann wohl gelegentlich durch zu großen Respekt vor unverdautem Wissen veranlasst sein; aber im Ganzen ist der Gewinn doch größer als der Verlust, und tatsächlich stellt doch ein Bild aus der Renaissancezeit, oder von einem modernen Maler gemalt, die Natur getreuer dar, als die in der Unwissenheit alter Zeiten entstandenen.« Nein, nicht im geringsten; sondern größtenteils viel weniger getreu. Allerdings ist die Außenseite der Natur richtiger gezeichnet; die materielle Alltäglichkeit, die systematisiert, katalogisiert und der ganzen arbeitsamen Menschheit gelehrt werden kann – die Formen von Rippen und Schulterblättern,* von Augenbrauen und Lippen und Haarlocken. Alles, was ausgemessen und angefasst, seziert und bewiesen werden kann – mit einem Worte, alles was nur den Körper betrifft –, machen sich die Schulen der Wissenschaft energisch zu eigen, und bringen es zur Darstellung. Aber alles, was unmessbar, unfassbar und unteilbar ist, und den Geist betrifft, lassen sich die Schulen der Wissenschaft ebenso sicher entgehen, und verlieren es aus den Augen; d. h. alles, was überhaupt wert ist, von der Kunst ergriffen und aufgezeichnet zu werden; denn was mit Beschlag belegt, ausgemessen und systematisiert werden kann, das können wir so viel wir wollen in der Natur selbst betrachten. Von der Kunst verlangen wir dagegen, dass sie für uns festhält, was entflieht, und aufklärt, was uns unverständlich erscheint, und Dinge für uns verkörpert, die kein Maß haben und Dinge verewigt, die keine Dauer haben. Das kaum merkbare Aufblitzen eines Blickes, der vorüber-

die Außenseite sichtbar zu machen. Sie hatten entdeckt, dass das Innere scheußliche Gestaltungen aufweist, aber keine Formen. Während der philosophischen Ära in Griechenland sahen die Menschen dies alles, und jeder studierte die Antike, so gut er es vermochte. Der geniale Mann entdeckte von neuem den Kanon der alten Meister und schuf nach seinen Grundsätzen. Die Mehrzahl aber, die wie die heutigen zu diesem Schritt nicht fähig waren, imitierten und kopierten einfach ihre Vorgänger.« – »*Great Artists, and Great Anatomists*«. Von R. Knox, M. D. London, Van Voorst, 1852.

Was den allgemeinen Wert literarischer Kenntnis in bezug auf Kunst betrifft, wird der Leser gut tun, über die folgenden Sätze aus Hallams »Literature of Europe« nachzudenken, und sich zugleich an das zu erinnern, was ich oben sagte, dass die Wurzel jeder großen Kunst in Europa im dreizehnten Jahrhundert gelegt wurde, und dass die große Zeit von 1250 bis 1350 reichte:

»In Deutschland war, wie Leibniz behauptet, das zehnte Jahrhundert ein goldenes Zeitalter der Wissenschaft, im Vergleich zum dreizehnten.«

»Die Schriftsteller des dreizehnten Jahrhunderts entfalten eine unglaubliche Unkenntnis, nicht nur des reinen Sprachgebrauchs, sondern auch der gewöhnlichen grammatikalischen Regeln.«

Das vierzehnte Jahrhundert »war dem dreizehnten nicht an Gelehrsamkeit überlegen (...). Wir rühmen Richard of Bury mit Recht wegen seines eifrigen Sammelns von Büchern. Aber seine Ausbildung erscheint mangelhaft, sein Stil uninteressant und seine Gedanken oberflächlich.«

Ich bezweifle die Oberflächlichkeit der *Gedanken*; jedenfalls ist sie kein charakteristisches Zeichen der Zeit, obgleich sie es für den Schriftsteller sein mag; denn dies würde die Kunst mehr angehen als die Literatur.

huschende Schatten sanfter Gemütsbewegung, die kaum erkennbaren Linien flüchtigen Gedankens, und alles was sich sonst in dieser Art auf den menschlichen Zügen ausdrückt, sowie in der Person und den Gebärden des Menschen, und in der großen natürlichen Welt, ist wunderbar und unendlich, denn es liegt der Geist und die Kraft darin, die der Mensch erkennen, aber nicht abwägen, auffassen aber nicht verstehen, lieben aber nicht beschränken, ausdenken aber nicht erklären kann; – und dies – das Anfangs- und Endziel jeder edlen Kunst, besitzt die alte Kunst durch Empfindungsvermögen, während die neuere Kunst es durch Kenntnisse *nicht* hat. Giotto hat es; Orcagna hat es; Angelico, Memmi, Pisano – und andere mehr – lauter einfache, ungelehrte Leute, haben es je nach ihrem Wesen und ihrer Art; und die gelehrten Leute, die auf sie folgten, haben es nicht, und wir, mit unserer erhabenen Schulweisheit, müssen uns eingestehen, dass wir heutigestags weiter denn je davon entfernt sind.

»Ja«, wird wieder geantwortet werden, »das ist nur der Fall, weil wir unsere Kenntnisse noch nicht richtig zur Anwendung gebracht haben; wir haben sie nur immer aufzuhäufen gesucht, anstatt sie klugerweise den Zwecken der Kunst dienstbar zu machen. Lasst uns das jetzt tun, dann werden wir alles erreichen, was jene ältere, unwissende Kunst vollbrachte und noch unendlich viel mehr.« Nein, das werden wir nicht; denn sobald wir versuchen, unser Wissen nutzbar zu machen, finden wir, dass wir viel mehr davon besitzen, als wir verwenden können, und dass, was wir zuviel haben, ein Hindernis ist. Alle unsere Irrtümer in dieser Hinsicht entstehen aus einer ganz falschen Auffassung von der wahren Natur des Wissens selbst. Wir sprechen von gelehrten und unwissenden Leuten, als ob es eine gewisse Menge von Wissen gäbe, dessen Besitz die Leute gelehrt, und dessen Nichtbesitz sie unwissend mache; anstatt zu bedenken, dass das Wissen etwas unendliches ist, und dass der nach menschlicher Schätzung gelehrteste Mensch noch ebenso weit davon entfernt ist, irgend etwas richtig zu wissen, wie der ungelehrteste Bauer. Menschen befinden sich nur auf einer niedrigeren oder höheren Stufe einer Höhe, deren alles überragender Gipfel Gottes Thron ist; und der gelehrteste Mann hat ebensoviel Grund wie der einfachste, mit der Stufe unzufrieden zu sein, die er in bezug auf das wirkliche Wissen, das er besitzt, einnimmt. Und die einzig wahren Gründe, mit der Menge ihres Wissens zufrieden sein zu können, bestehen für beide in folgendem. Sie müssen die Art von Kenntnissen besitzen, die sie für ihre Pflicht und ihr Glück im Leben brauchen, und was sie davon haben, muss sicher und erprobt sein, so weit es in ihrer Macht steht; auch muss dies Wissen wohlgeordnet und zur Hand sein, wenn sie es brauchen, und seine Erlangung darf nicht zuviel Zeit gekostet haben; ferner soll das einmal erworbene nicht verloren gehen, und nicht zuviel davon vorhanden sein, um leicht dafür Sorge tragen zu können.

Man betrachte diese Erfordernisse ein wenig, und die Übelstände, die in unserer Ausbildung und in unserem Gemeinwesen durch eine Vernachlässigung derselben entstehen. Wissen ist geistige Nahrung und bedeutet für den Geist ganz dasselbe wie Nahrung für den Körper (mit der Ausnahme, dass der Geist verschiedene Arten von Nahrung braucht, von denen Wissen nur eine ist), und es ist denselben Arten von Missbrauch ausgesetzt. Es kann mit Kunst vermischt und durch sie verhüllt sein, bis es ungesund wird; oder es kann verfeinert, versüßt und schmackhaft gemacht werden, bis es alle Nährkraft verloren hat; und selbst von der besten Art kann bis zur Übersättigung davon genossen werden und Krankheit und Tod danach erfolgen.

Wir müssen daher mit dem Wissen geradeso verfahren wie mit der Nahrung. Wir leben ebensowenig, um zu wissen, als wir leben, um zu essen. Wir leben, um zu betrachten, uns zu freuen, zu handeln und anzubeten; und wir mögen alles wissen, was es in dieser Welt zu wissen gibt, und was der Teufel in der anderen Welt weiß, ohne doch imstande zu sein, eines von diesen Dingen zu tun. Wir müssen uns daher zuerst fragen, ob die Kenntnis, die wir besitzen möchten, eine geeignete Nahrung für uns ist, gut und einfach, nicht aber künstlich und überladen? und zweitens, wie viel an ihr uns am besten für unsere Arbeit befähigt; und unsere Herzen leicht und unsere Augen klar erhält? Denn nicht mehr soll davon genossen werden, ohne die alte Evasünde auf uns zu laden.

Man beachte auch den Unterschied zwischen dem Genießen des Wissens und dem Aufspeichern desselben. Auch in dieser Hinsicht gleicht es der Nahrung; denn in gewissem Maße ist das Wissen aller Menschen in Speichern für künftige Benutzung aufbewahrt; vieles davon liegt im Augenblick unbenutzt, ohne zu erfreuen, oder zu ernähren, auf Lager. Und man darf nicht vergessen, dass Wissen, in dieser Form, ohne Luft erhalten bleiben kann bis es vermodert oder in solche Unordnung gerät, dass es keinen Nutzen mehr bringt; und dass es, wie gut und ordentlich es auch sein mag, doch nur Nutzen bringt, wenn es genossen wird; und dass Leute leicht in ihren eigenen Speichern Hungers sterben können, und die Männer der Wissenschaft vielleicht am ersten, weil sie mehr eine Aufhäufung ihres Vorrats suchen, als Nahrung daraus zu schöpfen. Und doch glaube man nicht, dass ich sie unterschätzen möchte. Die Guten und Großen unter ihnen sind wie Joseph, bei dem alle Völker Korn zu kaufen suchten; oder wie der Sämann, der säete allenthalben an den Wassern, wo da mögen die Füße der Ochsen und der Esel darauf gehen; aber man bedenke auch, dass dies nicht jedermanns Aufgabe ist. Wir sollen nicht alle Besitzer von Kornspeichern sein, und auch nicht alle nach der Fülle unserer Vorratshäuser bemessen werden; sondern viele, ja die meisten unter uns, werden Tag für Tag ihr täglich Brot erhalten, und werden ebensogut genährt und für ihre Arbeit geschickt gemacht werden, oft sogar für eine edlere und göttlichere Arbeit, indem sie sich von dem Mehl im Cad nähren, das nicht verzehrt werden soll, und von dem Ölkruge, dem nichts mangeln soll, als ob unsere Scheunen voll wären und unsere Kelter mit Most übergingen.

Jedermann muss in dieser Angelegenheit sein eigenes Maß herausfinden; größtenteils müssen es allerdings auch andere für ihn tun, während er noch ein Jüngling ist. Das größte Unheil des ganzen Renaissance-Systems besteht gerade darin, dass jeder Gedanke an Maß darin vergessen ist; dass man das Wissen für das einzige Gute hält und nie danach fragt, ob es die Menschen belebt oder lähmt. Hören wir mit den Bildern auf. Der Leser glaubt mir vielleicht die Analogie nicht, die ich so weit ausgeführt habe; möge er denn den Gegenstand selbst betrachten, und die Wirkung des Wissens in seinem eigenen Herzen prüfen, und sehen, ob die Bäume der Erkenntnis und des Lebens jetzt eher ein und dasselbe sind als einst im Paradiese. Er muss es fühlen, dass die wirklich belebende Kraft des Wissens nur in dem Augenblick vorhanden ist, wo wir es empfangen, und es uns mit Staunen und Freude erfüllt; mit einer Freude, für die die vorherige Unwissenheit gerade so notwendig ist, wie die gegenwärtige Erkenntnis. Der Mensch ist immer glücklich, dem sich etwas darbietet, was er nicht völlig beherrschen kann, sondern das er immer im Begriffe steht, sich zu eigen zu machen. Dies ist der notwendige Standpunkt eines sterblichen Geschöpfes mit in Gott wurzelnder und von Gott gelenkter Einsicht; und dies ist daher ein Standpunkt, der es glücklich macht – aber nicht etwa, wohl bemerkt, wegen des Triumphes oder der Freude über das, was es weiß, sondern viel eher wegen der Freude über das fortwährende Entdecken von neuer Unwissenheit, beständiger Selbsterniedrigung und beständigem Erstaunen.

Wenn wir es uns ganz zu eigen gemacht haben, hört das Wissen auf, uns Freude zu machen. Es mag von praktischem Nutzen für uns sein, gut für andere, oder gut, um weiteres zu erreichen, aber an sich selbst ist es, einmal ganz vertraut damit geworden, tot, das Wunderbare ist davon abgestreift und die ganze schöne Farbe, die es trug, als wir es zuerst aus dem unendlichen Meer heraufzogen. Was liegt auch daran, wie viel oder wenig wir davon beiseite gelegt haben, wenn unsere ganze Freude noch immer in dem Auswerfen der Tieflotleine besteht? Was liegt daran? Ja, in einer Hinsicht liegt viel daran, und nicht zu unserem Vorteil. Denn eine Wirkung des Wissens besteht darin, dass es die Kraft der Phantasie und die ursprüngliche Energie des ganzen Menschen unterdrückt; unter der Last des Wissens kann er sich nicht so leicht bewegen wie in den Tagen seiner Einfalt. Das Packpferd ist für die Reise ausgerüstet, das Schlachtross für den Krieg bewaffnet; aber die Ungehemmtheit des freien Renners, und die Leichtigkeit der Glieder ist für beide dahin. Wissen ist im günstigsten Falle des Pilgers Bürde, oder des Kriegers Rüstung, aber häufig für beide eine Ermüdung; und das Renaissance-Wissen fesselt und drückt die menschliche Gestalt wie die Plattenrüstung der Renaissance; während jedes gute Wissen dem Kettenpanzer des Kreuzfahrers gleicht, der sich dem Körper anschmiegt, und doch so vortrefflich geschmiedet ist, dass die Haken und Niete uns nicht wundreiben. Dies fühlen alle Menschen, obgleich sie nicht darüber nachdenken, oder sich die Gründe dafür klar machen. Sie schauen auf die Tage ihrer Kindheit als auf ihre glücklichste Zeit zurück, weil dies die Tage größten Staunens, größter Einfachheit und stärkster Phantasie waren. Und der ganze Unterschied zwischen einem Manne von Genie und anderen Leuten besteht, wie schon tausendmal und mit Recht gesagt wurde, darin, dass der erstere zum großen Teile ein Kind bleibt, der mit großen Kinderaugen um sich blickt, in beständigem Staunen, und der sich keines großen Wissens bewusst ist – eher einer unendlichen Unwissenheit und doch unendlichen Macht; und mit einem innerlichen Quell urewiger Bewunderung, Begeisterung und schöpferischer Kraft, der sich mit dem Ozean der sichtbaren und lenkbaren Dinge um ihn her vereint.

Dies ist es, was wir aus Männern machen sollen, soweit wir dazu imstande sind. Alle sollen in gewissem Grade geniale Menschen sein – Bäche oder Flüsse, darauf kommt es nicht an, wenn nur die Seelen klar und rein sind; keine toten Wände, die tote Haufen von bekannten und gezählten Dingen umfassen, sondern fließende Wasser in der holden Wildnis von ungezählten und unbekannten Dingen, die nur von lebendigen Ufern wissen, deren Blumen sie teils erfrischen und teils widerspiegeln, indem sie an ihnen vorbeiströmen.

Möge jeder Mann sich selbst die Antwort geben, wie weit sein Wissen ihn in diesem Sinne gebracht hat, oder wie weit es sich auf ihn gehäuft hat, gleich der Pyramide auf seinem Grabe. Möge er auch bedenken, wie vieles davon ihn Arbeit und Zeit gekostet hat, die in gesunder, befriedigender Tätigkeit zum Wohle der Menschheit verbracht werden konnte; wie viele lebendige Seelen von ihm getröstet und aufgerichtet werden konnten, während seine eigenen Augen bei der mitternächtlichen Lampe versagten; wie viele warme Teilnahme in ihm erstarb, wenn er Linienausmaß und Buchstaben zählte; wie manchen Atemzug frischer Seeluft, manch frohen Schritt auf Bergesrasen, und lichten Ausblick auf Himmelshöhen er um dieses Wissens willen versäumt hat; wie viel von den so teuer erkauften Kenntnissen jetzt schon vergessen oder verachtet ist, und ihm nur die innere Fähigkeit freudigen Staunens vermindert hat, und, wie es bei tausenden von Fällen zu geschehen pflegt, selbst die Fähigkeit der Frömmigkeit. Und wenn er – nach solcher Beratung mit seinem Herzen doch noch sagen kann, dass sein Wissen ihm wirklich Frucht getragen hat –, dann möge er doch noch bedenken, wie viele es gibt, die durch die unvermeidlichen Gesetze moderner Erziehung in Arbeit hineingedrängt sind, die ihrer Natur aufs äußerste widerstrebt, bis die ganze Kraft ihrer jungen Seele untergraben ist; und dann spreche er mutig aus, in wie weit und in wie manchem Sinne es wirklich wahr ist, dass die Weisheit dieser Welt Torheit bei Gott ist.

Nun ist diese Möglichkeit, Schaden anzurichten, auch mit Wissen verknüpft, das zu den edelsten Zwecken getrieben wird, wenn es nämlich unverständig getrieben wird. Ich habe bei der Besprechung seiner Wirkung auf die Menschen im allgemeinen und auf die Künstler im Besonderen, angenommen, dass es aus wahrer Liebe dafür gesucht und mit voller Ehrlichkeit und festem Vorsatz getrieben wird. Aber hiermit habe ich ihm einen zu großen Vorteil eingeräumt. Vom Wissen im allgemeinen sagt der Apostel, »es blähet auf«; und der Vater aller modernen Wissenschaft spricht in einem ausdrücklich zu ihrem Ruhme geschriebenen Werke in noch bestimmteren Ausdrücken von dieser Gefahr, die er als eine in der wahren Natur des Wissens liegende »Giftigkeit« bezeichnet.

Es besteht allerdings in dieser Hinsicht ein großer Unterschied zwischen den Richtungen verschiedener Zweige des Wissens; und es ist eine feststehende Regel, dass sie, je niedriger oder beschränkter ihr Endzweck ist, um so größere Macht besitzen, dem Stolz Vorschub zu leisten. So üben Philologie, Logik, Rhetorik und die anderen Wissenschaften der Schulen, die größtenteils lächerlich und unwichtig sind, eine so gewaltige Wirkung auf diejenigen aus, die sich ihnen widmen, dass ihre Studierenden sich keine höheren Wissenschaften als diese vorstellen können, sondern sich einbilden, alle Ausbildung endige in diesem Wortwissen. Aber die wahren und großen Wissenschaften, ganz besonders die Naturgeschichte, machen den Menschen milde und bescheiden, im Verhältnis zu der Größe ihrer Auffassung und zu der richtigen Erkenntnis von der Unendlichkeit der Dinge, die sie nie beherrschen können. Und dies scheint mir die Hauptlehre zu sein, die das Buch Hiob für uns enthält; denn darin hat uns Gott das Herz eines höchst gerechten und heiligen Mannes aufgetan, der in allem, was der menschlichen Natur möglich ist, vollkommen war, mit Ausnahme der Demut. Und darum wird er geprüft, und es wird uns gezeigt, dass weder Leiden, noch Selbstprüfung, mag sie auch noch so ehrlich und streng sein, und kein noch so tiefes Insichgehen, genügen, den Menschen von seiner Nichtigkeit vor Gott zu überzeugen, sondern dass nur der Anblick von Gottes Schöpfung dazu imstande ist. Denn als die Gottheit selbst beschlossen hatte, die Prüfung zu beenden, und in Hiob das zu vollenden, wofür er ausgesandt war, da lässt Sie sich nicht herab mit ihm zu rechten, und noch weniger überwältigt Sie ihn durch Schrecken, oder verwirrt ihn, indem Sie das Buch seiner Missetaten vor ihm aufschlägt. Sie öffnet nur den Bogen der Morgenröte vor ihm und die Quellen der Tiefe, und zwischen dem Schilfrohr und auf den wogenden Wellen lässt Sie ihn die Hochmütigen schauen. – »Siehe der Behemoth, den ich neben dir gemacht habe.« Und das Werk ist getan.

Wenn es daher, wie ich noch einmal wiederholen möchte, eine Lehre in dem ganzen Buch gibt, die klarer als irgend eine andere zutage tritt, so ist es diese von dem heiligen und demütigenden Einfluss der Naturwissenschaft auf das menschliche Herz. Und doch ist es selbst hier nicht die Wissenschaft, sondern die Auffassung, der das Gute zu verdanken ist; und die Naturwissenschaften können ebenso schadenbringend werden wie irgend welche andere, wenn sie in Klassifizierungen und Katalogisierungen aufgehen. Die Hauptgefahr liegt jedoch in den Wissenschaften der Worte und Methoden; und gerade auf diese verwandten die Leute während der Renaissance-Periode ihre ganze Energie. Sie entdeckten plötzlich, dass die Welt zehn Jahrhunderte lang in ungrammatikalischer Weise gelebt hatte, und machten es unverzüglich zum Hauptzweck der menschlichen Existenz, grammatikalisch zu sein. Es kam von nun an gar nicht darauf an, was gesagt oder getan wurde, wenn es nur mit Gelehrsamkeit gesagt und nach einem System getan wurde. Falschheit in ciceronischer Sprache ausgedrückt fand keine Widersacher; und die Wahrheit in volkstümlicher Mundart keine Hörer. Eine römische Phrase hielt man werter als zahllose gotische Taten. Die Wissenschaften hörten sofort auf, etwas anderes zu sein, als verschiedenartige Grammatiken, – Grammatik der Sprache, Grammatik der Logik, Grammatik der Ethik, Grammatik der Kunst; und die Sprache, der Verstand und die Erfindungskraft des menschlichen Geschlechts schienen ihre höchste und göttlichste Mission in Syntax und Syllogismus, in Perspektive und den fünf Ordnungen gefunden zu haben.

Aus solchem Wissen konnte nichts anderes als Stolz entstehen; und daher habe ich als erstes charakteristisches Zeichen der Renaissanceschulen den »Stolz« auf Wissen genannt. Wenn sie irgend ein Wissen erlangt hätten, das den Namen verdient hätte, dann würden sie es geliebt haben; aber auf das erbärmliche Wissen, das sie besaßen, konnten sie nur stolz sein. Es lag nicht das mindeste darin, was man hätte lieben können. Die Anatomie, die damals zuerst zum Gegenstande eingehenden Studiums gemacht wurde, ist ja allerdings eine richtige Wissenschaft, aber nicht so anziehend, um besondere Zuneigung für sich zu gewinnen; und sie wurde daher auch wie ihre geringeren Schwestern nur ein Grund für Stolz; und der eine Hauptzweck der Renaissancekünstler bei allen ihren Werken bestand nur darin, zu zeigen wie viel sie wussten. (…)

II. *Stolz auf Rang und Würde*. Es wurde im II. Bande von ›Modern Painters‹ bemerkt, dass das Prinzip, das am meisten die Entwicklung der modernen Schule der Porträtmalerei gehemmt hat, ihre beständige Darstellung von individueller Eitelkeit und Stolz war. Auch wird dem Leser nicht entgangen sein, dass das rascheste und gewöhnlichste Mittel, mit dem der Maler diese Eitelkeit unterstützt, in der Anbringung eines Säulenschafts oder Piedestals, oder sonst eines noch so einfachen Bruchstücks von Renaissance-Architektur im Hintergrunde des Porträts besteht. Dies geschieht nicht nur, weil solche Architektur im allgemeinen großartiger und in die Augen fallender ist, als die der Zimmer eines Privathauses. Keine andere Baukunst würde den gleichen Effekt machen. Die reichste Gotik, der massivste normännische Stil würden nicht dasselbe Gefühl von Erhebung hervorbringen, wie die einfachen und dürftigen Linien der Renaissance.

Wenn wir hierüber ein wenig nachdenken, wird uns bald klar werden, dass in diesen dürftigen Linien allerdings ein Ausdruck von Aristokratie im schlimmsten Sinne liegt: Kälte, vollendete Erziehung, Unfähigkeit der Erregbarkeit, Mangel an Teilnahme für die Schwäche untergeordneter Leute, leere, hoffnungslose, hochmütige Selbstzufriedenheit. Alle diese Kennzeichen sind der Renaissance-Baukunst so deutlich aufgedrückt, als ob sie mit Worten hineingegraben wären. Denn, man beachte wohl, jede andere Baukunst hat etwas an sich, was auch einfache Menschen erfreuen kann; irgend ein Zugeständnis an die einfachen Bedürfnisse der Menschheit, etwas tägliches Brot für den Hunger der Menge. Phantastischer Zierat, reiches Ornament, strahlende Farbe, etwas, was Sympathie mit Leuten einfachen Geistes und einfacher Herzen zeigt; und dies, wenigstens bei der Gotik, mit einer gewissen Roheit ausgehauen, die zeigt, dass der Arbeiter sich nichts daraus machte, seine eigene Unwissenheit zu verraten, wenn er nur anderen

Freude machen konnte. Aber die Renaissance ist gerade das Gegenteil hiervon. Sie ist steif, kalt, gefühllos; unfähig, in Erregung zu geraten, sich herab zu neigen, oder das kleinste Zugeständnis zu machen. Was sie an Vortrefflichkeit besitzt, ist verfeinert, durchgebildet und grundgelehrt; eine Art, von der der Architekt wohl weiß, dass sie kein einfacher Geist genießen kann. Er verkündet es uns auch mit lauter Stimme. »Ihr könnt mein Werk nur begreifen, wenn ihr Vitruvius studiert. Ich gebe euch weder bunte Farbe, noch schönes Bildwerk, oder sonst etwas, was euch beglücken kann; denn ich bin ein gelehrter Mann. Alles woran ihr euch bei meinen Werken erfreuen könnt, ist ihre stolze Bildung, ihr strenger Formalismus, ihre vollendete Ausführung, ihre kühle Ruhe. Ich arbeite nicht für das gewöhnliche Volk, sondern nur für die Männer der Akademie und für den Hof.«

Die Welt fühlte dies auch sofort instinktmäßig. In der neuen Akkuratesse und den bestimmten Gesetzen für die klassischen Formen bemerkte sie etwas besonders geeignetes, um den Rang in imponierender Weise hervorzuheben; Fürsten waren entzückt davon und Hofleute. Die Gotik war geeignet für Gottesverehrung, aber dies war geeignet für Menschenverehrung. Die Gotik hatte Gemeinschaft mit allen Herzen, und war allumfassend wie die Natur; sie vermochte einen Tempel für die Gebete von Völkern zu errichten oder zur Wendeltreppe eines ärmlichen Hauses zusammen zu schrumpfen. Aber hier gab es eine Baukunst, die nicht zusammenschrumpfen wollte, die keine Demut und keine Barmherzigkeit kannte. Die stolzen Fürsten und Herren erfreuten sich daran. Für den Armen lag eine Kränkung in ihrer ganzen Methode. Ihre Bauwerke konnten nicht aus Material errichtet werden, das der arme Mann zur Hand hatte; sie waren nicht mit Stroh oder Schindeln, oder schwarzen Eichenbalken zu bedachen, ihre Wände nicht aus rohem Stein oder Ziegeln aufzuführen; es ließen sich auch keine kleinen Fenster an Stellen anbringen wo sie gebraucht wurden, und die Gebäude fügten sich auch nicht in die Straßenecken ein, wo gerade Raum vorhanden war. Sie mussten aus behauenem Stein bestehen, mussten Fenster und Türen, Treppen und Pfeiler in vornehmster Anordnung und von stattlicher Größe haben; dazu Flügel und Korridore, Hallen und Gärten, als ob ihnen die ganze Erde gehörte. Und die rauhen Hütten der Bergbewohner und die phantastischen Straßen des arbeitenden Bürgers mussten ihnen aus dem Wege geräumt werden, als von untergeordneter Art. (...)

III. *Stolz auf System.* Ich hätte diese schlechten Grundsätze noch aus tausend anderen Quellen erklären können, aber ich habe keine Zeit, den Gegenstand weiter zu verfolgen und muss zu dem oben erwähnten dritten Element übergehen, zu dem Stolz auf System. Es braucht uns nicht so lange aufzuhalten, wie die beiden anderen, denn es ist zugleich handgreiflicher und weniger gefährlich. Die Art, wie der Stolz des fünfzehnten Jahrhunderts die Quellen des Wissens verfälschte, und die Majestät des Staates verringerte, trotzdem er seine Pracht vergrößerte, ist im allgemeinen wenig beachtet worden; aber der Leser weiß wahrscheinlich schon genügend Bescheid mit der eigentümlichen Neigung zu Formulierung und System, die unter dem Namen von Philosophie die Gemüter der Schulgelehrten der Renaissance beschwerte. Wie schon oben erwähnt, wurde die Grammatik zur ersten Wissenschaft; um welchen Gegenstand es sich auch handelte, immer war es das erste Bestreben des Philosophen, seine Grundelemente einem Gesetzbuch zu unterwerfen, von dessen Beobachtung das Verdienst des Redners, Denkers oder Arbeiters an diesem Werke demgemäß abhing; so dass der Geist der ganzen Welt jetzt mit dem ausschließlichen Studium von Beschränkungen beschäftigt war. Man hörte den Klang des Fesselnschmiedens von Meer zu Meer. Die Gelehrten aller Künste und Wissenschaften erfanden täglich neue Abwechslungen von Käfigen und Handfesseln; sie selbst trugen anstatt der Kleider Kettenpanzer, die weniger den Zweck hatten, die Waffe des Gegners abzuwehren, als die Bewegungen des Trägers zu beschränken; und alle Taten, Gedanken und Arbeiten der Menschheit – Poesie, Malerei, Architektur und Philosophie – wurden durch sie nur zu verschiedentlichen Formen von Fesseltanz herabgesetzt. (…)

Nun widersetzt sich der Stolz der Befolgung dieses Gesetzes auf zweierlei Weise; entweder durch unvernünftigen Widerstand, wie es die Art des Pöbels und seiner Anführer ist, die das Gesetz ganz und gar verwerfen oder ihm Trotz bieten; oder durch äußerliche Unterwerfung, wie es die Art des Pharisäers ist, der sich selbst erhöht, indem er zu gehorchen vorgibt, und das unbegrenzte und geistige Gebot durch das begrenzte und buchstäbliche Gebot aufhebt. Auch ist es leicht zu wissen, welchem Gesetz wir gehorchen, denn jedes Gebot, das wir rühmen und durch Stolz aufrecht halten, ist stets das Gesetz des Buchstabens; aber welches wir lieben und durch Demut aufrecht halten, ist das Gesetz des Geistes: denn der Buchstabe tötet, aber der Geist macht lebendig. (…)

Aber bei der Baukunst war dies nicht der Fall; denn das war die Kunst der Menge und allen ihren Irrtümern unterworfen; und die großen Männer, die sich auf ihren Wettbewerb einließen, wie Michelangelo, fanden den Ausdruck für den besten Teil ihres Geistes in der Skulptur, und machten die Architektur nur zu ihrer Schale. So hatten die Einfaltspinsel und Sophisten freie Hand dabei; und der Leser kann sich keine Vorstellung machen von den Sinnlosigkeiten und Kindereien der Schriftsteller, die mit Hilfe von Vitruvius ihre »fünf Ordnungen« wieder einsetzten, die Verhältnisse einer jeden feststellten, und die verschiedentlichen Rezepte für Erhabenheit und Schönheit gaben, die von da an bis auf den heutigen Tag befolgt sind, die man aber, wie ich glaube, in diesem Zeitalter vollendeter Technik noch immer weiter befolgen kann. Wenn es wirklich nur fünf vollendete Formen von Säulen und Architraven gibt, und jede davon ihr bestimmtes Verhältnis besitzt, dann ist es gewiss möglich, mit ein wenig Findigkeit eine Steinhaumaschine so zu regulieren, dass sie Pfeiler und Friese in bestellter Größe, von jeder der fünf Ordnungen, nach den vollendetsten griechischen Modellen in beliebiger Menge liefert; und ein Auszug von Vitruvius kann so einfach gemacht werden, dass jeder Maurer fähig gemacht wird, sie in ihren richtigen Entfernungen aufzustellen, so dass wir gar keine Architekten mehr brauchen.

Aber wenn dies nicht der Fall und doch etwas wahres an der schwachen Überzeugung des menschlichen Geistes ist, dass Architektur eine Kunst *ist*, und dass ein Schimmer von Verstand dazu gehört, sie auszuüben, dann lasst uns das ganze System der Ordnungen und ihrer Verhältnisse beiseite werfen und unter die Füße treten, als die eitelste, barbarischste und erbärmlichste Betrügerei, die jemals menschlichem Vorurteil eingeprägt wurde; und suchen wir die einfache Wahrheit zu verstehen, die auf jede menschliche Arbeit anzuwenden ist, dass, wenn es gute Arbeit ist, sie nicht eine Kopie sein darf, oder nach Regeln gemacht, sondern ein neu und göttlich erdachtes Ding. Fünf Ordnungen! Es gibt keine Seitenkapelle in irgend einer gotischen Kathedrale die nicht fünfzig Ordnungen enthält, von denen die schlechtesten noch besser sind, als die besten griechischen und alle ganz neu; und eine einzige erfinderische menschliche Seele könnte tausend Ordnungen* in einer Stunde hervorbringen. Und dies hätte selbst in den schlechtesten

* D.h. Ordnungen, die durch solche Unterschiede voneinander getrennt sind, wie die alten griechischen; in bezug auf die Tragkraft des Kapitells betrachtet, können alle Ordnungen auf zwei zurückgeführt werden, wie schon längst bestätigt; gerade wie Bäume auf die beiden großen Klassen Monokotyledonen und Dikotyledonen.

Zeiten entdeckt werden können, wenn nicht, wie gesagt, die größten Männer des Zeitalters den Ausdruck für ihre Erfindungskraft in den anderen Künsten gefunden hätten, und die besten von denen, die sich der Baukunst widmeten, nicht zum großen Teil damit beschäftigt gewesen wären, die Konstruktion der Gebäude neuen Bedürfnissen anzupassen, wie sie sich z. B. durch die Erfindung des Schießpulvers herausstellten (was eine völlig neue und interessante Festungsbaukunst hervorrief, die das Genie Sanmichelis und vieler anderen von ihrem eigentlichen Fahrwasser ablenkte), und sie nicht ein Interesse von untergeordneterer Art an den Schwierigkeiten gefunden hätten, die absoluten architektonischen Gesetze, die sie wieder beleben, und die Formen römischer Baukunst, die sie kopieren wollten, mit den Erfordernissen des täglichen Lebens im sechzehnten Jahrhundert zu vereinbaren. (...)

Nun beachte man wohl, dass all dieses Unheil nur die notwendige und natürliche Wirkung einer Begeisterung für die Klassiker, und eines Entzückens an der bloßen Geschicklichkeit des Künstlers auf das tugendhafteste Gemüt gewesen sein würde. Aber diese Einwirkung fand auf Gemüter statt, die durch Üppigkeit entnervt, und zur gleichen Zeit durch ihre eigenen niedrigsten Triebe zum Vergessen oder Verleugnen jedes religiösen Grundsatzes verlockt waren. Der durch den Genius der Heiden untergrabene Glaube wurde durch die Verbrechen der Christen gestürzt; und der durch Gelehrsamkeit begonnene Verfall durch Sinnlichkeit vollendet. Die Charaktereigenschaften der heidnischen Gottheiten passten für die Sitten der Zeit ebenso gut, wie ihre Formen ihrem Geschmack entsprachen; und das Heidentum wurde tatsächlich wieder die Religion von Europa. Das heißt, die zivilisierte Welt ist in diesem Augenblick insgesamt gerade so heidnisch, wie sie es im zweiten Jahrhundert war; denn nur eine kleine Gemeinde von Gläubigen repräsentiert heute wie damals die Kirche Christi inmitten der Ungläubigen. Aber es besteht der eine und sehr verhängnisvolle Unterschied zwischen dem zweiten und dem neunzehnten Jahrhundert, dass die Heiden nominell und ihrem Auftreten nach Christen sind, und dass jede nur denkbare Verschiedenheit und Abstufung des Glaubens zwischen beiden besteht, so dass es nicht nur sehr schwierig ist, theoretisch den Punkt zu bezeichnen, wo zögernder Glaube und mangelnde Ausübung desselben sich in direkten Unglauben verwandeln, sondern dass es eine gewisse Sache der Höflichkeit geworden ist, nicht zu eingehend die religiösen Ansichten unserer Mitmenschen zu erforschen; und damit niemand durch starke Übertretung äußerer Formen verletzt werde, von jeder genaueren Prüfung der Glaubenssätze abzusehen. Tatsächlich misstrauen wir einander und uns selbst so sehr, dass wir die Sache nicht eingehend zu betreiben wagen; wir wissen sehr wohl, dass, wenn wir uns gelegentlich in der Unterhaltung mit einer forschenden Frage an unseren nächsten Mitmenschen wenden, wir bei neun Fällen unter zehn entdecken werden, dass er nur auf seine Weise, und soweit es ihm gut dünkt ein Christ ist, und dass er an vielen Dingen zweifelt, die wir selbst nicht fest genug glauben, um gefahrlos Zweifel daran ausgesprochen zu hören. Was in Wirklichkeit Feigheit und Treulosigkeit ist, nennen wir Nächstenliebe; und halten es für Güte, mitunter den Leuten die schlechte Ausübung ihrer Religion um ihres festen Glaubens willen zu vergeben, und mitunter ihre eingestandene Ketzerei um ihrer bewunderungswürdigen Ausübung willen. Und unter diesem Deckmantel von Nächstenliebe, Demut und Verzagtheit mischt sich die Welt unaufgefordert in die kleine Gemeinschaft der Christen, überwältigt sie, stellt Gesetze für sie auf, übt einen moralischen Einfluss auf sie aus, und denkt für sie; und obgleich sie natürlich stark und wohltätig beeinflusst ist von der Gemeinde, und sehr in Schach gehalten wird durch ihr vorgebliches Christentum, so untergräbt sie doch in ziemlich gleichem Maße die Aufrichtigkeit und tätige Kraft des Christentums selbst, bis schließlich gerade in den Institutionen, deren Verwaltung als Hauptprüfstein für die Echtheit nationaler Religion betrachtet werden muss – ich meine die der Erziehung gewidmeten – das heidnische System völlig triumphiert. Denn die ganze Gemeinschaft der sogenannten christlichen Welt hat ein Erziehungssystem für ihre Jugend aufgestellt, in dem weder die Geschichte der Kirche Gottes, noch die Sprache von Gottes Gesetz als ein Studium von irgend welcher Wichtigkeit betrachtet wird; in dem von allen Gegenständen menschlicher Forschung gerade seine eigene Religion derjenige ist, in dem einem Jüngling seine Unwissenheit am leichtesten verziehen wird;* und in dem es für eine geringfügige Sache gehalten wird, wenn er sich täglicher Lügen, Ausschweifungen und Gotteslästerungen schuldig macht, vorausgesetzt nur, dass er lateinische Verse richtig und fließend schreiben kann.

Ich glaube, dass wir in wenigen Jahren erstaunt aufwachen werden von all diesen Irrtümern, wie von bösen Träumen; inmitten all ihrer Tollheiten bewahrt durch die verborgenen Wurzeln werktätigen und ernsten Christentums, mit dem Gottes Gnade das englische Volk unverbrüchlich fest verknüpft hat. Aber in Venedig waren diese Wurzeln selbst verdorrt; und aus dem Palast ihrer alten Religion warf ihr Stolz sie hoffnungslos auf die Weide des Viehs. Von Stolz zu Unglaube, von Unglaube zum skrupellosen, unersättlichen Trachten nach Vergnügen, und von diesem zu unheilbarer Erniedrigung, waren die Übergänge so rasch wie das Fallen eines Sterns. Die großen Paläste der stolzesten Edelleute von Venedig wurden im Bau unterbrochen, bevor sie sich weit über ihre Fundamente erhoben hatten, durch den Pesthauch einer strafenden Armut; und das Unkraut auf den unvollendeten Bruchstücken ihrer mächtigen Säulen wogt um die Grenzlinie, wo die Regierung des gottlosen Volkes zuerst das »Bis hierher sollst du kommen« vernahm. Und die Wiedergeburt, auf die sie so vergeblich gebaut hatten, – die neue Geburt und die lichte Morgendämmerung, wie sie glaubten, jeder Kunst, jeder Wissenschaft und jeder Hoffnung, – wurde für sie zu der Dämmerung, die Hesekiel auf den Hügeln von Israel sah: »Siehe, der Tag, siehe, er kommt daher, er bricht an; die Rute blühet und der Stolze grünet. Der Tyrann hat sich aufgemacht zur Rute über die Gottlosen, dass nichts von ihnen, noch von ihrem Volke, noch von ihrem Haufen Trost haben wird. Der Käufer freue sich nicht, und der Verkäufer traure nicht; denn es kommt der Zorn über allen ihren Haufen.«

* Ich werde nie vergessen, welchen Eindruck es mir in Oxford machte, als ich mich um den akademischen Grad bewarb, und zu einer Persönlichkeit des Direktoriums erwähnte, dass ich nicht Zeit genug gehabt hätte, die Episteln gründlich zu lesen, und mir erwidert wurde, »die Episteln wären besondere Wissenszweige, um die ich mich nicht zu kümmern brauche«.

Blick auf Il Redentore, 1851
Zeichnung, Tinte und Bleistift, Deckweiß
auf cremefarbenem Papier

»Stálié, ah Stali« – »Nach rechts«

WARNRUF DES GONDOLIERES

Blick auf San Giorgio Maggiore, 1876/77 von der Punta della Dogana
(ehemalige venezianische Zollbehörde)
Bleistift auf cremefarbenem Papier

DER RUF DES GONDOLIERES

Die meisten Leute wissen genau Bescheid, wie eine venezianische Gondel aussieht, aber wenige haben sich die Mühe gegeben, die Warnungsrufe ihrer Gondoliere zu verstehen, obgleich diese Rufe eigentümlich charakteristisch sind und dem Fremden großen Eindruck machen; auch sind sie von Mr. Monckton Milnes sehr anmutig in der Poesie angebracht. Vielleicht wird es für den Reisenden in Venedig interessant sein, die Methode der Leitung des Bootes kennen zu lernen, dem er so viele glückliche Stunden verdankt.

Eine Gondel wird gewöhnlich nur von einem Manne gerudert, der im Heck steht; die der oberen Klassen haben zwei oder noch mehr Bootführer, wegen größerer Schnelligkeit und Prachtentfaltung. Um das Ruder genügend heben zu können, ruht es nicht auf dem Rande des Bootes, sondern auf einem Stück gekrümmten Holzes, das einem Baumzweig gleicht, etwa einen Fuß breit über den Rand der Gondel hinausragt und eine »Fórcola« genannt wird. Die Fórcola ist von verschiedener Form, je nach der Größe und den Erfordernissen des Bootes, und ist stets von etwas komplizierter Krümmung, damit das Ruder auf verschiedenen Stellen ruhen kann und doch völlig freien Spielraum in allen Fällen hat; da die Leitung der Gondel davon abhängt, dass der Gondolier im Augenblick im Stande ist, sein Ruder in jede erforderliche Stellung zu bringen. Die Fórcola ist an der rechten Seite des Bootes angebracht, etwa sechs Fuß vom Heck entfernt; der Gondolier steht auf einer kleinen Plattform oder einem Deck dahinter, und verwendet beinahe seine ganze Körperkraft auf den Vorwärtsschlag. Dieser würde natürlich bewirken, dass das Vorderteil nicht nur vorwärts getrieben, sondern ganz nach der linken Seite herumgedreht würde, was man vermeidet, indem man die Schaufel des Ruders beim Rückschlag unter dem Wasser lässt, von wo sie allmählich aufsteigt wie ein voller Löffel aus irgend einer Flüssigkeit, so dass die Schaufel nur einen Augenblick vor dem Wiedereintauchen aus dem Wasser herauskommt. Hierdurch wird ein Druck von oben und von der Seite auf die Fórcola hervorgebracht, welcher der durch den Vorwärtsschlag hervorgerufenen Richtung gänzlich entgegenarbeitet; bei einiger Übung wird die Anstrengung kaum bemerkt, trotzdem, da es den Rückschlag etwas beschwerlicher macht, das rasche Rudern einer Gondel harte und atemraubende Arbeit ist, so leicht und anmutig es dem Zuschauer auch erscheint.

Soll nun die Gondel nach links gedreht werden, so macht man den Vorwärtsschlag ohne den Rückschlag, und soll sie nach rechts gedreht werden, so wird das eingetauchte Ruder kräftig an die Oberfläche gebracht, und in beiden Fällen genügt ein einziger kräftiger Schlag, um das leichte und flache Boot zu drehen. Aber da es keinen Kiel hat, so wird das Boot bei einer scharfen Drehung, wie aus einem Kanal in einen anderen sehr engen, stark abgetrieben, direkt gegen die Mauer des Kanals und zwar so heftig, dass wenn

Isola di San Servillio, 1851
Bleistift und Tinte, Deckweiß auf cremefarbenem Papier

die Drehung rasch erfolgt ist, kein Gondolier im Stande ist, die Bewegung nur durch einen kraftvollen Ruderschlag aufzuhalten; sondern er muss den Fuß kräftig gegen die Mauer setzen, wobei das Boot einen Moment natürlich beinahe vollständig nach der anderen Mauer zu gedreht wird und größere Anstrengung gemacht werden muss, um es so schnell als möglich in der neuen Richtung vorwärts zu bringen.

Der Ruf »Premi« ist bei solcher Führung des Bootes die Aufforderung eines Gondoliers an einen anderen, sein Ruder vorwärts zu »drücken« oder zu stoßen, so dass der Bug seines Bootes *nach links* gedreht wird; und der Ruf »Stalì« ist die Aufforderung, den Rück- oder Aufwärtsschlag zu geben, der den Bug des Bootes *nach rechts* dreht. Wenn daher zwei Gondoliere unter Umständen zusammentreffen, die es fraglich erscheinen lassen, an welcher Seite sie sich vorbeikommen sollten, dann ruft der Gondolier, der im Augenblick die wenigste Macht über sein Boot hat, dem andern »Premi« zu, wenn er möchte, dass die Boote mit den rechten Seiten aneinander vorüberkämen, und »Stalì«, wenn es die linken sein sollen. Da nun beim Umbiegen an den Ecken natürlich leicht eine Kollision zwischen den von verschiedenen Seiten kommenden Booten stattfinden kann, so erschallen stets bei der Annäherung an eine Ecke laute und deutliche Warnungsrufe. Man setzt natürlich voraus, dass das Boot, von dem der Warnungsruf ertönt, sich näher an der Ecke befindet als das, welches ihn hört und beantwortet, und daher nicht so viel Zeit hat, seinen Lauf aufzuhalten oder zu verändern.

Daher wird der Vorteil der Drehung, d. h. die Außenseite, die den größten Spielraum lässt, immer dem Boot gestattet, das den Warnungsruf ausstößt. Wenn daher das warnende Boot sich nach rechts drehen will, um die Außenstellung zu gewinnen, dann geht es mit der rechten Seite an dem anderen Boote vorbei und der Warnungsruf besteht daher in einem zweifachen »Premi«; zuerst, sobald es um die Ecke herum gehört werden kann, laut und schallend, mit der Betonung des e und einem zweiten stark betonten e, wie eine Art von Frage »Prémi—é«, worauf im Augenblick des Umbiegens »Ah Premi«, mit starkem Druck auf

das Schluss-i folgt. Wenn dagegen das warnende Boot nach links ausbiegen will, dann geht es mit der linken Seite an dem anderen vorbei und der Warnungsruf lautet, »Stálié, Ah Stalì«. Hieraus stammt die verkehrte Ansicht der Fremden, dass Stalì *nach links* bedeute und Premi »nach rechts«; während sie in Wirklichkeit gerade das Gegenteil bedeuten. Stalì kann mitunter für den unsichtbaren Gondolier, der sich vielleicht hinter der Ecke befindet und von der linken Seite kommt, bedeuten, dass er sich soweit als möglich an seiner eigenen *rechten Seite* hält; dies ist die einzige sichere Anweisung für ihn, mag er selbst um die Ecke herumbiegen oder geradeaus fahren; denn da die warnende Gondel beim Umbiegen stets gerade über den Kanal hinausschießt, so ist eine Kollision mit ihr nur zu vermeiden, wenn man sich nahe an der Ecke hält, um die sie biegt.

Es sind noch verschiedene andere Rufe bei der Handhabung der Gondel nötig, aber sie kommen selten vor, mit Ausnahme des »sciar«, womit der entgegenkommende Gondolier aufgefordert wird, sein Boot so schnell als möglich anzuhalten, indem er sein Ruder vor die Fórcola schiebt. Diesen Ruf hört man nur, wenn die Gondoliere in eine unerwartetete Lage geraten sind, die eine Kollision befürchten lässt, aber die Bewegung sieht man beständig, wenn die Gondel von zwei oder mehreren Leuten gerudert wird.

EDITORISCHE NOTIZ

In der deutschen Übersetzung von Hedwig Jahn, die zwischen 1903 und 1906 bei Eugen Diederichs in Leipzig und Jena erschien, haben die *Stones of Venice* knapp 1.400 Seiten, in der endgültigen kritischen Ausgabe, der sogen. Library Edition sind es über 1.600. Ruskin selbst sorgte für Kürzungen in der Traveller's Edition, und spätere Herausgeber versuchten, durch weitere Kürzungen und Umstellungen das Werk für den Venedig-Touristen handlich zu machen. Als Führer war es aber nie gedacht, sondern als ein Buch über die Grundelemente der Architektur, insbesondere der venezianischen Baukunst des Mittelalters (Bd. I), als eine detaillierte Darstellung ihrer Anwendung in den Hauptbauten der Markuskirche sowie des Dogenpalastes und der anderen Paläste (Bd. II) und als ein Abgesang auf die Renaissance, die Ruskin ablehnte (Bd. III).

Wir haben aus dem ersten Band zwei Kapitel allgemeinen Inhalts und ein weiteres Kapitel ausgewählt, das ganz typisch ist für Ruskins Umgang mit den Bauelementen. Der Schwerpunkt der Auswahl liegt auf Band II und damit auf der für Ruskin vorbildlichen Epoche der byzantinischen und gotischen Baukunst. In Band II hat Ruskin auch einen seiner berühmtesten Texte, das Kapitel über »Das Wesen der Gotik« eingesetzt, der seine politökonomische und sozialethische Grundsatzerklärung ist. Ebenda findet man zwei seiner literarischen Mustertexte: die Annäherung an Venedig und an San Marco. Der nicht weniger berühmte Text der Fahrt von Padua bis zur Laguna, der mit der Erscheinung der Stadt und einem ersten Blick auf eine Großbäckerei, deren Schornstein einmal ein Kirchturm war, endet, wurde von uns vollständig übernommen und wie die darauf folgende Fahrt über die Lagune in den einführenden Text eingesetzt.

Ziel der Auswahl war es, den großen Prosaisten Ruskin angemessen zu repräsentieren, aber auch sein methodisches Vorgehen zu dokumentieren und das Gefühl dafür zu vermitteln, wie das ist, wenn ein Fremder zum ersten Mal einen so radikal nahsichtigen Blick auf einen so großen Gegenstand wirft und sich verpflichtet, »to eat it all up into my mind«.

Das letzte Zitat führt uns zu einem der Motive, die uns bewogen, eine neue Auswahl aus den *Stones of Venice* zu publizieren: Außer der Tatsache, dass der Reprint der Übersetzung von 1906 vergriffen ist, war dies ein sensationeller Fund: 2006 wurden in England, bei einer kleinen Auktion auf dem Lande Ruskins »verlorene Daguerreotypien« entdeckt: eine Holzkiste mit 188 frühen Fotografien, die Ruskin in Italien, der Schweiz und in Frankreich aufnehmen ließ bzw. selbst aufnahm, darunter das größte Konvolut von Daguerreotypien nach venezianischen Motiven, das bekannt ist. Das Ehepaar Ken und Jenny Jacobson, das diese Entdeckung machte, hat in einem voluminösen Band diese Aufnahmen veröffentlicht und zusammen mit allen anderen Fotografien, die auf Ruskin zurückgehen, 2015 mustergültig kommentiert: »Carrying Off the

Palaces. John Ruskin's Lost Daguerreotypes« – der Haupttitel, ein Zitat, spricht noch einmal von Ruskins unstillbarem Verlangen nach visuellen Daten, nach Aneignung der wichtigsten Denkmäler der Lagunenstadt. Wir haben darauf verwiesen, dass allein dem Komplex Dogenpalast/San Marco 85 Daguerreotypien gewidmet sind, eine wahre Bildstrecke, eine Abwicklung, wie sie bis dato kein Bauforscher für nötig, aber auch für machbar gehalten hatte.

Ruskins Originaltext wurde behutsam an den heutigen Sprachgebrauch angeglichen. Zugunsten einer allgemeinen Lesefreundlichkeit haben wir auf die Textunterteilung in Paragrafen verzichtet und technische Apparate und Anhänge weggelassen.

Die von uns vorgenommene Sinneinteilung in drei Teile entspricht den drei Bänden der Originalausgabe. Kürzungen wurden markiert und nur dort unmarkiert gelassen, wo Ruskin im Haupttext auf vorhergehende oder spätere Passagen und Abbildungen verweist, die nicht in unsere Auswahl aufgenommen wurden. Im Kapitel über den Dogenpalast haben wir die lange und äußerst detailreiche Behandlung der Kapitelle stark gekürzt, und auch bei den Exempeln mussten wir zahlreiche Schnitte machen, da Ruskin sich hier weit von den Objekten entfernt.

Ein Wort zur Übersetzerin, der wir einen so grandiosen deutschen Ruskin verdanken: Hedwig Jahn wurde am 28.1.1848 in Neustrelitz geboren; ihr Todesdatum ist unbekannt. Sie lebte ab 1898 in Berlin und war dort als Übersetzerin tätig. Sie übersetzte aus dem Englischen Sachbücher (Ruskin) und Romane (Dickens, Richard Jefferies, Elizabeth Gaskill) und aus dem Italienischen Kinderbücher und Lyrik (Ada Negri).

CATHARINA BERENTS,
WOLFGANG KEMP

BILDNACHWEIS

Abbildungen aus Museen, Sammlungen und Archiven

AKG: Karte Vorsatz, S. 8, Karte Nachsatz

© Ashmolean Museum, University of Oxford: S. 44, 120 (Foto: Wikimedia Commons), 176 (und letzte Seite), 220

© Burke, Andrew: S. 50

Ken und Jenny Jacobson, UK, »The Penrith Collection«: Umschlagmotiv, S. 2/3, 12, 28/29, 34/35, 54, 92, 94/95, 100/101, 126/127, 208, 215, 229, 234, 258

Ruskin Foundation (Ruskin Library, Lancaster University): Frontispiz, S. 10, 24, 80, 108/109, 206, 239 (Foto: Wikimedia Commons), 279, 282, 284/285

Abbildungen aus Publikationen

John Ruskin, *The Works* (The Library Edition), hrsg. von E. T. Cook und Alexander Wedderburn, London 1903–1912, Band 9, *The Stones of Venice I*, London 1903: S. 11, 16/17, 40, 46, 72, 86, 199, 246

John Ruskin, *The Works* (The Library Edition), hrsg. von E. T. Cook und Alexander Wedderburn, London 1903–1912, Band 10, *The Stones of Venice II*, London 1904: S. 42, 114, 134–136, 138, 140, 172, 187, 190, 195, 197, 202, 226, 227, 241, 242, 246

John Ruskin, *Die Steine von Venedig*, übersetzt von Hedwig Jahn, Leipzig und Jena 1903–1906, Faksimile-Ausgabe in drei Bänden, hrsg. und mit einem Nachwort von Wolfgang Kemp, Harenberg Edition, Dortmund 1994: S. 45, 48, 59, 245, 254. Alle nicht gesondert ausgewiesenen Strichzeichnungen sind dieser Ausgabe entnommen.

ANMERKUNGEN

1 *Modern Painters*, erschienen von 1843–1860, ist ein Werk, das sich der Landschaftsmalerei vor und nach William Turner (1775–1851) widmet.

2 *The Seven Lamps of Architecture* erschien erstmals 1849. Ruskin erklärt im diesem Essay an den »Seven Lamps« seine Prinzipien der Architektur, die er später in *The Stones of Venice* fortführt.

3 John Ruskin, *The Works* (The Library Edition), hrsg. von E. T. Cook und Alexander Wedderburn, London 1903–1912, hier Band 10, *The Stones of Venice*, London 1906, S. XXVI.

4 John Ruskin, *Die Steine von Venedig*, übersetzt von Hedwig Jahn, Leipzig und Jena 1903–1906, Bd. II, Jena 1904, S. 186–187. 1994 erschien in der Harenberg Edition eine Faksimile-Ausgabe in drei Bänden, hrsg. und mit einem Nachwort von Wolfgang Kemp.

5 Ebda., Bd. I, Leipzig 1903, S. 42–43.

6 1 Yard = 0,9144 Meter.

7 Ruskin, *Steine*, (wie Anm. 4), Bd. I, S. 413–416.

8 Ruskin, *Works* (wie Anm. 3), Bd. 36, S. 63.

9 John und Effie Ruskin. *Briefe aus Venedig*, hrsg. von Wolfgang Kemp, aus dem Englischen übersetzt von Catharina Berents, Korrespondenzen 9, hrsg. von Hannelore und Heinz Schlaffer, Stuttgart 1995, Effie Ruskin an ihre Mutter, 13. November 1849, S. 13/14.

10 Lady Trevelyan (1816–1866), geb. Paulina Jermyn, war eine englische Malerin im Umkreis der Präraffaeliten. 1835 heiratete sie Walter Calverley Trevelyan. In den Jahren der Venedig-Besuche war sie mit John und Effie Ruskin sehr eng befreundet, nach der Trennung der Ruskins galten ihre Sympathien John Ruskin.

11 John und Effie Ruskin. *Briefe* (wie Anm. 9), John Ruskin an Pauline Trevelyan, Venedig, 22. September 1851, S. 48.

12 Ebda., John Ruskin an Pauline Trevelyan, Venedig, 27. Januar 1850, S. 36/37.

13 Siehe Ken und Jenny Jacobson, *Carrying Off the Palaces. John Ruskin's Lost Daguerreotypes*, London 2015, S. 16–17, S. 333–334.

14 *Ruskin in Italy. Letters to his Parents*, hrsg. von H. I. Shapiro, Oxford 1971, S. 209, aus dem Englischen übersetzt von den Herausgebern.

15 Robert Hewison, *Ruskin on Venice. The Paradise of Cities*, New Haven und London 2009, S. 220, zit. nach: Jacobson, *Carrying Of the Palaces* (wie Anm. 13), S. 17, aus dem Englischen übersetzt von Catharina Berents.

16 John und Effie Ruskin. *Briefe* (wie Anm. 9), Effie Ruskin an Pauline Trevelyan, Venedig, vermutlich 2. Hälfte Januar 1850, S. 32.

17 Ebda., John Ruskin an seinen Vater, Venedig, 23. Dezember 1849, S. 27.

18 Ebda.

19 Ebda., Effie Ruskin an ihre Mutter, Venedig, 27. November 1849, S. 17.

20 Ebda.

21 Der Diener, den man sich vor Ort mietete und der als Fremdenführer, Dolmetscher und als Agent bei Einkäufen fungierte.

22 Ruskin, *Works* (wie Anm. 3), Bd. 9, S. XXVIII. Brief an den amerikanischen Gelehrten Charles Eliot Norton, Mai, 1859. Übersetzung aus dem Englischen von den Herausgebern.

23 John und Effie Ruskin. *Briefe* (wie Anm. 9), Effie Ruskin an Pauline Trevelyan, Mailand, 27. Oktober 1849, S. 10.

24 Erst im Winter 1851/52 dürfte sich das mondäne Leben wieder in altem Umfang hergestellt haben. Effie berichtet in einem Brief vom 27. Oktober 1848, dass der Duc de Bordeaux (1820–1883), der französische Thronprätendent aus dem Haus Bourbon, besser bekannt als Comte de Chambord, einen Palazzo besaß und gerade in der Stadt angekommen war. Ebenso war der Conde Montemolin (1818–1861), der älteste Sohn des spanischen Thronprätendenten Don Carlos, nach Venedig gereist, um sich zu vergnügen.

25 Johann Joseph Wenzel Anton Franz Karl Graf Radetzky von Radetz, 1766–1858, war ein Feldmarschall, böhmischer Adeliger und der bedeutendste Heerführer Österreichs in der ersten Hälfte des 19. Jahrhunderts.

26 Berühmte englische Dame der Londoner Gesellschaft. Die 1831 als Eliza Price Noble Campbell geborene jüngste Tochter von John Campbell of Burnham Grove, Buckinghamshire heiratete 1848 Sir George Graham Otway.

27 John und Effie Ruskin. *Briefe* (wie Anm. 9), Effie Ruskin an ihren Vater, Mailand, 28. Oktober 1849 und an ihre Mutter aus Verona, 8. November 1849, S. 11/12.

28 Ebda., Effie Ruskin an ihren Vater, Venedig, 6. Januar 1850, S. 28.

29 Ebda., John Ruskin an seinen Vater, Venedig, 3. Oktober 1851, S. 51/52.

30 Konstantin, der zweite Sohn des Zaren Nikolaus I., war verheiratet mit Prinzessin Alexandra von Sachsen-Altenburg.

31 Jane Lilla Nugent, verh. Gräfin Pallavicini, war die Tochter des österreichischen Generals irischer Abstammung Vaval, Count Nugent. Sie wurde Effies beste Freundin in Venedig.

32 Graf Eugen Falkenhayn (1792–1853), österreichischer Kavalleriegeneral, war der zweite Mann am Platz nach dem Gouverneur.

33 General Karl Gorzkowski war der österreichische Gouverneur von Venedig.

34 John und Effie Ruskin. *Briefe* (wie Anm. 9), Effie Ruskin an ihre Mutter, Venedig, 17. November 1851, S. 59/60.

35 Ebda., John Ruskin an seinen Vater, Verona, 27. Januar 1852, S. 70.

36 Ebda., Effie Ruskin an ihre Mutter, Venedig, 8. Februar 1852, S. 72.

37 Ruskin, *Works* (wie Anm. 3), Bd. 9, S. LIV.

38 Ruskin, *Steine*, (wie Anm. 4), *Der Thron*, Bd. II, S. 7–17.

39 Georg Simmel, Venedig (1907), in: ders., *Zur Philosophie der Kunst*, Potsdam 1922, S. 70.

40 Ruskin, *Steine* (wie Anm. 4), Bd. I, Leipzig 1906, S. 26.

41 Jacob Burckhardt, *Der Cicerone*, Basel 1855, Kap. 12, S. 115.

42 Ruskin, *Steine* (wie Anm. 4), Bd. I, Leipzig 1903, S. 3.

43 Ruskin, *Works* (wie Anm. 3), Bd. 11, S. 381. In der deutschen Ausgabe (wie Anm. 4), Bd. III, Jena 1906, S. 322/323.

44 Burckhardt (wie Anm. 41), S. 362.

45 Ebda., S. 139.

46 Ebda., S. 137.

47 Ebda., Vorwort, S. VII.

48 Ruskin, *Steine* (wie Anm. 4), Bd. II, Jena 1904, S. 107.

49 John Ruskin, *Die sieben Leuchter der Baukunst*, Leipzig 1900, S. 325.

50 Die »Spurensicherung« beginnt im 19. Jahrhundert mit dem Kunsthistoriker Giovanni Morelli, der nebensächliche Details (z. B. Ohren, Finger) erstmals für die Zuschreibung von Gemälden benutzt. Anschließend beschreibt Ginzburg die beiden entscheidenden neuen geschichtswissenschaftlichen Ansätze der neueren Zeit, die Schulen von Marc Bloch und Aby Warburg.

51 Ruskin, *Steine* (wie Anm. 4), Bd. I, Leipzig 1903, S. 346.

52 Ebda., Bd. II, Jena 1904, S. 208.

53 Ruskin an seinen Vater, 22. Februar 1852, zit. nach: Ruskin, *Works* (wie Anm. 3), Bd. 10, S. 180, aus dem Englischen übersetzt von den Herausgebern.

54 Ebda., Bd. 9, Vorwort, S. LIV.

55 Ruskin, *Steine* (wie Anm. 4), Bd. I, Leipzig 1903, S. 8.

56 Jacobson, *Carrying of the Palaces* (wie Anm. 13).

57 Wolfgang Scheppe, *Migropolis. Venice/Atlas of a Global Situation*, Ostfildern 2009, 2 Bde.

58 http://www.andrewburke.me/blogposts/298. Zum Vergleich Venedigs mit Las Vegas siehe das Vorwort von Wolfgang Kemp zu Alex MacLean, *Venedig/Las Vegas: Fragile Mythen*, München 2010.

Für viele ist sie die Stadt der Städte,
für andere ist sie ein »Pionier des Plünderns«,
für viele ein Ort der Sehnsucht,
für andere eine Hölle des Tourismus: Venedig.

Herbert Rosendorfer erzählt von einer Begegnung der unheimlichen Art / David Marc Hoffmann trifft Nietzsche auf der Piazza San Marco / Horst Günther weiß, dass ohne die Fórcola nichts geht / Peter Kammerer stürzt sich in die Szenen einer Ehe und berichtet von der Vermählung von Stadt und Lagune / Für Julia Schoch ist das Wesentliche schon passiert, während Anna Degler vom Weg allen Fleisches und Petra Reski über den Ausverkauf einer Bananenrepublik berichtet / Otto Jägersberg folgt roten Schuhen und grünen Tauben, Harald Martenstein den Filmfestspielen / Serenissima für Solisten: Eva Demski gibt Hinweise, wie man die Stadt auch allein besteht / Wolfgang Kemp vergleicht Venedig und Las Vegas.

Dazu viele Fotografien, Tiraden und Gedichte.

Dieses CORSO*folio* versammelt unterschiedliche Stimmen zu der einmaligen Stadt – Erzählungen, Essays, Loblieder und Schmähungen, Einblicke und Ausblicke.

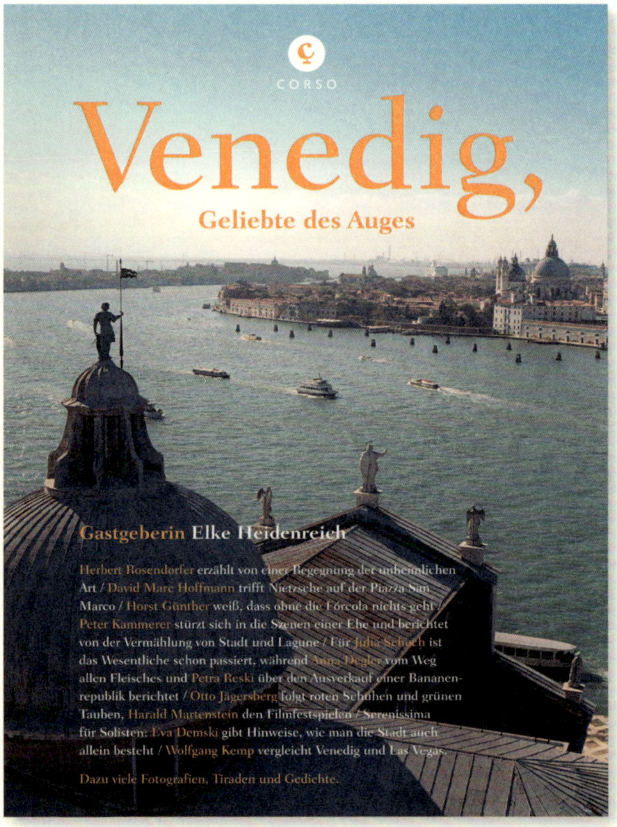

Gastgeberin: Elke Heidenreich
Hardcover, Fadenheftung, Großformat 22 × 30 cm,
160 Seiten, durchgängig vierfarbiger Druck

Elke Heidenreich verführt in die Welt der Musik – in eine der ungewöhnlichsten Städte der Welt: Venedig neu hören.

Elke Heidenreich hat es endlich geschrieben: das Buch über Venedig als Stadt der Musik. Auf dem Wasser, in den Gassen, auf den kleineren und größeren Plätzen, in den Kirchen und Palazzi spürt sie der Musik, den Klängen und Tönen nach, für die dieser Sehnsuchtsort seit Jahrhunderten berühmt ist.

Einfühlsam und persönlich, erzählend und kenntnisreich geschrieben, versehen mit vielen Fotografien von Tom Krausz und mit historischen Abbildungen, ist ein Buch für alle entstanden, die Venedig und die Musik lieben – und die wissen wollen, wie sie tönt, diese einmalige Stadt in der Lagune.

Ob Sie dieses Buch vor Ihrer nächsten Reise lesen oder es mit in eine Lagune nehmen: Sie werden Venedig neu hören. »Man blättert und liest gern darin, beißt sich fest und lässt sich verführen, auch weil es so ein ehrliches, unverkrampftes Buch ist.« WDR III

Das Geschenk für alle Italien-, Venedig- und Musikliebhaber.

Mit Fotografien von Tom Krausz
Hardcover mit Schutzumschlag, Fadenheftung,
144 Seiten, Format 17 × 25 cm, vierfarbiger Druck

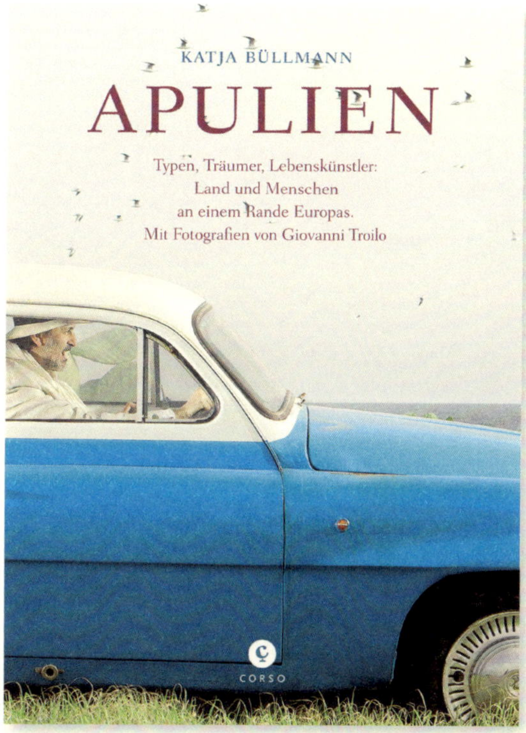
KATJA BÜLLMANN
APULIEN
Typen, Träumer, Lebenskünstler:
Land und Menschen
an einem Rande Europas.
Mit Fotografien von Giovanni Troilo
CORSO

CORSO

Herausgegeben von
Rainer Groothuis

CORSO 52
JOHN RUSKIN
Die Steine von Venedig,
neu komponiert von Catharina Berents und Wolfgang Kemp

1. Auflage im Oktober 2016

Römerweg 10, D-65187 Wiesbaden

Gestaltung:
Groothuis. Gesellschaft der Ideen und Passionen mbH,
www.groothuis.de
Gesetzt aus der Fairfield und der Scala Sans
Lithografie: Frische Grafik, Hamburg
Gesamtherstellung: CPI books, Ulm
Printed in Germany.
ISBN 978-3-7374-0730-4

ICONOGRAFICA RAPPRESENTATIONE
CONSACRATA AL REGGIO S
ALOYSIO MOCENICO VENETIARUM DUCE
SACCA DI S.CHIARA
ISOLA DI S.CHIARA
SACCA DELLA MISERICORDIA
CANAL GRANDE
RIVA DELLE ZATTERE
PUNTA DI S. BIASIO
CANAL DELLA GIUDECA
SCALA DI PASSI CINQUE CENTO VENETI DA PIEDI CINQUE L'UNO